Reisepraktisches

Auf dem Weg zur Küste: Schwerin

Wismar und Klützer Winkel

Zwischen Wismar und Rostock

Rostock und Umgebung

Fischland-Darß-Zingst

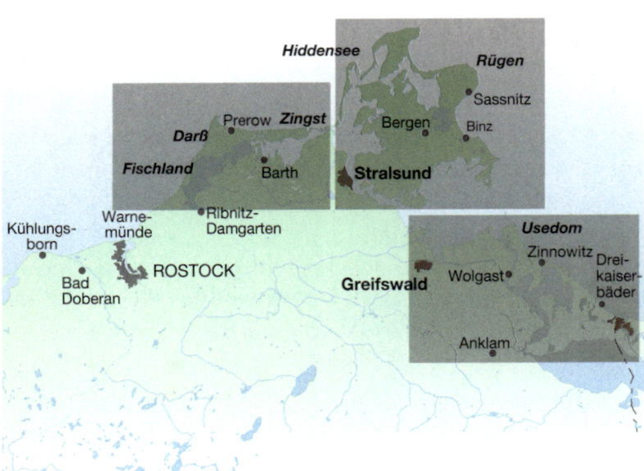

Stralsund Rügen Hiddensee

Greifswald Usedom

Text und Recherche: Sven Talaron, Sabine Becht
Lektorat: Peter Ritter, Carmen Wurm, Horst Christoph
Redaktion und Layout: Dirk Thomsen
Karten: Joachim Bode, Carlos Borell, Hana Budka, Judit Ladik, Gárbor Sztrecska
Fotos: s. Fotoverzeichnis S. 287
Covergestaltung: Karl Serwotka
Covermotive: oben: Strandzugang auf dem Darß (Sabine Becht)
unten: Bad Doberan (Sven Talaron)
S. 3: Zeesenboot auf dem Saaler Bodden (Sven Talaron)
S. 8/9: bei Ahrenshoop (Sabine Becht)
S. 42/43: Hafen auf Usedom (Sabine Becht)

Herzlichen Dank an Dirk Thomsen für den Textbeitrag zu Georg Adolph Demmler.
Vielen Dank für Tipps und Hinweise an: Siegfried Albrecht, Michaela Baues u. Reiner Moldan, Thilo Bayer, Monika Börner, Charlotte Kunz Bolt und Kurt Bolt, K. W. Dreyling, Cristiana und Ralf Galliazzo, Rita u. Manni Gothe, Christel Götz, Susanne Hohmann, Alexandra Imhoff, Marlies und Hayco Jänisch, René Jeanquartier, Ulla Jöckel und Familie, Sabine Kadelke, Ulrich Klein, Norbert Kueß, Claudia Ladek, Susanne Linke, Anne Lorenzen, Uwe Nestmann, Neumann, Andreas, Marianne Marburger, Tschuppi Meyer-Wanke und Susa Wanke, O. Metz, Gerd-Heiner Müller, Sandra Pixberg, Annette Profitlich, Ingrid Rössl, Katrin Ritter & Christine Plahl, Hans-Jürgen Schmanns, Markus Schmidt, Andreas Schwarz, Bernd u. Renate Stefer, Renate Stein, Sonja Studtrucker, Jörn Tupay, Peter Völker, Friedrich Wagner, Jutta Wagner, Hildburg und Peter Walter – und, last but noch least, Karsten Peter und Dr. Günter Nowald vom Kranich-Informationszentrum Groß Mohrdorf.

ISBN 978-3-89953-475-7

 Druck: Wilhelm und Adam, Heusenstamm.

2. Auflage 2009

OSTSEEKÜSTE
MECKLENBURG-VORPOMMERN

Sabine Becht
Sven Talaron

Ostseeküste Mecklenburg-Vorpommern

Das schönste Ende Deutschlands/Reiseziele

Kartenverzeichnis

Zeichenerklärung für die Karten und Pläne

- Autobahn
- Bundestraße
- Hauptstraße
- Landstraße
- Piste
- Fußweg
- Fähre
- Eisenbahn
- Landesgrenze
- Nationalparkgrenze
- Erhebung
- Aussichtspunkt
- Leuchtturm
- Badestrand
- Campingplatz
- Hafen
- Parkplatz
- Bushaltestelle
- Flughafen
- Seebrücke
- Schloss/Burg
- Kirche
- Sehenswürdigkeit
- Museum
- Hügelgrab
- Information
- Fahrradverleih
- Tankstelle

Was haben Sie entdeckt?

Welches Gasthaus hat Ihnen besonders gut gefallen? In welcher Unterkunft haben Sie sich wohlgefühlt? Haben Sie einen schönen Wanderweg oder einen idyllischen Strandabschnitt entdeckt?

Wenn Sie Anregungen, Empfehlungen oder auch Kritikpunkte haben, lassen Sie es uns bitte wissen. Schreiben Sie an:

Sven Talaron, Sabine Becht
Stichwort „Ostseeküste – Mecklenburg-Vorpommern“
c/o Michael Müller Verlag
Gerberei 19
91054 Erlangen
talaron.becht@michael-mueller-verlag.de

Ostseeküste Mecklenburg-Vorpommern

Abgelegen: der Weststrand des Darß

Das schönste Ende Deutschlands

Wie man hier den Tag verbringt? Im Strandkorb mit Blick auf Meer, Horizont und Sandburgen. Oder mit einem Bummel auf den Flaniermeilen der Ostseebäder. Mit einer Radtour entlang der abgelegenen Boddenküste oder mit einer Wanderung durch Naturparks. Natürlich kann man auch staunend die prächtigen Kirchen der Hansestädte betrachten oder durch mittelalterliche Gassen spazieren oder faszinierende Museen besuchen oder … Wie auch immer man seinen Tag verbringen möchte, eines ist niemals fern: das Wasser.

Beliebt und entsprechend belebt sind natürlich die Strände der berühmten Ostseebäder, etwa von Binz oder Sellin auf Rügen, der Dreikaiserbäder auf Usedom, von Warnemünde und Kühlungsborn oder aber von Prerow auf dem Darß. Urlauber flanieren auf den weiten Strandpromenaden, die mit verspielten Fassaden der typischen Bäderarchitektur geschmückt sind und mittels der Seebrücken, den „Flanierstegen zum Horizont“, übers Meer verlängert werden. Sonnenhungrige bevölkern die Reihen der gemütlichen Strandkörbe, über denen zuweilen der ein oder andere Lenkdrachen schwebt. Andere liegen auf bunten Badetüchern, die von kunstvollen Sandburgen flankiert werden. Beachvolleyballer hechten sich in den feinen Sand. Surfer stemmen sich gegen den Wind …

Abseits des Trubels liegen noch zahlreiche ruhigere, oft über weite Strecken naturbelassene Strände, wie zum Beispiel entlang der gesamte Außenküste Hiddensees, des Tromper und des Prorer Wieks auf Rügen oder der herrlichen Westküste des Darß. Hier können sich Kinder nach Belieben austoben oder Hunde ihre Stöckchen aus der Ostsee retten, es findet sich dennoch auch für Ruhesuchende immer ein abgelegenes Plätzchen für den eigenen Sonnenschirm. Und um die Badekleiderord-

Malerisch: der Marktplatz von Greifswald

nung schert sich hier auch niemand. Gemeinsam haben all diese Strände, dass sie kilometerlang sind und oft sehr breit, feinsandig und weitgehend steinfrei und fast überall flach in die Ostsee abfallen.

Die kulturellen Highlights finden sich in den Hafenstädten, die nicht nur das Tor zur Welt, sondern auch der beste Einstieg in die Küstenlandschaft sind: An der Ostseeküste Mecklenburg-Vorpommerns sind das die altehrwürdigen Hansestädte: Rostock, die „Leuchte des Nordens", Stralsund und Wismar, gemeinsam UNESCO-Weltkulturerbe, und Greifswald, die stille Universitätsstadt im Osten. Allesamt waren sie einst nicht nur mächtige Mitglieder der Hanse, sondern vor allem der (Back-) Stein gewordene Ausdruck bürgerlichen Selbstbewusstseins innerhalb ihrer Stadtmauern. Die mächtigsten Monumente der Norddeutschen Backsteingotik sind an der Ostseeküste Mecklenburg-Vorpommerns aufgereiht wie Perlen an einer Kette, etwa die imposanten basilikalen Kirchen von St. Nikolai in Wismar über das Doberaner Münster und St. Marien in Rostock bis zu St. Nikolai und St. Marien in Stralsund. Dazu gesellen sich säkulare Bauten wie das Stralsunder Rathaus mit seiner prächtigen Fassade oder die gestaltreichen Ensembles gotischer Giebelhäuser entlang mittelalterlicher Straßenzüge vor allem in Wismar, Stralsund und Greifswald.

Aber auch wen es in die Ruhe ländlicher Idylle zieht, kommt an der Ostsee voll auf seine Kosten. Vor allem entlang der zergliederten Boddenküste finden sich zahlreiche kleine Fischerdörfer inmitten abgeschiedener Stille. Ein besonderes Highlight sind die beiden Nationalparks an der Küste Mecklenburg-Vorpommerns: der 80.000 ha große *Nationalpark Vorpommersche Boddenlandschaft* mit seiner eindrucksvollen Küstenlandschaft auf dem Darß und dem größten Kranich-Rastplatz Europas am Großen Werder bei Zingst, wie auch der nur 3000 ha große *Nationalpark Jasmund* auf Rügen mit seinem herrlichen Wald vor der schroffen Kreideküste. Hier ragt auch der berühmteste Kreidefels über das Meer, der Königsstuhl, das Wahrzeichen der ganzen Region.

Highlights

Städtische Pracht …

… und ländliche Idylle

Backsteingotik …

… und Bäderarchitektur

Badespots

Natur

Kulinarische Offenbarungen …

… und bodenständige Hausmannskost

Die schönsten Hotels

Museen

(Nicht nur) Kinderkram

Kreidefelsen im Nationalpark Jasmund auf Rügen

Geographie und Landschaft

Erdgeschichtlich betrachtet ist die Ostseeküste Mecklenburg-Vorpommerns geradezu jung. Ihre Ausformung ist dabei keineswegs abgeschlossen. Noch immer ist die Küste eine Landschaft in Bewegung.

Am Anfang war das Meer: Vor etwa 70 Millionen Jahren bedeckte ein riesiges Urmeer Teile Nordeuropas. Sedimente, die von den kalkhaltigen Schalen seiner Kleinstbewohner stammten, verfestigten sich im Laufe von Millionen Jahren zu einer dicken **Kreideschicht.** Mit der Eiszeit begannen gigantische Gletscher, die Sedimentschichten aufzureißen und gewaltige Geröllmassen zu bewegen. Entlang der sich vor- und zurückschiebenden Gletscher entstanden **Endmoränen** (die für die Ostseeküste typischen Hügelformationen lassen sich z. B. von Hiddensees Dornbusch quer über Rügen bis Putbus verfolgen), und ihr Gegenteil, Gletscherzungenbecken, tief eingegrabene Rillen (wie beispielsweise das Achterwasser bei Usedom). Eine weitere Hinterlassenschaft der Gletscherbewegungen sind die **Findlinge.** Die etwas pathetisch „Wanderer des Nordens" genannten Felsbrocken wurden vom Eis aus Skandinavien herangetragen und blieben nach dem Rückzug der Gletscher liegen.

Nachdem die Gletscher zum **Ende der Eiszeit** (vor etwa 10.000 Jahren) abgeschmolzen waren, füllte das schmelzende Eis die Ostsee, wobei der Wasserstand bis zu 100 m über dem heutigen gelegen haben dürfte. Mit dem allmählichen Absinken des Meeresspiegels begann sich die Küstenlinie auszubilden. Aus dem Wasser lugte da und dort ein Stück Land – die Kerne der heutigen Inseln Rügen und Usedom. Fischland-Darß-Zingst, heute Halbinsel, lag als Inselkette vor dem Festland.

Was die Gletscher aus tiefen Erdschichten gekratzt und hervorgehoben haben, wird seither von Wind, Wetter und Strömung umgeformt. Schwerer Sturm aus Nordost und eventuell folgende Sturmfluten beschleunigen die Entwicklung. Regenerosion, Frostbrüche und Sturmfluten nagen an den **Steilufern** und tragen Kalk, Lehm und Sand ab. Das Material wird von der Strömung mitgenommen und andernorts angelandet. An den „Rändern" der Strömung, im Strömungsschatten, bereichert das Material die Sandstrände oder bildet Bänke und **Sandhaken,** die vom Ufer hervorspringen können (schönstes Beispiel: Alt- und Neubessin im Norden Hiddensees). Festigt sich ein Sandhaken, vor allem durch genügsame Vegetation, bilden sich aus den Ablagerungen sogenannte **Nehrungen,** die Buchten vom Meer abschließen, Inseln verbinden und damit die typische vielgestaltige **Boddenküste** formen. Auf diese Art und Weise ist u. a. die Schaabe auf Rügen entstanden, eine geologisch sehr junge Landbrücke, welche die Halbinsel Wittow (ehemals gänzlich vom Meer umschlungen) mit der Halbinsel Jasmund verbindet und damit gleichzeitig den Großen Jasmunder Bodden von der Ostsee abtrennt.

Da **Bodden** und Meer meist nur durch kleine Wasserstraßen miteinander verbunden und die Gezeiten in der Ostsee nur schwach ausgeprägt sind, gelangt kaum Meerwasser in die Wasserzirkulation der Bodden. Dank der Regenwasserzufuhr in die ohnehin recht seichten Bodden sinkt der Salzgehalt stetig ab. Das wiederum hat zur Folge, dass eine Vegetation Fuß fassen kann, die einerseits an das Brackwasser angepasst ist und die sich andererseits durch die Nehrungen vor Strömung und schwerem Wetter geschützt entfalten kann. Die vor allem mit Schilf bewachsenen, vielgliedrigen Ränder der Bodden sind typisch für die Ostseeküste Mecklenburg-Vorpommerns.

Beim obligatorischen Strandspaziergang lässt sich das ein oder andere geologische Fundstück entdecken. Der **Bernstein,** das „Gold der Ostsee", stammt aus urzeitlichen subtropischen Wäldern, die sich vor ca. 50 Mio. Jahren hier ausbreiteten; genauer gesagt entstand er aus Baumharz, das aus den Stämmen quoll, sich verfestigte und im Sediment vor Jahrmillionen zu einem honiggelben bis dunkelbraunen Stein gepresst wurde. Bereits in der Bronzezeit wurde Bernstein zu Schmuck verarbeitet. Auch heute noch gibt es kaum einen Souvenirladen, in dessen Sortiment Bernsteinschmuck fehlt. Besonders gefragt und wertvoll sind Steine mit Inklusen (Einschlüssen): kleine Luftbläschen, subtropische Pflanzenstücke oder urzeitliche Insekten, die vom noch zähflüssigen Harz umschlossen worden waren und so über Millionen Jahre konserviert wurden. Wer sich ernsthaft auf die Suche nach Bernstein machen will, geht am besten nach schwerer See an den Strand.

Weitere beliebte Fundstücke an der Ostseeküste sind Feuersteine, Hühnergötter und Donnerkeile. **Feuersteine** sind fossile Kieselalgen, die sich heute vor allem in Bändern durch die Kreideabhänge ziehen. Traditionelle Glücksbringer sind die **Hühnergötter,** Feuersteine mit oft kreisrunden Löchern, die durch die allmähliche Auflösung von Einschlüssen entstanden sind. Früher wurden die Hühnergötter mit einer Schnur zusammengebunden und an Hühnerställe gehängt, um – so der Volksglaube – das Federvieh vor Krankheiten zu bewahren. **Donnerkeile** werden die Fossilien von Belemniten genannt, urzeitlichen Kopffüßern. Der Name der länglichen, kegelförmigen Fossilien geht auf *Thor,* den germanischen Donnergott, zurück. Wo die von ihm geschleuderten Blitze einschlugen, blieben die Donnerkeile zurück.

Fossiliensammler sollten sich übrigens keinesfalls der Versuchung hingeben, auf jüngst abgegangenen Küstenabbrüchen herumzuklettern. Auch wenn sie reiche Beute versprechen, auf einen Kreide- oder Lehmrutsch kann ohne Vorwarnung ein zweiter folgen, und dann besteht Lebensgefahr.

Der Dornbusch auf Hiddensee

Flora und Fauna

Mecklenburg-Vorpommern ist weitgehend landwirtschaftlich geprägt. Durch Artenreichtum zeichnen sich vor allem die Boddenufer aus, wo teils seltene Vogelarten ein ideales Rückzugsgebiet finden.

Ausgedehnte Waldgebiete gibt es in der Rostocker Heide, auf dem Darß, im Nationalpark Jasmund und in der Granitz (beides Rügen). Außergewöhnlich ist die große Anzahl an Alleen, die sich an den Feldern entlang von Dorf zu Dorf oder von Hof zu Hof ziehen. Überwiegend im 19. Jh. gepflanzt, spannen sich Linden, Buchen, Kastanien, Pappeln, Ulmen usw. über die teils kopfsteingepflasterten Straßen und formen im Sommer ein schattenspendendes grünes Dach. Da viele landwirtschaftliche Betriebe inzwischen auf ökologische Produktion umgestellt haben, sieht man in den Weizenfeldern heute vermehrt auch wilden Mohn und Kornblumen, die zur Blütezeit eine farbenprächtige Kulisse bilden.

Zu den Besonderheiten der Flora an der Küste zählen zwei gegensätzliche Naturräume: Da gibt es zum einen die genügsame Vegetation, die sich in karge, nährstoffarme Böden wie Kreidefelsabbrüche krallt (in denen auch zahlreiche Orchideen wachsen) oder sich auf sandigem Boden zu *Dünenheide* entwickelt oder aber sich als sogenannter *Trocken-* oder *Magerrasen* über sanfte Hügel erstreckt. Kennzeichnend für Letzteren sind niedrig wachsende Gräser, Kräuter und Blumen wie wilder Thymian, Strohblumen oder Silbergras. Zum anderen findet man beispielsweise auf Rügen einen Naturraum, der weder Land noch Meer ist, die sogenannten *Salzwiesen*. Diese entstehen im Marschland zwischen Land und Meer. Regelmäßig vom Meerwasser überflutet, entfaltet sich auf dem salzreichen, sumpfigen Boden und an Brackwassertümpeln eine ganz eigene Vegetation wie z. B. die Salzbinse. Außerdem dient das Feuchtgebiet als Rückzugsraum für zahlreiche Vogelarten.

Ländliches Idyll auf Usedom

Die Feuchtgebiete entlang der Boddenküsten bieten zahlreichen, teils sehr seltenen Vogelarten eine ideales Rückzugs- und Brutgebiet. Man trifft auf diverse Möwen- und Schwalbenarten, Rohrammern oder Haubentaucher. Besonders beeindruckend gestaltet sich der Zwischenstopp der Grauen Kraniche im Frühjahr oder Herbst, z. B. auf Zingst oder auf Ummanz. Auch Kormorankolonien gibt es, beispielsweise auf Zudar (Rügen), und wer Glück hat, kann sogar einige Seeadlerpaare beobachten. Wahrscheinlich nicht zu Gesicht bekommen wird man dagegen den Fischotter, da er nicht nur selten und scheu, sondern auch überwiegend nachts aktiv ist, oder den Kräftigsten unter den Landräubern, den Dachs. Auf einen der umtriebigen Mäusewiesel zu treffen, ist dagegen durchaus möglich. Der Großwildbestand umfasst vor allem Dam- und Rotwild, aber auch Wildschweine. Acht geben sollte man beim Wandern, z. B. über Hiddensees Heide, auf die giftige Kreuzotter. Zuletzt wurde vermehrt von Seehund- und sogar Kegelrobben-Sichtungen berichtet, es besteht die berechtigte Hoffnung, dass sich diese sensiblen Meeressäuger im Schutz der großflächigen Nationalparks und Biosphärenreservate wieder ansiedeln.

Natur- und Umweltschutz

Ostsee: Noch in den 1970er Jahren galt die Ostsee als das schmutzigste Meer der Welt. Um sie vor dem Kollaps zu bewahren, taten sich 1974 die Anrainerstaaten über alle ideologischen Grenzen hinweg in der Helsinki-Kommission zusammen und vereinbarten den Schutz der Ostsee. Seither ist viel geschehen: Städte, Mülldeponien, Raffinerien, Fabriken und Metallhütten leiten ihre Abwässer nicht mehr ungeklärt ins Meer. Ein Anzeichen für die Erholung der angeschlagenen Ostsee (mit praktischem Nutzen) ist, dass das Wasser der meisten Küstenabschnitte zumindest Badequalität hat. Aber es ist längst nicht alles im Reinen, denn die Ostsee ist ein höchst sensibler Meeresraum. Grund dafür ist ihr Tiefenrelief. Das Becken der Ostsee fällt zwar auf etwa 250 m (Gotlandtief) und stellenweise sogar bis zu

450 m ab, die Wasserstraßen aber, die die Nord- mit der Ostsee verbinden, sind verhältnismäßig flach (v. a. an der Darßer Schwelle), sodass kaum Wasseraustausch stattfinden kann. Das wird deutlich am durchschnittlichen Salzgehalt: 3,5 % in der Nordsee stehen 1,6 % bis 0,2 % in der Ostsee gegenüber. Das eigentliche Problem aber, das ebenfalls mit dem Salzgehalt zusammenhängt, ist der Mangel an Sauerstoffzufuhr aufgrund der unzureichenden Wasserbewegungen. Lediglich spezifische Wetterkonstellationen (starker Ostwind, der das Wasser aus der Ostsee bläst, gefolgt von einem Sturm aus West, der große Wassermassen zurückbefördert) bringen frisches, sauerstoff- und salzreiches Meerwasser in die Ostsee.

Nationalparks und Biosphärenreservate: Ein umweltpolitisches Husarenstück bescherte Mecklenburg-Vorpommern den nachhaltigen Schutz seiner zauberhaften Landschaften. In den letzten Tagen der DDR gelang es Michael Succow, Hannes Knapp, Lebrecht Jeschke und Matthias Freude, im Handstreich zahlreiche Landstriche unter verschärften Naturschutz zu stellen. Zunächst markierten sie mit grobem Strich auf der Landkarte, welche Gegenden sie schützen wollten, und machten sich dann mit einem Engagement an die Umsetzung, das andere ansteckte und Verbündete schuf. Darunter war auch Klaus Töpfer, der damalige Umweltminister der Bundesrepublik, der das Unternehmen, das er später „Tafelsilber der deutschen Einheit" nannte, unterstützte. Auf der letzten Ministerratssitzung der DDR wurde beschlossen, ein Dutzend Schutzgebiete zu schaffen. Succow und seine Mitstreiter hatten in wenigen Monaten erreicht, wozu im vereinigten Deutschland Jahre, wenn nicht Jahrzehnte nötig gewesen wären.

Der *Nationalpark Vorpommersche Boddenlandschaft* umfasst den Darß, weite Teile der Halbinsel Zingst, die Insel Hiddensee, Teile von Ummanz, die Küsten Westrügens und die dazwischen liegenden Gewässer. Auf Rügen entstanden der kleinste Nationalpark Deutschlands, der *Nationalpark Jasmund,* der die Kreidefelsen, die Stubnitz und den Küstenstreifen umfasst, und das *Biosphärenreservat Südost-Rügen,*

Stimmungsvoll: Waldteich im Nationalpark Jasmund

das die Granitz bis hinüber nach Putbus und das Mönchgut unter Schutz stellt. Die Nationalparks bestehen zum Teil aus *Kernzonen*, in deren natürliche Abläufe der Mensch nicht mehr aktiv eingreift. Über das restliche Gebiet erstrecken sich die *Pflegezonen*, in denen Pflanzenbestände aktiv bewahrt werden. Auch im Biosphärenreservat gibt es Kernzonen, doch fallen diese deutlich kleiner aus. Nachhaltige ökologische Landwirtschaft, Fischerei, Tourismus etc. stehen hier im Vordergrund.

Klima und Reisezeit

Klima: In kaum einer anderen Gegend in Deutschland scheint die Sonne öfter als auf Rügen, Hiddensee und Usedom, im Schnitt über 1800 Stunden im Jahr. Dabei fällt gleichmäßig über das Jahr verteilt relativ wenig Regen. Sehr hoch ist die Luftfeuchtigkeit, die zusammen mit dem hohen Salzgehalt der Luft und den stetigen Winden (meist aus West) ein gemäßigtes Reizklima schafft. Im Sommer beträgt die mittlere Höchsttemperatur um 20 °C, Temperaturen über 30 °C stellen aber keine Seltenheit dar. Die Ostsee ist im Sommer im Schnitt 18 °C warm, an geschützten, flachen Buchten auch bis 20 °C und in den Bodden bis 22 °C. Zum meernahen Klima gehört natürlich auch der plötzliche Wetterwechsel, der am Morgen verhangene Himmel kann mittags strahlend blau sein (leider auch umgekehrt). Verantwortlich dafür sind die oft launischen Ostseewinde. Abschließend noch eine griffige Bauernregel, die vor allem Badeurlauber interessieren wird: Schaltjahr ist Kaltjahr – selbstverständlich ohne Gewähr ...

Winterlich verpackt: die Seebrücke von Heringsdorf

Reisezeit: Die Ostseeküste Mecklenburg-Vorpommerns ist zu jeder Jahreszeit eine Reise wert. Auf den Inseln wird es im Frühling etwas langsamer warm als auf dem Festland, und mit der ersten Blüte schwankt das Wetter zwischen Frühjahrsstürmen und milden Tagen. Hauptsaison ist natürlich die Badezeit und damit der Sommer. Im Herbst fallen mit den Temperaturen auch die Zimmerpreise, die ideale Reisezeit für teils stürmische Strandspaziergänge. Besonders schön präsentieren sich die Alleen und Buchenwälder, wenn sich das Laub verfärbt. Im Winter wird es ruhig, viele Hotels haben geschlossen, die wenigen Urlauber suchen die Wellnessangebote auf – oder ihre Ruhe. Aber Achtung: Zwischen Weihnachten und der ersten Januarwoche kehrt die Hauptsaison (inklusive Andrang und Preissteigerung) zurück.

Steinalt: die Großsteingräber im Everstorfer Forst

Geschichte

um 8000 v. Chr.	Mit dem Ende der letzten **Eiszeit** ziehen sich die gewaltigen Inlandsgletscher langsam zurück. Durch den Anstieg des Meeresspiegels bilden sich die Küstenlinien der Ostsee heraus. Erste Nomaden kommen aus dem Süden an die Ostsee.
ab 4000 v. Chr.	In der **Jungsteinzeit** werden aus Jägern und Sammlern sesshafte Bauern, die Ackerbau und Viehzucht betreiben. In bemerkenswerter Zahl sind Relikte steinzeitlicher Bestattungskultur erhalten geblieben, beispielsweise die Großsteingräber bei Lancken-Granitz.
ab 1600 v. Chr.	Aus der **Bronzezeit** ist ein reger Handel im Ostseeraum nachweisbar. Die Toten werden nun in Hügelgräbern bestattet.
ab 600 v. Chr.	**Germanische Völker** siedeln sich im Ostseeraum an. Die Handelsbeziehungen reichen schließlich bis ins Römische Reich, vor allem dank des Bernsteins.
um 400 n. Chr.	Im Zuge der **Völkerwanderung** verlassen große Verbände der germanischen Stämme den Ostseeraum.
ab dem 6. Jh.	In dem dünn besiedelten Gebiet lassen sich **slawische Stämme** nieder: im Westen die *Obotriten*, auf Rügen die *Ranen* oder *Rugier* und im Osten die *Liutizen*, alle auch *Wenden* genannt.
ab dem 9. Jh.	Skandinavische Händler befahren den Ostseeraum. Entgegen ihrem Ruf waren die **Wikinger** keineswegs nur brandschatzende Räuber, sondern zuallererst Händler, die auch Handelsniederlassungen gründeten.
11. Jh.	**Blütezeit** der slawischen Siedlungen. Beginnende Christianisierung im Westen des wendischen Gebietes.

12. Jh. **Christianisierung** Pommerns. Zwei Missionsreisen führen den Bischof *Otto von Bamberg* 1124 und 1128 nach Pommern. Auf Betreiben *Wartislaws I.*, des ersten nachweisbaren Pommernherrschers aus dem Haus der Greifen, treffen sich die slawischen Fürsten in Uznam (Usedom), um im Beisein Ottos zum Christentum überzutreten. Die Obotriten werden in der Folge des Wendenkreuzzugs (u. a. unter Heinrich dem Löwen) 1147 gewaltsam christianisiert und ab 1160 endgültig unterworfen. Zuletzt besiegt eine dänische Armee 1168 die Ranen und setzt das Christentum auch auf Rügen durch.

Im Windschatten der Christianisierung beginnt der verstärkte **Zuzug deutscher Siedler** an die Ostsee.

13. Jh. Die großen Häfen an der Ostsee erhalten das **Stadtrecht:** 1218 Rostock, spätestens 1229 Wismar, 1234 Stralsund und 1250 Greifswald. Die Hanse formiert sich. 1259 erste Handelsvereinbarung zwischen Lübeck, Wismar und Rostock. 1264/65 wird auf dem ersten Hansetag in Wismar ein Bündnis zwischen Lübeck, Wismar, Rostock, Stralsund und Greifswald geschlossen.

14./15. Jh. Nach einer kriegerischen Auseinandersetzung mit dem Königreich Dänemark befindet sich die **Hanse** mit dem *Frieden von Stralsund* (1370) auf dem Höhepunkt ihrer Macht. Im folgenden Jahrhundert erlebt sie ihre Blütezeit. Die Städte erlangen eine relative Unabhängigkeit von ihren Territorialherren. Das wachsende hanseatische Selbstbewusstsein in den Städten spiegelt sich in einer regen Bautätigkeit wider, es entstehen die beeindruckenden Bauten der **Norddeutschen Backsteingotik.** 1419 wird in Rostock die erste Universität Nordeuropas gegründet, 1456 folgt die zweite in Greifswald.

16. Jh. Die **Reformation** setzt sich durch, bedeutendster Reformator an der Ostsee ist *Johannes Bugenhagen.* Die Klöster werden säkularisiert, das seit 1532 geteilte Pommern tritt in den *Schmalkaldischen Bund* ein, ein Bündnis protestantischer Städte und Landesfürsten gegen den katholischen Kaiser, nimmt aber nicht aktiv an Kämpfen mit dessen Truppen teil. Auf politischer Ebene prägt sich das Feudalsystem immer weiter aus: Mit dem sogenannten **Bauernlegen** werden aus freien Kleinbauern Leibeigene.

17. Jh. Der **Dreißigjährige Krieg** erreicht 1626/27 die Ostseeküste. Zuerst kommen mit *Albrecht von Wallenstein* kaiserliche Truppen, dann landen schwedische Truppen (etwa 15.000 Soldaten) unter *Gustav II. Adolf* 1630 bei Peenemünde auf Usedom. Pommern wird zum Durchzugs- und Aufmarschgebiet. Die Städte werden belagert, das Land verwüstet und geplündert, im Windschatten des Krieges wüten Pest und Hungersnot.

Im *Frieden von Osnabrück*, der „schwedischen Hälfte" des Westfälischen Friedens, wird der westliche Teil Pommerns samt Rügen und Usedom sowie Wismar den Schweden zugeschlagen. Bis 1815 bleibt der Kern dieses Gebiets unter der Herrschaft der Drei Kronen und wird in die kriegerischen Auseinandersetzungen der neuen Großmacht an der Ostsee hineingezogen, so im Schwedisch-Polnischen (1654–1660) und im Schwedisch-Brandenburgischen Krieg (1675–1679).

Herrin des Mare Balticum: die Hanse

Charakterisiert man die Hanse als Städtebündnis, wird man dem Phänomen nicht gerecht. Sie als Händlergemeinschaft zu beschreiben greift ebenfalls zu kurz. Die Hanse war beides: ein wirtschaftliches *und* ein politisches Bündnis zwischen Städten *und* zwischen Kaufleuten. Alles begann mit einer Fahrgemeinschaft. Fernhandel treibende Kaufleute taten sich im 12. Jh. zusammen, um ihre ebenso kostenintensiven wie gefährlichen Handelsreisen im Verbund zu unternehmen. Mit der Zeit entstanden dadurch feste Kooperationen, von Außenstehenden *Hansen* („Schar", „Bund") genannt. Diese „Bünde" erwarben die teuren Privilegien, die ihnen überhaupt erst erlaubten, Handel zu treiben, und gründeten in den fernen Häfen Kontore. Mit wachsendem Reichtum der Kaufleute stieg auch ihr politischer Einfluss. Die Zahl Handel treibender Ratsherrn in jeder Stadt an der deutschsprachigen Ostseeküste ist endlos, und so wurde aus der Zusammenarbeit von Händlern auch ein Städtebündnis.

Die technische Voraussetzung für den Aufschwung war die Kogge (eigentlich: *der Koggen*), ein neuer, bauchiger Schiffstyp mit enormem Fassungsvermögen. Der Handel basierte auf folgendem Grundprinzip: Rohstoffe wurden aus dem Ostseeraum in den Westen, Fertigprodukte in entgegengesetzter Richtung gehandelt. Die Nowgorod-Fahrer brachten Holz, Pelz, Teer, Asche, Hanf, die Schonen-Fahrer Hering und Erz etc. Im Gegenzug kamen Tuche, Wein und Metallwaren aus dem Westen (z. B. aus Flandern) in den Ostseeraum. Profit machten die Städte an der deutschen Ostseeküste aber nicht nur als Zwischenhändler beim West-Ost-Warenaustausch, sondern auch durch den Handel mit heimischen Produktionsgütern. Wismar beispielsweise exportierte lange Zeit Getreide, bis ausgerechnet Lübeck die Nachbarstadt vom Markt drängte. Daraufhin begannen die Bürger von Wismar, den Rohstoff zu veredeln, exportierten Bier und erzielten dadurch stattliche Gewinne.

Das Städtebündnis, die politische Dimension hanseatischer Macht, war Ergebnis eines 1259 abgeschlossenen Vertrags zwischen Lübeck, Rostock und Wismar, der die Handelswege zwischen den aufstrebenden Städten sichern sollte. Als das Bündnis 1264/65 um Stralsund und Greifswald erweitert wurde, tagte der Prototyp des später traditionell in Lübeck stattfindenden Hansetages in Wismar. 1310 kam es zu einem Konflikt der Städte mit dem dänischen König. Rostock und Wismar wurden geschlagen, während aus Lübeck, getreu der Maxime „Eigennutz vor Gemeinnutz", nichts als Beileidsbekundungen kamen. 1316 wurde Stralsund von den Dänen belagert, konnte die feindlichen Armee aber zurückdrängen. Die Interessengemeinschaft Hanse hatte zwar Schaden genommen, war aber letztendlich allein von Stralsund gerettet worden. Eine Generation später waren es wieder die Dänen, die den Aufschwung der Hansestädte bedrohten. Dieses Mal aber hielt das Bündnis. 1368 musste sich Kopenhagen der hanseatischen Flotte ergeben. Der geschlagene Dänenfürst musste alle Handelsprivilegien der Hanse bestätigen und enorme Zahlungen leisten. Der am 24. Mai 1370 geschlossene *Friede von Stralsund* markierte den politischen Höhepunkt der Hanse. Es folgte ein Jahrhundert, das als *Blütezeit der Hanse* bezeichnet wird.

Der Dreißigjährige Krieg markierte auch das Ende der Hanse, der Niedergang hingegen hatte bereits im 16. Jh. begonnen. Längst hatten sich die Handelszentren im Zuge der Entdeckung und Kolonialisierung Amerikas von Ostsee und Mittelmeer in den Westen an die Atlantikküste und in die Niederlande verlagert. Die Ostsee war zum Binnenhandelsweg einer neuen Großmacht geworden: Schweden.

18. Jh. Im **Großen Nordischen Krieg** (1700–1721) erleidet der schwedische König *Karl XII.*, der „letzte Ritter Europas“, 1709 eine schwere Niederlage. 1711 marschieren alliierte Truppen (Sachsen, Russen und Polen) in Vorpommern ein. Mit der legendären Rückkehr des Schwedenkönigs aus dem türkischen Exil 1714 – für den Ritt aus der Türkei bis nach Stralsund benötigt er keine 14 Tage – flammen die Kampfhandlungen wieder auf. Daraufhin besetzt Preußen 1715 Usedom. Mit dem Friedensvertrag von Stockholm (1720) wird Usedom Preußen zugesprochen, während die Gebiete im nördlichen Vorpommern, darunter die Insel Rügen, die Hansestadt Stralsund sowie Wismar, bei Schweden verbleiben.

1763 hebt *Friedrich II.* in Preußen die Leibeigenschaft auf, in Schwedisch-Pommern wird sie noch bis 1806 bestehen bleiben.

19. Jh. Nach der Niederlage Preußens bei der Doppelschlacht von Jena und Auerstedt im 4. Koalitionskrieg werden nicht nur die preußischen Gebiete, sondern auch Mecklenburg, das schwedische Wismar und Schwedisch-Pommern von napoleonischen Truppen besetzt.

Nach dem Zusammenbruch des napoleonischen Reiches wird auf dem **Wiener Kongress** die Karte Europas neu gezeichnet, für die Ostseeküste heißt das: Schwedisch-Pommern geht an Preußen, Wismar an Mecklenburg.

Langsam beginnt sich der Badetourismus durchzusetzen, anfangs noch als adlige **Kur**, später als bürgerliches Vergnügen: bereits Ende

Land unter 1872

Am 12./13. November 1872 erlebte die deutsche Ostseeküste ein unvergleichliches Sturmhochwasser. Keine Schlechtwetter-Chronik wusste bis dato von einer ähnlichen Katastrophe an der Küste zu berichten. Der Wasserstand lag zeitweilig bis zu knapp 3 m über NN, während gleichzeitig ein Orkan die Küste entlang zog. Bereits bei 1,50 m über NN spricht man von einem Sturmhochwasser, kürzer und geläufiger: von einer Sturmflut. Sie entsteht in der Ostsee aufgrund einer seltenen Wetterkonstellation: Bei anhaltend starken (Nord-)West-Winden werden Wassermassen in den östlichen Teil der Ostsee gedrückt, gleichzeitig fließt Wasser durch den Skagerrak aus der Nordsee nach. Wenn dann der Wind umschlägt, aus Nordost bläst und sich zu Orkanstärke aufbaut, drängen die Wassermassen mit hoher Geschwindigkeit zurück an die westliche Ostseeküste, ohne dass das Wasser durch die Meerenge zwischen Ost- und Nordsee abfließen kann.

Was 1872 der Orkan nicht niederriss, erledigte schließlich das Wasser. Die Inseln Hiddensee und Usedom wurden praktisch entzweigerissen, der Darß vom Festland abgetrennt. Neuendorf und Vitte auf Hiddensee wurden komplett überflutet, die Lehmhäuser fielen in sich zusammen, die meisten Fischerboote wurden zerstört. Auf Usedom versank das an der engsten Stelle der Insel gelegene Fischerdorf Damerow in den Fluten. Auch auf Fischland-Darß-Zingst drängten die Wassermassen in die Fischerdörfer. Entlang der gesamten Ostseeküste ließen Menschen und Vieh ihr Leben in den Fluten, Deiche brachen, Fischerkaten fielen in sich zusammen, Boote und Schiffe wurden an den Strand geworfen und zerstört.

des 18. Jh. in Heiligendamm, ab 1824 auf Usedom, dann in den 1840ern in Putbus und bald darauf in Binz. Auch die Industrialisierung erreicht die Ostseeküste – sichtbar v. a. an den Dampfschiffflotten, die in den Werften der Hafenstädte gebaut werden, und an der Eisenbahn, die einerseits dem Schiffsbau, andererseits dem wachsenden Tourismus von Nutzen ist.

20. Jh. Der **Erste Weltkrieg** hemmt den Tourismus nur kurz. In den „goldenen Zwanzigern“ blühen auch die Urlaubszentren an der Ostseeküste, Hiddensee wird zum beliebten Künstler-Domizil.

Unter den **Nationalsozialisten** soll auf Prora (Rügen) ein gigantisches Urlaubszentrum entstehen, während in Peenemünde (Usedom) die berühmt-berüchtigten V1- und V2-Raketen produziert werden – unter Beteiligung zahlloser Zwangsarbeiter, die unter menschenunwürdigen Bedingungen ihr Werk verrichten müssen (s.a. S. 264f.). Auch in Wismar und Rostock siedelt sich Rüstungsindustrie an, was die Städte zu Zielen alliierter Bomberstaffeln macht. Weite Teile der alten Hansestädte werden zerstört.

Nach dem Zusammenbruch des Dritten Reiches besetzen sowjetische Truppen das Land. Aus Mecklenburg und dem bei der noch zu gründenden **DDR** verbliebenen Rest Pommerns entsteht das Land Mecklenburg-Vorpommern, das bald nur noch Mecklenburg und schließlich Bezirk Rostock heißen wird.

1953 enteignet die DDR im Zuge der sogenannten *Aktion Rose* Hotel- und Pensionsbesitzer an der Ostseeküste und verstaatlicht die Urlaubseinrichtungen, vielen ehemaligen Eigentümern wird als vermeintlichen Wirtschaftsverbrechern der Prozess gemacht.

1990 erfolgt im Zuge des Zusammenbruchs der DDR die erste freie Wahl. Mit der **Wiedervereinigung** wird das Bundesland Mecklenburg-Vorpommern gegründet, Regierungssitz ist nicht Rostock, sondern Schwerin.

21. Jh. Im Juni 2007 blickt die Welt nach Heiligendamm, wo unter turnusgemäßer EU-Ratspräsidentschaft Deutschland den G 8-Gipfel ausrichtet. Die Region befindet sich über Tage im Ausnahmezustand, das Tagungshotel in Heiligendamm wird hermetisch abgeriegelt, Proteste finden u. a. in Rostock statt.

Derweil boomt der Tourismus an der Ostseeküste Mecklenburg-Vorpommerns auch im 21. Jahrhundert unverändert weiter.

Rechtsradikalismus: Die Angriffe auf die Wohnungen von Asylbewerbern in Rostocks Stadtteil Lichtenhagen im August 1992 sind zwar Jahre her, aber noch immer gilt der Vorort als Synonym für den Rechtsradikalismus im Osten. Dabei blieb der rechtsradikal motivierte Übergriff bei weitem kein Einzelfall. Nach der Landtagswahl 2006 zog die NPD in den Schweriner Landtag ein. Dass es sich dabei um ein Problem ländlicher Gebiete im strukturschwächsten Bundesland handeln würde, wäre aber zu kurz gegriffen. Auf der touristisch ausgezeichnet erschlossenen und so von der Arbeitslosigkeit wenig betroffenen Insel Usedom erreichte die rechtsradikale Partei 11,5 Prozent. Auf Rügen waren es immerhin noch über 7 Prozent und auch in den Städten wurde die 5-Prozent-Hürde übersprungen.

Wasserkunst und Alter Schwede: auf dem Marktplatz von Wismar

Architektur

Die im wahrsten Sinne des Wortes überragende Bauform entlang der Ostseeküste ist die der Norddeutschen Backsteingotik. Charakteristisch für die Ostseebäder ist die verspielte Bäderarchitektur. Zudem finden sich übers Land verstreut diverse Schlösser und Herrenhäuser aus unterschiedlichen Epochen.

Im Windschatten des rasanten Aufstiegs der Hanse entstanden in den Städten als Ausdruck eines gesteigerten kaufmännischen Selbstbewusstseins prächtige Gebäude, allen voran natürlich Kirchen, aber auch Kaufmannshäuser (zur Norddeutschen Backsteingotik, S. 26). Die gotischen Giebelhäuser prägen die **städtische Architektur** bis heute. Da diese im Laufe der Jahrhunderte umgestaltet und modernisiert wurden, bieten die Fassaden entlang der Straßen oft einen kleinen Überblick über die Architekturgeschichte. Das vollständigste Stadtbild bietet Wismar, hier stehen ursprünglich gotische, farbig barocke und klassizistisch strenge Stufengiebel nebeneinander. Wismar ist auch ein passendes Beispiel für nichtgotische städtische Architektur, vor allem dank des aufwendig gestalteten Fürstenhofs oder der *Wasserkunst*, beides Repräsentativbauten aus der Renaissance. Repräsentativ sind auch die beiden verbliebenen gotischen Rathäuser in Stralsund und Rostock. Während Ersteres mit seiner prächtigen Schaufassade ein Highlight der Backsteingotik darstellt, wurde Letzterem ein von Säulen getragener barocker Vorbau vorgesetzt, über den die gotischen Giebel noch hinausragen.

Eine Sonderstellung nimmt die Landeshauptstadt *Schwerin* ein. Ihr Erscheinungsbild wurde vor allem durch die Umgestaltung zu einer repräsentativen Residenzstadt in der ersten Hälfte des 19. Jh. geprägt. Verantwortlich dafür war der Architekt *Georg Adolph Demmler*, dessen Meisterstück, das von Wasser umgebene, prächtige Schweriner Schloss, bis heute Glanzpunkte setzt.

Abseits der Städte ist eine Vielzahl von **Schlössern** und **Herrenhäusern** erhalten – vom *Schloss Lütgenhof* im Klützer Winkel über das *Herrenhaus Bohlendorf* auf der Halbinsel Wittow (Rügen) bis zum *Gutshaus Stolpe* im Peenetal. So manche der ehemaligen Höfe des Landadels und der Großgrundbesitzer liegen noch in Ruinen, andere, wie die oben genannten, sind sorgsam wiederaufgebaut worden und beherbergen heute Hotels und Restaurants. Ebenfalls als Hotels dienen die sehenswerten Schlösser *Ralswiek* aus dem 19. Jh. und *Spyker,* beide auf Rügen. Letzteres ist eines der architektonischen Zeugnisse aus schwedischer Zeit und diente dem schwedischen Feldmarschall *Carl Gustav von Wrangel* in seiner Zeit als Generalgouverneur von Schwedisch-Pommern als Wohnsitz. Auf Usedom befindet sich das schöne Wasserschloss *Mellenthin.* Das Renaissanceschloss wurde zuletzt Stück für Stück restauriert und beherbergt heute ein Hotel und Restaurant. Kein Hotel, sondern Museum und Aussichtspunkt ist *Schloss Granitz* südlich von Binz (Rügen), dem *Karl Friedrich Schinkel* den Panoramaturm in die Mitte stellte.

Wird Stück für Stück renoviert: das Wasserschloss Mellenthin (Usedom)

Auch von einer einst regen **Klosterkultur** ist an der Ostseeküste einiges erhalten geblieben, allen voran das prächtige *Münster* auf dem Gelände des ehemaligen Zisterzienserinnenklosters in *Bad Doberan.* Die berühmteste Klosterruine Deutschlands liegt in der Nähe von Greifswald: *Eldena,* nachhaltig in Szene gesetzt durch den Maler *Caspar David Friedrich.* Für den städtischen Bereich zu erwähnen sind das *Johanniskloster* und das *Katharinenkloster* in Stralsund sowie das *Kloster zum Heiligen Kreuz* in Rostock, die allesamt heute sehenswerte Museen beherbergen.

Das **Hallenhaus** ist eine bäuerliche Hausform, die von niederdeutschen Siedlern an die Ostseeküste gebracht wurde. Es zeichnet sich vor allem dadurch aus, dass Mensch und Tier, Gerätschaft, Ernte und Vorrat unter einem Dach versammelt waren. Ursprünglich gingen Stall und Wohnstube sogar ohne jede Trennwand ineinander über. Meist aus Lehmfachwerk errichtet, zuweilen mit Backstein ummantelt, fehlte es dem Hallenhaus oft an einem Schornstein. Der von einer offenen Feuerstelle aufsteigende Rauch zog unter das Rohrdach und von dort aus nur zögerlich ab. Diese Häuser nannte man deshalb *Rökerkate* oder auch *Rookhus.* Ein Reisender berichtet Ende des 18. Jh. über den Besuch in einer solchen Kate: „Die Küche war dergestalt voll Rauch, dass wir kein Auge darin öffnen konnten. Dass müsse so sein, sagte der Bauer, um Schinken, Fische und Netze zu räuchern." Ein

Gebrannte Pracht: die Norddeutsche Backsteingotik

Die stilprägenden Elemente der Norddeutschen Backsteingotik erklären sich bereits aus dem Namen. Im Windschatten des rasanten Aufstiegs der Hanse im 13. und 14. Jh. erblühte vor allem in den deutschen Ostseehäfen die Bautätigkeit, denn das erstarkte, selbstbewusst gewordene Bürgertum wollte sich mit repräsentativen Gebäuden schmücken. In Ermangelung aber von natürlichem Baumaterial wie Sandstein musste notgedrungen auf „gebrannten Stein" zurückgegriffen werden. Genau genommen handelt es sich um Tonerde, die bei gut 1000 °C in handlicher Form gebrannt wurde und dabei auch ihre charakteristische rote Farbe erhielt.

Statt aber den Mangel an Naturstein hinter dicker Tünche zu verbergen (wie z. B. in Teilen des süddeutschen Raums), erzielte man dank der Gleichförmigkeit der gebrannten Steine und durch den Kontrast mit den hellen Fugen streng strukturierte Flächen und Fassaden. Gleichzeitig ließen sich die Gemäuer durch die einfache Formbarkeit des Backsteins mit Friesen, Blenden, Giebeln und anderen Schmuckelementen aufwendig verzieren. Doch trotz des Zierrats beeindrucken die Bauten vor allem durch erhabene, geradlinige Schlichtheit und karge Eleganz. Als prachtvollster Ausdruck bürgerlichen Selbstbewusstseins entstanden natürlich die großen Kirchen der Hansestädte – die Ratsherren Wismars beispielsweise fühlten sich im Laufe des 14. Jh. derart kraftvoll, dass sie meinten, der Stadthaushalt könne gleich drei Großbaustellen stemmen. Aber auch nichtsakrale Bauten spiegelten den Stolz der Bürger, ob in der prunkvollen Gestaltung eines Kaufmannshauses oder der des Rathauses. Schönste Beispiele sind das Rathaus in Stralsund mit seiner prächtigen Schaufassade, das direkt gegenüberliegende Wulflamhaus, der Alte Schwede in Wismar, das Kerkhoff-Haus in Rostock oder das Haus mit der Nummer 11 in Greifswald – die Liste ließe sich beliebig fortsetzen.

Im Kirchbau war das gotische Maß aller Dinge Lübeck, das seine Inspiration wiederum aus den französischen Kathedralen schöpfte. Die Baugeschichte der meisten älteren Gotteshäuser folgte dem gleichen Schema: War ein romanischer, meist basilikaler Vorgängerbau vorhanden, wurde dieser Mitte des 13. Jh. entweder ersetzt oder zu einer gotischen Hallenkirche umgebaut. Eine Hallenkirche zeichnet im Gegensatz zu einer Basilika aus, dass die Seitenschiffe auf die gleiche Höhe gebracht wurden wie das Mittelschiff, sodass der Innenraum zu einer nur von den Pfeilern strukturierten großen Halle wurde. Mit dem (erneuten) Umbau der Hallenkirche wurde in manchen Fällen, wie bei St. Nikolai in Stralsund, kurz nach der Fertigstellung begonnen. Die Erweiterung umfasste meist den Neu- oder Umbau des Chores, oft mit umlaufendem Kapellenkranz, vor allem aber die Aufstockung des Langhauses, wodurch erneut eine basilikale Bauform hergestellt wurde. Ziel war eine – im wahrsten Sinne des Wortes – erhebende Raumwirkung, der Kirchenbesucher sollte meinen, ins „himmlische Jerusalem" einzutreten. Die Raumwirkung entsteht dabei nicht nur durch die Höhe des Mittelschiffs, das dank der über die Seitenschiffe hinausragenden Obergadenfenster von Licht durchflutet wird, sondern vielmehr durch das Verhältnis von Höhe zu Breite. So hat die Lübecker Marienkirche zwar mit 38 das höchste Mittelschiff, da dessen Breite aber über 14 m beträgt, ist das Verhältnis „nur" 1:2,6. Bei späteren Bauten wird die Proportion immer steiler und die Raumwirkung damit gewaltiger. Wismars Nikolaikirche schließlich erreicht ein Verhältnis von 1:3,5 – bei einer Breite von gerade einmal 10,5 m schließt das Gewölbe auf einer Höhe von 37 m das mächtige Langhaus ab.

Wiedererrichtet: Sellins Seebrücke, ein Highlight der Bäderarchitektur

paar schöne Exemplare finden sich im Mönchgut (Rügen), z. B. das zu den *Rookhus* in Göhren oder das *Pfarrwitwenhaus* in Groß Zicker.

Der Begriff **Bäderarchitektur** bezeichnet keine exakt definierbare Stilrichtung oder gar eine architektonische Gattung. Vielmehr besteht das verbindende Element der unter diesem Sammelbegriff gebündelten Gebäude darin, dass der Architekt alle Freiheit hatte, sich diverser Stile und Formelemente zu bedienen. Mit dem Aufkommen des Badetourismus im 19. Jh. entstanden dabei nicht nur noble Herbergen, die ein anspruchsvolles, v. a. großbürgerlich-städtisches Publikum zufriedenstellen mussten, sondern auch Kurhäuser, Veranstaltungspavillons, später Seebrücken und natürlich Badeanstalten. Was die Bauten der Bäderarchitektur verband, war also vor allem die touristische Nutzung und die ornamentfreudig gestalteten Fassaden. Hinzu kam noch eine besondere architektonische Mode der Zeit: die Vorliebe für Schatten spendende Veranden und Loggien, denn das Sonnenbaden galt es zu meiden, schick oder vielmehr standesgemäß war die noble Blässe. Besonders eindrucksvoll gestalten sich die drei Kaiserbäder auf Usedom und die beiden bedeutendsten Ostseebäder Rügens: Sellin mit seiner nach historischem Vorbild wiedererrichteten Seebrücke und Binz samt prächtiger Strandpromenade.

Einen Sonderfall bilden Putbus auf Rügen und Bad Doberan/Heiligendamm. Klassizistischen Gesamtkunstwerken gleich, wurden sie errichtet, um den ersten, vornehmlich adligen Badegästen das angemessene Ambiente zu bieten. Es entstanden quasi auf der grünen Wiese homogene Gebäudeensembles in schneeweißer Pracht.

Abschließend sei noch ein architektonisches Highlight aus jüngster Zeit genannt: die **2. Strelasundquerung.** Der 2831 Meter lange Brückenzug – ein Teil davon 42 Meter über dem Wasser als Schrägseilbrücke mit markantem, 126 Meter hohem Pylon – ersetzt den alten Rügendamm zwischen Stralsund und der Insel.

Der „Molli" fährt mitten durch Bad Doberans Fußgängerzone

Reisepraktisches

Anreise

Mit dem Auto: Die Ostseeautobahn A 20 von Lübeck bis zum Autobahnkreuz Uckermark, das große Straßenbauprojekt der letzten Jahre, ist mittlerweile durchgehend ausgebaut. Und auch die 2. *Strelasundquerung*, die imposante Brückenkonstruktion von Stralsund nach Rügen, wurde 2007 fertiggestellt, was die Anreise mit dem Auto für Rügenreisende enorm vereinfacht. Doch bevor man an die Ostseeküste kommt, hat man natürlich ein mehr oder minder großes Stück Deutschland zu durchqueren. Je nach Abfahrtsort gibt es drei gängige Routen an die Küste: Aus dem Westen über die A 1 nach Hamburg und Lübeck und von dort auf die Ostseeautobahn. Aus dem Süden (auch Österreich/Schweiz) über Nürnberg auf der A 9 nach Berlin und dann entweder Richtung Schwerin, Rostock oder Usedom. Reisende aus dem Osten streifen ebenfalls Berlin, allerdings auf der östlichen Seite, und stoßen bei Greifswald (Autobahnkreuz Uckermark) auf die A 20.

Achtung Rügen- und Usedomreisende: Samstag ist Anreisetag (zumindest im Sommer) für die unzähligen Ferienhäuser und -wohnungen, die Folge sind lange Staus vor und auf den Zufahrtsbrücken. Wenn möglich, sollte man den Samstag Nachmittag meiden. Gleiches gilt für die Abreise am Samstag Vormittag.

Mit der Bahn: In der Regel führen die innerdeutschen Zugstrecken je nach Abfahrtsort über Hamburg oder Berlin. Ein IC verkehrt ca. alle 90 Minuten auf der Strecke Hamburg–Rostock–Stralsund, z. T. sogar mit Weiterfahrt bis Binz auf Rügen, Fahrtdauer ab Hamburg nach Stralsund ca. 3 Stunden. Zudem gibt es auf der Strecke Hamburg–Stralsund etwa alle zwei Stunden auch einen Regionalexpress (RE), Fahrtdauer etwa

3,5 Stunden, mit Umsteigen in Rostock, oft Weiterfahrt bis Sassnitz auf Rügen.

Ab Berlin Hauptbahnhof geht es etwa stündlich mit dem IC oder dem RE via Anklam und Greifswald nach Stralsund (2 Std. 45 Minuten bzw. 3 Std. 15 Min. Fahrtzeit), etwa alle 2 Stunden mit dem RE über Schwerin nach Wismar (ca. 3 Stunden Fahrtzeit).

Von den Hansestädten Rostock, Stralsund und Wismar bestehen in der Regel sehr gute Zugverbindungen zu den Ostseebädern und auch zu kleineren Orten entlang der Küste (detaillierte Infos bei den jeweiligen Orten).

Das Tarifsystem der Bahn ist weit verzweigt, unter bestimmten Voraussetzungen kann man echte Schnäppchen machen, und das vor allem, wenn man mit einem der DB-Nachtzüge fährt oder das sog. „Dauer-Spezial" (s. unten) bucht. Für die Sondertarife ist frühzeitige Buchung unbedingt ratsam.

• *Verbindungen/Preisbeispiele für Stralsund* Schnellste Verbindung von **München** nach Stralsund mit dem ICE über Nürnberg (teilweise hier Umsteigen) und Berlin (umsteigen) und dann mit dem IC oder RE zum Ziel, Fahrtzeit insgesamt je nach Verbindung 9,5–10 Std., einfacher Normalpreis 122 €. Von **Frankfurt/M.** nach Stralsund in 7–7,5 Std. (Umsteigen in Berlin oder Hamburg), Preis 122 €, einmal tägl. durchgehender IC, 8,5 Std., 105 €. Ab **Hamburg** Hauptbahnhof mit dem IC in ca. 3 Std. direkt nach Stralsund, mit dem RE (Umsteigen in Rostock) 3,5 Std., Normalpreis mit dem RE 37,60 €, mit dem IC 47 €. Ab **Berlin** Hauptbahnhof stündliche Verbindungen nach Stralsund, RE 35,10 €, IC 44 €.

• *Weiterfahrt nach Rügen* Etwa stündlich ab Stralsund über Bergen nach Binz, 5-mal tägl. fährt auch ein IC, Fahrtdauer bis Binz knapp 1 Std., mit dem Regionalexpress (RE) 9,90 € (teilweise Umsteigen in Lietzow auf Rügen), mit dem IC 13,30 €.

• *Weiterfahrt nach Usedom* Die Usedomer Bäderbahn (UBB) fährt von Mitte Mai bis Anfang Oktober (im Winter eingeschränkt) zwischen 5.20 und 21.20 Uhr alle zwei Stunden von Stralsund über Greifswald, Züssow und Wolgast (ab Züssow und Wolgast stündlich Verbindungen) bis Ahlbeck im Südosten Usedoms und neuerdings auch über die Grenze bis nach Swinemünde. Ab Stralsund bis Ahlbeck einfach 17 € (Fahrtzeit ca. 2 Std. 15 Min.), ab Greifswald 13 € (ca. 1 Std. 45 Min.). Fahrplanauskunft unter ✆ 038378-27132, im Internet unter www.ubb-online.com.

• *Ermäßigungen* BahnCard-Besitzer und alle, die die gleiche Strecke auf dem Hin- und Rückweg fahren, über Sa/So bleiben und mind. 3 Tage vor Fahrtantritt buchen, können bis zu 50% sparen. Wer frühzeitig bucht und den Tarif „Dauer-Spezial" ergattert, kommt sogar für nur 29 € (Internetbuchung) bzw. 34 € (am Schalter) ans Ziel. Aber Achtung: Gerade der letztere Tarif ist stark kontingentiert und schnell ausgebucht! Detaillierte Auskunft erhält man in den Reisezentren der DB in jedem größeren Bahnhof.

• *Fahrradmitnahme* Ist im ICE prinzipiell **nicht** möglich; im IC kostet die Fahrradmitnahme 9 € (mit BahnCard 6 €) pro einfache Fahrt und ist reservierungspflichtig unter 01805-151415; im Regionalexpress (RE) kann das Fahrrad in extra ausgewiesenen Abteilen mitgenommen werden, zuvor ist ein Fahrradticket für 4,50 € zu lösen (pro einfache Fahrt).

Alle Preisangaben Stand: März 2009

Baden

Über vielen Strandabschnitten Mecklenburg-Vorpommerns weht die *Blaue Flagge*, ein alljährlich nach strenger Prüfung vergebenes EU-Gütesiegel, das u. a. ausgezeichnete Wasserqualität und die Einhaltung strenger Sicherheits- und Umweltstandards bescheinigt.

Aber auch an den abseitigeren Stränden, an denen selten einer der EU-Kontrolleure vorbeikommt, kann man getrost ins Wasser gehen. Rund um Rügen, Hiddensee, Fischland-Darß-Zingst oder Usedom ist die Wasserqualität nahezu unbelastet und badetauglich.

Am Rande: Auch wenn die vielen weiten Buchten ideale, natürlich geschützte Bademöglichkeiten bieten, so sind doch zeitweilige oder dauerhafte Badeverbote dringend zu beachten.

Mit Badekarren gegen die Melancholie

Die Idee entstand im 18. Jh. in England: Um die in Adelskreisen verbreitete Gemütsschwere zu lindern, tauchte man Melancholiker jeden Alters ins Meerwasser. Salzig musste es sein und vor allem kalt. Die Schocktherapie, hieß es, helfe auch gegen Hysterie, Rheumatismus, Rachitis, Fallsucht, Harnwegserkrankungen etc. – die Thalassotherapie, eine in der Antike gängige Behandlungsmethode, war wiederentdeckt worden.

Gebadet wurde natürlich nicht im offenen Meer, sondern in einem blickdichten Badekarren, der ins Wasser gezogen wurde und aus dem der Patient ins Seewasser stieg. Auch als aus der ärztlich verordneten Therapie eine Mode geworden war, blieb der Badekarren in Gebrauch. Zudem wurde der Strand geteilt: in einen Herren- und einen Damenstrand sowie einen Abschnitt dazwischen, auf dem beide Geschlechter gesellig sein konnten, komplett bekleidet, versteht sich. Es wurde ohnehin kein Bad in der Sonne genommen, denn gebräunte Haut galt als ungesund.

Zuweilen ist noch zu hören oder zu lesen, dass die Ostseestrände noch immer so geteilt sind wie die Republik in den Köpfen ihrer Bürger: konservativ verhüllt (aber zahlungskräftig) auf der einen, schamlos entblößt (aber schon seit der Kindheit hier im Urlaub) auf der anderen Strandseite, dazwischen unversöhnliches Unverständnis ob der Prüderie respektive Hemmungslosigkeit. Ganz so dramatisch ist es natürlich längst nicht mehr. An den Stränden Mecklenburg-Vorpommerns geht es tolerant und vor allem entspannt zu. Zumal die meisten Strände in FKK- und Textil-Abschnitte unterteilt sind. Hinzu kommt eine dritte Strandausschreibung: für Hunde (und ihre Halter), die

Strand satt, hier auf Usedom

die unangenehme Angewohnheit haben, sich nach dem Bad zu schütteln, bevorzugt in der Nähe belegter Badetücher. Doch an den Grenzen dieser Abschnittszuteilungen in *Textil, Textilfrei* und *Fell* kann es, vor allem in unmittelbarer Umgebung der Ostseebäder, vorkommen, dass um jeden Zentimeter Sand erbittert gerungen wird. Im Zweifelsfall hält man sich am besten an die Strandzuweisungen bzw. orientiert sich an den jeweiligen Gepflogenheiten. Abseits der großen Strandpromenaden interessiert sich ohnehin kaum noch jemand dafür, was man trägt oder auch nicht.

Ermäßigungen

Bei den meisten Museen, Bädern, Ausflugsdampfern etc. gelten die üblichen Ermäßigungen für Schüler, Jugendliche, Studierende und Rentner (manchmal zudem für Soldaten und Zivildienstleistende). In der Regel zahlen diese Personengruppen bei Vorlegen eines entsprechenden Ausweises die Hälfte des Eintrittspreises.

Räucherfisch

Darüber hinaus gibt es folgende Ermäßigungspakete: das **Schwerin Ticket** (S. 47) und die **RostockCard** (S. 109). Diese Tickets sind zwei oder mehr Tage für eine oder mehrere Personen gültig und ermöglichen teils ermäßigten, teils kostenlosen Zutritt zu Museen und anderen Sehenswürdigkeiten. Auch Nahverkehrsverbindungen und Ausflugs-(schiff)fahrten sind verbilligt, zuweilen umfasst das Spektrum auch ermäßigtes Abendessen in ausgewählten Restaurants oder günstige Wellnessangebote. Jedes Jahr werden die Angebote überarbeitet und erweitert.

Essen und Trinken

Die Regionalküche präsentiert sich überwiegend bodenständig, wenngleich nicht ohne Schnörkel und die ein oder andere Finesse, z. B. beim pommerschen Wickelbraten mit Backpflaumenfüllung oder beim in Salbei gebackenen Aal.

In vielen Landgasthöfen und Hafenrestaurants wird mit Großmutters Rezepturen hantiert (und geworben), dominiert werden die Speisekarten natürlich vom **Fisch:** Vom Aal bis zum Zander kommt alles auf den Tisch, was Meer und Bodden hergeben – ob gebraten, gegrillt, gebacken, frittiert, gedünstet, gekocht, geräuchert oder roh als Saurer Hering. Erwähnt sei auch das typische **Ostsee-Fastfood,** das Fischbrötchen, das man in diversen Variationen praktisch an jeder (hafennahen) Ecke bekommt – eigentlich immer in hervorragender Qualität.

Bei den fischfreien Gerichten stehen neben Klassikern wie Schnitzel mit Kartoffelsalat, Jägerbraten oder Kartoffelsuppe mit Würstchen und Speck vor allem Kohlgerichte hoch im Kurs. Und in waldreichen Gebieten besteht oftmals die Möglichkeit, zwischen (relativ günstigen) Wildgerichten zu wählen. Die regionale Fleisch-Spezialität schlechthin ist übrigens der *Mecklenburger Rippenbraten,* ein mit Backobst, Äpfeln und

Sanddorn

In dichten, dornigen Hecken wächst die „Zitrone des Nordens" auch auf sandigem Boden (wodurch sich auch der Name erklärt), wild oder in Plantagen. Den kleinen, orangefarbenen Früchten werden sagenhafte Wirkungen zugeschrieben: Nicht nur, dass sie weit mehr Vitamin C haben als Zitronen (hinzu kommen die Vitamine E, K und A), sie sollen außerdem den Cholesterinspiegel senken, Entzündungen hemmen usw. Kurz und gut: Wellness von innen, nur der Geschmack ist gewöhnungsbedürftig, da mächtig sauer. Der vor 200 Jahren aus Schweden importierte Sanddorn lässt sich im Übrigen vielfältig verarbeiten: Saft und Marmelade sind gängig, Tee und Likör verbreitet. Destilliert gibt es den Sanddorn auch als Schnaps. Oder man genießt ihn als Heißgetränk zur Erkältungsvorsorge. Schließlich wird sogar ein (zugegebenermaßen eigenwilliger) Wein aus Sanddorn gekeltert.

Rosinen gefüllter Schweinebraten, der traditionell mit Kartoffelklößen und Rotkohl serviert wird – er fehlt auf keiner Speisekarte.

Zu den Restaurants, die sich in erster Linie auf die Zubereitung der bodenständigen Küche verstehen, hat sich mittlerweile auch eine erkleckliche Zahl an Spitzenrestaurants gesellt, in denen hochrangige Gourmet-Köche ihre Künste zelebrieren. So hat sich insbesondere in den Seebädern, aber auch abseits der Touristenströme eine kulinarische Landkarte entfaltet, die hochklassige Abwechslung verspricht – zu entsprechenden Preisen, versteht sich.

Mit Ausnahme diverser Sanddorn-Derivate (siehe Kasten) finden sich keine ostseetypischen Getränke. Getrunken wird vor allem Bier. Empfehlenswert ist die *Stralsunder Brauerei*, deren norddeutsch herbes Pils zu Recht vielfach prämiert wurde. Das gilt auch für die *Störtebeker-Reihe* der Brauerei: Schwarzbier, Pils oder Bernstein-Weizen, zusammengefasst mit dem griffigen Slogan *Störtebeker – das Bier der Gerechten*. Gutes Bier kommt aber auch den kleineren Gasthof-Brauereien, die den letzten Jahren den Braubetrieb (wieder) aufgenommen haben (z. B. in Schwerin, Wismar, Kühlungsborn, Middelhagen/Rügen, Heringsdorf/Usedom; Näheres im Reiseteil).

Feste und Veranstaltungen

Das Spektrum reicht vom klassischen Kurkonzert über Segelregatten, Beachvolleyball- und Strandfußball-Turniere bis hin zu Hafenfesten, Mittelaltermärkten, Schwedenfesten sowie Musik- und Kabarettfestivals. Ein Grund zum Feiern findet sich immer: sei er skurril (Pferdefasching), gängig (Osterfeuer), bodenständig (Spargelfest), traditionsbewusst (Tonnenabschlagen), nostalgisch (Wallensteintage oder Schwedenfest) oder hochmodisch (*Baltic Fashion* auf Usedom). Die Ostseebäder, die eine Seebrücke besitzen, lassen es sich selbstverständlich nicht nehmen, ein Seebrückenfest zu feiern. Hinzu kommen meist noch Frühlings-, Sommer- und/oder Herbstfeste, gänzlich Unerschrockene treffen sich schon an Neujahr zum „Anbaden" – richtig, in der Ostsee. Das eigentliche Anbaden findet aber quasi als Saisoneröffnungsfest im Mai statt.

Top-Event ist sicherlich die **Hanse Sail** in Rostock, das größte maritime Fest der Ostseeküste (Anfang August). Beliebt sind auch die sommerlichen Open-Air-Theateraufführungen, allen voran die **Störtebeker-Festspiele** (Ende Juni bis Anfang September) in Ralswiek auf Rügen mit dem Großen Jasmunder Bodden als Kulisse; oder die beiden (konkurrierenden) **Vineta-Festspiele** in Barth und Zinnowitz (Usedom).

Abendunterhaltung das ganze Jahr über und mit einem Dach über dem Kopf bietet das Theater von Putbus (Rügen), untergebracht in einem sehenswerten klassizistischen Bau. Sehr reich an Theater und Oper und Kleinkunst zeigt sich Rostock. Ein weiteres Highlight ist das **Ostsee-Meeting,** das traditionsreiche Pferderennen auf der Galopprennbahn von Bad Doberan (Ende Juli).

Veranstaltungskalender erhält man in der Tourismuszentrale bzw. der Kurverwaltung/ Touristinformation des ausgewählten Urlaubsortes (siehe unten bzw. im Reiseteil bei den jeweiligen Orten).

Hunde

Die Ostsee ist ein ideales Urlaubsziel für Hundebesitzer. An den gut besuchten Stränden sind eigene Abschnitte für Hunde und ihre Halter ausgeschrieben, und an den abseitigen Ufern stört sich niemand an den Vierbeinern. In nahezu jedem gastronomischen Betrieb, von der einfachen Bierkneipe bis zum Gourmettempel, wird der Hund mit einer Schale Wasser versorgt. Die meisten Hotels, Pensionen, Appartements etc. erlauben Hunde in den Zimmern, in der Regel für einen Aufpreis zwischen 5 € und 10 € am Tag. Auf Campingplätzen gilt natürlich Leinenzwang. An die Leine müssen Hunde auch in ausgewiesenen Naturschutzgebieten.

Information und Internet

Die Hansestädte und die Ostseebäder sind in Sachen Touristeninformation gut organisiert. Neben den Info-Broschüren, Gastgeberverzeichnissen (teils gegen Gebühr) und Veranstaltungskalendern werden häufig auch Land- und Postkarten sowie Bücher und Souvenirs zum Verkauf angeboten. Darüber hinaus unterhalten einige Büros eine Zimmervermittlung, einen Ticketverkauf und einen Fahrradverleih und organisieren Stadtführungen oder geführte Wanderungen.

Schwieriger ist die Lage in den ländlichen Gebieten: Manch kleines Büro liegt sehr versteckt, andere scheinen ihre Öffnungszeiten geheimhalten zu wollen.

Hier die wichtigsten Tourismuszentralen, samt Internet-Adressen:

www.auf-nach-mv.de: offizielle Seite des Tourismusverbandes Mecklenburg-Vorpommern.

Tourist-Information der Hansestadt Wismar, Am Markt 11, 23966 Wismar, ✆ 03841-19433, 📠 2513091, www.wismar.de.

Touristik-Service Kühlungsborn GmbH, Ostseeallee 19, 18225 Kühlungsborn, ✆ 038293-8490, 📠 84930, www.kuehlungsborn.de.

Tourist-Information Bad Doberan, Severinstr. 6, 18209 Bad Doberan, ✆ 038203-62154, 📠 77050, www.bad-doberan.de.

Tourist-Information der Hansestadt Rostock, Neuer Markt 3, 18055 Rostock, ✆ 0381-3812222, 📠 3812602, www.rostock.de (gemeinsame Homepage mit Warnemünde).

Tourismusverband Fischland-Darß-Zingst, Barther Str. 31, 18314 Löbnitz, ✆ 038324-6400, 📠 64034, www.fischland-darss-zingst.de.

Tourismuszentrale der Hansestadt Stralsund, Alter Markt 9, 18439 Stralsund, ✆ 03831-24690, 📠 246922, www.stralsundtourismus.de.

Tourismuszentrale Rügen, Am Markt 4, 18528 Bergen auf Rügen, ✆ 03838-80770, 📠 254440, www.ruegen.de.

Touristen-Information Bergen, Am Markt 23, ✆ 03838-811276, 📠 811127, www.bergen-auf-ruegen.de.

Kurverwaltung Binz, Heinrich-Heine-Str. 7, 18609 Binz, ✆ 038393-148148, 📠 148145, www.ostseebad-binz.de.

Touristen-Information Sellin, August-Bebel-Str. 5, 18586 Sellin, ✆ 038303-87006, 📠 86075, www.ostseebad-sellin.de.

Kurverwaltung Göhren, Poststr. 9, 18586 Göhren, ✆ 038308-66790, 📠 667932, www.goehren-ruegen.de.

Tourist-Service Sassnitz, Bahnhofstr. 19, 18546 Sassnitz, ✆ 038392-6490, ✆ 64920, www.insassnitz.de.

Stadtinformation Greifswald, Rathaus, 17489 Greifswald, ✆ 03834-521380, 📠 521382, www.greifswald.de.

Usedom Tourismus GmbH, Waldstr. 1, 17429 Bansin, ✆ 038378-47710, 📠 477118, www.usedom.de.

Tourist-Information der drei Kaiserbäder, Waldstr. 1, 17429 Bansin, ✆ 038378-24420, 📠 24455, www.drei-kaiserbaeder.de.

Kartenstudium vor der nächsten Etappe

Karten

Die mit Abstand gelungensten kartographischen Produkte sind die Rad- und Wanderkarte des **Studio Verlags,** Norderstedt (5 €–6,90 €). Lieferbar sind *Rügen/Hiddensee* (1:50.000), *Usedom* (1:50.000) und *Ostseeküste an der Kühlung* (1:30.000).

An Handlichkeit unübertroffen, allerdings teilweise nicht zu 100 % exakt sind die Rad- und Wanderkarten aus dem Verlag **grünes herz,** Ilmenau (3,75 €). Es liegen vor (jeweils 1:30.000): *Boltenhagen/Klützer Winkel*; *Wismar/Insel Poel*; *Kühlungsborn*; *Bad Doberan*; *Graal Müritz/Rostocker Heide*; *Fischland/Darß/Zingst*; sechs Karten für Rügen und Hiddensee *(Altefähr/Zudar; Bergen/Putbus; Mönchgut/Granitz* inklusive Ausschnitt Prora; *Halbinsel Jasmund* inkl. Ausschnitt Prora; *Wittow/Kap Arkona* sowie *Hiddensee/Ummanz)* und drei Karten für Usedom *(Heringsdorf/Ahlbeck/Bansin; Lieper Winkel und Usedom; Zinnowitz/Ückeritz/Peenemünde).*

Flächendeckend, aber nicht 100-prozentig exakt sind die Wander- und Radtourenkarten von **Kompass** (Innsbruck) im Maßstab 1:50.000 (7,50 €): *Wismar, Klützer Winkel*; *Rostock, Warnemünde, Bad Doberan*; *Darß, Zingst, Fischland*; *Insel Rügen* inklusive Stralsund und Hiddensee; *Insel Usedom, Insel Wollin.*

Für die Insel Hiddensee empfiehlt sich außerdem die Karte *Hiddensee* aus dem **Nordland Kartenverlag** (Schwerin) im Maßstab 1:30.000 (5,50 €), hier auch Karten für die gesamte Ostseeküste, teilweise mit Stadtplänen, Maßstab 1:30.000 bis 1:75.000.

Kurtaxe

Die Erhebung der Kurtaxe ist Sache der Städte und Gemeinden. Deswegen fällt der Betrag, der sich nach der Zahl der Aufenthaltstage richtet, von Ort zu Ort unterschiedlich aus. Oftmals schließt die Kurkarte einige Angebote mit ein: ermäßigter Eintritt zu Museen oder freie Fahrt mit dem kleinen Stadtbähnchen. Normalerweise erhält zunächst der Vermieter den Betrag, der ihn dann an die Gemeinde weitergibt.

Insgesamt wird der Umgang mit der Kurkarte in einem vernünftigen Maß gehandhabt, d. h. nicht überall stehen Kontrolleure, und Tageskurkarten werden nur in den seltensten Fällen verlangt. Es kann aber vorkommen, dass am Zugang zum Strand ein Automat steht, an dem man sich ein Ticket ziehen muss ...

Literaturtipps

• Allgemeines **Lexikon Mecklenburg-Vorpommern**, Rostock 2007 (Hinstorff). *Das* Nachschlagewerk zu Mecklenburg Vorpommern, 1483 Stichworte kenntnisreich und prägnant über 768 Seiten verteilt, wird dem Anspruch ein umfassendes Lexikon zu sein gerecht.

Pfotenhauer, Angela (Text); *Lixenfeld, Elmar* (Fotos): **Backsteingotik**. Bonn 2005 (Monumente Edition). Informative, vorzüglich bebilderte und großformatige Publikation der Deutschen Stiftung Denkmalschutz.

Kiesow, Gottfried: **Wege zur Backsteingotik. Eine Einführung**. Bonn 2003 (Monumente Publikationen). Ein Muss für jeden, der sich in die Materie einarbeiten will, - hochinformativ und gut lesbar.

Schmied, Hartmut: **Mecklenburg-Vorpommern**. Freiburg 2001 (Eulen). Aus der Reihe *Die schwarzen Führer*, Mysteriöses, Historisches, Sagenhaftes. Zuletzt auch erschienen unter: *Schmied, Hartmut*: **Geister, Götter, Teufelssteine**. Rostock 2005 (Hinstorff).

Kutscher, Manfred: **Flora & Fauna an der Ostseeküste**. Mecklenburg-Vorpommerns. Schwerin 1995 (Demmler).

• Schwerin *Ende, Horst u. a.*: **Schwerin. Stadt zwischen Seen und Wäldern**. Bremen 2004 (Edition Temmen). Stadtführer.

Krempien, Margot: **Der Schweriner Schloßbaumeister G.A. Demmler. 1804–1886**. Schwerin 1991 (Demmler). Eine Biographie über den Architekten Schwerins, dessen soziales Engagement ihn den Job kostete.

Kriek, Manfred: **Schwerin. Ein historischer Führer**. Schwerin 2004 (Verlag Reinhard Thon).

• Wismar *Borchert, Jürgen*: **Was ich von Wismar weiß: Notizen und Bilder**. Rostock 2000 (Hinstorff). Historische Notizen über die ehrwürdige Hansestadt.

Pfotenhauer, Angela (Text); *Lixenfeld, Elmar* (Fotos): **Wismar und Stralsund**. Bonn 2002 (Monumente Edition). Die informative und hervorragend bebilderte Publikation der Deutschen Stiftung Denkmalschutz erschien anlässlich der Anerkennung der beiden Hansestädte als UNESCO-Welterbe 2002.

• Rostock und Warnemünde *Ehlers, Ingrid u. a.*: **Rostock und Warnemünde**. Bremen 2005 (Edition Temmen). Schön aufgemachter Stadtführer.

Schümann, Matthias (Text); *Mnich, Reiner* (Fotos): **Kunstwege. Spaziergänge durch Rostock und Warnemünde**. Rostock 2006 (Hinstorff). Ebenfalls schön aufgemachter kleiner Band über die Kunstwerke an den Straßen und Plätzen Rostocks und Warnemündes.

• Fischland, Darß, Zingst *Sietz, Henning*: **Fischland-Darß-Zingst**. Bremen 2004 (Temmen).

• Stralsund *Pfotenhauer, Angela* (Text); *Lixenfeld, Elmar* (Fotos): **Wismar und Stralsund**. Bonn 2002 (Monumente Edition). Siehe oben unter Wismar.

Matuschat, Jörg: **Stralsunder Geschichte von A bis Z**. Stralsund 2004 (Eigenverlag). Vom Alten Markt bis zur Zuckerfabrik, kaum ein Gebäude, eine historische Begebenheit oder bedeutende Persönlichkeit bleibt ausgespart, der Schwerpunkt liegt auf den baulichen Monumenten, gut bebildert und mit zahlreichen Skizzen versehen.

Volksdorf, Dietmar u. a.: **Das Scharfrichterhaus von Stralsund. Mit einem Exkurs zur Geschichte des Scharfrichters in Stralsund**. Stralsund 2004 (Schriftenreihe Stralsunder Denkmale, Heft 1). Ein spannendes Stück Architektur- und Sozialgeschichte, informativ und gut geschrieben.

• Rügen und Hiddensee *Jung, Georg*: **Kleines Lexikon Rügen**. Hamburg 2001 (Zeiseverlag). Handlich und informativ.

Laube, Heinrich: **Eine Fahrt nach Pommern und der Insel Rügen**. Nebst 20 Abbildungen. Nach einer Ausgabe von 1837 neu herausgegeben, erläutert und mit einem Nachwort versehen von Michael Huesmann. Bremen 2004 (Temmen).

Rellstab, Johann Carl Friedrich: **Ausflucht nach der Insel Rügen durch Meklenburg [sic!] und Pommern. Nebst achtzehn Kupfern und fünf Zeilen Musik**. Nach einer Ausgabe Berlin 1797 neu herausgegeben, erläutert und mit einem Nachwort versehen von Wolfgang Griep. Bremen 2004 (Temmen).

Blase, Karin: **Hiddensee von A–Z**. Schwerin 1995 (Demmler).

• <u>Greifswald</u> *Tremmel, Robert* (Text); *Drühl, Christin* (Fotos): **Universitäts- und Hansestadt Greifswald**. Rostock 2006 (Hinstorff). Schön bebilderter, in drei Rundgänge gegliederter Stadtführer.

• <u>Usedom</u> *Richter, Egon*: **Ahlbeck, Heringsdorf, Bansin. Die Usedomer Kaiserbäder.** Schwerin 2005 (Demmler). Schön aufgemacht und hübsch bebildert, auch mit historischen Aufnahmen.

Schleinert, Dirk: **Die Geschichte der Insel Usedom**. Rostock 2005 (Hinstorff): Gelungene und erschöpfende Darstellung.

Roscher, Achim: **Otto Niemeyer-Holstein. Lebensbild mit Landschaft und Figuren**. Berlin 2001 (AtV). Biographie des Malers.

Bock, Sabine; Buske, Norbert: **Wolgast**. Schwerin 1995 (Thomas Helms Verlag). Historisches zur kleinen Hansestadt.

Bauer, Hans-Ulrich: **Badegäste mit Anzug und Weste**, Usedom 2006 (Igel Insel Geschichte). Zwei Bände zur Entwicklung der Seebäder auf Usedom.

• <u>Belletristik</u> *Andersch, Alfred*: **Sansibar oder der letzte Grund**, Zürich 2006 (Diogenes). siehe auch S. 86.

Johnson, Uwe: **Jahrestage**. Frankfurt/Main 2000 (Suhrkamp). siehe auch S. 72.

Kempowski, Walter: **Tadellöser & Wolff**. München 1996 (btb). siehe auch S. 116.

Die Werke von *Fritz Reuter* erscheinen vornehmlich bei Hinstorff, Rostock.

Richter, Hans Werner: **Geschichten aus Bansin**, Berlin 2008 (Wagenbach). siehe auch S. 279.

Beachvolleyball-Event in Binz

Sport

Angeln: Wo die Fischerei eine lange Tradition hat und es Räucherfisch an jeder Ecke gibt, ist auch der Hobbyangler gut aufgehoben. Ob auf einem kleinen Boot im Bodden oder mit dem Kutter zum Hochseeangeln, zahlreiche organisierte Fahrten und Bootsverleihe stehen an der Ostseeküste zur Verfügung. Natürlich ist ein Fischereischein Voraussetzung, um sich auf die Jagd nach dem Abendessen zu machen. Den Berechtigungsschein kann man in fast allen (küstennahen) Touristinformationsbüros, Kurverwaltungen oder in Anglershops zum Preis von 20 € erwerben, Fischereischeine anderer Bundesländer werden anerkannt.

Golf: Eine Handvoll Golfplätze verteilen sich entlang der Küste, darunter der *Golfclub Hohen Wieschendorf* bei Wismar (S. 77), der *Ostsee Golf Club Wittenbeck* bei Bad Doberan (S. 96), der *Golfclub Zum Fischland* bei Ribnitz-Damgarten (S. 127), das *Golfzentrum Schloss Karnitz* auf Rügen (S. 185) und der *Golfpark Balmer See* auf Usedom (S. 282). *Winstongolf*, der Golfclub der Landeshauptstadt Schwerin, liegt einige Kilometer östlich des Schweriner Sees (S. 46).

Kajak: Mit dem Kajak über die Ostsee, das ist wie Wandern auf dem Meer. Ein Veranstalter ist *Seekajakreisen*, dessen Angebot von Schnupper- und Einführungskursen über zahlreiche Tagestouren bis zu mehrtägigen Rügenumrundungen reicht. Die etwa 7-stündige Tagestour *Insel Hiddensee* kostet pro Person 99 € (unter 18-Jährige die Hälfte). Infos unter www.seekajakreisen.de.

Radfahren: Viele gut ausgebaute Radwegenetze erstrecken sich abseits der Straßen. Sehr beliebt und entsprechend frequentiert sind die Radstrecken auf Rügen, Usedom und Fischland-Darß-Zingst.

Reiten: Die zahlreichen Reiterhöfe liegen vor allem abseits der Tourismuszentren. Vom gepflegten Gutshaus-Trakehner-Gestüt bis zum kleinen Appaloosa-Stall gibt es ein umfang- und abwechslungsreiches Angebot: Unterrichtsstunden, auch Dressur und Springen, Gelände- und andere geführte Ritte etc. Manche Reiterhöfe verfügen auch über Hallen, viele bieten Pensions-Boxen für das eigene Pferd. Infos im Reiseteil, bei den Touristinformationen und unter www.reiten-in-mv.de.

Schwimmen: Wem die Ostsee zu kalt ist, kann es im Bodden versuchen, der stets ein, zwei Grad wärmer ist als das offene Meer. Außerdem verfügen viele der größeren Hotels über Schwimmbecken. Hallenbäder (wenngleich der Begriff meist eine Untertreibung ist) und Thermen gibt es u. a. in Wismar (S. 60), Stralsund (S. 170) und Sellin auf Rügen (S. 205).

Segeln/Surfen: Die zergliederte Ostseeküste mit ihren vielen geschützten Bodden ist ein attraktives Segelrevier. Entsprechend umfangreich ist das Angebot: Kurse für Anfänger und Fortgeschrittene (inkl. Scheinerwerb), Bootsverleih und Yachtcharter, organisierte Segeltörns, oft nagelneue Sportboothäfen mit gut ausgestatteten Serviceeinrichtungen.

Als beste Surfspots gelten die Südspitze der Halbinsel Mönchgut auf Rügen und die Westküste des Fischlands. Für Anfänger bieten sich die ruhigeren, flachen Bodden an. Wem das alles zu lasch ist, der kann es mit Kitesurfen versuchen (sowohl Unterricht als auch Materialverleih werden angeboten).

Zahlreiche kombinierte Surf- und Segelschulen bieten Kurse für Anfänger und Fortgeschrittene sowie Materialverleih.

Segelinfos auch unter www.segeln-in-vorpommern.de und www.mv-maritim.de.

Wandern: Vor allem die Insellandschaften lassen sich nicht schöner erleben als bei einer Wandertour, manche der Naturschönheiten sind sogar ausschließlich zu Fuß zu erreichen. Ob am Bodden entlang oder über Hochuferwege – die Pfade und Wege sind meist gut in Schuss und oft ausgeschildert. Geführte Wanderungen werden von den Touristinformationen der größeren Ostseebäder und den Nationalparkzentren angeboten.

Warnung

Nach starken Regenfällen oder bei Tauwetter sind die Strände unter Steilufern unbedingt zu meiden! Erdrutsche und Küstenabbrüche können lebensgefährlich sein.

Auch Fossiliensammler seien eindringlich gewarnt: Ein Kreideabbruch mag zahlreiche Fundstücke freilegen, dass aber auf den ersten ein zweiter Abbruch erfolgt, ist nicht ungewöhnlich.

Warnhinweise und Absperrungen vor Ort sind dringend ernst zu nehmen!

Übernachten

Das Angebot ist groß und deckt das gesamte Spektrum ab, schließlich spielt der Tourismus an der Ostseeküste eine zentrale Rolle: zu Nobelhotels umgebaute Herrenhäuser, die gleichzeitig Wellnesstempel sind, Erlebnis- und Kunsthotels, in denen jedes Zimmer Schauplatz einer eigenen Vernissage sein könnte, einfachere Hafen- und Landhotels, zahllose Pensionen (auch in schicken Bädervillen), schlichte Gasthäuser mit Fremdenzimmern, Appartement-Anlagen und -Häuser (auch auf Reiterhöfen, sogar schwimmende Ferienhäuser kann man buchen), privat vermietete Zimmer, Jugendherbergen und last, but not least jede Menge Camping- und Caravanstellplätze.

Wer auf der Suche nach einer **Ferienwohnung** oder einem **Ferienhaus** ist, bestellt sich am besten den entsprechenden Gastgeberkatalog oder informiert sich direkt im Internet. Das Spektrum der Anbieter und Vermittler ist allerdings recht unübersichtlich. Tipp: Die Websites der lokalen Touristinformationen (die jeweiligen Adressen sind im Reiseteil verzeichnet) verfügen meist über einen umfassenden Überblick über die Objekte vor Ort und bieten oft auch einen Buchungsservice an.

Was die Frage betrifft, wann gerade welche Saison herrscht, gilt folgende Faustregel: Die **Hochsaison** orientiert sich natürlich an den deutschen Schulferien (Sommer), beginnt also etwa mit Pfingsten und dauert bis Ende August. Außerdem zählen in vielen Fällen auch die Tage zwischen den Jahren bis in die erste Januarwoche hinein und die Zeit rund um Ostern dazu. Die **Nebensaison** beginnt in der Regel im April (bzw. mit Ostern) und erstreckt sich außerdem über die Monate September und Oktober. **Nachsaison** ist der Winter (mit oben genannter Ausnahme von Weihnachten bis erste Januarwoche); allerdings haben einige Häuser dann geschlossen.

Die in diesem Reisehandbuch aufgeführten **Preise** entsprechen immer der Hochsaison und gelten, wenn nicht anders angegeben, für eine Übernachtung von zwei Personen im Doppelzimmer.

Die Preise, vor allem in Pensionen und kleineren Hotels, werden günstiger, wenn man länger als zwei Nächte bleibt. Der fällige Aufschlag für die „einnächtige“ Belegung ist im Reiseteil gegebenenfalls auf den jeweiligen Preis bereits draufgerechnet. In den Ferienhäusern und -wohnungen fällt nach Abreise noch die Endreinigung an, die im Nor-

Schmucke Bäderarchitektur: die Jugendherberge von Heringsdorf

malfall aber nicht die Welt kostet. In den allermeisten Hotels und Gaststätten mit Zimmerangebot wird auch Halbpension angeboten.

In vielen Fällen variieren die Preise zwischen Vor-, Neben- und Hauptsaison stark, teils muss man im November gerade einmal die Hälfte zahlen im Vergleich zu den besucherintensiven Monaten Juli oder August (starke Schwankungen, d. h. mehr als 20–30 %, werden im Text vermerkt). In anderen Fällen hingegen gelten Ganzjahrespreise.

Wer sich kurzfristig entschließt, in einer Jugendherberge abzusteigen, kann auch noch spontan vor Ort Mitglied des Deutschen Jugendherbergswerkes werden: Für Junioren (bis einschl. 26 Jahre!) kostet die einjährige Mitgliedschaft 12,50 €, für Senioren (über 27 Jahre!) 21 €. Infos unter www.djh.de.

Internetrecherche: Eine gute Adresse zum Einstieg ist die offizielle Homepage des Tourismusverbandes Mecklenburg-Vorpommern: www.auf-nach-mv.de. Eine Alternative sind die Internetauftritte der regionalen Zentralen: www.fischland-darss-zingst.de, www.ruegen.de und www.usedom.de.

Versuchen kann man es auch bei den folgenden Spezialanbietern:
www.wild-east.de/meckpom
www.frosch-ferienhaeuser.de
www.kreidefelsen.de
www.ruegener-reiselotse.de
www.ruegenferien.de
www.hiddenseeservice.de
www.hiddensee-touristik.de
www.inselusedom.de
www.usedom-travel.net

Vor Ort unterwegs

Mit dem Auto: Den Spritpreisen zum Trotz ist das eigene Gefährt weiterhin das bequemste und beliebteste Fortbewegungsmittel. Das Straßennetz ist dicht und überwiegend bestens ausgebaut (nur selten geht es noch über holpriges Kopfsteinpflaster oder Platte) und bietet einige besonders schöne Strecken – z. B. der Abschnitt der **Deutschen Alleenstraße** zwischen Stralsund und Sellin bzw. Kap Arkona auf Rügen.

Auf Rügen mit Licht!

Keine verkehrstechnische Gängelei, sondern durchaus vernünftig. Oft genug ist man auf einer malerischen Allee unterwegs, wo die Lichtverhältnisse durch den zuweilen plötzlichen Hell-Dunkel-Wechsel problematisch werden können. Es gibt Stellen, bei denen man als Autofahrer das Gefühl hat, gegen eine schwarze Wand zu fahren, wenn man gegen die tief stehende Sonne in eine Allee oder ein Waldstück hineinfährt. Auch Radfahrer sollten bedenken, dass sie bei diesen Lichtverhältnissen nicht so sichtbar sind, wie sie es gerne hätten. Darum gilt auf Rügen: Sobald man eine geschlossene Ortschaft verlässt, das Licht anschalten!

Fähren und Brücken: Mit Ausnahme Hiddensees sind alle bewohnten Inseln an der mecklenburg-vorpommerschen Ostseeküste über Brücken zu erreichen. Manche dieser Brücken haben feste Öffnungszeiten für die Schifffahrt und sind dann für Autofahrer, Radler und Fußgänger gesperrt. Alles überragende Brückenkonstruktion ist die *2. Strelasundquerung* (siehe auch Anreise), die die Öffnungszeiten der alten Ziegelgrabenbrücke zwischen Stralsund und Rügen hinfällig macht.

Nichtsdestotrotz gibt es auf Rügen zwei Auto- und Personenfähren, die verkehrstechnisch von Nutzen sind: die Glewitzer Fähre als Seiteneinstieg auf die Insel (S. 185) und die Wittower Fähre, die Abkürzung zum Kap Arkona (S. 229). Nur um nach Hiddensee zu gelangen, kommt man um die Fähre nicht herum, der wichtigste Hafen ist Schaprode auf Rügen (Näheres s. S. 232). Hier gibt es auch ausreichend Parkplätze, die Insel Hiddensee ist autofrei.

Auch Usedom ist über zwei Brücken mit dem Festland verbunden, die immer wieder auch für den Schiffsverkehr geöffnet und somit für den Straßenverkehr gesperrt werden. Die detaillierten Brückenöffnungszeiten der Wolgaster Brücke finden Sie auf S. 250, die der Zecheriner Brücke auf S. 252.

Mit Bus und Bahn: Sowohl das Bus- als auch das Schienennetz entlang der Küste sind gut ausgebaut, vor allem zwischen den größeren Orten und Städten. Am Wochenende muss man insbesondere auf dem platten Land jedoch mit stark eingeschränktem Busverkehr rechnen, besonders wenn die Fahrt in kleinere Orte führen soll. Detaillierte Busfahrpläne für die Umgebung werden in der Regel von den jeweiligen Touristinformationen bereitgehalten, die wichtigsten Verbindungen sind im Reiseteil bei den jeweiligen Orten zu finden.

Auf der Küstenstrecke von Wismar über Neubukow, Bad Doberan, Rostock, Ribnitz-Damgarten bis Stralsund (ab hier häufige Verbindungen auf die Insel Rügen) bestehen recht häufige regionale Bahnverbindungen. Die Usedomer Bäderbahn verbindet Stralsund alle zwei Stunden mit Greifswald und Wolgast, auf der Insel Usedom verkehren die modernen Regionalzüge der UBB im Sommer sogar im Halbstundentakt.

> Freunde **historischer Eisenbahnen** sollten sich die Fahrt mit dem *Molli* (zwischen Kühlungsborn, Heiligendamm und Bad Doberan, S. 95) und dem *Rasenden Roland* von Putbus nach Göhren auf Rügen (S. 192) nicht entgehen lassen!

Mit dem Fahrrad: Schön flach ist es an der mecklenburg-vorpommerschen Ostseeküste, und viele Radwege sind sehr gut ausgebaut – ein ideales Terrain für Fahrradfahrer, auch wenn sie nicht zur sportlichen Höchstleistung neigen. Eine besonders schöne Ecke für Fahrradfahrer ist die Halbinsel Fischland-Darß-Zingst, aber auch die Inseln Rügen und Usedom sind für Radler ideal. Fast überall ist es möglich, auf wenig frequentierten Nebenstrecken zu fahren, die großen Hauptverbindungsstraßen sollte man dagegen meiden (und auch die Außenbezirke von Rostock sind nicht gerade idyllisch). Am besten fährt es sich so nah wie möglich an der Küste entlang, auch hier verlaufen zahlreiche Radwege. Fahrräder dürfen auf den Fähren problemlos mitgenommen werden, ebenso in den Regionalzügen. Die Touristinformationen vor Ort geben brauchbare Rad- und Wanderkarten für ihre nähere Umgebung heraus (wer sich vorher mit Material eindecken will, siehe Stichwort *Karten* auf S. 35).

Für Tourenradler: Der mecklenburg-vorpommersche Teil des **Ostseeküsten-Radwegs** verläuft von Lübeck/Travemünde an der Ostsee entlang bis Ahlbeck auf Usedom (knapp 400 km).

Wellness und Kuren

Das Wohlfühlangebot an der Küste ist ebenso mannigfaltig wie traditionsreich und kosmopolitisch. Man steht den

Auch eine Alternative: die Kutsche

internationalen Gesundheitstrends in nichts nach: ob chinesische Akupunktur, orientalische Dampfbäder, fernöstliche Massagetechniken und Meditationsübungen oder die gute alte Kneippkur; dazu gibt es diverse Packungen – Fango, Algen, Kreide. Unerschöpflicher Wellnessrohstoff ist (neben der etwas altmodischen, aber kostenlosen „gesunden Seeluft") die **Rügener Heilkreide.** Dem urzeitlichen Sediment werden fast sagenhafte Kräfte zugesprochen: Das weiße Pulver lindert Schmerzen, entschlackt, wärmt, fördert die Durchblutung, reinigt und pflegt die Haut.

Viele der großen Hotels bieten ein sehr umfangreiches Wellnessprogramm an. Pool und Saunalandschaft werden ergänzt durch verschiedenste exotische Anwendungen, Kosmetikbehandlungen, Badezusätze und Massagen. Die Angebote stehen in aller Regel auch Nichthotelgästen zur Verfügung. Daneben gibt es die üblichen Erlebnisbäder, alle mit einem ähnlichen Repertoire, wenn auch nicht ganz so edel wie die der Vier-Sterne-Hotels (Näheres im Reiseteil).

Das schönste Ende Deutschlands

Das prächtige Schloss aus der Vogelperspektive

Auf dem Weg zur Küste: Schwerin

ca. 96.000 Einwohner

Die idyllische Lage zwischen sieben von Wald und Parklandschaften gesäumten Seen, ein eindrucksvoller Dom, eine hübsche Altstadt und nicht zuletzt das prächtige Schloss sind gute Gründe für einen Zwischenstopp in der Landeshauptstadt Mecklenburg-Vorpommerns.

Das städtische Leben Schwerins wird deutlich von seinem Status als kleinste Landeshauptstadt Deutschlands geprägt. Großstädtische Hektik kommt hier kaum auf, selbst das Regierungsviertel gibt sich recht beschaulich. Nichtsdestotrotz präsentiert sich Schwerin geradezu weltgewandt, nicht nur wegen der repräsentativen Gebäude aus herzoglicher Zeit, sondern auch wegen der allgegenwärtigen Betriebsamkeit der aktuellen Landespolitik. Der ganze Stolz Schwerins ist das prachtvolle, von Wasser umgebene Schloss, u. a. auch Sitz des Landtags. Südlich davon erstreckt sich der weitläufige, von Kanälen durchzogene Schlosspark, die Hauptausstellungsfläche der *Bundesgartenschau 2009.* Zwischen Schloss, Marienplatz und Pfaffenteich, der „Binnenalster" Schwerins, verläuft das kleine Gassengewirr der Altstadt, in dessen Mitte sich der sehenswerte Markt befindet. Dort erinnert ein Denkmal an *Heinrich den Löwen*, der die Keimzelle der Stadt, die slawische Burg *Zuarin* auf der heutigen Schlossinsel, 1160 einnahm und deswegen gemeinhin als Stadtgründer gilt. Bald darauf schuf er das Bistum Schwerin, der zugehörige Dom wurde 1171 geweiht. Dessen Nachfolgebau, ein bemerkenswertes Beispiel Norddeutscher Backsteinarchitektur, prägt die Silhouette der Stadt.

Stadtgeschichte: Nach den Anfängen als slawische Festung und der eigentlichen Stadtgründung durch *Heinrich den Löwen* erlebte Schwerin seine erste Blüte Anfang des 16. Jh. als Residenzstadt des Herzogtums Mecklenburg. *Johann Albrecht I.*

(1525–1576) scharte ganz im Stile eines Renaissancefürsten Vertreter von Kunst, Kultur und Wissenschaft um sich, ließ das Schloss zu einem repräsentativen Renaissancebau umgestalten und führte Schwerin dem lutherischen Glauben zu. Der Dreißigjährige Krieg, die Pest und ein verheerender Brand im Jahr 1651 zerstörten die Stadt fast vollständig. Einen weiteren Rückschlag erlebte Schwerin 1756, als die Residenz nach Ludwigslust verlegt wurde. Erst 1837 kehrte die Macht an den Schweriner See zurück. Im Gepäck hatte Großherzog *Paul Friedrich* (1800–1842) ambitionierte städtebauliche Pläne und einen Mann, der sie realisieren sollte: *Georg Adolph Demmler*, Schüler des berühmten Architekten *Karl Friedrich Schinkel* und seit 1835 Hofbaumeister des Herzogtums. Unter seiner Ägide entstand eine Vielzahl repräsentativer öffentlicher Gebäude, die noch immer das Stadtbild prägen, darunter der Marstall und das Kollegienhaus, heute Sitz der Staatskanzlei. Sein Meisterwerk war der Umbau des alten Schlosses, den er ab 1843 in Angriff nahm.

Schwerins Zeit als Residenzhauptstadt endete 1918, als der letzte Großherzog, *Friedrich Franz IV.*, im Gefolge der Novemberrevolution abdanken musste. Unter den Nationalsozialisten war Schwerin Hauptstadt des Landes Mecklenburg, nach dem Krieg wurde es im Zuge der DDR-Verwaltungsreform von 1952 zur Bezirksstadt. Nach der Wiedervereinigung einigte man sich auf Schwerin als Hauptstadt des neuen Bundeslandes Mecklenburg-Vorpommern.

Mehr als nur Architekt Schwerins: Georg Adolph Demmler (1804–1886)

Der 1804 in Berlin geborene spätere Hofbaumeister Mecklenburgs machte nicht nur als Architekt von sich reden. Seit seinen Studientagen war er Freimaurer. Er engagierte sich schon früh in den liberal-demokratischen Zirkeln Schwerins und forderte eine Verfassung für das Fürstentum, die aber bis 1919 auf sich warten ließ. Ungewöhnlich für einen Liberalen des 19. Jh. war Demmlers Eintreten für die Arbeiterschaft, etwa seine Initiative für die Einrichtung einer Kranken- und Unfallversicherung für die Arbeiter des Schlosses oder sein Einsatz für eine Erhöhung der Bezüge von Handwerksgesellen.

Seine politischen Überzeugungen bescherten ihm 1850 jedoch das vorzeitige Karriereende. Der Hof verbat sich seine Einflussnahme und erklärte, Demmler habe „sich fortan von politischem Treiben fern zu halten und sich zu freuen [...], daß der Betrieb der Politik zu seinem Berufe nicht gehöre." Den Knebel ließ sich Demmler nicht anlegen, er trat von seinem Amt zurück. Nach ein paar Jahren im Ausland kehrte er nach Schwerin und in die Politik zurück. Er wandte sich der Sozialdemokratie zu und wurde 1877 in den Reichstag gewählt. Erst kurz vor seinem Tod 1886 zog er sich aus der Politik zurück.

Praktische Informationen

• *Information* **Touristinformation**, am Markt mitten im Zentrum; vielfältige Informationen und Zimmervermittlung, Stadtführungen (s. unten), Kartenvorverkauf, Fahrradverleih. April bis Sept. Mo–Fr 9–19 Uhr, Sa/So 10–18 Uhr, Okt. bis März Mo–Fr 9–18 Uhr, Sa/So 10–16 Uhr. Am Markt 14, 19055 Schwerin ☏ 0385-5925212, ℻ 0385-555094, www.schwerin.com.

Nebenan befindet sich eine **kleine Ausstellung** mit historischen Stadtansichten („Demmler-Ausstellung").

• *Stadtführungen* Tägl. 11 Uhr, Treffpunkt vor der Touristinformation, Dauer ca. 1,5 Std. (mit Schloss, Alter Garten, Theater, Markt, Dom), 4,50 €/Pers. „Nachtwächterführung" von April bis Sept. jeden Fr/Sa 20.30 Uhr (Okt. bis April nur Fr 18 Uhr), 4,50 €/Pers.

Die idyllische Seite der Landeshauptstadt: der Schweriner See

• *Bootsausflüge* Mit der **Weißen Flotte** von Mai bis Sept. mehrmals tägl. über Schweriner See, Heidensee und Ziegelsee. Broschüren mit den Routen bei der Tourist-Information oder beim Anleger der Weißen Flotte gegenüber dem Schloss. Werderstr. 140, ☏ 0385-557770, 📠 5577711, www.weisse flotteschwerin.de.

• *Einkaufen* Die Shoppingmeilen der Stadt sind die Fußgängerbereiche in der Puschkinstraße zwischen Markt und Schlossstraße sowie die Friedrichstraße, die Schmiedestraße und die Mecklenburger Straße. Schwerins größtes Einkaufszentrum ist die **Schlosspassage** am Marienplatz, bis 20 Uhr geöffnet.

Eine bemerkenswert gut sortierte Buchhandlung bezüglich Regionalia aber auch im Bereich Belletristik ist die **Buchhandlung Benno Schoknecht** in der Schlossstr. 20, ☏ 0385-565804.

Antiquarische Bücher nicht nur zur Stadt bietet das Schweriner Antiquariat, 2. Enge Straße 3, ☏ 0385-562912, www.schweriner-antiquariat.de.

Kleiner **Wochenmarkt** Mi und Fr Vormittag (bis ca. 15 Uhr) am Schlachtermarkt.

• *Fahrradverleih* u. a. beim **Fahrraddoktor** in der Puschkinstr. 49 (Nähe Markt), Tourenrad 10 €/Tag, unbedingt vorher anrufen. Mo–Fr 8–19 Uhr, Sa 10–16 Uhr, im Winter nur Mo–Fr 10–18 Uhr. ☏ 0385-5936270.

• *Golf* 18 + 9-Loch-Anlage **WINSTONgolf Klub** in Vorbeck an der Ostseite des Schweriner Sees. Greenfee 51–61 €. Golfschule, Verleih, Restaurant. Kranichweg 1, 19065 Vorbeck, ☏ 03860-5020, 📠 03860-50222, www.winstongolf.de.

• *Parken* Diverse Parkhäuser im Zentrum, u. a. beim Schlossparkcenter am Marienplatz oder am Schloss, je 1 €/Std.

• *Segeln* **Segelclub Schlossbucht Schwerin**, am Südufer des Schweriner Sees, 90 Liegeplätze. Franzosenweg 19a, ☏ 0385-7588816, www.scsschwerin.de.

Segelschule Petermännchen, im Vorort Seehof, neben dem Ferienpark Seehof. Sympathische Segelschule, Grundkurse, Optimistenkurse und Scheine, auch Kajak-, Ruder- und Segelbootverleih, April bis Okt. geöffnet, Infos unter ☏ 03860-8079 oder 0172-3807408, 📠 0385-5815245. Postanschrift: Seestr. 18, 19065 Pinnow, www.segeln-schwerin.de.

• *Stadtrundfahrten* **Petermännchen**, einstündige kommentierte Rundfahrten mit dem Touristen-Bähnchen, Abfahrt am Markt, Dauer ca. 1 Std. Von April bis Okt. 4-mal tägl., Erw. 7 €, Kind bis 14 J. 3,50 €. ☏ 0385-65800, www.petermaennchen-stadtrundfahrten.de.

Doppeldecker-Bus, ab Anlegestelle der Weißen Flotte tägl. zwischen 10 und 19 Uhr alle 90 Min., Dauer ca. 1 Std., 8 €/Person, ermäßigt 4 €. Infos unter ☏ 0385-5577737, www.schwerinerstadtrundfahrt.de.

• *Theater* **Mecklenburgisches Staatstheater**, repräsentativer Prachtbau (1883–1886) gegenüber dem Schloss. Tickets an der Theaterkasse Di–Fr 10–18 Uhr, Sa 10–13 Uhr, außerdem unter ☎ 0385-5300123, 📠 5300129, www.theater-schwerin.de.

Zum Staatstheater gehören das **E-Werk** am Spieltordamm 1 (Pfaffenteich) und die **Fritz-Reuter-Bühne**, wo hauptsächlich plattdeutsche Lustspiele und Schwänke gegeben werden, ☎ 0385-5300194, 📠 5300284, www.fritzreuterbuehne.de.

Der Speicher, Kleinkunstbühne in der Schelfstadt – Konzerte, Lesungen, Kabarett, Film-Abende usw. Röntgenstr. 22, ☎ 0385-512105, www.schwerin.de/speicher.

• *Veranstaltungen* **Schlossfestspiele Schwerin**, große Open-Air-Oper alljährlich von Mitte/Ende Juni bis Anfang Aug. im Alten Garten. In den letzten Jahren wurde fast ausschließlich Verdi gespielt, neuerdings auch Mozart. Aufführungen immer Do–So um 21 Uhr, Tickets 49–69 €, Hotline ☎ 0385-5300123, im Internet unter www.theater-schwerin.de.

Freilichtbühne Schwerin, im Sommer zahlreiche Konzerte, Open-Air-Kino u. a.; Programme bei der Touristinformation oder unter www.freilichtbuehne-schwerin.de. Die Freilichtbühne liegt im Schlossgarten, zwischen Finanzamt und Schleifmühle.

Schweriner Kultursommer, von Mitte Juni bis Ende Aug., ausführliches Programm bei der Touristinformation.

Fünf-Seen-Lauf, immer am ersten Samstag im Juli, der größte Volkslauf in Mecklenburg-Vorpommern. Sportliche haben die Wahl zwischen 10, 15 oder 30 km. Rahmenprogramm mit viel Kulinarischem, abends Ball.

Drachenboottage, alljährlich in der zweiten Augusthälfte, an die 100 Drachenboot-Teams treten hier zum Rennen auf dem Pfaffenteich an.

• *Verbindungen* Mit der **Bahn** ca. stündl. nach Wismar und Rostock, fast stündl. zum Hamburger Hauptbahnhof, ca. stündl. Berlin Hauptbahnhof (tief), meist mit Umsteigen in Ludwigslust, ab dort IC.

Verkehrsknotenpunkt für **Busse und Straßenbahnen** sind der Marienplatz und der Bahnhofsplatz; Buslinie 14 fährt zur Jugendherberge. Näheres unter www.nahverkehr-schwerin.de.

Taxis stehen u. a. am Hauptbahnhof, am Marienplatz, am Alten Garten und am Markt.

Die **Pfaffenteichfähre** spart den Weg zwischen Hauptbahnhof und Schelfstadt. April bis Sept. Mo–Fr 7–19 Uhr, Sa 9–16 Uhr, Abfahrten nach Bedarf, einfache Fahrt 1 €.

Schwerin-Ticket

Zahlreiche Vergünstigungen in Museen sowie freie Fahrt mit den Stadtbussen und Straßenbahnen. Preis: 5 €/Tag (2 Tage 7 €), Kinder unter 14 Jahre 3 € (4 €). Erhältlich bei der Touristinformation und beim Ticketschalter des Schweriner Nahverkehrs am Marienplatz.

Übernachten (Karte S. 49)

Niederländischer Hof (2), edles Ambiente in historischem Gebäude am Pfaffenteich, Feinschmeckerrestaurant (s. u.) im Haus. EZ 87–113 €, DZ 119–154 €, Suite/Appartement 141–166 €, jeweils inkl. Frühstück. Alexandrinenst. 12–13, 19055 Schwerin, ☎ 0385-591100, 📠 59110999, www.niederlaendischer-hof.de.

Weinhaus Wöhler (6), zu dem bekannten Lokal (s. unten) am Rand der Schelfstadt gehören auch sieben DZ in historischem Gemäuer: je nach Größe und Ausstattung 80–90 €, Suite 110–120 €, Appartement 130–160 €, jeweils einschließlich Frühstück. Restaurant und Tapas-Bar im Haus. Puschkinstr. 26, 19055 Schwerin, ☎ 0385-555830, www.weinhaus-woehler.com.

Alt Schweriner Schankstuben (9), zentrale Lage am Schlachtermarkt. 16 solide eingerichtete Zimmer. Mit Restaurant (s. u.). EZ 59 €, DZ 84–94 €, Vierbettzimmer (für Familien) 140 €, jeweils inkl. Frühstück Halbpension 15 € pro Person. Am Schlachtermarkt 9–13, 19055 Schwerin, ☎ 0385-592530, 📠 5574109, www.schankstuben.de.

Pension am Theater (14), neben dem Staatstheater, schönes Ambiente, 19 Zimmer (davon ein EZ) mit modern-komfortabler Einrichtung. EZ 52–63 €, DZ 69–85 €, jeweils Frühstück inbegriffen. Im Angebot auch eine Zweizimmer-Ferienwohnung (350 €/Woche). Theaterstraße 1–2, 19055 Schwerin, ☎ 0385-593680, 📠 5936811, www.pensionamtheater.m-vp.de.

Zur guten Quelle (12), etwas einfacheres Ambiente in historischem Fachwerkhaus in der Altstadt (nahe Markt). Gutbürgerliches Restaurant, im Sommer mit Hofbetrieb. EZ 53 €, DZ 75 €, Dreier 91 €, jeweils einschließlich Frühstück. Schusterstraße 12, 19055 Schwerin, ✆ 0385-565985, ✉ 5007602, www.zur-guten-quelle.m-vp.de.

Jugendherberge Schwerin (17), etwas trostloser 91-Betten-Bau mitten im Wald, aber ganz nette Lage zwischen Schweriner See und Faulem See. Im Sommer sollte man ca. eine Woche vorher reservieren. Anfahrt: Der Schlossgartenallee in südöstliche Richtung folgen (Beschilderung NDR, dann auch JH); mit dem Bus Nr. 14 ab Marienplatz bis zur Endhaltestelle. Die Übernachtung im Mehrbettzimmer kostet mit Frühstück 16,15–19,15 €, das DZ 35–40 €, Halbpension 4 €, Vollpension 6,50 € pro Person. Waldschulweg 3, 19061 Schwerin, ✆ 0385-3260006, ✉ 3260303, www.djh-mv.de.

• *Außerhalb* **Hotel Speicher am Ziegelsee (1)**, edel-gemütliches Ambiente in einem sorgfältig restaurierten Getreidespeicher, knapp 2 km außerhalb der Innenstadt, geschmackvolle Einrichtung mit Korbmöbeln und Terrakotta, das Gourmet-Restaurant *aurum* und eine Terrasse direkt am See. Sauna. Für das Gebotene nicht zu teuer: EZ 75–90 €, DZ 95–120 €, jeweils inkl. Frühstück. *Anfahrt*: von der Innenstadt der Werderstraße stadtauswärts folgen (Richtung Wismar/B 104), dann links ab (ausgeschildert). Speicherstraße 11, 19055 Schwerin, ✆ 0385-50030, ✉ 0385-5003111, www.speicher-hotel.de.

• *Camping* **Ferienpark Seehof**, schön ruhig am See gelegener Campingplatz bei der gleichnamigen Ortschaft nördlich von Schwerin. Mit Gaststätte, Fahrradverleih, eigenem Seestrand und Bootsanleger, nebenan die Segelschule Petermännchen (s. o.). Erw. 5 €, Kinder (2–14 J.) 3,50 €, Auto 2 €, Zelt 4–6 €, Wohnmobil (inkl. 2 Pers. und Strom) 27 €. Am Zeltplatz 1, 19069 Seehof bei Schwerin, ✆ 0385-512540, ✉ 5814170, www.ferienpark-seehof.de.

Essen und Trinken/Nachtleben

• *Restaurants* **Weinhaus Uhle (10)**, gediegen-elegantes Restaurant im historischen Saal; etwas legerer das angeschlossene Weinbistro, in dem auch die Küche des Restaurants serviert wird, zudem eine kleinere Karte. Modernes Ambiente mit Weinregalen und großer Bar, sehr freundlicher Service und hervorragende Küche zu angemessenen Preisen (leicht gehobenes Preisniveau). Gute Auswahl an Weinen, auch Weinverkauf. Auch von Lesern empfohlen. Tägl. mittags und abends geöffnet. Schusterstr. 13–15, ✆ 0385/4773030, www.uhle1751.de.

Niederländischer Hof (2), das stilvolle, vielfach gelobte Restaurant im gleichnamigen Hotel bietet ein 3-Gänge-Menü für 30 € (5 Gänge 44 €). Gepflegtes Ambiente. Tägl. mittags und abends geöffnet. Alexandrinenstr. 12–13, ✆ 0385-591100.

Weinhaus Wöhler (6), Fachwerkbau aus dem Jahr 1819, neben den einladenden Historischen Stuben (Restaurant) gibt es auch eine Tapas-Bar und im Sommer Gartenbetrieb, außerdem noch eine Weinhandlung. Hervorragende Küche mit zuvorkommendem Service, feiner Fisch, aber auch deftige mecklenburgische Gerichte (z. B. der Rollbraten). Hauptgerichte um 15 €. Täglich wechselndes Touristenmenü. Mittags und abends geöffnet. Auch Zimmer. Puschkinstr. 26, ✆ 0385-555830, www.weinhaus-woehler.com.

Fischrestaurant Lukas (11), beliebtes Fischlokal im Bistrostil, recht edel, mit Aquarium und großer Glasfront. Regionale Fischgerichte ebenso wie Hummer und Scampis, gehobene Preise. Zentrale Lage unweit des Marktes. Mittags und abends geöffnet. Großer Moor 5, ✆ 0385-565935.

Zum Stadtkrug (7), gemütliches Brauhaus mit Kupferkessel und natürlich eigenem Bier, dazu mittags und abends deftige Küche, nicht teuer, auch Kleinigkeiten für zwischendurch, im Sommer kleiner Biergarten. Wismarsche Straße 126, ✆ 0385-5936693, www.altstadtbrauhaus.de.

Alt Schweriner Schankstuben (9), schöne Lage am Schlachtermarkt, im Sommer mit Terrasse auf dem Platz. Zwei rustikale Gasträume, gutbürgerliche regionale Küche zu angemessenen Preisen. Mittags und abends geöffnet. Am Schlachtermarkt 9–13, ✆ 0385-592530, www.schankstuben.de.

Restaurant Friedrich's am Pfaffenteich (5), in einem stattlichen neoklassizistischen Gebäude („Kücken-Haus"), auch draußen schön zum Sitzen, auch Café; mittleres Preisniveau. Geöffnet mittags und abends (So nur bis 19 Uhr). Friedrichstr. 2, ✆ 0385-555473, www.restaurant-friedrichs.com.

Restaurant/Café Wallenstein (15), in Bestlage am Anleger der Weißen Flotte (Ticketverkauf nebenan), schöne Holzterrasse direkt am Wasser, durchgehend warme Küche, 3-Gänge-Menü 17–20 €. Abends auch Cocktailbar. Tägl. 11–23 Uhr. Werderstr. 140, ✆ 0385-5577755, www.restaurantwallenstein.de.

Schwerin
200 m
Ziegelinnensee
Spieltordamm
Knaudtstr.
Pfaffenteich
Fähre
Hauptbahnhof
Grunthalplatz
Zum Bahnhof
Wismarsche Straße
Karl-Marx-Straße
Reutzstr.
Pestalozzistraße
Külz-Str.
Franz-Mehring-Straße
Lübecker Str.
Severin-Str.
Steinstr.
Johannesstr.
Arsenal
Arsenalstr.
Martinstr.
Wittenburger Straße
Marienplatz
Helenenstr.
Mecklenburgstraße
Schmiedestr.
Markt
Dom
Bischofstr.
Friedrichstr.
Schelfkirche
Schleswig-Holstein-Haus
Schweinemarkt
Landreiterstraße
Mühlenstr.
Apothekerstraße
Röntgenstr.
Gaußstr.
August-Bebel-Straße
Körnerstr.
Pfaffenstr.
Puschkinstr.
Schelfmarkt
Schelfstr.
Taubenstr.
Kirchenstr.
Amtsstr.
Bergstraße
Hospitalstraße
Lehmstr.
Jahnstr.
Werderstraße
F.-Schultz-Str.
Schliemannstr.
Münzstr.
Straße
Burgstraße
Grüne
Schlachterstr.
Großer Moor
Kl. Moor
Salzstr.
Schlossstraße
Buschstr.
Schusterstr.
Klosterstr.
Geschw.-Scholl-Str.
Goethestraße
Theaterstr.
Tappenhagen
Theater
Alter Garten
Staatliches Museum
Staatskanzlei
Siegessäule
Marstall
Technisches Landesmuseum
Beutel
Fähranleger
Schloss
Burgsee
Schweriner See
Schlossgarten
Kreuzkanal
Grünhausgarten
Pavillon
Schleifmühle
Lennéstr.
Franzosenweg
Schlossgartenallee
H.-Mann-Str.
Mecklenburgstraße
Graf-Schack-Allee
Platz der Jugend
Jägerweg
Johannes-Stelling-Straße
1 1. Enge Straße
2 2. Enge Straße
3 3. Enge Straße
bernachten
Speicher am Ziegelsee
Niederländischer Hof
Weinhaus Wöhler
Alt Schweriner Schankstuben
Zur guten Quelle
Pension am Theater
Jugendherberge Schwerin
ssen & Trinken
Speicher am Ziegelsee
Niederländischer Hof
Friedrich's am Pfaffenteich
Weinhaus Wöhler
Zum Stadtkrug
Alt Schweriner Schankstuben
Weinhaus Uhle
Lukas
Zur guten Quelle
Wallenstein
afés
Café im Schleswig-Holstein-Haus
Café Röntgen
Café Prag
Café Orangerie
achtleben
Freischütz

• *Cafés* **Café Orangerie (16)**, schöne Terrasse im gepflegten Burggarten, Kaffee und Kuchen (teuer), Eis, zudem ein wenig kalte Küche. März bis Okt. tägl. 11–20 Uhr (manchmal abends länger), So ab 10 Uhr. Im Sommer gelegentlich Konzerte (Termine der Schlosskonzerte bei der Touristinformation). Lennéstr. 1, ✆ 0385-5252946.

Café Prag (13), einst die Hofkonditorei des nahe gelegenen Schlosses. Terrasse davor. Ganztägig geöffnet. Puschkinstr. 64, ✆ 0385-565909.

Café Röntgen (8), am Markt in der Altstadt, man sitzt erhöht in einem hellen Säulengang ein paar Stufen oberhalb des Platzes. Gute Torten und Kuchen, ganztägig geöffnet. Am Markt 1, ✆ 0385-5213740.

• *Kneipen* **Freischütz (3)**, nette Kneipe am Ziegenmarkt (unterhalb der Schelfkirche) mit eher jüngerem und mittelaltem Publikum, auch Kleinigkeiten wie Baguettes und überbackenes Fladenbrot, günstige Tagesgerichte, günstig auch die Getränke. Im Sommer einige Tische draußen an der Straße. Tägl. bis 24 Uhr. Ziegenmarkt 11, ✆ 0385-568655.

• *Nachtleben* Einige Cafés/Bars und Kneipen am Südufer des Pfaffenteichs, z. B. das **Friedrich's** (auch Restaurant) oder – fast nebenan – das **Bolero** (Mecklenburger Straße 2). Cocktails bis zum Abwinken gibt es in der Bar **Phillies** in der Wittenburger Straße 51 (hinter dem Schlosspark-Center).

Die **Spielbank Schwerin** befindet sich in der Wurm-Passage beim Marienplatz: Automaten, einarmige Banditen usw. Tägl. 12–2 Uhr, klassisches Spiel mit Roulette und Black Jack tägl. 19–2 Uhr, Fr/Sa jeweils bis 3 Uhr. Klöresgang 3, ✆ 0385-593300.

Sehenswertes

Schloss: Das auf einer winzigen Insel im Schweriner See gelegene imposante Bauwerk mit unzähligen Türmchen und Aufbauten erinnert an die prächtigen Schlösser an der Loire – und in der Tat ließ sich *Georg Adolph Demmler* (s. o.), der wichtigste Baumeister des Schweriner Schlosses, vom dortigen Château Chambord inspirieren. Als er 1843 mit den Arbeiten beginnen konnte, hatte das Schloss, in dem heute der Landtag Mecklenburg-Vorpommerns residiert, allerdings schon eine lange

Ein guter Geist – das Petermännchen

Ein kleines, altes Männchen mit grauem Bart und Federhut, einer Laterne in der Hand und einem Schwert, dazu einen Schlüsselbund – so sieht man auf Bildern den Schweriner Schlossgeist, der hier seit vielen Jahrhunderten wohnt und das Böse aus der Stadt vertreibt.

Der Sage nach ist das Petermännchen der einzige verbliebene Diener eines heidnischen Gottes der Tempelburg, die einst an der Stelle des heutigen Schlosses stand. Seine Dienerkollegen zogen sich – nachdem der Heidengott vor den nahenden Christen geflohen war – nach Petersberg bei Pinnow (östlich von Schwerin) zurück, daher auch der Name des Kobolds. Das Petermännchen jedoch blieb und bewachte fortan die Burg, verjagte Eindringlinge und belohnte die Guten. Seinen Schlossherren war es dabei stets treu ergeben.

Bekanntestes Opfer des umtriebigen Kobolds war Wallenstein, kaiserlicher Generalissimus während des Dreißigjährigen Krieges. Der hatte Gefallen am Schweriner Schloss gefunden und beabsichtigte, sich hier niederzulassen. Doch schon in der ersten Nacht im neuen Zuhause setzte ihm das Petermännchen ordentlich zu, machte mächtig Lärm, zog ihm die Decke weg und zwickte und boxte den Feldherren die ganze Nacht hindurch, sodass dieser am nächsten Tag entnervt in einen anderen Flügel des Schlosses umzog. Doch auch dort erging es ihm nicht besser, im Gegenteil, der Schlossgeist ließ Wallenstein nächtens ein Ahnenbild auf den Kopf fallen – der Feldherr reiste am nächsten Morgen ab und kam nie wieder.

Exklusive Sitzgelegenheit: im Thronsaal des Schweriner Schlosses

Geschichte hinter sich: Ursprung war eine slawische Befestigungsanlage, die Anfang des 11. Jh. als Burg *Zuarin* und Stützpunkt des Obotritenfürsten *Niklot* in Dokumenten erwähnt wird; 1160 fiel die Anlage an *Heinrich den Löwen* (1129–1195), der bzw. dessen Nachfolger sie zur ersten Residenz der Grafschaft Schwerin ausbauten; im 16. Jh. schließlich wurde die Burg von Herzog *Johann Albrecht I.* (1525–1576) in weiten Teilen zum Renaissanceschloss umgestaltet, hinzu kam eine Schlosskirche, seinerzeit der erste protestantische Kirchenneubau Mecklenburgs. Dann aber ging es abwärts: 1756 verließen die Fürsten Schwerin und bezogen eine neue Residenz im etwa 40 km südlich gelegenen Ludwigslust. Als sie 1837 wieder zurückkehrten, war das Schloss heruntergekommen und kaum noch bewohnbar. Sechs Jahre später schlug die Stunde von Hofbaurat Demmler. Nachdem Pläne für einen kompletten Neubau verworfen worden waren, machte er sich zusammen mit seinem Kollegen *Hermann Willebrand* (1816–1899) an die Arbeit und baute bis 1851 weite Teile der alten Anlage zum prachtvollen Neorenaissanceschloss um bzw. aus. Weitere Umbauten – die Neugestaltung der Fassade zur Stadtseite hin und die Errichtung der Goldkuppel – waren das Werk *Friedrich August Stülers* (1800–1865), unter dessen Leitung auch das Reiterstandbild des Obotritenfürsten Niklot aufgestellt wurde. Die feierliche Eröffnung des neuen Schlosses fand 1857 statt.

Der Rundgang führt zunächst hinauf in die Wohngemächer der herzoglichen Familie in der Beletage (2. Stock), dann in die Festetage (1. Stock) mit den Repräsentationsräumen. Dort kommt man u. a. in den Thronsaal, den historisch wertvollsten Raum des Schlosses mit kunstvollem Intarsien-Parkett, einem vergoldeten Thronsessel mit Baldachin und Säulen aus Carrara-Marmor, dem original erhaltenen Kronleuchter und aufwendigem Deckengemälde nebst Stuckarbeiten. Die anschließende Ahnengalerie zeigt alle mecklenburgischen Fürsten von etwa 1350 bis 1800.

Wer die Besichtigung des Schlosses vervollständigen will, findet im 1. Stock (den ehemaligen Kinderzimmern der herzoglichen Familie) eine umfangreiche *Porzel-*

Im Innenhof des Schlosses

lansammlung sowie eine *Gemäldeausstellung* mit Werken aus dem 18.–20. Jh. Der Burggarten um das Schloss wurde von *Joseph Lenné* (1789–1866) im englischen Stil konzipiert, wobei auch die Dachterrassen der Orangerie (heute Café) gartenarchitektonisch mit einbezogen sind.

• *Öffnungszeiten* Das **Schloss** ist im Sommer (15. April bis 14. Okt.) tägl. 10–18 Uhr geöffnet, im Winter Di–So 10–17 Uhr, Mo geschlossen. Eintritt 4 €, erm. 2,50 €, Kinder unter 6 J. frei. Führungen durch die Beletage und Festetage tägl. ab 11.30 Uhr ca. stündlich, Dauer ca. 1 Std. 1,50 €/Pers. Audioguide 2 €. Lennéstr. 1, 19053 Schwerin. ✆ 0385-5252920, ✆ 0385-563091, www.schloss-schwerin.de.

Schlossgarten: Die vom Schloss aus über eine alte Drehbrücke zu erreichende Anlage wurde 1670 als barocker Lustgarten gestaltet. Knapp ein Jahrhundert später entstanden gemäß der Mode der Zeit der Kreuzkanal, gesäumt von 14 Skulpturen (u. a. antike Götter, Allegorien der Jahreszeiten), und zwei Laubengänge. Auffälligstes Monument ist allerdings das Reiterdenkmal von Großherzog *Friedrich Franz II.* (1823–1883) aus dem Jahr 1893.

Achtung: 2009 ist der Schweriner Schlossgarten wichtiger Bestandteil der **Bundesgartenschau** und nur mit Tagesticket zugänglich (16 €, erm. 14 €, Kind bis 14 J. 4 €). Ob der Park danach wieder frei zugänglich ist, war bei Redaktionsschluss nicht in Erfahrung zu bringen.

Schleifmühle: Das alte Fachwerkhaus mit großem Mühlrad am Faulen See wurde 1705 ursprünglich als Pulvermühle gebaut. Ab 1757 nutzte man den Antrieb des Wasserrades für eine Steinschleiferei, die u. a. auch die Bauherren des Schweriner Schlosses belieferte. Der Rundgang durch das Mühlengebäude (zwei kleine Ausstellungsräume mit historischen Dokumenten, geschliffenen Steinen und Halbedelsteinen) endet mit einem wirklich ohrenbetäubendem Erlebnis: der „Müller" wirft die Mühlenanlage an und lässt in einer etwa zehnminütigen Vorführung die durch Wasserkraft betriebene Steinsäge ihr Werk verrichten. Sehenswert!

Öffnungszeiten 1. April bis Anfang Nov. tägl. 10–17 Uhr, im Winter nur nach Voranmeldung. Eintritt 2,50 €, erm. 1,50 €, Familienkarte (2 Erw. + 2 Kinder) 6,50 €, Kind unter 6 J. frei. Schleifmühlweg 1, ✆ 0385-562751, www.schleifmuehle-schwerin.de.

Staatliches Museum am Alten Garten: Der riesige Platz an der Stadtseite des Schlosses war – der Name sagt es – ursprünglich eine Gartenanlage, die aber mit dem Bau des eigentlichen Schlossgartens 1670 ihre Bedeutung verlor und später als

Exerzierplatz genutzt wurde. Heute bildet der Alte Garten mit seinem gelungenen Ensemble klassizistischer Bauten das Herz des Schweriner Regierungsviertels und dient im Sommer als repräsentativer Rahmen für Opernaufführungen. Die bedeutendste Sehenswürdigkeit am Platz und eine der größten Attraktionen des ganzen Landes ist das Staatliche Museum an der Nordostseite mit seiner beachtlichen Kunstsammlung oft hochrangiger Werke aus vier Jahrhunderten. Während das Erdgeschoss dem 20. Jh. (u. a. *Marcel Duchamp* und *Man Ray*) vorbehalten ist, bietet das Obergeschoss eine beeindruckende *Galerie Alter Meister* mit Werken der deutschen Spätgotik und Renaissance sowie einer umfangreichen Sammlung holländischer und flämischer Malerei des 17. Jh., darunter Arbeiten von *Rembrandt, Rubens* und *Frans Hals.* Auch der französische Hofmaler *Jean-Baptiste Oudry* ist mit zahlreichen Jagdszenen vertreten. Ebenfalls im Obergeschoss ist die *Galerie Neuer Meister* untergebracht. Sie zeigt Werke aus dem 19. und 20. Jh., u. a. von *Caspar David Friedrich, Alexander von Jawlenski, Pablo Picasso, Lovis Corinth* und *Max Liebermann.* In einem Nebenraum sind 15 Bronzen von *Ernst Barlach* (Stiftung Bölkow) zu sehen.

Erwähnenswert sind auch die anderen Gebäude/Bauwerke am Alten Garten: das vergleichsweise schmächtig wirkende **Alte Palais**, ein Fachwerkbau aus dem 18. Jh.; das **Mecklenburgische Staatstheater** gleich daneben, ein prachtvolles, säulen- und giebelgeschmücktes Gebäude, das zwischen 1883 und 1886 errichtet wurde, nachdem ein Vorgängerbau kurz zuvor abgebrannt war; die 32 m hohe **Siegessäule** (1874) am Ufer des Burgsees, die an den Deutsch-Französischen Krieg von 1870/71 erinnert; das dreiflügelige **Kollegienhaus** (1825–1834) oberhalb der Siegessäule (am Beginn der Schlossstraße mit ihren repräsentativen Bauten), in dem heute die Staatskanzlei untergebracht ist; und schließlich die **Neue Regierung** (1892) – der Erweiterungsbau des Kollegienhauses ist mit diesem durch einen über Arkaden verlaufenden Übergang verbunden, vom Volksmund spöttisch „Höhere Beamtenlaufbahn" genannt.

• *Öffnungszeiten* **Staatliches Museum**, 15. April bis 14. Okt. Di–So 10–18 Uhr, im Winter nur bis 17 Uhr, Mo geschlossen. Eintritt 5 €, erm. 4 €, inkl. Audioguide. Führungen durch das Museum Mi um 15 Uhr, So 11 Uhr und 15 Uhr. Dauer ca. 1 Std., 1,50 €, erm. 1 € (jeweils plus Eintrittspreis). Bei Sonderausstellungen erhöht sich der Eintrittspreis. Museumsshop und Cafeteria im EG. Alter Garten 3, ✆ 0385-59580, www.museum-schwerin.de.

Blick von der Schlossinsel auf den Alten Garten

Blick vom Pfaffenteich auf Dom und Turm und ...

Marstall (Technisches Landesmuseum): Das von riesigen Kastanienbäumen flankierte Gebäude, in dem einst die Stallungen der herzoglichen Pferde untergebracht waren, stammt wie vieles in der Stadt von Hofbaumeister Demmler. Heute beherbergt der historische Marstall eine kleine technikgeschichtliche Ausstellung, in der vom Trabi über den Katapultsitz einer MIG bis hin zu alter Elektronik für den Hausgebrauch ein buntes Gerätesammelsurium zu sehen ist.

Öffnungszeiten Di–So 10–17 Uhr, Mo geschl. Erw. 3 €, erm. 1,50 €, Familienticket 6 €. Werderstr. 124, ✆ 0385-512878, www.tlm-mv.de.

Altstädtischer Markt mit Neuem Gebäude und Altem Rathaus: Das Herz der Stadt, ein lebendiger Platz, zwar ohne Markt, aber mit einigen architektonischen Sehenswürdigkeiten. Auffälligstes Gebäude am Markt (Nordseite) ist zweifelsohne das ursprünglich 1783–1785 als Markthalle gebaute *Neue Gebäude* (auch „Säulengebäude"), in dem heute das Café Röntgen untergebracht ist. Zweiter optischer Blickfang des Platzes ist das *Alte Rathaus* mit der 1835 aufgesetzten Fassade im (neogotischen) Tudorstil, hinter der sich vier alte Giebelhäuser verbergen. Auf der mittleren Zinne des Rathauses thront die recht kleine, aber strahlend goldene Reiterstatue von Stadtgründer *Heinrich dem Löwen* (1129–1195), dem auch das zweite Denkmal am Platz, eine Löwenplastik vor dem Neuen Gebäude, gewidmet ist. Letztere wurde anlässlich des 800. Todestages des Stadtgründers im Jahr 1995 aufgestellt.

Schlachtermarkt: Ein Durchgang am Rathaus führt vom Altstädtischen Markt zum Schlachtermarkt, heute der eigentliche Marktplatz. Mit seinen alten Fachwerkhäusern, den hohen Bäumen und dem modernen Brunnen *Von Herrn Pastor sien Kauh* (1978) zählt er zu den schönsten Plätzen der Stadt. Bis 1938 befand sich hier (Hausnummer 3) die Schweriner Synagoge, die nach langen Restaurierungsarbeiten 2009 wieder öffentlich zugänglich sein soll.

Dom: Die imposante dreischiffige Basilika mit mächtigem, ebenfalls dreischiffigem Querhaus entstand ab 1270 anstelle eines romanischen Vorgängerbaus. Da sich die Arbeiten bis ins 15. Jh. hineinzogen, weist die Einwölbung bereits spätgotische Einflüsse auf. So ist das ältere Langhaus mit einem Kreuzrippengewölbe versehen, das Querhaus dagegen aufwendiger mit einem Netz-, die Vierung mit einem Sterngewölbe. Der Raumeindruck der Basilika ist majestätisch und licht. Anders als beispielsweise in der zeitgleich entstandenen Zisterzienserkirche von Bad Doberan dominiert hier nicht das warme Rot des Backsteins, sondern ein strahlendes Weiß, das von grauen Diensten, roten und grünen Gewölberippen etc. durchbrochen wird. Der 1327 fertiggestellte Chorumgang wird von einem Kapellenkranz abgeschlossen. Von der gotischen Innenausstattung ist, nachdem die ehemalige Bischofs- und Klosterkirche zu einer evangelischen Pfarrkirche geworden war, nicht mehr viel erhalten. Das neben einem ursprünglich aus der Marienkirche in Wismar stammende Triumphkreuz (um 1420) bedeutendste Kunstwerk ist der Flügelaltar, dessen Mitteltafel aus Sandstein gefertigt ist (ebenfalls um 1420). Dargestellt sind Kreuzigung, Höllenfahrt und Auferstehung Christi. Das älteste Stück ist ein achteckiges Bronzetaufbecken von 1325. Die übrige, vor allem neogotisch geprägte Ausstattung stammt aus der Mitte des 19. Jh., als die Kirche umfassend restauriert wurde. Neogotisch ist auch der 117,5 m hohe, von einem spitzen kupfergedeckten Helm abgeschlossene Kirchturm, der anstelle des niedrigeren gotischen Turms Ende des 19. Jh. errichtet wurde.

Öffnungszeiten Der Dom ist tägl. von 10 bis 17 Uhr geöffnet, im Winter eingeschränkt (meist nur 3 Std. über Mittag). Turmbesteigung während der Öffnungszeiten (1 €), letzter Zutritt eine halbe Stunde vor Schließung.

Schelfstadt mit Schelfkirche und Schleswig-Holstein-Haus: Eine der schönsten und beschaulichsten Ecken in Schwerin. Die *Schelfe* (= „Land zwischen den Wassern“) erstreckt sich grob zwischen Pfaffenteich, Ziegelinnensee, Werderstraße und Friedrich- bzw. Burgstraße. Bereits seit 1284 befand sich das Gebiet im Besitz der Bischöfe, damals ein einfaches kleines Fischerdorf mit Pfarrkirche. Im Jahr 1705 ernannte Herzog *Friedrich Wilhelm* (1675–1713) die Schelfe zu einer selbstständigen Stadt, der „Schelfstadt“ (oder auch „Neustadt“), und ließ diese gleich darauf auch

... vom Domturm auf den Paffenteich, Schwerins Binnenalster

städtebaulich umgestalten: Es entstanden geradwinklige Straßenzüge mit ein- bis zweigeschossigen Fachwerkbauten, im Zentrum der Schelfmarkt mit der Schelfkirche (St. Nikolai). Die barocke Backsteinkirche, die den gotischen Vorgängerbau von 1238 ersetzte, entstand in den Jahren 1708–13. Besondere Bedeutung hat die Schelfkirche heute als einziger echter barocker Kirchenbau und als erste große nachreformatorische Kirche ganz Mecklenburgs. Im Kircheninneren sehenswert ist ein Altarbild von Hofmaler *Gaston Lenthe* (1805–1860). Ganztägig geöffnet.

Zweiter Anziehungspunkt in der Schelfstadt ist das ebenfalls barocke *Schleswig-Holstein-Haus* (1737), in dem sich seit 1995 ein wichtiges kulturelles Zentrum befindet: Wechselnde Ausstellungen, Lesungen, Chor- und Gospelkonzerte, Kammermusik und vieles mehr füllen den Veranstaltungskalender, eine ständige Ausstellung ist darüber hinaus der klassischen Moderne gewidmet. Angeschlossen ist ein nettes *Café*, das seinen Gästen im Sommer auch einige Tische draußen an der Puschkinstraße bereitstellt.

Öffnungszeiten Tägl. 10–18 Uhr und zu Veranstaltungen. Eintritt 3 €, erm. 2 €, Kinder unter 12 Jahren 0,50 €, bei Ausstellungen Eintritt 5 €, erm. 4 €, Kinder unter 10 Jahren frei, 10–16 Jahren 1 €. Puschkinstr. 12, ✆ 0385-555527.

Um den Pfaffenteich – Wohnhaus Demmlers, Kückenhaus, Arsenal: In einer natürlichen Senke wurde der ursprünglich zum Besitz der Kirche zählende Pfaffenteich („Papendiek") schon im 12. Jh. als See aufgestaut, damals die nördliche Grenze der Stadt. Dem Stadtarchitekten Demmler ist es zu verdanken, dass sich der See heute so harmonisch in das Stadtbild einfügt: Im Zuge der innerstädtischen Ausdehnung um 1840 ließ er die Ufer befestigen und einen repräsentativen Rundweg inklusive Lindenallee um den See herum anlegen. Repräsentativ sind auch die noblen Bürgerhäuser um den See: am Südufer zunächst das *Wohnhaus Demmlers* (Arsenalstraße, Ecke Mecklenburger Straße), an der Ecke zur Friedrichstraße das *Kückenhaus* von 1868 (heute Café Friedrich), in dem einst der der Komponist und Hofkapellmeisters *Friedrich Kücken* (1810–1882) lebte. Blickfang am Südufer des Sees ist allerdings das *Arsenal* schräg gegenüber: Der ockerfarbene Bau im Stil der englischen Tudorgotik entstand nach Plänen Demmlers zwischen 1840 und 1844 und beherbergte neben Kaserne, Zeughaus, Stallungen und Werkstätten auch Militärgericht und Gefängnis der Stadt. Nach umfangreicher Restaurierung befindet sich hier heute das Innenministerium Mecklenburg-Vorpommerns.

Eine kleine Fähre pendelt im Sommer regelmäßig zwischen Ost- und Westufer des Pfaffenteichs und erlaubt schöne Ausblicke auf das Südufer mitsamt der Wasserkaskaden. Auf dem Pfaffenteich finden alljährlich im August auch die bekannten Drachenbootrennen statt.

Wismar – am Markt

Wismar

ca. 45.000 Einwohner

Dass Wismars Altstadt in die Liste des UNESCO-Welterbes aufgenommen wurde, wundert nicht: Die ehrwürdige Hansestadt fasziniert durch zahlreiche Baudenkmäler zwischen Altem Hafen, dem großen Marktplatz und dem gotischen Viertel.

Wismars Stadtbild erinnert in jeder Straßenflucht an die Blütezeit der Hanse: Nirgendwo sonst in Deutschland hat sich in dieser Geschlossenheit und auf einer so großen Fläche das Erscheinungsbild einer Hansestadt erhalten – angefangen vom Grundriss der Altstadt über zahlreiche Bürgerhäuser bis zu den beiden großen Kirchen St. Georg und St. Nikolai sowie dem Turm von St. Marien, allesamt bedeutende Bauwerke der Norddeutschen Backsteingotik. Aber auch aus der Zeit danach sind sehenswerte Bauwerke erhalten: Im 16. Jh. entstanden in Anlehnung an die niederländische Renaissance z. B. die Wasserkunst auf dem Markt, der Fürstenhof und das Schabbellhaus; im 19. Jh. wurde das klassizistische Rathaus errichtet. Im Lauf der Jahrhunderte wurde im Stil der Zeit auch Bausubstanz verändert, wer es sich leisten konnte, „modernisierte“ sein gotisches Stadthaus. So präsentieren sich die Fassaden wie ein abwechslungsreicher Querschnitt durch die Architekturgeschichte: im ursprünglichen Backsteinrot mit gotischen Stufengiebeln, verputzt, farbig und die Giebel mit barockem Schwung gesetzt, dominiert von klassizistischer Strenge oder auch verspielt in Jugendstil-Manier verziert.

Zentrum der Altstadt ist der riesige Marktplatz. Hier und in den umliegenden Straßen und Sträßchen spielt sich ein großer Teil des innerstädtischen Lebens ab. Mit knapp 5000 Studenten ist die Universitätsstadt Wismar eine relativ junge Stadt. Mit Abstand größter Arbeitgeber Wismars ist die Aker-Werft mit ihrer riesigen blaugrünen Dockhalle vor den Toren der Stadt. Hier werden riesige Containerschiffe, Tanker und Fähren gebaut, es liefen aber auch schon luxuriöse Kreuzfahrtschiffe wie die *Aida Vita* oder die *Columbus* vom Stapel.

Stadtgeschichte

Die Stadt Wismar wurde 1229 erstmals urkundlich erwähnt. Die topographischen Voraussetzungen für eine Stadtgründung waren denkbar günstig. Die Bucht von Wismar, geschützt durch die vorgelagerte Insel Poel, ermöglichte den Ausbau eines versandungsfreien Hafens. Landseits schützten weite Sümpfe die junge Siedlung, und mitten hindurch führte die Handelsstraße von Lübeck nach Rostock und weiter in den Osten. Innerhalb kürzester Zeit entstand eine geradezu vorbildliche mittelalterliche Stadt: wehrhaft durch einen umschließenden Mauerring (ab 1276), handelsoffen aufgrund des günstigen Hafens und ehrgeizig, mittels prachtvoller Bauten (z. B. seit 1250 mit dem Bau von St. Marien) dem eigenen Selbstbewusstsein Ausdruck zu verleihen.

Die Basis für die rasante Entwicklung war der Handel. Ein bereits 1259 abgeschlossener Vertrag zwischen Lübeck, Rostock und Wismar sicherte die Handelswege zwischen den aufstrebenden Städten und bildete den Kern eines bald mächtigen Städtebundes, der Hanse (S. 21). Als 1264/65 das Bündnis u. a. um Stralsund und Greifswald erweitert wurde, tagte der Prototyp des später traditionell in Lübeck stattfindenden Hansetages in Wismar.

Der Exportschlager der Stadt war das Bier, nachdem Wismar von seinen Nachbarstädten aus dem Getreidemarkt gedrängt worden war. 183 Brauereien sind für das Jahr 1464 in Wismar dokumentiert. Verschifft wurde das Wismarer Bier v. a. in die Niederlande und nach Flandern, aber auch nach Skandinavien, England und bis nach Portugal.

1350 war kein gutes Jahr für Wismar. Noch immer wütete die erste schwere Pestepidemie, als ein Stadtbrand zahlreiche Gebäude zerstörte. Doch die Hanse und damit auch Wismar standen in ihrer Blüte, sodass auf den niedergebrannten Ruinen nicht nur neue solide Backsteinbauten entstanden, es wurde sogar mit dem monumentalen Neubau von St. Nikolai (ab 1380) begonnen.

Mit dem Niedergang des mächtigen Städtebundes im 16. Jh. verlor auch Wismar an kaufmännischer Kraft. Einen (vorläufigen) Tiefpunkt erlebte die Stadt im Dreißigjährigen Krieg. Wismar, das um 1530 die Reformation eingeführt hatte, musste 1627 *Albrecht von Wallenstein* mit seinen kaiserlichen Truppen aufnehmen und versorgen, Abgaben zahlen und die Befestigungsanlagen ausbauen. 1632 belagerten die Schweden die Stadt, nahmen sie ein – und blieben. Bis 1803 (bzw. 1903, s. u.) war Wismar schwedisch. Unter der Herrschaft der Drei Kronen wurden der Stadt zahlreiche Privilegien gewährt und ein nicht unerhebliches Maß an kommunaler Selbstverwaltung. Außerdem eröffnete sich Wismar – als Teil der neuen Großmacht – an der Ostsee ein lukrativer Binnenmarkt, sodass der Handel wiederbelebt wurde. Andererseits wurde die Stadt natürlich in die Händel des schwedischen Reiches hineingezogen. Und so litt Wismar wie kaum eine andere schwedische Stadt unter dem Großen Nordischen Krieg 1700–1721. 1716 wurde Wismar von den alliierten Truppen beschossen, belagert und schließlich eingenommen. Die Stadt blieb zwar bei Schweden, musste jedoch ihre Festungsanlagen schleifen. Wismar glich um 1718 einem Trümmerfeld, und die gefallene Großmacht Schweden hatte weder die Möglichkeiten noch das Interesse, die unbefestigte Stadt nachhaltig zu stärken.

Aber es sollte bis 1803 dauern, bis die schwedische Krone Wismar aufgeben wollte und für 100 Jahre an das Großherzogtum Mecklenburg verpfänden sollte. Nachdem der Vertrag schließlich 1903 auslief, verzichtete Schweden auf die Rückgabe und Wismar war endgültig Teil Mecklenburgs und damit des Deutschen Reiches.

Alter Schwede! Am Baumhaus

Im Zweiten Weltkrieg setzten die alliierten Luftangriffe auch Wismar arg zu. Ziel der Bomber waren natürlich vor allem kriegsrelevante Anlagen, in Wismar also besonders die Fabrik- und Flugzeughallen der Norddeutschen Dornier-Werke sowie der Hafen. Zwischen Juni 1940 und April 1945 flogen die Alliierten zwölf Luftangriffe auf Wismar. Der schwerste Angriff erfolgte am 24. September 1942, als über 60 t Bomben auf Wismar abgeworfen wurden. Der letzte Angriff (in der Nacht zum 15. April 1945) traf drei von Wismars bedeutenden Bauwerken mit voller Wucht: das Archidiakonat war stark beschädigt, St. Georg und St. Marien lagen in Ruinen. Insgesamt kamen über 300 Menschen bei den Angriffen ums Leben, und fast ein Viertel der vorhandenen Wohnungen wurde zerstört.

Nichtsdestotrotz hat sich in Wismar ein enormes Maß an historischer Bausubstanz erhalten. Dass dies auch im neuen Jahrtausend so ist, ist vor allem den engagierten Bewohnern der Stadt zu danken, die sich oft auch gegen Widerstände der Behörden für die Bewahrung von Wismars Kulturgut einsetzten; auch wenn es in Einzelfällen nicht gelang – berühmtestes Beispiel ist die Sprengung der Marienkirche 1960. Wismars Altstadt gehört heute zu den besterhaltenen historischen Stadtkernen in Deutschland, sodass der Tourismus eine nicht unerhebliche wirtschaftliche Rolle spielt. 2002 wurde die Altstadt Wismars gemeinsam mit der Stralsunds in die Liste des UNESCO-Welterbes aufgenommen.

Praktische Informationen

• *Information* Die **Touristinformation** bietet neben Informationen zur Stadt u. a. auch Zimmervermittlung, Bücherverkauf und Kartenvorverkauf für Veranstaltungen. Tägl. 9–18 Uhr (Nov. bis März So nur 10–16 Uhr). Am Markt 11, 23966 Wismar, ✆ 03841-19433 Zimmervermittlung: ✆ 2513027, ✆ 2513091, www.wismar.de.

Stadtrundgänge werden ebenfalls von der Touristinformation angeboten: von Ostern bis Okt. tägl. um 10.30 Uhr (So auch 14 Uhr), Dauer ca. 2 Std., 4 € pro Pers., Schüler und Studenten 3 €, Kinder bis 12 J. kostenlos; außerdem im Frühling, Herbst und Winter immer samstags um 18 Uhr **Nachtwächterführungen** (Dauer ca. 2 Std., 6 €, erm. 5 €),

sowie jeden Samstag um 15 Uhr die **Störtebeker-Führung** (6 €, erm. 5 €); genaue Termine in der Touristinformation.

Stadtrundfahrten mit dem Panoramabus von April bis Sept. halbstündlich zwischen 10–16.30 Uhr (im Winter stündl. 11–15 Uhr), 8,50 € pro Pers., Kinder bis 12 J. 4,50 €, bis 6 J. frei. Abfahrt an der Touristinformation, hier gibt es auch die Tickets.

• *Baden* Das **Wonnemar**, ein riesiges Erlebnisbad am Stadtrand von Wismar, für Kinder ein besonderer Spaß. Diverse Wasserrutschen, Wellenbecken mit Grotte, Außenbecken, Sauna, Dampfbad, Wellnesslandschaft. Preisbeispiele: Erw. 21,90 €/Tag, Kinder 19,50 € (für 3,5 Std. 17,90 € bzw. 15,50 €); ohne Sauna Erw. 10,50 €/Tag, Kinder 8,50 €. Mai bis Sept. tägl. 10–21 Uhr, Okt. bis April tägl. 10–22 Uhr. Anfahrt beschildert, mit dem Stadtbus zur Haltestelle „Sporthalle". Bürgermeister-Haupt-Str. 38, ✆ 03841-327623, www.wonnemar.de.

• *Einkaufen* **Karstadt (8)**, sieht aus wie jeder andere (Provinz-)Karstadt, ist aber das Stammhaus (S. 65), Rudolf-Karstadt-Platz 1.

Hanse Sektkellerei (15), Hanse-Sekt aus der nördlichsten Sektkellerei Deutschlands im Alten Gewölbe. Verkauf, Führungen mit Sektverkostung (6–7,50 €/Pers., nach Anmeldung unter ✆ 03841-484812), Mo–Sa 10–16 Uhr. Turnerweg 4 b, ✆ 03841-48480, 484847, www.hanse-sektkellerei.de.

Räucher- und fangfrischen Fisch gibt es am Alten Hafen.

• *Fahrradverleih* **wismar rad**, beim Bahnhof. März bis Okt. Mo–Fr 9–13 und 16.30–18 Uhr,

Sa 9.30–12.30 Uhr. Fahrrad 7 €/Tag, auch Kinderräder, zudem Pannenservice. Bahnhofstr. 1 (Bahnsteig 2 C), ✆ 03841-224670 (Service ✆ 0170-5871395), ℻ 229915, www.fahrradverleih-wismar.rad.de, wismar-rad@web.de.

• *Internet* Internet-Point in der **Stadtbibliothek im Zeughaus**, Mo–Fr 10–18 Uhr und Sa 10–12 Uhr. Ulmenstr. 15, ✆ 03841-2514020.

• *Segeln* Die **Segelschule Cipra** bietet Törns, Kurse, Scheine, auch Shop. Klußer Damm 1, ✆ 03841-212596, ℻ 287626, www.segelschule-cipra.de.

• *Tauchen/Angeln* **MS Fritz Reuter**, Wracktauchen und Hochseeangeln. www.ms-fritz-reuter.de.

• *Taxi* Zentrale ✆ 03841-282626.

• *Veranstaltungen* Zu den **Wismarer Heringstagen** in der letzten März- und der ersten Aprilwoche gibt es in allen Restaurants der Stadt üppig Fisch. Die Nr. 1 unter den Stadtfesten ist zweifelsohne das **Schwedenfest**, das jährlich am dritten oder vierten Wochenende im August stattfindet und zahlreiche Besucher auch aus dem Land der drei Kronen in die Stadt lockt. Am ersten oder zweiten Juniwochenende werden die **Wismarer Hafentage** (samt abschließendem Feuerwerk) veranstaltet. Darüber hinaus bietet der große Marktplatz im Advent Raum für den **Weihnachtsmarkt**.

• *Verbindungen* **Bus** 240 verbindet Wismar 12-mal tägl. mit Boltenhagen (via Klütz), Sa/So 7-mal. Die Linie 430 fährt 16-mal auf die Insel Poel, Sa 8-mal, So 6-mal. Zudem gibt es **Stadtbusse**, die nicht nur rund um die Altstadt und in die Vororte gondeln, sondern auch alle halbe Stunde in das Seebad Wendorf fahren. Busfahrpläne erhält man bei der Touristinformation. Der Busbahnhof befindet sich am nördlichen Rand der Altstadt zwischen Bahnhof und Altem Hafen.

Der Regionalexpress der **Bahn** fährt fast stündlich nach Schwerin und Ludwigslust, alle zwei Stunden nach Berlin Hbf., außerdem stündl. über Bad Doberan nach Rostock. Bahnhof am nördlichen Ende der Altstadt.

Mit dem **Schiff** bietet die Fahrgastschifffahrt der *Reederei Clermont* nicht nur Hafenrundfahrten (April bis Okt. 4-mal tägl., Erw. 8 €, Kinder 4–14 J. 4 €), sondern fährt auch 3-mal tägl. zur Insel Poel (Mai bis Sept, hin/zurück 13 €, erm. 6 €, Rad 3 €). Die Anlegestelle in Wismar befindet sich am Alten Hafen. ✆ 03841-224646, www.reederei-clermont.de.

• *Sonstiges* **Tierpark Wismar**, westlich des Zentrums im Stadtteil Friedenshof, beschildert. Dam- und Rothirsche, Wisente, Mufflons, Wölfe, Luchse, Waschbären und Pfauen, um nur einige zu nennen, außerdem Kinderspielplätze, Terrassenrestaurant etc. Im Sommer tägl. 10–18 Uhr geöffnet, im Winter nur Sa/So 10–17 Uhr, Eintritt 3,50 €, Kinder 2 €. Am Tierpark 5, ✆ 03841-32730, www.tierpark-wismar.de.

Übernachten

**** **Steigenberger Hotel Stadt Hamburg (11)**, erstes Haus am Platz, erfüllt gänzlich die Anforderungen an ein Vier-Sterne-Haus. Hervorragende Lage am Markt, 102 komfortable Zimmer, die besonders von Geschäftsreisenden belegt werden, der Service ist freundlich und zuvorkommend. Mit Sauna und Restaurant (s.u.). Tiefgarage 9 € pro Tag. EZ ab 88 €, DZ ab 113 € inkl. Frühstück. Am Markt 24, 23966 Wismar, ✆ 03841-2390, ℻ 239239, www.wismar.steigenberger.de.

*** **Hotel Altes Brauhaus (10)**, schönes, freundliches Hotel in einem sorgsam restaurierten Gebäude aus dem 16. Jh. Vor allem die Zimmer im 2. Stock unterm Dach sind sehr gemütlich. Zum Hotel gehört auch das Restaurant *Zum kleinen Mönch*. EZ 50–55 €, DZ 80–90 €, einschließlich Frühstück, Halbpension 15 € pro Person. W-LAN vorhanden (kostenlos). Lübsche Str. 37, 23966 Wismar, ✆ 03841-211416, ℻ 211418, www.brauhaus-wismar.com.

Hotel Reuterhaus (13), ebenfalls am Marktplatz. Gelbes Giebelhaus mit traditionsreichem Restaurant (s.u.), nur 10 Zimmer. EZ 60–70 €, DZ 80–90 €. inkl. mit Frühstück. Am Markt 19, 23966 Wismar, ✆ 03841-22230, ℻ 222324, www.hotel-reuterhaus.de.

Pension Chez Fasan (6), empfehlenswert fürs kleinere Budget! Ruhige Lage unterhalb der Fußgängerzone (Richtung Schabbellhaus/St. Nikolai). 25 Zimmer mit solider Ausstattung und Teppich, die Einzelzimmer z. T. mit Bad auf dem Flur, dazugehöriges Restaurant gegenüber, in dem für Hotelgäste günstige Menüs angeboten werden. Vor allem in der Hochsaison empfiehlt es sich, zu reservieren. EZ 21–24 €, DZ 45 €, Frühstück 5 € pro Pers. Bademutterstr. 19/20 a, 23966 Wismar, ✆ 03841-213425, ℻ 202285, www.pension-chez-fasan.de.

• *Appartements* **To'n Zägenkrog (3)**, fünf geschmackvoll und individuell eingerichtete Appartements im Herzen der Altstadt und unweit des Hafens, Fischrestaurant im Erdgeschoss (s. unten). Alle Appartements mit Küche und Wohnbereich, je nach Größe 90–120 € pro Tag, Frühstück 7 € pro Person. Ziegenmarkt 10, 23966 Wismar, ✆ 03841-282716, m.gehrke-pd@gmx.de, www.ziegenkrug-wismar.de.

• *Jugendherberge* **Jugendherberge Wismar (9)**, etwas außerhalb im Stadtteil Friedenshof (westlich vom Zentrum, beschildert). Übernachtung mit Frühstück im Mehrbettzimmer 20,50 €/Pers., im Zweibett-Zimmer 24,50 €, Senioren über 27 zahlen 25,10 € bzw. 30 € (jeweils pro Person). Bettwäsche inbegriffen. Juri-Gagarin-Ring 30 a, 23966 Wismar, ✆ 03841-32680, 326868, www.djh-mv.de.

• *Camping* **Ferienpark Zierow**, s. Klützer Winkel/An der Wohlenberger Wiek (S. 77).

Einen **Wohnmobilpark** gibt es am Westhafen, Schiffbauerdamm 12, 239666 Wismar, www.wohnmobilpark-wismar.de.

Essen & Trinken (Karte S. 60)

• *Restaurants* **Zum Weinberg (7)**, in der Fußgängerzone. Hervorragende Küche – v. a. mecklenburgische Fleischspezialitäten – in tollem Ambiente (Gebäude aus dem 14. Jh., sehr urig), angemessenes Preisniveau. Freundlicher und herzlicher Service. Tägl. mittags und abends geöffnet. Hinter dem Rathaus 3, ✆ 03841-283550.

Das Gasthaus namens „Alter Schwede"

Alter Schwede (12), das spätgotische Backsteinhaus (14. Jh.) mit seiner auffälligen Fassade am Marktplatz ist nicht zu übersehen (siehe auch *Sehenswertes*). Ein Gasthaus gibt es hier schon seit 1878; heute bietet der Alte Schwede deftige, typisch mecklenburgische Küche in stilvoll-rustikalem Ambiente bei gehobenem Preisniveau. Mit Terrasse. Mittags und abends geöffnet. Am Markt 19, ✆ 03841-283552.

Restaurant „Weinwirtschaft" (11), im Steigenberger-Hotel Stadt Hamburg am Marktplatz. Gehobenes Ambiente, schick, aber nicht steif. Hauptsächlich mecklenburgische Küche, zum Aperitif gibt es auch kleinere Gerichte, z. B. die Antipasti- oder Tapasplatte. Gehobenes Preisniveau. Tägl. durchgehend geöffnet. Am Markt 24, ✆ 03841-239250.

Restaurant im Reuterhaus (13), das dritte Restaurant am Marktplatz, ebenfalls in historischem Ambiente (handgeschnitzte Holzvertäfelung!), einige Tische draußen am Platz. Traditionelle mecklenburgische Küche, darunter der typische Rippenbraten und die Mecklenburger Moorentenbrust, auch viele Fischgerichte. Hauptgerichte um 12–17 €. Mittags und abends geöffnet. Am Markt 19, ✆ 03841-22230.

Fischrestaurant „Poeler Dampfer" (3), im Erdgeschoss des Zägenkrogs (s. oben), zwei Räume in maritimem Ambiente (darunter die „Kajüte" mit nur einem Tisch), außerdem der elegante „rote Salon", im Sommer auch draußen an der „Grube" ein paar Tische. Serviert werden aufwendig zubereitete Fischspezialitäten, aber auch diverse Deftigkeiten wie Matjes und Labskaus. Mittleres Preisniveau, mittags und abends geöffnet. Ziegenmarkt 10, ✆ 03841-282716.

Brauhaus am Lohberg (1), bereits im 15. Jh. wurde in dem backsteinernen Fachwerkhaus Bier gebraut. Nach jahrhundertelanger Nutzung v. a. als Speicher, wird in dem ehrwürdigen Gebäude heute die große Braugeschichte der Hansestadt Wismar weitergeführt. In der urigen Gaststätte sitzt man neben den großen Kupferkesseln oder auch draußen auf der Terrasse am idyllischen Lohberg nahe dem Hafen. Hier gibt es neben dem kleinen Imbiss auch einfache mecklenburgische Küche und natürlich – Bier: darunter vorzügliche Biere mit so klingenden Namen wie *Roter Eric* oder Wismars traditionelle *Mumme*. Geöffnet ist im Sommer ab 11 Uhr, im Winter ab 17 Uhr, Sa abends Live-Musik. Auf Anfrage ist eine Brauereibesichtigung möglich. Kleine Hohe Str. 15, ✆ 03841-250238, www.brauhaus-wismar.de.

Gottfried's (2), rustikales Ambiente, die Bierbänke stehen direkt am Alten Hafen. Fisch und Steaks zu mittleren Preisen. Tägl. mittags und abends geöffnet. Am Hafen, ✆ 03841-285104.

• *Cafés* **Fürstenhof Café (14)**, schräg gegenüber vom Fürstenhof, mit einem wunderschönen Garten, den man erreicht, wenn man durch den wenig ansprechenden Hinterhof gegangen ist und schon fast keinen Garten mehr erwartet: herrlich! Leider nur 5 Tische, die bei schönem Wetter schnell besetzt sind. Köstliche, selbst gebackene Kuchen, freundlicher Service. Tägl. 10–18 Uhr. Bliedenstr. 32, ✆ 03841-388190.

Café Alte Löwenapotheke (5), in der geschichtsträchtigen Wismarer Apotheke aus dem Jahr 1645 untergebracht. Seit Sommer 2007 befindet sich hier das Café, in dem regelmäßig auch Lesungen und Musikabende stattfinden. Auch Kaffee-, Tee- und Geschenkverkauf. Tägl. 9–19 Uhr geöffnet, im Sommer bis 22 Uhr, ebenso zu Abendveranstaltungen. Bademutterstr. 2, ✆ 03841-252538.

Der kleine Buddha (4), Bio-Café und Imbiss (auch Laden), ein wenig abseits vom Trubel, mit schönem Hinterhof. Bio-Kuchen, Bio-Kaffee und Tee, aber auch kleine Gerichte. *Lesertipp*: „Echt urig, lecker und sympathisch! Sehr zu empfehlen." ABC-Str. 17, ✆ 03841-388766, www.derkleinebuddha.de.

Wismar Karte S. 60

Sehenswertes

Folgende Route bietet sich für einen Stadtrundgang an: Ausgehend vom **Marktplatz** samt Wasserkunst, Rathaus und Altem Schweden nach Westen und vorbei am Archidiakonat zum Turm von **St. Marien;** weiter am **Fürstenhof** vorbei zur Kirche **St. Georg;** dann die Große Hohe Straße hinunter zur **Heiligen-Geist-Kirche** und über eine Straße namens Neustadt und den Ziegenmarkt zum **Alten Hafen;** via Frische Grube schließlich zu **St. Nikolai** und am **Schabbellhaus** vorbei zurück zum Marktplatz.

Marktplatz

Der mit einer Ausdehnung von 10.000 m² größte Marktplatz Norddeutschlands gehört zweifelsohne zu den schönsten Europas. Obwohl er zum Teil auch Parkplatz ist, versprüht er dennoch viel städtischen Charme. Prächtige, von Giebeln gekrönte Fassaden flankieren das pulsierende Herz der Stadt. Im südöstlichen Eck des Platzes befindet sich das Wahrzeichen Wismars: die **Wasserkunst.** Der Name des Bauwerkes lässt bereits erahnen, dass es sich nicht nur um ein architektonisches, sondern auch um ein technisches Denkmal handelt. Das Brunnenhaus entstand zwischen 1580 und 1602. In Anlehnung an die Architektur der niederländischen Renaissance wölbt sich über zwölf verzierten Säulen ein Kupferdach, das von einem kleinen Türmchen gekrönt wird. Die Wasserkunst wurde mittels Holzrohren von einer vier Kilometer entfernten Quelle gespeist und verteilte das Wasser in die Bürgerhäuser und öffentlichen Schöpfstellen der Stadt. Nicht von ungefähr betrieb der Auftraggeber der Wasserkunst, der Rat *Hinrich Schabbell* (1531–1600), ein wasserintensives Gewerbe: Er war einer der Braumeister der Stadt. Der beauftragte Baumeister *Philipp Brandin* stammte aus den Niederlanden und hatte bereits Schabbells prächtiges Wohn- und Brauhaus, das Schabbellhaus, errichtet (s. u.).

Um die inoffizielle Auszeichnung als Wahrzeichen der Stadt bewirbt sich auch ein unweit der Wasserkunst gelegenes Gebäude: der **Alte Schwede.** Ende des 14. Jh. erbaut, gehört es zu den ältesten Bürgerhäusern der Stadt. Die prächtigen gotischen Stufengiebel sind heute noch backsteinerner Ausdruck hanseatischen Stolzes. Den Namen erhielt das ehemalige Kaufmannshaus, nachdem es Ende des 19. Jh. als Gastwirtschaft genutzt wurde. Auch heute befindet sich in dem historischen Gemäuer ein empfehlenswertes Restaurant mit Namen *Alter Schwede.* Seine direkten Nachbarn – links ein mit Jugendstil-Ornamenten verziertes Gebäude, rechts das rekonstruierte Reuterhaus, in dem der Dichter *Fritz Reuter* residierte und dessen Verleger *Dethloff Carl Hinstorff* seine Karriere begann – geben auf engstem Raum ein Beispiel für die Vielgestaltigkeit der Bürgerhäuser rund um den Marktplatz.

Prestigebau der Renaissance: die Wasserkunst auf dem Marktplatz

Die Nordflanke des Platzes säumt ein großes klassizistisches Gebäude, das Wismarer **Rathaus.** Es wurde 1819 fertiggestellt, nachdem das alte Rathaus an gleicher Stelle teilweise eingestürzt war. Erhalten blieb das gelb-rot verzierte gotische Kellergewölbe, in dem sich heute die sehenswerte Dauerausstellung *Wismar – Bilder einer Stadt* befindet. Zu sehen sind Darstellungen zur Stadtentwicklung seit frühester Zeit, darunter auch ein altes Stadtmodell, archäologische Funde und besonders auch Dokumente, alte Schiffsmodelle und andere Exponate aus der Blütezeit der Hanse. Moderner sind die beiden Videovorführungen im UG des Rathauses: eines zur Stadtentwicklung, das andere zur Aker-Werft.

Öffnungszeiten Ausstellung *Wismar – Bilder einer Stadt* tägl. 10–18 Uhr (im Winter So nur bis 16 Uhr). Eintritt 1 €, Studenten 0,50 €. Eingang rechts neben dem Rathaus die Treppe hinunter. Am Markt 1.

Hinter dem Rathaus erstrecken sich die Einkaufsmeilen der Stadt: Die Krämerstraße, die vom Marktplatz Richtung Hafen führt, und die Ost-West-Achse, die im Mittelalter auf der bedeutenden Handelsroute von Lübeck nach Rostock lag. Dementsprechend heißt Letztere auch nach Westen hin „Lübsche Straße“, hinter dem Rathaus schlicht und treffend „Hinterm Rathaus“, dann ein kurzes Stück „Altwismarstraße“, bevor sie am Rande der Altstadt zur „Rostocker Straße“ wird. Dieses Zentrum der Altstadt ist weitgehend Fußgängerzone, in der zahlreiche Geschäfte in historischen Häusern zum Shoppen und Flanieren einladen. Ecke Lübsche Straße und Krämerstraße kann man sogar in einem Monument deutscher Wirtschaftsgeschichte einkaufen gehen: Hier befindet sich das Stammhaus der Karstadt-Kaufhäuser.

Vom Geschäft in der Krämerstraße zum Handelsimperium: Rudolph Karstadt

Am 14. Mai 1881 eröffnete der 25-jährige Kaufmann *Rudolph Karstadt* aus dem nahe gelegenen Grevesmühlen in der Krämerstraße 4 mit nur einem Angestellten das „Tuch-, Manufactur- u. Confections-Geschäft“. Sein Kapital war ein Wagen voller Waren und eine Geschäftsidee. Letztere war denkbar einfach, aber weitgehend unbekannt: Die Waren sollten billig, aber zu festen Preisen verkauft und bar bezahlt werden; der Einkauf sollte also ohne das branchenübliche Gefeilsche und Anschreiben vonstatten gehen. Gegen alle mecklenburgische Skepsis setzte sich Karstadts Idee durch. Bereits drei Jahre später eröffnete er eine Filiale in Lübeck und kaufte in Wismar das Gebäude an der Ecke Krämer Straße/Lübsche Straße. Hier ließ er 1907/1908 das moderne Gebäude errichten, in dem man auch heute noch einkaufen kann. Zu diesem Zeitpunkt betrieb er bereits 24 Kaufhäuser, zum 50. Firmenjubiläum sollten es 89 sein. Rudolph Karstadt starb am 15. Dezember 1944 in Schwerin – sein Lebenswerk existiert noch heute. Nach der Phase des Wiederaufbaus in der Nachkriegszeit und der Erschließung neuer Märkte in den 1970er Jahren (z. B. Einstieg in den Versandhandel durch die Übernahme des Neckermann-Konzerns) entwickelte sich die Karstadt AG in den 1990er Jahren durch die Übernahme von Hertie und schließlich durch die Verschmelzung mit der Schickedanzgruppe zur KarstadtQuelle AG zu einem der größten europäischen Handelskonzerne.

Wismar Karte S. 60

Gotisches Viertel

Westlich des Marktplatzes liegt das gotische Viertel, dessen historische Gebäude durch die alliierten Luftangriffe in den letzten Tagen des Zweiten Weltkriegs zwar starken Schaden nahmen, teilweise aber erhalten werden konnten, so z. B. das **Archidiakonat** am Kirchhof. Das ehemalige Wohnhaus des Archidiakons, erbaut um 1450 im Stil der Norddeutschen Backsteingotik, war bereits im 19. Jh. saniert und neugotisch umgestaltet worden und wurde nach seiner Zerstörung unter großem Aufwand Anfang der 1960er Jahre wieder aufgebaut.

Die Kirche **St. Marien** wurde jedoch, gegen alle Widerstände der Bevölkerung, im August 1960 gesprengt. Nur der mächtige Turm blieb erhalten, er wurde in den 1990er Jahren mit nicht geringem Aufwand restauriert. In den noch erhaltenen Vorhallen des Turms erinnern Ausstellungen und ein 3-D-Film an die ehrwürdige Kirche. Hinter dem Turm vermitteln die Sockelreste einen Eindruck von den Ausmaßen des Gotteshauses.

• *Öffnungszeiten* **St.-Marien-Turm**, im Sommer tägl. 10–20 Uhr, im Frühjahr und Herbst 10–18 Uhr, in den Wintermonaten 11–16 Uhr. Turmführungen finden um 11, 13, 15 und 17 Uhr statt (im Winter um 12 und 14 Uhr). Der Eintritt ist kostenlos, man kann sich aber durch den Erwerb eines Backsteines an der Erhaltung des Monuments beteiligen. Ein Souvenirshop ist angeschlossen.

Auch die Kirche **St. Georg** wurde in den letzten Tagen des Zweiten Weltkriegs erheblich beschädigt. Doch statt in die Luft gesprengt zu werden, verfiel sie. Wo Gottesdienste stattfinden sollten, wuchs eine wilde Wiese. Die Versuche Wismarer Bürger, St. Georg zu retten, scheiterten an Material- und Geldmangel. Nach 1990 wurde die verwahrloste Ruine unter enormem Aufwand Stück für Stück saniert. Bis 2010 soll der Wiederaufbau abgeschlossen sein.

St. Georg erinnert in ihrer Wuchtigkeit an die Marienkirche in Rostock, wirkt aber aufgrund des Fehlens eines hoch aufragenden Turms gleichsam gedrungen. Die komplizierte Baugeschichte des Gotteshauses begann in der Mitte des 13. Jh. Gerade eine Generation später begann der erste Um- bzw. Ausbau mit derart ambitionierten Plänen, dass die Arbeiten sich gut 200 Jahre hinziehen sollten und dennoch nicht fertig wurden. Letztlich entstanden ist eine bis zu 42 m hohe, ebenso breite und 76 m lange Kirche mit gewaltigen Querschiffen und einem ungewöhnlichen Chor. Denn anstelle des üblichen halbrunden Chorumgangs wurde der alte, flache Chor beibehalten. Der geplante Turm wurde nie gebaut.

Öffnungszeiten Teile der Kirche können bereits besichtigt werden, wegen der anhaltenden Renovierungsarbeiten kann es aber zu Einschränkungen der Öffnungszeiten kommen. Im Sommer tägl. 10–20 Uhr, im Frühjahr und Herbst bis 18 Uhr, im Winter 11 Uhr bis Sonnenuntergang.

Zwischen der St.-Marien-Kirche und der St.-Georgen-Kirche wurde Mitte des 16. Jh. der **Fürstenhof** neu errichtet. Anlässlich seiner Hochzeit ließ Herzog *Johann Albrecht I. von Mecklenburg* (1525–1576) an das bestehende ältere Gebäude im spätgotischen Stil (Altes Haus) diesen Stadt-Palazzo (Neues Haus) anbauen und brachte damit ein Stück italienische Renaissance an die Ostsee. Das dreistöckige Gebäude ist durch detailfreudige Friese aus Kalkstein und Terrakotta gegliedert. An der Straßenseite dominieren Szenen aus dem Trojanischen Krieg, hofseits ist das Gleichnis vom verlorenen Sohn dargestellt. Aufwendig gestaltet zeigen sich auch die Portale der Hofdurchfahrt. Heute befindet sich das Amtsgericht im Fürstenhof.

Richtung Hafen kann man an der Lübschen Straße ein Stück mittelalterlicher Sozialgeschichte besichtigen. Mitte des 13. Jh. wurde in Wismar ein Armen- und Krankenhaus, das Heiligen-Geist-Hospital, eingerichtet. Dazu entstand später eine schlichte gotische Saalkirche, die **Heiligen-Geist-Kirche,** an die kurze Zeit später das „Lange Haus" angeschlossen wurde. Dieses auch „Siechenhaus" genannte Gebäude war zur Kirche hin offen, sodass die Bettlägerigen den Gottesdienst verfol-

Detailreiche Friese: der Fürstenhof

Frisch, frittiert und geräuchert: Fischverkauf vom Kutter

gen konnten. Ein bemerkenswertes Ausstattungsdetail erhielt die Kirche, nachdem 1699 die gotische Gewölbedecke infolge der Explosion nahe gelegener Pulvertürme eingestürzt war. Anstatt das Kreuzrippengewölbe wieder aufzubauen, wurde eine einfache Holzdecke eingezogen, farbenprächtig mit Ornamenten und Bibelszenen aus dem Ersten Buch Moses verziert. Sehenswert ist auch das gotische Glasfenster, das zwölf Szenen aus den Evangelien und verschiedene Heilige zeigt.

Öffnungszeiten Die Heiligen-Geist-Kirche ist tägl. 10–18 Uhr geöffnet, Gottesdienst So 10 Uhr,danach Besichtigung. Eintritt 1 € (wird als Spende erbeten).

Alter Hafen

Der **Alte Hafen** war ehemals Dreh- und Angelpunkt hanseatischer Betriebsamkeit. Heute flanieren Wismarer und Besucher an Schiffen vorbei, die Räucher- und Frischfisch anbieten, oder an den Speichern entlang, die – noch sanierungsbedürftig – zwischen Altem und Neuem Hafen (heute Überseehafen) stehen. Architektonisch orientieren sich die v. a. im 19. Jh. entstandenen Speicher am **Wassertor,** der Nahtstelle zwischen Hafen und Altstadt. Es ist das letzte verbliebene von einst fünf Stadttoren. Außer dem Wassertor ist kaum noch etwas von der ehemaligen Stadtbefestigung erhalten, ihrem Verlauf folgt heute die Ringstraße um die Altstadt. In gewisser Weise aber ist auch das **Baumhaus** am Alten Hafen ein Teil der Stadtbefestigung. In dem barocken Gebäude aus dem 18. Jh. diente der „Baumschließer". Seine Aufgabe war es, die Hafeneinfahrt mittels eines Langholzes (später wohl einer Kette, nichtsdestotrotz „Baum" genannt) des Nachts und bei Gefahr zu verschließen. Vor dem Baumhaus stehen fotogen zwei Schwedenköpfe, die einstmals die Fahrrinne des Hafens markierten. Das Baumhaus wurde später verschiedentlich genutzt, u. a. als Hafenmeisterei, heute sind darin wechselnde Ausstelllungen zu besichtigen.

Öffnungszeiten Baumhaus, zur Hauptsaison Di–So 10–20 Uhr, in der Nebensaison und im Winter 10–17 Uhr, Eintritt zumeist frei. Am Alten Hafen, ✆ 03841-2514013.

Die Poeler Kogge

1997 spülte ein Sturm Wrackteile an den Strand von Timmendorf auf der Insel Poel. Bei der daraufhin einsetzenden Suche fanden Unterwasserarchäologen das gut erhaltene Wrack einer Kogge aus dem 14. Jh. Es war ein sensationeller Fund, handelte es sich doch um das größte gefundene Frachtschiff des Spätmittelalters. Bei einer Länge von 31,5 m und einer Breite von bauchigen 8,5 m hatte die Poeler Kogge ein Fassungsvermögen von 200 t (zum Vergleich: die berühmte Bremer Kogge fasste 84 t). Gleichzeitig hatte sie einen relativ geringen Tiefgang, was sie gerade für das Befahren von Bodden und Haff geeignet machte.

Im Jahr 2000 begann ein faszinierendes Projekt auf dem Feld der experimentellen Archäologie: Im Hafen von Wismar entstand ein originalgetreuer Nachbau der Poeler Kogge unter Zuhilfenahme spätmittelalterlicher Techniken des Bootsbaus. Mit ein wenig Glück kann die *Wissemara* genannte Kogge hier auch angetroffen und besichtigt werden (bisweilen ist sie auf Tour, Infos unter www.poeler-kogge.de). Das Original wurde nach der Bergung nach Schwerin gebracht, wo weitere Untersuchungen angestellt und die Konservierung gewährleistet werden sollen.

Sehr idyllisch zeigt sich der Alte Hafen am **Lohberg.** Hier stehen ein paar Tische und Stühle der Restaurants und Cafés auf dem Kopfsteinpflaster und vor den farbenprächtigen Fassaden der mittelalterlichen Gebäude. In der Nähe mündet die **Grube** in den Hafen. Im 13. Jh. angelegt, ist sie einer der ältesten Kanäle in Deutschland und verbindet den Mühlensee (und zeitweise via Wallensteingraben sogar den Schweriner See) mit der Ostsee. Die Grube diente nicht nur zur Süßwasser-

Das schiefe Gewölbe über der Grube

versorgung, sondern auch als Transportweg, auf dem Lastkähne vom Hafen in die Altstadt getreidelt wurden. Unbedingt empfehlenswert ist ein Spaziergang vom entzückend schiefen Fachwerkgebäude, das sich beim Hafen über die Grube spannt und „Gewölbe“ genannt wird, den alten Kanal entlang bis zur Kirche St. Nikolai, der Schweinsbrücke und dem Schabbellhaus. Auf halbem Weg kreuzt die Scheuerstraße, die Richtung Markt zur Bohrstraße wird. Hier hat sich ein einzigartiges Ensemble von Giebeln erhalten, deren Gestaltung von der Gotik über den Barock bis zum Klassizismus reicht.

Das Gasthaus am Lohberg

St. Nikolai

Die Kirche St. Nikolai ist die dritte große Stadtkirche Wismars und ein bedeutendes Beispiel Norddeutscher Backsteingotik. Wenngleich die älteste Pfarrkirche Wismars, begann der Bau der heutigen Kirche relativ spät. Ab etwa 1380 wurde die Vorgängerkirche aus- und umgebaut. Obwohl zu dieser Zeit bereits neue architektonische Einflüsse spürbar waren, orientierten sich die Baumeister von St. Nikolai am Vorbild hochgotischer französischer Kathedralen. Entstanden ist eine prächtige dreischiffige Basilika mit schlankem Chorumgang und Kapellenkranz. Das Mittelschiff erhebt sich bei einer Breite von gerade einmal 10,5 m eindrucksvoll über 37 m in die Höhe. Der dadurch geschaffene überwältigende Raumeindruck wird von keiner Kirche an der Ostseeküste übertroffen. Ein Kleinod ist der Giebel des Südanbaus (1438/39). Der aus glasierten Backsteinen geformte Schmuckgiebel ist mit figürlichen Terrakotta-Friesen bestückt, die Fabeltiere, Fratzen, Heilige und Marien darstellen, darüber thront eine schmucke Blendrose. Der Kirchturm erhob sich ursprünglich dank eines enormen spitzen Turmhelmes auf eine Höhe von 120 m. Er wurde von einem schweren Sturm 1703 heruntergerissen und zertrümmerte das Mittelschiff.

Diese Katastrophe hatte zur Folge, dass St. Nikolai heute über eine bemerkenswerte barocke Innenausstattung verfügt. Dazu kommen wertvolle Stücke, die aus den Kirchen St. Marien und St. Georg gerettet werden konnten. Barock sind u. a. die Kanzel mit ihrer verspielten Haube (1708) und die Taufe schräg gegenüber (1719). In der südlichen Vorhalle sind der prächtige Schnitzaltar (um 1430) und das Hochkreuz aus der Kirche St. Georg untergebracht. Auf dem bronzenen Taufbecken aus St. Marien, um 1335 gegossen, sind Szenen aus dem Leben Jesu zu sehen. Beeindruckend sind auch die erhaltenen Wandmalereien: allen voran der riesige, bis ans Gewölbe hinaufreichende St. Christopherus, Schutzheiliger der Reisenden (um 1450). Empfehlenswert ist der Aufstieg in das Gewölbe im Verlauf einer kenntnisreichen Führung.

• Öffnungszeiten Mai bis Sept. 8–20 Uhr, Okt. bis April 10–18 Uhr, Nov. bis März 11–16 Uhr, Gottesdienst So 10 Uhr (erst danach wieder Besichtigung). Gewölbeführungen werden im Sommer werktags zwischen 11 und 16 Uhr zu jeder vollen und halben Stunde angeboten, sonntags erst nach dem Gottesdienst, im Winter eingeschränkt. St. Nikolai ist eine besucherfreundliche Kirche, Fotografieren ist ausdrücklich erlaubt (dass man kein Blitzlicht in der Nähe von Wand- oder Altarmalereien verwendet, versteht sich von selbst), auch artige Hunde dürfen an der Besichtigung teilnehmen. Die ehrenamtlichen Mitarbeiter, die die Öffnungszeiten ermöglichen, sind sehr engagiert.

Stadtgeschichtliches Museum im Schabbellhaus

Schräg gegenüber der Kirche St. Nikolai und auf der anderen Seite der Grube liegt das Schabbellhaus, das heute das Stadtmuseum beherbergt. *Hinrich Schabbell* (1531–1600) war angesehener Bierbrauer, Kaufmann, Ratsherr und Bürgermeister der Stadt. Er engagierte zum Bau seines Wohn- und Brauhauses den holländischen Baumeister *Philipp Brandin* (ca. 1530–1594). Von 1569 bis 1571 ließ dieser das Gebäude im Stil der niederländischen Renaissance entstehen und setzte dabei auf eine Kombination aus Backstein und Sandstein, wie es in seiner Heimat üblich war. Besondere Aufmerksamkeit verdient der Nordgiebel (zur Grube hin) mit seinen sandsteinernen Gliederungselementen wie Säulen, Figuren, Voluten und Fensterrahmen, der Rest der Fassade besteht aus rotem Backstein. Anlässlich der 750-Jahr-Feiern der Stadt Wismar wurde hier 1979 das *Stadtgeschichtliche Museum* eröffnet. Die Fassade wurde mittlerweile vollständig renoviert. Im Inneren sind u. a. die alte Eingangsdiele, eine Wendeltreppe und der Speicherboden erhalten.

Die Ausstellungen des Schabbellhauses sind nach Stockwerken unterteilt: Im EG befindet sich in ständiger Ausstellung eine medizinhistorische Sammlung, in der auch Exponate aus Naturheilkunde und Pharmazie zu sehen sind. Interessanter in Sachen Stadtgeschichte wird es im 1. OG: Hier finden sich alte Stadtansichten zu Wismar, zwei originale Bronzefiguren aus der Wasserkunst am Marktplatz (S. 63) sowie Modelle und historische Fotografien des Gebäudes. Hinzu kommen Porzellan, Fayencen, vergoldete Gefäße, Bronzen, Gemälde und Grafiken aus dem 15. bis 20. Jh. Zu den bekanntesten Exponaten zählen sicherlich die beiden mittelalterlichen Totenhände aus der Kirche St. Georg. Wechselnde Sonderausstellungen runden einen Besuch im Schabbellhaus ab.

Kunst am Bau

Öffnungszeiten Mai bis Okt. Di–So 10–20 Uhr, Nov. bis April nur bis 17 Uhr, Mo geschlossen. Eintritt 2 €, erm. 1 € (Studenten/Rentner), Kinder und Jugendliche bis 18 J. frei. Cafeteria im EG (im Sommer auch draußen). Schweinsbrücke 8, ✆ 03841-282350, www.schabbellhaus.de.

Ländliche Idylle im Klützer Winkel

Klützer Winkel

Im Westen von Wismar, zwischen Wismarbucht und Trave, erstreckt sich ein lieblicher Landstrich. Seit jeher wurde rund um das kleine Städtchen Klütz Landwirtschaft betrieben, und auch heute noch befindet sich hier die Kornkammer Mecklenburgs.

Im Klützer Winkel scheint vielerorts die Zeit stillzustehen. Winzige Weiler, teilweise nur durch Schotterpisten miteinander verbunden, verstecken sich zwischen sanften Hügeln. Am Straßenrand scharren Hühner, auf den Koppeln weiden Kühe neben Pferden und Eseln, Schweine liegen träge in offenen Stalltüren, und im Dorfteich schwimmen die Enten in Paaren umher.

Stilles Zentrum der Landschaftsidylle ist das kleine Städtchen Klütz. Das touristische Zentrum hingegen ist das Ostseebad Boltenhagen mit langem Sandstrand, Seebrücke und Kurzentrum.

Klütz

ca. 3200 Einwohner

Ein verträumtes kleines Städtchen mit einem prächtigen Schloss, geadelt durch ein literarisches Erbe. Kaum etwas scheint sich geändert zu haben, seit Uwe Johnson in seinem berühmten Roman *Jahrestage* das kleine (fiktive) Jerichow beschrieb, das gemeinhin mit Klütz identifiziert wird (s. u.): kopfsteingepflasterte Straßen, ein beschaulicher Markt, eine schmucke, kleine, steinalte Kirche mit weithin sichtbarem Turm, am Ortsrand eine alte Mühle sowie das überraschend stattliche barocke Schloss Bothmer mit ausladendem Park und schließlich vor allem – keine Hektik.

Uwe Johnsons „Jahrestage"

„... einwärts der Ostsee zwischen Lübeck und Wismar gelegen, ein Nest aus niedrigen Ziegelbauten entlang einer Straße aus Kopfsteinen, ausgespannt zwischen einem zweistöckigen Rathaus mit falschen Klassikrillen und einer Kirche aus der romanischen Zeit, deren Turm mit einer Bischofsmütze verglichen wird; lang und spitz läuft er zu, und wie die Mütze eines Bischofs hat er Schildgiebel an allen vier Stirnen"

Uwe Johnson, *Jahrestage,* Bd. 1, Frankfurt/M. 1993, S. 30f.

Jerichow, das fiktive mecklenburgische Städtchen aus Uwe Johnsons Roman *Jahrestage,* wird längst mit dem realen Klütz in Beziehung gesetzt, auch wenn Johnson in Interviews dieser Zuweisung immer widersprochen hat. Den edlen Spender des literarischen Ruhmes hat man in Klütz gleich mehrfach bedacht: Seit 2002 gibt es den *Förderverein Uwe Johnson in Klütz,* der u. a. die **Klützer Literaturtage** (alljährlich im Sommer, meist Lesungen) organisiert. Um eine weitere Attraktion reicher ist der Ort seit Frühling 2006: In einem umgebauten Getreidespeicher von 1890 wurde das **Literaturhaus Uwe Johnson** eröffnet, das neben einer Dauerausstellung zu Johnson auch die Stadtbibliothek beherbergt. Hier finden häufig Lesungen und andere kulturelle Veranstaltungen statt. Es werden auch die Werke des Autors verkauft, außerdem gibt es eine kleine Automaten-Caféteria.

Öffnungszeiten Tägl. außer Mi 10–17 Uhr, im Winter nur bis 16 Uhr und am Wochenende erst ab 11 Uhr. Im Thurow 14, 23948 Klütz, ✆ 038825-22387, www.literaturhaus-uwe-johnson.de.

• *Information* **Stadtinformation Klütz** im Uwe-Johnson-Literaturhaus am Markt. Zimmervermittlung und Information. Mai bis Sept. tägl. außer Mi 10–17 Uhr, Nov.–April Mo–Fr (außer Mi) 10–16 Uhr, Sa/So 11–16 Uhr. Im Thurow 14, 23948 Klütz, ✆ 038825-22295, www.kluetzer-winkel.de.

• *Verbindungen* Ein **Bus** fährt etwa alle 90 Min. nach Boltenhagen und nach Wismar.

• *Übernachten/Essen* **Landhaus Sophienhof**, nettes Café (auch Mittagstisch) in einem Fachwerkhaus zwei Häuser hinter der Kirche (Eckhaus). Im Sommer mit Terrasse an der leider viel befahrenen Durchgangsstraße, abends wird es ruhiger. Freundliche, helle Einrichtung, modern und mit Geschmack. Im Obergeschoss werden fünf sorgsam renovierte **Zimmer** vermietet – schönes und gemütliches Ambiente, DZ 90 €, Frühstück inkl. Die dazugehörige *Villa Ruhnke* liegt wenige Gehminuten entfernt am Ortsrand, Ferienwohnung für max. 4 Personen 90 € pro Nacht, mit Garten und Teich, allergikergeeignet (keine Haustiere). Infos über Sophienhof, Wismarsche Str. 34, 23948 Klütz, ✆ 038825-267080, ℻ 24128, www.landhaus-sophienhof.de.

Hotel/Restaurant Baumhaus, ganz aus Holz besteht dieses finnische Blockhaus. Ca. 4 km außerhalb von Klütz (auf halbem Weg nach Kalkhorst), am Ortseingang von Klein Pravtshagen rechts ab, beschildert. Mit nettem Garten und Kinderspielplatz. Nur 4 Zimmer, mit Dachschräge. Auch Restaurant und Café mitsamt Terrasse, tägl. mittags und abends geöffnet, nicht teuer. EZ 42 €, DZ 64 €, Dreier 84 €, inkl. Frühstück. Klützer Str. 7, 23948 Klein Pravtshagen, ✆ 038827-8837, www.hotel-baumhaus.de.

Gutshaus Stellshagen, herrlich auf einer Anhöhe liegt dieses einladende Anwesen. Von Klütz in südliche Richtung nach Damshagen (ca. 3 km), dort rechts ab nach Stellshagen (ca. 1,5 km). Vor dem Gutshaus Liegewiese und ein kleiner Teich. Bio- und Gesundheitshotel (zertifiziertes Bio-Hotel), neben Kosmetikbehandlungen und Entschlackungskuren stehen ganzheitliche, hauptsächlich fernöstliche Kur- und Wellnessanwendungen auf dem Programm, auch Meditation, Yoga und Fahrradverleih. Nichtraucherhotel und handyfreie Zone, im Restaurant ausschließlich vegetarische Gerichte, z. T. aus eigenem Anbau. Einladendes Café mit Wintergarten, im Sommer große Terrasse, sehr nett auch der Salon 1001 Nacht. EZ je nach Größe und Ausstattung 65–110 €, DZ 74–160 €, Dreier/Vierer 140–205 €, einschließlich Frühstück. Ferienwohnung ohne Frühstück 85–110 € (2 Pers.), Hunde sind in einigen Zimmern erlaubt. Lindenstr. 1, 23948 Stellshagen, ✆ 038825-440, 📠 44333, www.gutshaus-stellshagen.de.

Klützer Mühle, etwas oberhalb von Klütz am nördlichen Ortsrand, beschildert. Die Holländermühle aus dem Jahr 1904 beherbergt seit ihrer Sanierung 1985 ein schönes Restaurant, die Gasträume verteilen sich auf mehrere Stockwerke, innen viel Holz, rustikales Ambiente. Verfeinerte Mecklenburger Küche, teilweise auch deftig-traditionell, etwas gehobenes Preisniveau. 1. März bis 10. Nov. tägl. ab 11 Uhr, warme Küche bis 22 Uhr. Im Winter geschlossen (außer um Weihnachten/Silvester). An der Mühle, 23948 Klütz, ✆ 038825-22102, 📠 22105, www.kluetzer-muehle.de.

Ein Literaturhaus für Jerichow

Sehenswertes

Schloss Bothmer: Die größte und bedeutendste barocke Schlossanlage Mecklenburg-Vorpommerns liegt am südlichen Ortsrand von Klütz. Zwischen 1726 und 1732 wurde sie als Residenz des Reichsgrafen von Bothmer erbaut. Der ursprünglich französische Park mit rund 15 ha Fläche und seiner Lindenallee (*Festonallee*, ehemals die Hauptzufahrt zum Schloss) wurde Mitte des 19. Jh. nach dem Vorbild englischer Landschaftsparks umgestaltet. Im Inneren der symmetrischen Schlossanlage sind noch einige Überreste der barocken Originalausstattung erhalten, darunter Stuckdecken, Wandverkleidungen etc. Von 1948 bis 1994 war im Schloss ein Altersheim untergebracht, danach fand sich erstmal kein privater Investor für dieses Mammutprojekt, bis Anfang 2008 das Land Mecklenburg-Vorpommern Schloss Bothmer übernahm. Für die nächsten Jahre wurde eine umfangreiche Sanierung angekündigt. Der **Schlosspark** kann schon heute besichtigt werden.

• *Öffnungszeiten* **Schlosspark**: April bis Sept. 10–20 Uhr, im März und Oktober nur bis 18 Uhr, im Winter nur bis 16 Uhr, Eintritt frei. Durch das Schloss (und den Park) werden **Führungen** veranstaltet, von März–Okt. Mo–Fr 10.30, 13.30 und 15.30 Uhr, Dauer 45 Min., 3,50 € pro Person, kulturhistorische Führungen finden ebenfalls von März-Okt. immer Sa und So um 10.30, 11.30, 13, 14.30 und 15.30 Uhr statt, Dauer 80 Min., 6 € pro Person, erm. 4 €. Infos und Anmeldung unter ✆ 03841-224397 oder im Literaturhaus Uwe Johnson (Stadtinformation, s. oben), www.mv-schloesser.de.

Kirche St. Marien: Die ältesten Teile der zwischen Spätromanik und Frühgotik errichteten dreischiffigen backsteinernen Hallenkirche stammen aus der Mitte des 13. Jh. Das Langhaus wurde später hinzugefügt. Im 14. Jh. wurde sie um den weithin sichtbaren, wuchtigen Turm von 56 Metern Höhe erweitert, der aufgrund seiner achteckigen, helmartigen Spitze auch „Bischofsmütze“ genannt wird. Im Inneren der überaus schönen und sehenswerten Kirche finden sich Zeugnisse aus fast

Glücklicherweise gibt es noch ein weiteres Portal zur Klützer Kirche

allen Jahrhunderten: Der romanische Taufstein stammt aus dem 13. Jh., das gotische Chorgestühl (an der Südwand) aus dem 14. Jh., die Kanzel wurde 1587 gefertigt, die fein geschnitzte Taufe 1653, der Barockaltar kam 1730 hinzu, die Orgel schließlich 1871.

Öffnungszeiten Juni bis Mitte Sept. tägl. 10–16 Uhr, im Winterhalbjahr nur nach Voranmeldung unter ✆ 038825-22769. Gottesdienst Sonntag 9.30 Uhr. Infos auch unter www.st-marien-kluetz.de.

Umgebung von Klütz

Verschlafene Einsamkeit am **westlichsten** Ende Mecklenburgs, Orte wie Elmenhorst, Kalkhorst, Harkensee und Dassow bergen kaum Aufregendes. Abgelegen und demnach kaum überlaufen sind auch die **Ostseestrände des Klützer Winkels:** ein kleiner Kies-Stein-Abschnitt vor der Steilküste bei Steinbeck und die deutlich attraktiveren, in westlicher Richtung gelegenen Strände von Brook, Groß Schwansee und Barendorf. Ein **Küstenwanderweg** verbindet Steinbeck und Priwall am westlichsten Zipfel Mecklenburgs. Von Priwall ist es nur ein Katzensprung über die Trave hinüber nach Travemünde, die kleine Auto- und Personenfähre verkehrt etwa alle zehn Minuten (pro Person 0,60 €, Fahrrad 0,40 €, Motorrad 2,10 €, Auto 4,20 €).

8 km **südlich** von Klütz befindet sich das Freiluftmuseum **Steinzeitdorf Kussow,** das besonders für Kinder eine Attraktion darstellt: Beim Rundgang über das Gelände kommt man u. a. an einem Ziegen- und einem Wildschweingehege vorbei oder kann sich eine Bratwurst mit Spieß über dem offenen Feuer grillen. Ansonsten erlaubt das Freilichtmuseum auch für Erwachsene einen interessanten Einblick in die Lebensumstände der Jungsteinzeitmenschen. Steinzeitliche Zeugnisse finden sich im **Everstorfer Forst** östlich von Grevesmühlen. Die Südgruppe der Großsteingräber von beachtlichem Ausmaß liegen nahe der B 105 Richtung Wismar, die Nordgruppe an einer kleinen, nach Nordosten führenden Landstraße (beide beschildert).

Öffnungszeiten **Steinzeitdorf Kussow**: April bis Okt. tägl. 10–18 Uhr (im April und Okt. nur bis 17 Uhr), Nov. bis März nur Mo–Do 9–15 Uhr. Eintritt 3 €, Kinder (2–14 J.) 2 €, Familienkarte (2 Erw. + 2 Kinder) 7 €. ✆ 03881/715055, www.steinzeitdorf-kussow.de.

• *Übernachten/Essen & Trinken* **Schlossgut Groß Schwansee**, edel hergerichteter Gutshof aus der Mitte des 18. Jh. seit 2004 Luxushotel und Wellnessoase. Gehobenes Restaurant mit ebensolchen Preisen (mittags und abends geöffnet), nur wenige hundert Meter zum Ostseestrand. Sehr stilvoll eingerichtete Gästezimmer und Suiten, ein Anbau soll 2009 fertiggestellt werden. Von Kalkhorst aus beschildert. EZ 170 €, DZ 200 €,

Suite (2 Pers.) 240 €, Frühstück inkl. Am Park 1, 23942 Groß Schwansee, ✆ 038827-88480, 📠 884848, www.schwansee.de.

Ferienwohnungen Gut Brook, nur etwa 700 Meter von der Ostsee im gleichnamigen winzigen Ort, etwa 10 km nordwestlich von Klütz. Aufwendig restaurierte und hochwertig ausgestattete Ferienwohnungen für 2–8 Personen in mehreren Gebäuden, mit Garten, Kinderspielplatz und Fahrradverleih, Hunde erlaubt. Tagespreis je nach Größe der Wohnung 70–160 €. Dorfstr. 1, 23948 Brook, ✆ 038827-80125, 📠 80144, www.brook.de.

Boltenhagen

ca. 2500 Einwohner

Das drittälteste deutsche Ostseebad bietet zwar nicht ganz so viel Noblesse wie die anderen Seebäder, dafür aber einen fast 4 km langen, feinen Sandstrand mit angrenzender Steilküste. Es fehlen die Nobelvillen an der Strandpromenade, alles ist etwas bescheidener als beispielsweise in Kühlungsborn, doch haben auch die kleinen traditionellen Strandhäuser hier durchaus ihren Reiz. In dem langgezogenen Ort herrscht Kuratmosphäre, wozu das Kurhaus und der Park mit Konzertmuschel und Trinkkurhalle sowie im hinteren Ortsteil Kurkliniken und die Ostseetherme ihr übriges tun. Ziemlich in der Mitte im Zentrum erstreckt sich die schicke Seebrücke mit 290 m Länge weit in die Ostsee hinein. Gerade erst fertiggestellt wurde die Marina „Weiße Wiek" knapp 3 km östlich des Zentrums – mit 290 Liegeplätzen und einer großen, etwas seelenlos geratenen Hotel- und Appartementanlage (TUI-Resort). Ein 18-Loch-Golfplatz befindet sich einige Kilometer östlich in Hohen Wieschendorf (S. 77).

Boltenhagen ist eines der ältesten deutschen Seebäder. Bereits 1803 wurden hier die ersten Badekarren ins Wasser gezogen, 1845 öffnete das Hotel *Großherzog von Mecklenburg* seine Pforten für die Oberschicht, bereits 1850 herrschte reger Badebetrieb. Heute stehen den Kur- und Badegästen über 8000 Gästebetten zur Verfügung.

Praktische Informationen

- *Information* **Kurverwaltung/Touristinformation** im Kurhaus an der Hauptstraße (Ostseeallee) auf Höhe der Seebrücke. Im Sommer (April bis Okt.) Mo–Fr 9–18 Uhr, Sa 10–15 Uhr, So 10–16 Uhr, im Winter nur Mo–Fr 9–17 Uhr und So 11–15 Uhr. Ostseeallee 4, 23946 Boltenhagen, ✆ 038825-36010, 📠 36021, www.boltenhagen.de.
- *Baden* Schöner Sandstrand von fast 4 km Länge, seit vielen Jahren mit der Blauen Flagge geadelt. Sehr seicht, im Sommer von der DLRG bewacht (Mitte Juni bis Mitte Sept.). Beachvolleyball, Bootsverleih am Strand (Aufgang 2 + 8), FKK bei Aufgang 11 + 12, Hundestrand bei Aufgang 22 und am Steilufer westlich vom Ort.
- *Fahrradverleih* Mehrere Anbieter im Ort, z. B. **Fahrradverleih Krämer**, Fahrrad (auch Kinder) ab 4,50 €/Tag, auch Anhänger, Nachläufer, Kindersitze und Tandems im Angebot. Geöffnet 1. April bis 31. Okt. Ostseeallee 58 b, ✆ 038825-23288 oder ✆ 0177-2928198.
- *Kurtaxe* Mai bis Sept. 2,10 €/Tag, Okt. bis April 1,50 €/Tag, unter 16 J. frei.
- *Reiten* Das Angebot im **Reiterhof Gabriel** reicht von Kremser- und Kutschfahrten über Ausritte (besonders schön im Winter: Strandritte), Einzel- und Gruppenunterricht bis hin zu Reiterferien für Kinder, Reiten für Behinderte, Pensionsweide. Ostseeallee 40 c, ✆ 038825-26430 oder ✆ 0173-9902301, 📠 038825-26432, www.boltenhagen-reiterhof.de.
- *Tauchen* Tauchschule beim Regenbogen-Camp, s. unten.
- *Therme* Die **Ostsee-Therme Boltenhagen** mit ihrem auf gut 30° erwärmten Ostsee-Meerwasser befindet sich bei den Kliniken am östlichen Ortsrand. Auch Sauna, Massagen, kosmetische Behandlung, usw., alles relativ günstig. Tägl. 10–21 Uhr, Eintritt 6,50 € (2 Std.), mit Sauna 8 €, Kinder 3 € (3,50 €). Ostseeallee 106, ✆ 038825-493, 📠 49444, www.ostsee-therme-boltenhagen.de.
- *Verbindungen* **Busse** fahren ca. alle 2 Std. über Klütz nach Wismar, ca. alle 2 Std. auch in die Nachbardörfer Redewisch und Tarnewitz, etwa stündl. nach Grevesmühlen. Bushaltestelle gegenüber der Touristinformation.

Am Strand von Boltenhagen

Die **Bäderbahn** Carolinchen startet im Sommer zur Ortsrundfahrt und zur Steilküstenfahrt, 7 € pro Person, Kinder 3 €, Abfahrt beim Kurhaus. Nähere Infos: ✆ 038825-23201 oder ✆ 0171-4007670, www.carolinchen.net.

Rundfahrten im Klützer Winkel mit dem Oldtimer-Schulbus aus dem Jahr 1919 (Modell Ford TT) werden von Joachim Clausen angeboten. Im Sommer 3-mal tägl., Dauer 1 Std., max. 8 Pers. Erw. 7 €, Kinder 4 €. ✆ 038825-29512 oder ✆ 0178-2805300.

Übernachten/Essen & Trinken

• *Hotels* **** **Seehotel Großherzog von Mecklenburg**, erstes Haus am Platz, zentral an der Seebrücke gelegen. Gediegen-elegantes Ambiente, mit Restaurant, Bar, Hallenbad, Sauna und Beauty-Studio, Medical Wellness, meist nicht mehr ganz junges Publikum. 150 komfortable Zimmer, diverse Arrangements und Sonderangebote, mit denen man i. d. R. deutlich günstiger unterkommt als mit dem Normaltarif. EZ 122 €, DZ 155 €, inkl. Frühstück. Hunde sind ausdrücklich willkommen. Ostseeallee 1, 23946 Boltenhagen, ✆ 038825-500, ℻ 50500, www.seehotel-boltenhagen.de.

Villa Seebach, sehr ansprechendes Haus an der Mittelpromenade, teilweise Fachwerk, schöne Veranda mit Korbsesseln, im Garten Kinderspielplatz und Sommertheater (v.a. für Kinder). Das einladende Restaurant ist mit Antiquitäten eingerichtet, an den Wänden zahlreiche historische Porträts. Ausgefallene Küche mit mediterraner Prägung, leicht gehobenes Preisniveau, mittags und abends geöffnet. 7 nett eingerichtete Appartements (2 Pers. 60 €, bis 4 Pers., 80–100 €, 6 Pers. 130 €). Außerdem gibt es einige DZ mit Frühstück zu 90–120 € (als EZ 70 €) und 4 Ferienwohnungen (2–4 Pers., 70–80 €). Mittelpromenade 28, 23946 Boltenhagen, ✆ 038825-3150, ℻ 31555, www.villa-seebach.de.

Gutshaus Redewisch, im gleichnamigen Ort ca. 3 km westlich von Boltenhagen. Gutshaus aus dem Jahr 1817, wurde 1999 renoviert und bald darauf als Hotel/Restaurant eröffnet. Sehr schönes Ambiente im Speisesaal mit Parkett und dunklen Holzmöbeln, im Hintergrund läuft softer Jazz oder Klassik, guter Service, die Küche jedoch erstaunlich bodenständig. Mittags und abends geöffnet, die Küche allerdings nur bis 21 Uhr. Die großzügigen, modern eingerichteten Zimmer sind teilweise mit Parkett (und Teppich) ausgestattet, manche mit Balkon. EZ 65–70 €, DZ 100–130 €, 3-Bett-Suite 150–160 €, 4-Bett-Suite 170 €, Suite mit Balkon 140–180 €, jeweils einschließlich Frühstück. Dorfstr. 46, 23946 Boltenhagen/OT Redewisch, ✆ 038825-3760, ℻ 37637, www.gutshaus-redewisch.de.

• *Camping* **Regenbogen Camp**, zwischen Ostseeallee und Strandpromenade. Professionell geführte Anlage, 170 Stellplätze auf schattigem Gelände, auch Mietwohnwagen und 75 gut ausgestattete Ferienhäuser. Mit Restaurant, Supermarkt, Spielplatz, Sportplätzen etc., außerdem Wellness-Anlage mit Sauna, Massagen, Fitness usw. Zum Camp gehört im Sommer auch eine *Tauchschule* (www.tauchschule-nord.de). Von 1.11.–15.12. geschlossen. Pro Pers. 7,45 €, Zelt 8,70–11 €, Wohnwagen/-mobil 11–13,50 €, Parkplatz 4,90 €. Ostseeallee 54, 23946 Boltenhagen, ✆ 038825-42222, 📠 42225, www.regenbogen-camp.de.

Krämers Wohnmobilhafen, der Wohnmobilstellplatz befindet sich in der Ostseeallee, ganzjährig geöffnet, insgesamt 45 Stellplätze. 10 € pro Tag, Strom 2,50 €. Ostseeallee 58 b, 23946 Boltenhagen, ✆ 038825-23288.

• *Essen & Trinken* **Blinkfür**, beliebtes Fischrestaurant, außen gemütliche Terrasse, innen maritim eingerichtet. Große Auswahl an Fischgerichten, auch Räucherfisch, ortsübliches Preisniveau. Das Restaurant ist dank des kleinen Leuchtturms vor dem Haus kaum zu verfehlen (an der Straße Richtung Osten). März bis Okt. tägl. mittags und abends, im Winter nur Fr–So. Ostseeallee 64, ✆ 038825-22114, www.blinkfuer.m-vp.de.

Restaurant Deichläufer, rotes Haus an der westlichen Strandpromenade, am Deich. Innen helles freundliches Holzambiente, nette überdachte Terrasse, mecklenburgische Standardküche (und viel Fisch) zu mittlerem Preisniveau. Mittags und abends geöffnet. Dünenweg 6, ✆ 038825-29945.

An der Wohlenberger Wiek

Die sichelförmige Bucht der Wohlenberger Wiek am Eingang der Wismarbucht liegt nur wenige Kilometer südöstlich von Boltenhagen. Die Bundesstraße nach Wismar (B 105) führt zum Teil direkt am flachen, deshalb kinderfreundlichen Strand entlang. Und noch etwas kommt dem Badegast entgegen: Aufgrund der geringen Tiefe erwärmt sich die Bucht deutlich schneller als die offene Ostsee. Der Zugang zum oft aber recht schmalen Strand ist gebührenpflichtig (1,50 €, Kinder 0,50 €). Etwa in der Mitte der Bucht befindet sich eine Surf- und Kiteschule, hier auch Anfänger- und Schnupperkurse (✆ 038428-63176, www.surf-knopf.de).

• *Golf/Hotel* **Golfclub Hohen Wieschendorf**, direkt an der Landzunge zwischen Wohlenberger Wiek und Eggers Wiek, 18-Loch-Platz in schöner Lage, Tagesgreenfee 45–55 € (Gäste des angeschlossenen Hotels zahlen die Hälfte). Zu erreichen von der Straße von der Wohlenberger Wiek Richtung Wismar bei Gramkow links ab nach Beckerwitz und weiter nach Hohen Wieschendorf. Hotel mit Restaurant, EZ 85 €, DZ 120 €, jeweils einschließlich Frühstück, Appartement für 3 Pers. 180 €, für 4 Pers. 190 €, insgesamt 128 Betten. Auch Golfkurse. Am Golfplatz 1, 23968 Hohen Wieschendorf, ✆ 038428-660, 📠 6666, www.howido.de.

• *Übernachten* **Jugendherberge Wohlenberger Wiek**, die einzige und wohl organisierte Jugendherberge auf weiter Flur, befindet sich in Beckerwitz Ausbau. Von der Straße von der Wohlenberger Wiek Richtung Wismar geht es links ab auf eine schmale Straße, ca. 1 km von der Hauptstraße. Zur Ostsee sind es zu Fuß 800 m. Mit Fahrradverleih, Tischtennis, Bolzplatz und Grillstelle, im Garten kann auch gezeltet werden. DJH-Ausweis erforderlich. Übernachtung mit Frühstück im 2- bis 8-Bett-Zimmer 19,30 €, mit Halbpension 22,80 €, im DZ mit Frühstück 23,30 €, Senioren ab 27 J. 23,60 € (im Mehrbettzimmer mit Frühstück), im DZ 28,50 €. Zur Wiek 4, 23968 Beckerwitz-Gramkow, ✆ 038428-60362, 📠 61986, www.djh-mv.de.

Ferienpark Zierow, Campingplatz fast direkt am recht flachen Sandstrand der Eggers Wiek bei Zierow. Zierow liegt ca. 2 km nördlich der B 105 (Straße nach Wismar). Bei Gägelow geht es links ab, beschildert. Relativ wenig Schatten. Anlage mit Mini-Market, 2 Gaststätten und Streichelzoo, diverse Sportangebote, auch Kegeln und Boccia, vor dem Campingplatz außerdem ein nettes Café. Ganzjährig geöffnet. Pro Person 5 €, Zelt 5,50 €, Wohnwagen/-mobil 10,50–12 €, Auto 3,20 €. Strandstr. 19 c, 23968 Zierow, ✆ 038428-63820, 📠 63833, www.ostsee-camping.de.

• *Verbindungen* Am besten ist man in dieser abgelegenen Gegend mit dem eigenen Fahrzeug unterwegs. Der **Bus** auf der Strecke Wismar – Boltenhagen (etwa alle 2 Std.) hält lediglich in Wohlenberg, jedoch gibt es 3-mal tägl. (während der Schulzeit 7-mal) einen Bus von Wismar nach Beckerwitz (Jugendherberge) und Hohen Wieschendorf.

Am Hafen von Timmendorf

Zwischen Wismar und Rostock

In der lieblichen mecklenburgischen Landschaft, die sich zwischen den beiden Hansestädten erstreckt, verbergen sich einige sehenswerte Attraktionen und sogar einige Superlative: mit Heiligendamm das älteste Seebad Deutschlands, nahebei die älteste Galopprennbahn in Bad Doberan und ebenda auch der kulturhistorische Höhepunkt der Gegend, das Bad Doberaner Münster – eines der bedeutendsten Beispiele Norddeutscher Backsteingotik. Touristisches Zentrum ist das schmucke Ostseebad Kühlungsborn. Und schließlich das Naturparadies Insel Poel vor den Toren Wismars.

Insel Poel

ca. 2800 Einwohner

Die stille Insel, der Wismarbucht schützend vorgelagert, war dank ihrer strategisch günstigen Lage in der Vergangenheit oft umkämpft. Heute erholen sich dort Besucher am lang gestreckten Sandstrand.

Die 37 Quadratkilometer große Insel Poel ist weitgehend landwirtschaftlich geprägt, mit dem farbenprächtigen Effekt, dass zur Rapsblüte die halbe Insel in ein sattes Gelb getaucht ist. Baumbestand findet sich vornehmlich in Form eines schmalen Waldstreifens zum Schutz der Außenküste. Zum Festland hin sowie rund um die Bucht Fauler See im Südwesten wird die Küste von unter Naturschutz stehenden Salzwiesen (s. S. 15) gesäumt. Im Nordosten befindet sich rund um die kleine Insel Langenwerder ein bereits 1924 eingerichtetes Vogelschutzgebiet. Seit jeher leben die Bewohner der Insel von der Landwirtschaft und der Fischerei. Seit dem frühen 20. Jh. ist der Tourismus hinzugetreten und bildet heute die Haupteinnahmequelle der knapp 2800 Einwohner. Es findet sich zwar nur eine überschaubare Anzahl an Hotels/Pensionen auf Poel, um so erstaunlicher für eine so kleine Insel aber ist die Menge an Appartementhäusern und Ferienwohnungen. Seit 2005 kann sich die gesamte Insel mit dem Prädikat (staatlich anerkanntes) Ostseebad schmücken.

Der Hauptort Poels ist **Kirchdorf,** der zwar mitten auf der Insel liegt, dank der lang gestreckten Bucht namens Kirchsee aber über einen Hafen verfügt. Einstmals befand sich hier ein kleines, aber stattliches Schloss, von dem nur die Erdwälle ehemaliger Festungsanlagen übrig sind. Neben dem Hafen findet man die beiden Sehenswürdigkeiten der Insel: das Inselmuseum und die kleine Inselkirche.

Die Attraktion Poels hingegen ist der lange Strand, der im Sommer auch zahlreiche Ausflügler aus der nahe gelegenen Hansestadt Wismar anlockt. Schon bei der Anreise auf die Insel, bei **Fährdorf**, bietet sich an einem Picknickplatz an der Straße der weite Blick auf die Stadt Wismar, auf die Kirchtürme St. Marien und St. Nikolai, aber auch auf die riesige Aker-Werft. Das touristische Zentrum ist **Timmendorf/ Strand** (nicht zu verwechseln mit Lübecks berühmter Bademeile) mit seinem kleinen Hafen, dem schmucken Leuchtturm, einem Campingplatz und vor allem dem herrlichen Sandstrand. Gänzlich abgeschieden und still liegt **Gollwitz** am anderen Ende des Außenstrands im Nordosten der Insel. Dazwischen befindet sich unweit von Kirchdorf der ruhige Ortsteil **Am Schwarzen Busch.** Hier erinnert ein Mahnmal an eine der größten Katastrophen der Seefahrtsgeschichte. In den letzten Tagen des Zweiten Weltkriegs, als die alliierten Truppen auf dem Vormarsch waren, wurden die Häftlinge des KZ Neuengamme nach Lübeck getrieben und dort auf kaum fahrtaugliche Schiffe verladen, darunter die *Cap Arcona*. Einen Zielhafen hatte die KZ-Flotte nicht, was geschah, war von den Nationalsozialisten nicht nur billigend in Kauf genommen worden, sondern menschenverachtendes Kalkül. Eine britische Bomberstaffel griff am 3. Mai 1945 die Schiffe an, nicht wissend, dass sich überlebende KZ-Häftlinge an Bord befanden. Bei dem Angriff, infolge dessen die *Cap Arcona* versenkt wurde, ließen über 7000 Menschen ihr Leben.

Praktische Informationen

• *Information* Bei der **Kurverwaltung Insel Poel** gibt es Infos rund um die Insel, Zimmervermittlung, naturkundliche Veranstaltungen und **geführte Wanderungen**, auch Fahrradverleih (5 €/Tag, 3 €/halber Tag). Sehr freundliche und hilfsbereite Mitarbeiter. In der Hauptsaison Mo–Fr 9–17.30 Uhr, Sa 10–12 und 14–16 Uhr, So 10–12 Uhr, Sept. bis Pfingsten Mo–Fr 9–12 und 14–17 Uhr, Sa/So geschl. Wismarsche Str. 2, OT Kirchdorf, 23999 Insel Poel, ✆ 038425-20347, www.insel-poel.de. In der **Bibliothek** im gleichen Haus gibt es einen Internet-Point: Mo, Di und Do 10–12 und 14–17 Uhr geöffnet, Fr 9–12 Uhr, Mi und am Wochenende geschlossen. 30 Min. kosten hier 1,30 €.

• *Appartementvermittlung* In der **Kurverwaltung** (s. o.) oder dem **PAS** (Poeler Appartement Service), dort v. a. Appartements rund um den OT Am Schwarzen Busch. Sonnenweg 5 f, 23999 Insel Poel/Schwarzer Busch, ✆ 038425-42155, 📠 42157, www.pas-poel.de. Außerdem **Poeler Tourismus-Service**, Wismarsche Str. 7 A, OT Kirchdorf, ✆ 038425-405003, 📠 405004, www.poel.de.

• *Baden* Die feinsandigen, flach ins Meer abfallenden Strände der Insel Poel sind im Bereich Timmendorf und Am Schwarzen Busch überwacht (hier ist Strandzugang kostenpflichtig, 1,50 €, Kinder 0,50 €, frei für Kurkarteninhaber), die Hundestrände befinden etwas abseits der jeweiligen Hauptabschnitte. In Timmendorf/Strand gibt es auch einen Tretbootverleih und Eisverkauf, der Strandkorb kostet hier 7 €/Tag.

• *Fahrradverleih* Poel ist eine Fahrradinsel, überall findet man gut ausgebaute Fahrradwege. Verleih u. a. bei der **Kurverwaltung** (s. o.) und bei **Fahrradverleih Stolpmann**, ab 5 €/Tag, auch Kinderräder und Anhänger. Wismarsche Str. 16, OT Kirchdorf, ✆ 038425-20470.

• *Parken* In den Zentren der Ortsteile Timmendorf/Strand und Am Schwarzen Busch kann man nicht parken, kostenpflichtige Parkplätze befinden sich an den Ortseingängen (meist 1 €/Std.).

• *Reiten* Der **Reiterhof Plath** im OT Timmendorf bietet Unterricht, Strandritte, Kremserfahrten, auch Reithalle, Pension (EZ 40 €, DZ um 50 €) und Restaurant. Strandstr. 31 a, 23999 Timmendorf/Poel, ✆ 038425-20760, 📠 42293, www.reitanlage-plath.de.

• *Verbindungen* Der **Bus** 430 verbindet Wismar mit Poel und dient gleichermaßen als Insel- und Schulbus. Tägl. etwa 10-mal, Sa/So 5-mal.

Die **Fahrgastschifffahrt** Clermont Reederei steuert Mai bis Sept. 3-mal tägl. von Wismar aus den Hafen von Kirchdorf an, Dauer 1 Std. (hin/zurück 13 €, Kinder 6 €, Rad 3 €). Die Anlegestelle in Wismar befindet sich am Alten Hafen. ✆ 03841-224646, www.reederei-clermont.de.

Die *MS Salzhaff* (Fahrgastschifffahrt Streußloff) wird im Sommer als kleine (Fahrrad-)Fähre zum Ostseebad Rerik eingesetzt, 3-mal tägl., einfach 11 € (Kinder 4–16 J. 7 €), hin und zurück 15 € (9 €), Fahrrad inkl. Haffplatz 5, 18230 Rerik, ✆ 0328296-74761 oder 74187, 📠 74764, www.ms-ostseebad-rerik.de.

Übernachten/Essen & Trinken

Inselhotel Poel, neues, vergleichsweise großes Hotel im OT Gollwitz, unweit des Strands. Tennisplätze, Hallenbad, Sauna, Wellness, mit Restaurant. EZ mit Frühstück 92–103 €, DZ 117–134 €, Suite 150 €. Haus Nr. 6, 23999 Gollwitz, ✆ 038425-240, 📠 24222, www.inselhotelpoel.de.

Pension Haus Margarethe, mit **Restaurant/Café Stilbruch**, freundliche Unterkunft in einem orangenen Haus. Einfache und günstige Zimmer. Drinnen gemütliche Wohnzimmeratmosphäre, ein paar schöne Plätze auch vor dem Haus, Restaurant nur zur Saison tägl. (in Nebensaison nur Fr–So), nachmittags auch Café mit selbst gebackenem Kuchen. Nov. und Febr. geschlossen. EZ 40 €, DZ ab 48 €, Appartment 89 €, jeweils einschließlich Frühstück. Gollwitz 15, 23999 Insel Poel, ✆/📠 038425-42246, Pension-Haus-Magarethe@web.de.

Poeler Forellenhof, große Auswahl an Fischgerichten im Restaurant und uriges Ambiente in der Fischräucherei gibt es im kleinen Weiler Niendorf. Außerdem werden Ferienwohnungen vermietet, auch Fahrrad- und Motorbootverleih. Ferienwohnung bis 4 Personen 65–80 €/Tag, Ferienhaus für max. 8 Personen 135 €, Frühstück auf Wunsch 7,50 €/Pers., Halbpension 19,50 €. Wismarsche Str. 13, 23999 Niendorf, ✆ 038425-4200, 📠 42011, www.poeler-forellenhof.de.

Gutshaus und Wirtshaus Steinhagen, im ehemaligen Gutshaus inmitten eines großen Parks sind hübsche Ferienwohnungen untergebracht. Im hellen, freundlichen Wirtshaus wird mecklenburgische Küche serviert, auch Kaffee und Kuchen. Das Gutshaus befindet sich auf halbem Weg zwischen Kirchdorf und Timmendorf im OT Wangern. Ferienwohnung 68 €/Tag für 2 Personen, 84 € für 3 Personen, 99 € für 4 Personen, Frühstück 8 €/Pers., Halbpension 20 €. Haus Nr. 17, 23999 Wangern, ✆ 038425-4440, 📠 444111, www.ferienresidenz-steinhagen.m-vp.de.

Zur Poeler Kogge, Fischrestaurant in Timmendorf/Strand, innen wie auch außen auf der Terrasse schön zu sitzen, mit nettem Blick auf den kleinen Hafen. V. a. Fisch- und Fleischgerichte (auch Wild), beliebt aber auch für Kaffee und (hausgebackenen) Kuchen, mittleres Preisniveau. Tägl. 11–22 Uhr geöffnet, durchgehend warme Küche. Am Strand 13, ✆ 038425-20251.

Seeblick, Gaststätte und Pension beim Strand des OT Schwarzer Busch. Parkplätze am Haus. In der Gaststätte wird Bier aus dem Wismarer Brauhaus ausgeschenkt, netter Biergarten. EZ 25 €, DZ 40 € (plus einmalig 20 € Endreinigung), auch Appartements (65 €), Frühstück nach Absprache. Haus 1, 23999 Insel Poel/Schwarzer Busch, ✆/📠 038425-42549.

Pension Schwartz, traditionsreiche Pension im OT Gollwitz, 5 Zimmer, sowie Ferienwohnungen. DZ mit Frühstück 54–67 €, Ferienwohnung 67 € (ohne Frühstück, das kostet 6 € extra pro Person). Haus Nr. 23, 23999 Gollwitz, ✆ 038425-20312, 📠 42741, www.pension-schwartz.gollwitz.de.

Campingplatz Leuchtturm, großer, moderner Platz in Timmendorf/Strand in unmittelbarer Strandnähe, mit kleinem Laden bei der Rezeption und Minigolf. Der dazu gehörige Parkplatz befindet sich am Ortseingang rechts. Geöffnet April bis Okt. Erw. 5 €, Kinder bis 14 J. 2 €, Zelt 4,50–5,50 €, Wohnmobil 8,50 €. Lotsensteg 25, 23999 Timmendorf-Strand, ✆ 038425-20224, 📠 21540, www.campingplatz-leuchtturm.com.

Der Timmendorfer Strand ... auf Poel

Sehenswertes

Poeler Kirche und Festungsschanzen: Die Inselkirche ist das älteste Bauwerk Poels. Vom romanischen Vorgängerbau, um 1220 begonnen, zeugt noch der massige Turm. Im 14. Jh. wurde die Kirche im gotischen Stil umgestaltet und erweitert. Bemerkenswert sind der fein geschnitzte Hauptaltar aus dem frühen 15. Jh., der die Marienkrönung darstellt. Um die Kirche sieht man die Reste der Festungsschanzen, die im 17. Jh. errichtet worden waren. Ab 1614 wurde das kleine Schloss erbaut und 1620 mitsamt Turm und wehrhafter Sternschanze fertiggestellt. Doch bereits elf Jahre später musste sich die kleine Festung dem Ansturm der Truppen Wallensteins geschlagen geben. Zwar wurde das Schloss wieder aufgebaut, verfiel aber gegen Ende des 17. Jh. und diente schließlich nur noch als Steinbruch.

Inselmuseum Poel: In der ehemaligen Inselschule präsentiert das kleine Museum ein buntes Sammelsurium von Ausstellungsstücken rund um die Insel Poel, von einigen wenigen archäologischen Funden bis hin zu Alltagsgegenständen und Fischereigerätschaften wie Fischwaage und Aaleisen. Schautafeln informieren über die Geschichte der Insel, die Festung und die Tragödie der *Cap Arcona*.

Vor dem Museum befindet sich der **Poeler Findlingsgarten**, in dem Findlinge der Insel und näheren Umgebung zu sehen sind.

Öffnungszeiten Mitte Mai bis Mitte Sept. Di–So 10–16 Uhr, Mitte Sept. bis Mitte Mai nur Di, Mi und Sa 10–12 Uhr. Eintritt 2,50 €, Schüler 1,25 €. Möwenweg 4, ✆ 038425-20732.

Stove

Östlich der Insel Poel, auf dem Weg weiter nach Norden Richtung Salzhaff und Rerik, gelangt man in sattgrüner Landschaft nach Stove. Am Eingang des kleinen Dorfs thront malerisch auf einem sanften Hügel eine 1889 erbaute **Windmühle.** Der „Holländer“ ist noch voll funktionstüchtig, mahlt noch immer Mehl wie vor 100 Jahren und kann besichtigt werden, nebenan befindet sich ein Wildschweingehege. Wenige

Schritte sind es von der Mühle zu dem kleinen **Dorfmuseum.** In einer hübschen alten Scheune ist ein Sammelsurium an landwirtschaftlichem Gerät zusammengetragen.

• *Öffnungszeiten* **Windmühle und Dorfmuseum**, April bis Okt. Di–So 10–16 Uhr (Sa erst ab 14 Uhr), Juli/Aug. bis 18 Uhr. Im Winter anrufen. Eintritt: Mühle Erw. 2,50 €, Kinder 1,50 €; Museum 2 €, Kinder 1 €. Im Dorfmuseum wird auch Programm geboten, z. B. Brotbacken im Lehmofen oder Butterstampfen (tel. anmelden). In der Mühle kann man sich mit Schmalzbroten, Kuchen und Kaffee stärken. Windmühlen- und Museumsverein, Mühlenstr. 34, ✆ 038427-64446 (Museum), ✆ 038427-2801 (Mühle).

• *Übernachten*: **Villa Seeheim**, etwas außerhalb und in idyllischer Alleinlage am Meer werden in der traditionsreichen Villa fünf Appartements vermietet, mit schönem großem Garten, Kinderspielplatz, Strand, das Salzhaff hier gilt als gutes Surfrevier. Für 2–4 Personen 70 €/Tag, für bis zu 6 Personen 80 €. Ab Stove beschildert, ca. 1 km vom Ort. 23974 Stove, ✆ 038427-32110, 📠 321122, www.villa-seeheim.de.

Salzhaff und Boiensdorfer Werder

Das **Salzhaff**, die tief eingeschnittenen Bucht, die sich zwischen der Festlandsküste und der Halbinsel Wustrow erstreckt, hat ihren Namen vom überdurchschnittlich hohen Salzgehalt, den die Ostsee hier aufweist. Mit einer durchschnittlichen Wassertiefe von nur vier Metern gilt das Salzhaff als ideales Surfrevier für Anfänger. An seiner Küste erstrecken sich Dünen und Salzwiesen, seltene Vögel nisten hier. Auf dem Boiensdorfer Werder, der glühbirnenförmig in Salzhaff ragenden Halbinsel, findet sich dann ländliche Idylle auf dem platten Land, mit Pferdekoppeln und Kuhweiden, Getreidefeldern und Salzwiesen.

• *Camping* **Campingplatz Möwe**, ganz am Ende der einzigen Straße auf dem Boiensdorfer Werder (und zudem beschildert), schöne Lage am Wasser, mit schmalem Naturstrand. Schon etwas älterer, günstiger Camping, relativ wenig Schatten, Weide für Gastpferde. Mit Imbiss und Einkaufsmöglichkeit. Pro Person 3,50 €, Stellplatz 6,50 €. 1.April bis 30. Sept. geöffnet. Am Salzhaff, 23974 Boiensdorf-Werder, ✆ 038427-219, 📠 40840.

Ostseecamping Am Salzhaff, beim Ort Pepelow, direkt am Wasser gelegen, mit schmalem Strand. Schöner Platz, weitgehend unparzelliert, für Zelte einige Schattenplätze (allerdings z. T. etwas schief). Mit Einkaufsmöglichkeit und Kite-Schule (www.kite-surf-schule.de) am Platz. Viele Kinder und Hunde. Pro Person 5,20 €, Stellplatz 8,10 €, Zelt und Fahrrad 4,60 €, Wohnmobilhafen vor der Schranke 12 €. Ganzjährig geöffnet. Strandweg 1, 18233 Pepelow, ✆ 038294-78686, 📠 78687, www.campingtour-mv.de.

Neubukow

ca. 4300 Einwohner

Das kleine, verschlafene Städtchen würde man vielleicht achtlos passieren, hieße es nicht Neubukow, das nicht nur Freunden der klassischen Archäologie ein Begriff ist. Denn hier wurde *Heinrich Schliemann* (1822–1890), der Entdecker Trojas, geboren.

Schon 1975 errichtete man in der Geburtsstadt des berühmten Altertumsforschers eine erste **Heinrich-Schliemann-Gedenkstätte,** die 1998 in das auch als *Rektorenhaus* bekannte Gebäude etwas unterhalb der Kirche umzog. In den doch recht beengten Räumlichkeiten des Museums ist der erste Saal wechselnden Ausstellungen vorbehalten. Der zweite Saal widmet sich dann voll und ganz *Heinrich Schliemann,* zu sehen sind originale Dokumente wie Briefwechsel und großformatige Fotografien u. a. vom Löwentor in Mykene und dem Schatzhaus des Atreus. In der Vitrine außerdem einige wenige Originalfunde aus Troja, die berühmte Goldmaske des Agamemnon ist als Kopie ausgestellt.

Öffnungszeiten 15. Mai bis 14. Sept. Di–Fr 10–18 Uhr, Sa/So 14–17 Uhr; 15. Sept. bis 14. Mai Di–Fr 10–16 Uhr, Sa 14–16 Uhr, So/Mo geschlossen. Eintritt 2 €, Schüler/Studenten 1 €, Kinder bis 6 J. frei, Familienkarte 5 €. Am Brink 1, 18233 Neubukow, ✆ 038294-16690.

Kaufmann und Selfmade-Archäologe: Heinrich Schliemann

Hier in Neubukow erblickte er am 6. Januar 1822 das Licht der Welt, der wohl berühmteste deutsche Altertumsforscher. Allerdings nicht in der heutigen Schliemann-Gedenkstätte, sondern im Pfarrhaus neben der Kirche, das noch zu Schliemanns Lebzeiten abgerissen und durch einen größeren Neubau ersetzt wurde. Heute erinnert hier eine Gedenktafel an das einstige Geburtshaus des Mecklenburger Pfarrerssohns, der aber kaum mehr als das erste Jahr seines Lebens in Neubukow verbrachte, bevor der Vater eine neue Stellung in Ankershagen antrat.

Heinrich Schliemanns Karriere begann zunächst etwas schleppend als Handelsgehilfe in Rostock und Amsterdam, dann gründete er für seinen holländischen Arbeitgeber eine Niederlassung in St. Petersburg und machte sich äußerst erfolgreich mit einem internationalen Handelshaus selbständig. Besonders üppig rollte der Rubel für den geschickten Geschäftsmann während des Krimkriegs (1853–1856), bei dem Schliemann sein damals schon beträchtliches Vermögen vervielfachte. 1864 zählte der Millionär zusammen und löste sein Geschäft in St. Petersburg auf. Das Sprachgenie Schliemann ging auf Weltreise, entdeckte sein Faible für die klassische Altertumsforschung und wurde von der Universität Rostock auf diesem Gebiet sogar promoviert (wenn auch in Abwesenheit). Dabei gingen seine Theorien zur klassischen Antike von einem ganz simplen – und oft belächelten – Ansatz aus: Die Werke Homers hielt er nicht nur für Erzählung, sondern benutzte sie als detaillierte historische Quellen, die ihm wie ein Wegweiser bei der Suche nach Troja und Mykene zur Seite standen – und dank derer er tatsächlich fündig wurde. Seine berühmtesten Ausgrabungen sind Troja (u. a. der *Schatz des Priamos*) und die Königsgräber von Mykene. Schliemann starb am 26. Dezember 1890 in Neapel, sein Grab befindet sich auf dem Zentralfriedhof in Athen. Zuletzt hatte er mit seiner Frau in der griechischen Hauptstadt gelebt.

Zwischen Pfarrhaus und Schliemann-Gedenkstätte befindet sich die imposante **Petrus-und-Paulus-Kirche** aus dem 13. Jh. Der zugehörige Kirchturm misst 52 m Höhe und wurde erst im 15. Jh. angefügt. Sehenswert im Inneren der Backsteinkirche sind u. a. das Altarbild und der Taufstein aus dem 13. Jh. Die Kirche ist während der Sommermonate meist geöffnet, ansonsten erhält man den Schlüssel in der Heinrich-Schliemann-Gedenkstätte.

Anfahrt/Verbindungen Neubukow liegt auf halber Strecke zwischen Wismar und Bad Doberan, die B 105 führt durch den Ort. Etwa stündlich **Züge** (RE) nach Wismar und Rostock.

Zwischen Wismar und Rostock
Karte S. 84/85

Ostsee
Mecklenburger Bucht
Kühlungsborn
Bastorfer Signalberg
Meschendorf
Bastorf
Mechelsdorf
Rerik
Garvsmühlen
Gaarzer Hof
Blengow
Zweedorf
Gersdorf
Roggow
Biendorf
Wustrow
Salzhaff
Großes Rerikriff
Kielung
Russow
Rakow
Westenbrügge
Boiensdorfer Werder
Pepelow
Schliemann Gedenkstätte
Neubukow
105
Klein Strömkendorf
Boiensdorf
Krempin
Gollwitz
Am Schwarzen Busch
Kaltenhof
Panzow
Stove
Timmendorf/Strand
Kirchdorf
Vorwerk
Niendorf
Alt Bukow
Poel
Damekow
Blowatz
Ravensberg
Timmendorf
Garvensdorf
Fährdorf
Wismarbucht
Groß Strömkendorf
Neuburg
Walfisch
Krusenhagen
Steinhausen
Klützer Winkel
Gagzow
Kartlow
Zierow
Wismar
Hornstorf
Benz
105
Neukloster
Dorf Mecklenburg
192
A 20
Lübeck
106
Schwerin

Fischland - Darß - Zingst
WARNEMÜNDE
Hohe Düne
Diedrichshagen
Breitling
Elmenhorst
Lichtenhagen
103
Nienhagen
Unterwarnow
Lütten Klein
Nienhagen
Heiligendamm
Börgerende
Wittenbeck
Rethwisch
Lichtenhagen
A 19
Klein Bollhagen
Krummendorf
Hinter Bollhagen
Vorder Bollhagen
Admannshagen-Bargeshagen
Evershagen
Bad Doberan
Stralsund, Rügen
Nieder Steffenshagen
Münster
105
Dierkow
Diedrichshagen
Lambrechts-Hagen
Reutershagen
Steffenshagen
Bartenshagen-Parkentin
Reddelich
Hütten
Hohenfelde
Hütter Wohld
Gartenstadt
Neuhof
103n
Kröpelin
ROSTOCK
Retschow
Clausdorf
Stäbelow
Satow
Ziesendorf
Warnow
Jürgenshagen
Passee
Schwaan
Züsow
A 20
Klein Belitz
Bernitt
Neuendorf
Lübberstorf
Bützow
Steinhagen
Warnow
2,5 km
Zwischen Wismar und Rostock

Rerik und die Halbinsel Wustrow

ca. 2400 Einwohner

An der schmalen Landenge, die das Festland mit der Halbinsel Wustrow verbindet, liegt zwischen Ostsee und Salzhaff das hübsche Ostseebad Rerik.

Die Halbinsel Wustrow, die das Salzhaff von der Ostsee trennt, ist ein kleines Naturparadies. Grund dafür ist auch die ehemalige Anwesenheit des Militärs. Ab 1932 übte hier die Luftwaffe, nach 1949 diente die Halbinsel einer sowjetische Garnison als Stützpunkt. Nach dem Ende der militärischen Nutzung 1993 waren weite Teile der Halbinsel unberührte Naturlandschaft. Führungen in das Natur- und Landschaftsschutzgebiet waren aber zuletzt leider nicht mehr möglich. Die Halbinsel war 1998 an eine Kölner Investmentgruppe verkauft worden, die ein großes Urlaubsareal darauf planen soll – zum Unmut so mancher Anwohner, die einen erheblichen Zuwachs des Verkehrsaufkommens befürchten. Passiert ist bis heute nichts auf der Halbinsel, die Befürchtungen der Anwohner jedoch bleiben bestehen.

Reriks Kirchturm am Horizont

In Rerik befindet sich meerseits unterhalb der Reste eines slawischen Burgwalls, auf dessen Erhebung heute ein Aussichtspavillon thront, eine 170 m lange Seebrücke am kilometerlangen Strand. Am Haff liegt der Hafen, dessen Anleger sich Fischer, Segler und Urlauber teilen. Eigentlich hieß der Ort Alt-Gaarz (von *garz*, altslaw. für Burg). 1938 aber benannten die Nationalsozialisten ihn um, im „slawischen“ Alt-Gaarz das vermeintlich germanische Rerik entdeckend. Die frühmittelalterliche Handelsstadt war von den Dänen zerstört worden, wo, weiß man allerdings bis heute nicht. Nach dem Zweiten Weltkrieg begann die touristische Karriere des kleinen Städtchens. Heute stellen etwa 2400 Einwohner fast doppelt so viele Gästebetten.

„Sansibar oder der letzte Grund“

Der berühmte Roman von *Alfred Andersch*, erschienen 1957 und seither beliebte Schullektüre, spielt an einem einzigen Tag des Jahres 1937 in einer kleinen Hafenstadt an der Ostsee namens Rerik. Dort trifft eine Gruppe von Menschen zusammen, die aus dem nationalsozialistischen Deutschland zu fliehen versucht. Wer sich aber mit *Sansibar* unter dem Arm auf den Weg machen möchte, um die Handlungsorte des Romans abzulaufen, wird enttäuscht sein. Der Ort des Romans ist ein fiktives Rerik, das größere Ähnlichkeit mit Wismar aufweist. Es steht beispielhaft für die deutschen Kleinstädte zur Zeit des Nationalsozialismus und hat als solches Eingang in die Literaturgeschichte gefunden.

Die Landenge zur Halbinsel Wustrow

Praktische Informationen

• *Information* Die **Kurverwaltung** unterhalb der Kirche bietet Zimmervermittlung, außerdem werden **Stadtführungen** (2,50 €) und **Führungen zu den Großsteingräbern** (3 €) veranstaltet. Internet-Point. Mitte Mai bis Mitte Sept. Mo–Fr 9–18 Uhr, Sa/So 11–16 Uhr; Mitte Sept. bis Mitte Mai Mo–Fr 9–16 Uhr. Dünenstr. 7, 18230 Rerik, ✆ 038296-78429, 📠 78513, www.rerik.de.

• *Baden* Der Hauptstrand in Ortsnähe um die Seebrücke ist zur Hauptsaison überwacht, ein Hundestrand ist etwas nördlich ausgezeichnet (Strandabgang Teufelsschlucht) und noch etwas weiter hinter dem Ortsrand ein FKK-Strand.

• *Bootsverleih* Am Bootsanleger (Salzhaff), Kanus, Ruderboote, Jollen und führerscheinfreie Motorboote. ✆ 0173-9491834.

• *Fahrradverleih* **Zweiradcenter**, Fahrräder ab 5 €/Tag, auch Bollerwagen und Zubehör. Zur Hauptsaison tägl. 9–18 Uhr. Außerdem werden **geführte Radwanderungen** rund um Rerik angeboten. Am Haff 2, ✆ 038296-74731.

• *Parken* Plätze gibt es auf der Landenge Richtung Wustrow. Auch beim Strandzugang Teufelsschlucht etwas nördlich von Rerik befindet sich ein Parkplatz (kostenpflichtig).

• *Taxi* In Rerik ✆ 038296-749919 bzw. ✆ 0162-2325415, oder es kommt aus Neubukow, ✆ 038294-70551.

• *Veranstaltungen* **„Kleines Theaterfestival"** auf dem Haffplatz am 3. Augustwochenende, Infos und Programme bei der Kurverwaltung.

• *Verbindungen* Der **Bus** 121 fährt via Kühlungsborn nach Heiligendamm und Bad Doberan (Mo–Fr ca. 10-mal, Sa/So 6-mal).

Die *MS Ostseebad Rerik* der **Fahrgastschifffahrt** Streußloff veranstaltet Rundfahrten über das Salzhaff, im Sommer 2- bis 3-mal tägl., im April, Mai und Okt. 1-mal tägl., im Winter mindestens 1-mal die Woche (soweit das Haff eisfrei ist). Dauer ca. 2 Std., Erw. 11 €, Kinder 7 € (4–16 J.), Familienkarte 30 €. Die *MS Salzhaff* wird im Sommer als kleine (Fahrrad-)Fähre nach Gollwitz auf der Insel Poel eingesetzt, allerdings nur dienstags (dann aber morgens und nachmittags), einfache Fahrt 11 €, Kinder 7 €, hin und rück 15 € (9 €). Von Mai bis Okt. zudem Mo und Do Nachmittag die „Wustrowführung", eine ca. 2 Std. dauernde Exkursion, die sich speziell der Geschichte und dem Naturschutz auf der gleichnamigen Halbinsel widmet. 11 € pro Person, Kinder 7 €. Haffplatz 5, ✆ 038296-74761, 📠 74764, www.ms-ostseebad-rerik.de.

• *Wassersport* **Segelschule Rerik**, vom Schnupperkurs bis zum Einzelunterricht, auch Scheine. Haffplatz 7, ✆ 0162-2162466, www.segelschule-rerik.de.

Kranni's Kite Schule, Unterricht, begleitetes Kiten und Materialverleih. Am Hafen, ✆ 0176-22392605, www.kranni.de.

Tauchschule Ostseebasis Seeblick, auch für Einsteiger, Wracktauchen, Ausrüstungsverleih, außerdem Kanuverleih. Auf dem Gelände des Campingplatzes Seeblick, Meschendorfer Weg 1, ✆ 038296-70551, www.ostseebasis.de.

Übernachten/Essen & Trinken

Das Reriker Angebot an Übernachtungsmöglichkeiten und Restaurants ist für Durchreisende nicht ideal – vor allem Appartements und Ferienwohnungen stehen zur Verfügung (www.rerik.de). Neben den unten genannten befinden sich weitere Cafés und Restaurants am Hafen.

Hotel Am Alt-Gaarzer-Eck, sympathisches Hotel an der Hauptstraße, mit gemütlichem Restaurant, freundlicher Service. DZ mit Frühstück 72 €–90 €, auch Appartements (57–77 €/Tag). Kröpeliner Str. 8, 18230 Rerik, ✆ 038296-7160, ℻ 74089, www.hotel-rerik.de.

Pension Haffidyll, am Hafen gelegen, mit Blick auf das Salzhaff, Parkplätze hinter dem Haus, Restaurant mit Wintergarten. DZ mit Frühstück ab 68 €, mit Seeblick bis 88 €, Suite 110 €, auch Appartements für 2–4 Personen (110 €). Haffstr. 13, 18230 Rerik, ✆ 038296-70456, ℻ 74081, www.haffidyll.de.

Steilküste, unweit des Heimatmuseums den schmalen Parkweg hinein, noch knapp 100 m. Viel Fisch, etwas gehobenes Preisniveau, mit Terrasse. Parkweg 10, ✆ 038296-78386.

Ostseecamp Seeblick, netter, etwas abgelegener Platz etwa 3 km nördlich von Rerik in unmittelbarer Strandnähe, wenig Schatten. Auch Bungalows/Appartements. Mit Restaurant, Imbiss, kleinem Laden, Fahrradverleih. Auf dem Gelände befindet sich eine Tauchschule, die auch Kanus verleiht. Der Platz ist ganzjährig geöffnet. Erw. 6,90 €, Kinder 4,50 €, Stellplatz 13,10–15,90 €, Appartement 62–69 €, Bungalow 82–89 €. OT Meschendorf, 18230 Rerik, ✆ 038296-78480 oder 7110, ℻ 78378, www.ostseecamp.de.

Sehenswertes

Pfarrkirche St. Johannes: Das sehenswerte backsteinerne Gotteshaus, das auf einem Feldsteinfundament ruht, wurde um 1270 errichtet. In Innern der gotischen Kirche dominiert eine barocke Ausstattung. Vom mittelalterlichen Inventar sind lediglich Triumphkreuz, Tauffünte und der Schrein des ehemaligen Hauptaltars erhalten. Bemerkenswert ist v. a. die ornamentreiche und fast vollständig erhaltene barocke Bemalung des Innenraums (1668). Kurios: An der Kanzel befindet sich eine Sanduhr, mittels der sich die Predigtlänge überwachen ließ.

Öffnungszeiten Im Sommer Mo–Fr 10–16.30 Uhr, Sa 10–16 Uhr, im Winter eingeschränkt. Kirchenführungen Mo und Do vormittags 10–12 Uhr sowie Fr 13–15 Uhr möglich. Während der Kirchenöffnungszeiten kann auch der Kirchturm bestiegen werden.

Heimatmuseum: Das hübsch eingerichtete Museum befindet sich in der ehemaligen Schule Reriks. Gezeigt werden (in chronologischer Reihenfolge) Exponate zur Geschichte des kleinen Städtchens und der Gegend von der Steinzeit bis zur Gegenwart, v. a. aus der (natürlich maritim geprägten) Alltagskultur: Fischereigerätschaften, Knoten und natürlich Schiffsmodelle. Des Weiteren ist eine Fossiliensammlung zu sehen. Im 1. Stock ist ein Raum wechselnden Ausstellungen vorbehalten.

• *Öffnungszeiten* Mitte Mai bis Mitte Sept. Di–Sa 14–17 Uhr, Di, Mi und Fr auch 10–12 Uhr, So 15–17 Uhr; Mitte Sept. bis Mitte Mai Di 10–12 und 14–17 Uhr, Mi/Do 14–17 Uhr, Fr 10–12 Uhr, Sa/So 14–16 Uhr. Eintritt Erw. 2 €, erm. 1 €, Kinder (6–18 J.) 0,80 €. Dünenstr. 4, Infos über die Kurverwaltung.

Dolmen: Mehrere Großsteingräber bezeugen die frühe Anwesenheit von Menschen in der Umgebung Reriks. Zwei Dolmen befinden sich beispielsweise an der Ausfallstraße Richtung Kröpelin (rechte Seite, auf Höhe der Bushaltestelle), andere liegen nördlich von Rerik. Ausgrabungen brachten zahlreiche Funde zutage, von denen einige im Reriker Heimatmuseum zu sehen sind. Die Kurverwaltung organisiert geführte Wanderungen zu den steinzeitlichen Gräbern.

An der langen Strandpromenade von Kühlungsborn

Kühlungsborn

ca. 7300 Einwohner

Das größte Ostseebad in Mecklenburg erfreut sich nicht zuletzt dank seines fast sechs Kilometer langen Sandstrandes allergrößter Beliebtheit. Kühlungsborn besteht eigentlich aus zwei Orten, die durch eine elegante Strandpromenade miteinander verbunden sind.

Hier hat man die Qual der Wahl zwischen den beiden Ortsteilen Kühlungsborn West und Kühlungsborn Ost, die bis 1938 als eigenständige Orte Arendsee bzw. Brunshaupten existierten. Beide verfügen über eine autofreie Promenade, Ost zusätzlich über eine Seebrücke und einen modernen Yachthafen, West dafür über die vielleicht etwas schickere Strand-Piazza mit der einst prächtigen Villa Baltic, die aber leider noch immer auf Renovierung wartet. Alles in allem geht es in Kühlungsborn West vielleicht ein wenig beschaulicher zu als im moderner wirkenden Kühlungsborn Ost. Verbunden sind beide Orte durch die über 3 km lange Ostseeallee – die längste Strandpromenade Deutschlands – mit ihren repräsentativen Villen. Dahinter erstreckt sich der 133 ha große Stadtwald, der mit seinem dichten Wegenetz zum Spazierengehen einlädt. An Sehenswürdigkeiten hat Kühlungsborn nicht allzu viel zu bieten, eine Kirche aus dem 13. Jh., eine Holländer-Windmühle von 1870 (*Brunshöver Möhl*, heute Restaurant), und das Molli-Museum.

Doch haben beide Ortsteile auch ihren ganz eigenen Problembau, man könnte auch sagen: Schandfleck zu bieten. In Kühlungsborn Ost ist dies die riesige Krankenhausruine unweit der Touristinformation, die eigentlich in ein Hotel umgebaut werden soll, in West ist es das trotz aller Baufälligkeit noch immer ehrwürdig thronende Café Baltic an der zentralen Promenade, das aber nur im Doppelpack mit der maroden Schwimmhalle veräußert werden soll – und die will nun wirklich niemand haben. Die Investoren lassen jedenfalls noch auf sich warten, man darf gespannt sein, was sich in Zukunft hier tun wird.

Praktische Informationen

• *Information* **Touristikinformation** im *Haus des Gastes* (Villa Laetitia) neben dem Rathaus bei Strandzugang 11, auch Zimmervermittlung. Mo–Fr 9–18 Uhr, Sa/So 10–16 Uhr, im Winter Mo–Fr 9–16 Uhr, Sa/So 10–13 Uhr. Touristik-Service-Kühlungsborn GmbH, Ostseeallee 19, 18225 Kühlungsborn, ✆ 038293-8490, ✆ 84930, www.kuehlungsborn.de.

• *Appartementvermittlung* Anbieter gibt es viele, wer sich längerfristig hier einmieten will, sollte v. a. für die Hochsaison einige Wochen vorher buchen. Einer der größeren Anbieter ist **Sodan & Partner** im Zentrum von Kühlungsborn Ost. In über 20 Häusern stehen gut ausgestattete Appartements und Ferienwohnungen aller Größen und Kategorien zur Verfügung. Strandstr. 32, ✆ 038293-7890, ✆ 78921, www.sodan-ostsee.de.

Ausrangiert, aber nicht ausgedient: Dampflok im Molli-Museum

• *Baden* Die Blaue Flagge als Auszeichnung für einen besonders umweltverträglichen Strand und Hafen erhielt Kühlungsborn mittlerweile über 10 Jahre in Folge, und in der Tat: Der Strand ist schneeweiß und feinsandig, das Wasser sauber, die Hafenanlage äußerst gepflegt. Der Strand ist fast 6 km lang und teilweise bis zu 50 m breit – sehr einladend! Am Strand Richtung Yachthafen (Kühlungsborn Ost) befinden sich vier Beachvolley-Felder, FKK-Abschnitte gibt es östlich des Yachthafens (Ost) sowie in West bei der Ostseeklinik, einen Hundestrand findet man bei Aufgang 14 und 15. Von 15. Mai bis 15. Sept. wird der Strand zwischen 9.30 und 18.30 Uhr von der DLRG bewacht.

• *Fahrradverleih* **Ossis Fahrradverleih** in Kühlungsborn Ost am Sportplatz (von der Strandstraße in den Hermann-Löns-Weg Richtung Stadtwald). März bis Ende Okt. tägl. 9–18 Uhr, Tourenräder 6 €/Tag, MTB 8 €. Freundlicher Service, die Räder sind in gutem Zustand, auch Helme, Kindersitze, Nachläufer, Anhänger, Bollerwagen, Hundekörbe, Tandems etc. ✆ 038293-16495.

Dalli's Fahrradverleih, im Zentrum von Kühlungsborn West. Tourenrad ab 5 €/Tag, auch Tandems, Anhänger, Kindersitze, Bollerwagen, Helme usw. Im Sommer tägl. 9–18 Uhr geöffnet. Hermannstr. 19, ✆ 038293-42380.

Uwe's Fahrradverleih, am Molli-Bahnhof Kühlungsborn Ost. Fahrrad 7 €/Tag. Während der Saison tägl. 9–12.30 und 15–18 Uhr geöffnet, So erst ab 10 Uhr. ✆ 0175-9360617.

• *Kurtaxe* 15. Mai bis 15. Sept. 2 € pro Pers., außerhalb der Saison 1 €, Schüler und Studenten halber Preis, Kinder und Jugendliche unter 18 J. frei.

• *Verbindungen* Mit dem **Bus** 121 gelangt man über Heiligendamm nach Bad Doberan und weiter nach Rostock, in Gegenrichtung über Bastorf nach Rerik (Mo–Fr ca. 10-mal tägl., Sa/So 6-mal).

Zur **Schmalspurbahn Molli** siehe S. 95.

Mit dem Touristen-Bähnchen **Bäder-Express** von Ost nach West, Stationen u. a. Bahnhof Ost, Seebrücke, Rathaus, in West am Balticplatz, Kunsthalle, Camping, Bahnhof West.

• *Waschsalon* **Wasch Oase**, gegenüber des Jugendgästehauses in Kühlungsborn Ost (Dünenstraße), in West in der Friedrich-Borgwardt-Str. 8. Geöffnet tägl. 7–22 Uhr, pro Maschine 4,50 €, auch Trockner.

Sport

- *Golf* **Golfresort Wittenbeck**, s. „Umgebung von Kühlungsborn", S. 96.
- *Klettern* **Kletterwald Kühlungsborn**, im Stadtwald nahe der Touristinformation (ein Stück Richtung Kühlungsborn West). 5 Parcours verschiedener Schwierigkeitsgrade (auch für Kinder), ausführliche Einweisung und natürlich geprüfte Ausrüstung, die gestellt wird. Biergarten nebenan. Pro Person 16 €, Jugendliche 13–17 J. 12 €, bis 12 J. 10 €, jeweils für 2 Std. April bis Okt. geöffnet, im Sommer tägl. 10–20 Uhr, ansonsten nur bis 18 Uhr, im April Mo geschlossen. Hermann-Häcker-Str. 11 b, ✆ 038293-417623, www.kletterwald-kuehlungsborn.de.
- *Tennis* **Sandplatz-Tennisanlage** im Lindenpark in Kühlungsborn Ost, gehört zum örtlichen Tennisverein. Die Plätze werden auch an Auswärtige vermietet, Trainerstunden auf Anfrage. Geöffnet Mai bisSept. Dünenstr./Lindenpark, ✆ 038293-7781.
- *Wassersport* **Wassersport Center/Yachtcharter Ostsee** in Kühlungsborn West. Riesiges Angebot: Surf- und Segelkurse für Anfänger, Schnupperkurse, hier kann man auch den Sportbootführerschein (Binnen und See) machen, darüber hinaus Yachtcharter, Verleih von Angelbooten und Motorbooten bis 5 PS (führerscheinfrei), Hochsee-Angeltouren, Törns etc. Auch Pension und Bistro Sailer's Inn (s. u.). Ganzjährig geöffnet. Anglersteig 2, ✆ 038293-14026, 📠 14027, www.wassersport-center.de.

Bootsverleih Kühlungsborn am Bootshafen in Kühlungsborn Ost. Angelboote und kleine Motorboote (ohne Führerschein), 15 €/Std. inkl. Sprit. Am Yachthafen, ✆ 0172-4210307, www.bootsverleih-ostsee.de.

Strandvergnügen von Ost bis West

Tauchbasis BALTIC in Kühlungsborn West. Mai bis Okt. tägl. 10–18 Uhr, im Winter am Wochenende (Voranmeldung). Schnuppertauchen und diverse Kurse. Anglersteig 1, ✆ 038293-490841, www.tauchbasis-baltic.com.

Übernachten (Karte S. 92/93)

Jede Menge 4-Sterne-Häuser an der Ostseeallee, vor allem in Kühlungsborn Ost ist die Auswahl geradezu erschlagend. Im Low-Budget-Bereich findet sich dagegen nicht allzu viel. Eine Auswahl:

- *Kühlungsborn West* **** **Schweriner Hof (10)**, die Nr. 1 in Kühlungsborn, ein wirklich schönes Hotel, in Ideallage fast direkt am Strand am Eck zum Baltic-Platz, benannt übrigens nicht nach der Landeshauptstadt, sondern nach dem Gründer des Hauses, Karl Schwerin. Einladende Zimmer in hellem Gelb, im EG der rote Salon mit Bibliothek, das Café Bülow, das Bistro Bodin's und das empfehlenswerte (und nicht mal teuere) *Restaurant Skagen*. Freundlicher und hilfsbereiter Service, die Zimmer sind komfortabel ausgestattet. In der Dependance werden außerdem 13 Ferienwohnungen angeboten. Schöner Frühstückssaal (ansonsten das Café des Hauses). EZ 65–109 €, DZ 85–119 €, 3er-Appartement 109–169 €, 4er-Appartement 119–179 €, Frühstück 14 €. Ostseeallee 46, 18225 Kühlungsborn, ✆ 038293-790, 📠 79410, www.schwerinerhof.de.

Sailer's Inn (4), hauptsächlich Gäste des zugehörigen Wassersport-Centers (s.o.). Nette und gepflegte Zimmer, nur wenige Schritte zum Meer, Bistro im EG. DZ 79 €, Mehrbettzimmer 98 €, Frühstück inkl. Anglersteig 2, 18225 Kühlungsborn, ✆ 038293-14026, 📠 14027, www.wassersport-center.de.

Campingpark Kühlungsborn (13), großes Gelände in Kühlungsborn West am Strand (hier auch FKK- und Hundestrand) mit allen möglichen Freizeiteinrichtungen (auch Wellness), Kinderanimation, großes Sportangebot, Bistro und Supermarkt. Mitte März bis Ende Okt. geöffnet. Teilweise schattig, es gibt auch einige große Stellplätze: Wohnwagen/-mobil für 2 Pers. ab 33,50 € in der Hauptsaison. Zeltstellplatz für 2 Pers. ab 22,50 €. Zudem Bungalows für 4 Pers. für 545 €/Woche. Waldstr. 1 b, 18225 Kühlungsborn, ✆ 038293-7195, ✆ 7192, www.topcamping.de.

• *Kühlungsborn Ost* **Wilhelmine (8)**, Hotel und Appartements, vanillefarbenes Traditionshaus am Kreisel bei der Seebrücke, schöne Terrasse davor (Café). Stilvoll eingerichtetes *Restaurant* (gehobenes Preisniveau), großes Wellnessangebot mit Hallenbad, Sauna, Kosmetik. Gediegen-elegantes Ambiente, auch in den Zimmern und Appartements. EZ ab 85 €, DZ ab 110 €, Frühstück inkl. App. für 2 Personen 75–80 €, für 4 Personen 100–145 €. Strandstr. 53, 18255 Kühlungsborn, ✆ 038293-8090, ✆ 80999, www.hotel-wilhelmine.m-vp.de.

Vier Jahreszeiten (5), auch hier Hotel und Appartements der gehobenen Kategorie in zentraler Lage, mit gehobenem Restaurant und Wellnessbereich mit Pool, Sauna und Kosmetik/Massage. EZ 110 €, DZ 160–190 €, Frühstück inkl. App. für 2 Personen 99–130 €, für 4–6 Personen 149 €. Ostseeallee 10–12, 18225 Kühlungsborn, ✆ 038293-81000, ✆ 81081, www.vier-jahreszeiten.de.

**** **Strandperle (2)**, sympathisches Hotel in einer über 100 Jahre alten Jugendstilvilla an der Uferpromenade. Mit *Restaurant* (mit Terrasse), zentrale Lage, freundlicher Service. 25 komfortable Zimmer in gediegenem Stil. Sauna und Whirlpool im Haus, eine Motoryacht (mit Skipper) kann von den Gästen gemietet werden. EZ ab 60 €, DZ ab 100 € (Seeseite 110 €), einschließlich Frühstück. Ostseeallee 4, 18225 Kühlungsborn, ✆ 038293-8790, ✆ 8791, www.hotel-strandperle.de.

**** **Europa (3)**, großer und gut geführter Hotelkomplex an der Uferpromenade, mit 2 *Restaurants* und Cocktailbar (s. u.). Sehr gepflegte Zimmer, großer Saunabereich. 115 Zimmer, EZ 105 €, DZ 140–150 €, Familien-Suite 160 €, Frühstück jeweils inbegriffen. Auch einige Appartements. Ostseeallee 8, 18225 Kühlrungsborn, ✆ 038293-880, ✆ 88444, www.europa-hotel.de.

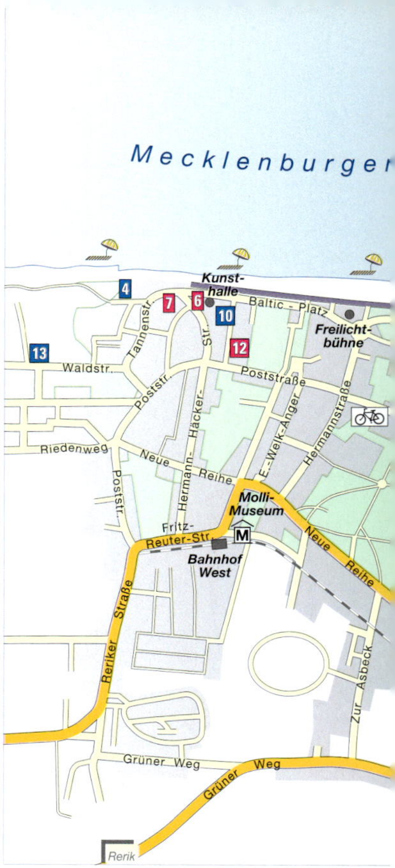

**** **Hotel am Strand (9)**, ähnliches Niveau wie oben, dazu Ferienwohnungen in der Strandvilla Belvedere nebenan. Im Hotel Fitness und Sauna, 38 Zimmer (z. T. mit Balkon), gediegen. Fahrradverleih. Mit Restaurant (leicht gehobenes Preisniveau, mittags und abends geöffnet). EZ mit Frühstück 70–85 €, DZ 80–105 €. Die Ferienwohnungen kosten ab 80 €/Tag (2 Pers.) bis 132 € (90-m²-Penthouse für 4 Pers.), Frühstück im Hotel 12 € extra. Ostseeallee 16, 18225 Kühlungsborn, ✆ 038293-800, ✆ 80118, www.hotel-am-strand.de.

Ostsee Brauhaus Hotel (14), zentrale Lage, im EG das Brauhaus-Restaurant (s.u.), darüber 12 Zimmer. Das DZ zu 80 €, das Dreier 90 €, Frühstück inkl. Strandstr. 41, 18225 Kühlungsborn, ✆ 038293-4060, ✆ 40630, www.ostsee-brauhaus.de.

Jugendgästehaus Kühlungsborn (17), modern und recht groß, insgesamt 140 Betten

(in 4- bis 6-Bettzimmern). Es gibt barrierefreie Zimmer/Bäder, Aufzug vorhanden. Übernachtung mit Frühstück 18–19,50 €, für Senioren (ab 27 J.) 21–22,50 €, Leihbettwäsche 5 €. Dünenstr. 4, 18225 Kühlungsborn, ✆ 038293-17270, 📠 17279, www.jgh-kuehlungsborn.de.

Essen & Trinken/Nachtleben

In quasi allen Hotels sind die zugehörigen Restaurants nicht nur auf Hausgäste eingestellt, sondern oft mit einladender Terrasse zur Promenadenseite hin ausgestattet, die auch Vorübergehende zur Einkehr einlädt. Besonders an der Ostseeallee findet man teils ein recht hohes Niveau vor, die Preise halten sich noch im Rahmen.

• *Restaurants in Kühlungsborn West* **Seeteufel (7)**, Fischrestaurant in einem hübschen kleinen, gelben Hexenhäuschen mit begrünter Terrasse und nettem Garten, tägl. abends geöffnet, Fr–So auch mittags. Gehobenes Preisniveau. Tannenstr. 9, ✆ 038293-12900.

Fisch Hus (6), Fischgaststätte fast direkt am Strand (nur über die Promenade), neben der alten DLRG-Station. Innen im Pavillon nicht allzu viele Plätze, mit Terrasse. Fisch aus eigenem Fang, bekannt ist das Lokal für hervorragenden Räucherfisch. Hauptgerichte ab 6 €, der üppige Fisch-Hus-Teller kommt auf 14,50 €. Auch Snacks. Tägl. ab 9 Uhr (So ab 10 Uhr) durchgehend geöffnet, Küche bis ca. 21 Uhr. Ostseeallee 50, ✆ 038293-43855.

Rossini (12), ungemein beliebter Italiener inmitten der etwas sterilen *Kolonnaden* (Einkaufsmeile), sehr empfehlenswert und jeden Abend bis auf den letzten Platz besetzt. Der Service behält trotzdem Überblick und Nerven – sehr freundlich, gute Pizza, leckere Pasta, frische Salate, preislich ok. Mittags und abends geöffnet. Unter den Kolonnaden 2, ✆ 038293-43640.

• *Restaurants in Kühlungsborn Ost* **Godewind (3)**, gehobene Fischküche im Hotel Europa, auf der Terrasse Rattansessel, freundlicher Service, angemessenes Preisniveau. Gute Weinauswahl. Täglich mittags und abends geöffnet. Ostseeallee 8, ✆ 038293-88455.

Vielmeer (11), dieses Lokal am Yachthafen erfreut sich größter Beliebtheit in Kühlungsborn. Restaurant, Cocktail-Bar und Café in einem, mit riesiger Holzterrasse und „Beach" nebenan, innen modernes Lounge-Ambiente. Beliebt zum Aperitif, ab 21.30 Uhr oft Livemusik. Viel gelobt die leichte mediterrane Küche, besonders Fisch, wenn auch recht teuer. Freundlicher und aufmerksamer Service, junges und nicht mehr ganz so junges Publikum. Tägl. ab 11 Uhr (So ab 10 Uhr) bis 1 Uhr, am Wochenende bis 2 Uhr, So nur bis 24 Uhr. Am Yachthafen, ✆ 038293-41741, www.vielmeer.com.

Gallo Nero (16), italienisches Ristorante an der Strandstraße. Köstliche Pasta, in Anbetracht der nördlichen Lage eine beachtlich gute Pizza aus dem Steinofen, diverse italienische Weine, freundlicher und zuvorkommender Service. Täglich mittags und abends geöffnet. Strandstr. 39, ✆ 038293-43366.

Brauhaus (14), uriges Restaurant der Brauerei, zu den diversen Bieren – je nach Jahreszeit u. a. Helles, Weizen, Maibock, Winterbier – werden deftige Brotzeiten, Fisch und Schnitzel angeboten. Freitags abends Live-Konzerte. Tägl. 11–24 Uhr, am Wochenende bis 1 Uhr. Strandstr. 41, ✆ 038293-4060.

• *Cafés* **Classic Conditorei & Café Röntgen (15)**, in Kühlungsborn Ost in der Strandstr. 30 a. Köstliche Kuchen und Torten in der Vitrine, auch Mittagsgerichte, kleine Gerichte und Suppen. Mit Terrasse, mitten im Zentrum. Etwas teurer als andere Cafés.

• *Nachtleben* Einige Cocktailbars in Ost und West, z. B. das **Shark's (1)** im Hotel Europa. Club, Bar und Lounge, Samstag Abend mit DJ (Eintritt 5 €), aber auch an anderen Tagen teilweise mit Motto (Oldie Night, Mallorca Chill Out u. a.). Cocktails und Tapas, Premiere-Sportsbar. Tägl. 17–1 Uhr, Sa bis 4 Uhr. Ostseeallee 7, ✆ 038293-88602.

Vielmeer (11), v. a. am Wochenende abends häufig Livemusik, s. oben.

Sehenswertes

Kirche St. Johannis: Die ursprünglich spätromanische Kirche liegt etwas außerhalb an der Straße Richtung Kröpelin und geht auf das frühe 13. Jh. zurück, wurde aber um 1400 im gotischen Stil erweitert. Erst später kam der hölzerne Turm hinzu. Besonders sehenswert im Kircheninneren sind die hölzerne *Kühlungsborner Madonna* aus dem Jahr 1380 und die barocke Kanzel aus dem Jahr 1698. Die Kirchenfenster sind mit 42 barocken Glasmalereien geschmückt.

Öffnungszeiten Tägl. 7–18 Uhr, im Winter 8–16 Uhr. Schlossstr. 19, ✆ 038293-17261.

Molli-Museum: Im Bahnhof Kühlungsborn West ist das überschaubare Museum untergebracht. Die kleine Fundgrube für Eisenbahnnostalgiker bietet alles vom Fahrkartendrucker bis zur Schiene. Zu den Exponaten (allerdings außerhalb des Bahnhofgebäudes) gehört auch eine alte Dampflok aus dem Jahr 1951. Angeschlossen ist ein nettes Museumscafé, Molli-Souvenirs erhält man nebenan am Fahrkartenschalter.

Öffnungszeiten Im Sommer tägl. 10–18 Uhr, im Winter eingeschränkt. Eintritt frei. Fritz-Reuter-Str. 1, ✆ 038293-877121.

Kunsthalle: Das Jugendstilgebäude aus der Zeit um 1900 liegt an der Strandpromenade von Kühlungsborn West, neben dem Hotel Schweriner Hof. Einst war hier eine Lesehalle untergebracht, heute hat der Kunstverein Kühlungsborn e. V. in der Kunsthalle seinen Sitz. Mehrmals im Jahr finden hier Ausstellungen statt, die meisten davon sind Künstlern der Ostseeregion vorbehalten.

Öffnungszeiten Di–So 12–17 Uhr, Eintritt je nach Ausstellung. Ostseeallee 48, ✆/℻ 038293-7540, www.kunsthalle-kuehlungsborn.de.

Schmalspur 1: Molli

Eine schwerfällige Attraktion schnaubt im Stundentakt von Kühlungsborn die Küste entlang nach Heiligendamm und weiter nach Bad Doberan: die Dampfzüge der Mecklenburgischen Bäderbahn, genannt „Molli“. 1886 wurden die 900-Millimeter-Schmalspurgleise von Bad Doberan nach Heiligendamm verlegt. Die zunächst 6,6 km lange Strecke wurde 1910 auf 15,4 km verlängert, Zielbahnhof war damals wie heute das Seebad Arendsee, das nunmehr Kühlungsborn West heißt. Die bis heute die Last des Bahnbetriebs ziehenden Lokomotiven stammen aus dem Jahr 1932 und erreichen mit 450 PS eine Höchstgeschwindigkeit von 50 km/h. Bereits in den 1970er Jahren wurde die Schmalspurbahn zum technischen Denkmal erklärt und weitgehend touristisch genutzt, um Strecke, Lokomotive und Waggons erhalten zu können. Nach der Privatisierung in den 1990er Jahren ging der „touristische Ausbau“ des Molli weiter. Im Bahnhof Kühlungsborn West entstand ein Museum, im Bahnhof Heiligendamm wurde das nostalgische Restaurant *Herzoglicher Wartesaal* eröffnet. Im Zug kann man z. B. an musikalischen Sonderfahrten teilnehmen, sich auf einen Kaffee in den Salonwagen begeben oder sogar zum Ehrenlokführer ausbilden lassen. Und auch in Bad Doberan bietet der Molli eine kleine Attraktion: Im Zentrum Bad Doberans nämlich schnaubt die Schmalspurbahn im Schritttempo durch die Fußgängerzone.

Verbindungen: Die Mecklenburgische Bäderbahn Molli verbindet Bad Doberan via Heiligendamm mit Kühlungsborn (Ost und West) etwa im Einstundentakt (im Winter eingeschränkt, ca. alle 2 Std.), Fahrtzeit etwa 45 Min. Bei Veranstaltungen an der Bad Doberaner Rennbahn (Ostsee-Meeting, Zappanale) hält der Molli auch dort.

Preise: Kurzstrecke 2 €, halbe Strecke Erw. 3,70 € (hin/zurück 6,40 €), Kinder (6–14 J.) 2,70 € (4,50 €), ganze Strecke Erw. 5,70 € (10,40 €), Kinder 3,70 € (7 €), Familienticket halbe Strecke 9,50 € (16 €), ganze Strecke 14,50 € (26 €), Fahrrad pauschal 2 €. **Information**: Mecklenburgische Bäderbahn Molli, Am Bahnhof, 18209 Bad Doberan, ✆ 038203/4150, www.molli-bahn.de.

Umgebung von Kühlungsborn

Bastorf: Das kleine Dorf liegt etwa 4 km südwestlich von Kühlungsborn und knapp 3 km vom nächsten Strand entfernt. Dominiert wird das Ortszentrum vom weithin bekannten Gutshof Bastorf mit seinen rohrgedeckten Fachwerkgebäuden. Etwas nördlich ragt der 1878 erbaute rote Klinker-Leuchtturm auf dem Bastorfer Signalberg in die Landschaft. Bei gutem Wetter kann der Leuchtturm auch bestiegen werden: im Sommer 11–17 Uhr, im Winter 11–16 Uhr geöffnet, Erw. 2 €, Kinder 0,50 €, auch Fernglasverleih. Parkmöglichkeit unterhalb.

• *Baden* **Kägsdorfer Strand**, ca. 3 km nordwestlich von Bastorf, in Kägsdorf der schmalen Asphaltstraße zum Strand folgen. Sand und große Steine, nicht sehr idyllisch, dafür aber auch nicht übermäßig besucht. Im Sommer mit Imbisswagen und Toiletten, beliebter Wohnmobil-Stellplatz, der Parkplatz ist von Mai bis Okt. tagsüber gebührenpflichtig: Auto 2 €/Tag, Kleinbus 5 €, Wohnmobil 12 €.

Einen deutlich schöneren, weitläufigen Naturstrand findet man auch bei den **Arendseer Dünen** (Fahrradweg von Kühlungsborn West über die Waldstraße in westliche Richtung), westlich davon liegt das *Naturschutzgebiet Riedensee*. Kostenloser Parkplatz etwas oberhalb an der Straße.

• *Übernachten/Essen & Trinken* **Gutshof Bastorf**, nennt sich Familien- und Erlebnishof, und so ist es denn auch: Auf dem sorgsam restaurierten Hof ist für jeden etwas geboten – vom Streichelzoo über Beauty-, Wellness- und Massagebereich, Heilpraxis, Sportprogramm, Sauna und Hofladen. Im Restaurant (handy- und rauchfrei) werden Bioprodukte aus der Region zu moderaten Preisen angeboten, darunter hervorragende Suppen (u. a. Soljanka und Tomatensuppe), köstliche Kartoffelpuffer mit Sanddornmus, generell viel Vegetarisches, aber auch gute Fischgerichte. Gemütlicher Wintergarten, im Sommer auch Terrasse. Mitten im Ort an der Durchgangsstraße gelegen und daher kaum zu übersehen. Ferienwohnung ab 2 Pers. 64–135 €, Ferienhaus 175 €. Kühlungsborner Str. 1, 18230 Bastorf, ☏ 038293-6450, ℻ 6455, www.gutshof-bastorf.de.

Pension Schmelzer, im Zentrum des ruhigen Gutsdorfes Kägsdorf, nicht zu übersehen. Davor ein netter, schattiger Kinderspielplatz, zur Meerseite hin ein großer Garten mit Strandkörben, Tischen und Bänken sowie einem Grill für die Gäste. Die Zimmer bzw. Appartements sind nett und zweckmäßig eingerichtet – Fliesenböden, helles Holz, Küchenzeile, teilweise mit Blick aufs Meer und zwei davon auch mit Balkon. Sympathische Leitung, kinderfreundlich und für das Gebotene auch noch günstig: App. für 2 Personen 50–55 €, für Familien (max. 4 Personen) 66–71 €, Frühstück 6 € (Kinder 3 €), Sauna im Haus (7 €). 1,2 km vom Kägsdorfer Strand. Zum Strande 6, 18230 Kägsdorf, ☏ 038293-14902, ℻ 038293-410252, www.pensionschmelzer.de.

• *Cafés* **Café/Restaurant Valentins**, am Bastorfer Leuchtturm, schöne sonnige Aussichtsterrasse, hier gibt es Frühstück, deftigen Mittagstisch, Kaffee, Kuchen und Eis – ideal auch als Zwischenstopp für Radler. Tägl. 10–21 Uhr geöffnet, Sa/So schon ab 9 Uhr, im Winter nur bis 18 Uhr. Zum Leuchtturm 8, ☏ 038293-410270.

Kiosk und **Biergarten** in Kägsdorf.

Wittenbeck: Auf halber Strecke zwischen Kühlungsborn und Heiligendamm befindet sich ein Golfplatz (18+9-Loch). Ansonsten ist Wittenbeck nicht zwingend eine Reise wert: ein recht verschlafenes Dorf inmitten schöner Natur, südlich an den Golfplatz grenzt das Waldgebiet Kühlung. Zur Ostsee ist es nur ein Katzensprung.

• *Golf* **Ostsee Golf Resort Wittenbeck**, besagte 18-Loch-Anlage erstreckt sich südlich vom Ort, in Wittenbeck ausgeschildert. Greenfee 9 Loch 20–25 € (am Wochenende 25–30 €), 18 Loch 35–45 € (40–50 €), Leih-Ausrüstung 15 €. Anfängerkurs 215 €/2 Tage. Zum Belvedere, 18209 Wittenbeck, ☏ 038293-410090, ℻ 4100911, www.golf-resort-wittenbeck.de.

• *Übernachten/Essen & Trinken* **Landhotel Wittenbeck**, liegt etwas erhöht über der Durchgangsstraße in Wittenbeck. Ein angenehmes und komfortables Hotel, Restaurant mit Wintergarten und Terrasse, Hallenbad und Sauna, auch Massagen, Bäder etc. 45 helle und freundlich eingerichtete Nichtraucherzimmer. EZ mit Frühstück 70 €, DZ 95 €, Dreier 129 €.Straße zur Kühlung 21a, 18209 Wittenbeck, ☏ 038293-89230, ℻ 892333, www.landhotel-wittenbeck.m-vp.de.

Gut kleinBollhagen, wunderschön restaurierter alter Gutshof im winzigen Nachbarort von Wittenbeck. 2 Appartements und 7 Häuser, alle mit Terrasse, so geschmackvoll und edel ausgestattet, dass sie bei jedem „Schöner-Wohnen-Wettbewerb" gewinnen würden. Wellnessbereich mit Dampfbad, Sauna, Massage und Whirlpool. Appartement für 2–3 Pers. 150 €, Haus für 2 Pers. 205 €, für 4–6 Pers. 200–270 € pro Tag. Fulgenweg 3, 18209 Klein-Bollhagen, ☏ 0800-5323626 oder ☏ 040-41352086, ℻ 040-41354333, www.landleben-am-meer.de.

Stimmige Kulisse für einen Mittelaltermarkt: das Kloster

Bad Doberan

ca. 11.500 Einwohner

Zu Recht gerühmt wird Bad Doberan wegen seines bedeutenden Münsters und dessen kostbarer Ausstattung. Die kleine Stadt am Rande der ehemaligen Klosteranlage gerät aufgrund der enormen Strahlkraft des Gotteshauses ein wenig in dessen Schatten, verfügt aber über einen ganz eigenen Charme.

Wer angesichts des berühmten gotischen Bauwerks auch ein mittelalterliches Städtchen erwartet, wird überrascht sein. Es gibt nahe dem Klostergelände zwar eine sehenswerte Altstadt, allerdings eine durch und durch klassizistische. Begründet liegt dieser eigenwillige Stilmix in einer nicht minder eigenwilligen Geschichte. Am Anfang stand das Kloster, neben dem sich ein kleines Dorf entwickelte. Nachdem mit der Einführung der Reformation in Mecklenburg 1552 das Kloster geschlossen wurde, wurde es still um Doberan. Betriebsamkeit kehrte lediglich anlässlich adeliger Todesfälle ein, da die Fürsten von Mecklenburg Doberans Münster zu ihrer Begräbnisstätte gewählt hatten. 1793 war es schlagartig aus mit der ländlichen Ruhe, als Herzog *Friedrich Franz I.* Doberan zu seiner Sommerresidenz erwählte. Da sein Arzt geraten hatte, einer neuen Mode zu folgen, nach der das Bad im Meer der Gesundheit förderlich sei, ließ Friedrich Franz das erste deutsche Seebad Doberan-Heiligendamm gründen. In Doberan entstanden rund um eine ehemalige Kuhweide, die zu einem Park samt Pavillons umgestaltet wurde und fortan *Kamp* heißen sollte, prächtige klassizistische Bauwerke. Ab 1886 verband eine Schmalspurbahn das prachtvolle gesellschaftliche Zentrum Doberan mit dem Strand von Heiligendamm. Bis heute schnauben die Züge, genannt der „Molli", durch das Zentrum und die Fußgängerzone Doberans, das 1921 den Namenszusatz „Bad" erhielt.

Für wenige Tage im Sommer weht ein Hauch von Ascot über die stille mecklenburger Landschaft. Der Boden bebt unter den Hufen kraftvoller Pferde, Wetten werden abgeschlossen, manchmal gewonnen, meist verloren, und selbstverständlich dürfen auch die ausgefallenen farbenfrohen Hüte nicht fehlen: Es findet auf der traditionsreichen **Galopprennbahn** das alljährliche **Ostsee-Meeting** statt. Bereits 1822 wurden auf dem Geläuf Pferderennen veranstaltet, wodurch sich Bad Doberan nicht nur mit dem ältesten Seebad zieren kann, sondern auch mit der ältesten Galopprennbahn Deutschlands. Nach langer Pause werden seit 1993 wieder Rennen veranstaltet.

Praktische Informationen

• *Information* Die **Touristinformation Bad Doberan** ist informiert und freundlich, auch Zimmervermittlung, Kartenvorverkauf und **Stadtführungen** (auch in Kombination mit Münsterführung), immer Di und Sa um 10.30 Uhr, im Sommer auch Do 10.30 Uhr. Mitte Mai bis Mitte Sept. Mo–Fr 9–18 Uhr, Sa 10–15 Uhr; Rest des Jahres Mo–Fr 10–16 Uhr. Die Touristinformation befindet sich oberhalb des Kamps in der Severinstr. 6, 18209 Bad Doberan, ✆ 038203-62154, 📠 77050, www.bad-doberan.de.

• *Kurtaxe* Mai bis Sept. 1,50 €, Okt. bis April 0,75 €, Kinder unter 16 J. frei.

• *Veranstaltungen* Das **Ostsee-Meeting** findet an vier Tagen im Sommer (Ende Juli/Anfang August) auf der Bad Doberaner Galopprennbahn statt. Diese liegt neben der Allee, die von Bad Doberan nach Heiligendamm führt und verfügt während des traditionsreichen Ereignisses über eine Molli-Haltestelle. Den genauen Termin erfährt man bei der Tourist-Information, hier auch Kartenvorverkauf. Eintritt 4–6 €, Tribüne 10 €, auch VIP-Karten. Infos unter www.ostseerennbahn.de.

Zappanale, das große Musik-Festival (2008: zum 19. Mal) zu Ehren von Frank Zappa mit zahlreichen Coverbands findet ebenfalls im Sommer auf der Galopprennbahn bei Bad Doberan statt. Auch während der Zappanale hält der Molli an der Rennbahn. Vorverkauf in der Touristinformation, Infos unter www.zappanale.de.

• *Verbindungen* Bad Doberan liegt an der Strecke der RE 8 zwischen Wismar und Rostock mit stündlicher **Bahn**verbindung in beide Richtungen.

Zur **Schmalspurbahn Molli** siehe S. 95.

Der **Bus** 119 verbindet Bad Doberan mit Warnemünde (via Nienhagen), Mo–Fr etwa 12-mal, Sa/So 5-mal. Mit der Linie 121 gelangt man über Heiligendamm (Parkplatz) nach Kühlungsborn und weiter nach Rerik, Mo–Fr ca. 10-mal, Sa/So 6-mal.

Übernachten/Essen & Trinken

**** **Hotel Friedrich Franz Palais (3)**, zweifellos das erste Haus am Platz. Der Name allerdings trügt, das Palais befindet sich zwei Häuser weiter. Das Gebäude, in dem sich das Hotel befindet, ist aber nicht weniger traditionsreich, es handelt sich nämlich um das 1776 errichtete ehemalige Logierhaus, das seit den Anfängen des Badebetriebs die Badegäste beherbergte. In dem stilvollen Hotel befindet sich ein großzügig geschnittenes Restaurant, das gehobene Küche bei entsprechendem Preisniveau bietet. Außerdem Wellnessbereich. Freundlicher Service. EZ ab 60 €, DZ ab 80 €, Suite 120 €, Frühstücksbuffet 13 €/Pers. Am Kamp/ August-Bebel-Str. 2, 18209 Bad Doberan, ✆ 038203-63036, 📠 622126, www.friedrich-franz-palais.de.

**** **Hotel Prinzenpalais (5)**, ähnlich nobel wie das oben genannte, nahe gelegene Schwesternhotel residiert man in dieser repräsentativen Herberge am Alexandrinenplatz. Das 1831 von Severin errichtete Palais wurde jüngst eröffnet und verfügt über 30 Zimmer und Suite sowie das gehobene Restaurant *Orangerie*. DZ ab 100 €, Juniorsuite ab 120 €, Frühstücksbuffet 13 €/Pers. Alexandrinenplatz 8, 18209 Bad Doberan, ✆ 038203-73160, 📠 731666, www.prinzen-palais.de.

City Hotel (6), nettes Garni-Hotel, ebenfalls am Alexandrinenplatz. Das gelb verputze (Fachwerk.)Haus liegt direkt an der Molli-Strecke, wer also nicht unbedingt früh aufstehen will, sollte sich um ein Zimmer bemühen, das nach hinten rausgeht. EZ 75 €, DZ 110 €, Suite 150 €, jeweils mit Frühstück. Alexandrinenplatz 4, 18209 Bad Doberan, ✆ 038203-74740, 📠-7474109, www.cityhotel-doberan.de.

Lesertipp: **Hotel Villa Sommer (7)**, Leser haben den Aufenthalt in der renovierten Jugendstilvilla sehr genossen. Obgleich nur unweit vom Molli-Bahnhof gelegen, sei das Hotel angenehm ruhig. Individuell einge-

richtete Zimmer. Auch Café. EZ ab 60 €, DZ ab 85 €, Suite ab 140 €, jeweils einschließlich Frühstück. Friedrich-Franz-Str. 23, 18209 Bad Doberan, ✆ 038203-73430

Zum weißen Schwan (2), gehobenes, sympathisches Restaurant am Marktplatz, ungemein stilvolles Ambiente, an den Wänden großformatige Marylin-Monroe-Porträts, auch draußen ein paar Tische, sehr freundlich, feine Küche zu angemessenen Preisen. Tägl. 18–22 Uhr geöffnet. Am Markt 9, ✆ 038203-77820, www.zumweissenschwan.de.

Café Zikke (4), etwas zurückgesetzt vom eigentlichen Alexandrinenplatz liegt dieses nette Café im *Alexandrinenhof*, der idyllischen Hinterhofatmosphäre verströmt, im Sommer gibt es auch draußen ausreichend Plätze, sehr freundlich, hausgemachter Kuchen, wechselnde Tageskarte. Tägl. 10–18 Uhr geöffnet (im Winter erst ab 11 Uhr). Alexandrinenplatz 2, ✆ 038203-7366010, www.alexandrinen-hof.de.

Café-Restaurant Weißer Pavillon (1), in einem der beiden Pavillons auf dem Kamp (s. u.), mit überdachter Terrasse. Fleisch- und

Fischgerichte in großer Auswahl, viele Steaks, darüber hinaus bietet die Küche aber auch Schonkost und Vegetarisches. Mittleres Preisniveau, aufmerksamer und freundlicher Service. Durchgehend geöffnet, nachmittags Kaffee und Kuchen, abends bis 18 Uhr, in der Hochsaison bis 22 Uhr, kein Ruhetag. Auf dem Kamp, ✆ 038203-62326.

Einer der großen Musiker unserer Zeit: Frank Zappa

• *Außerhalb* **Fischereihof Detlefsen (8)**, südöstlich von Bad Doberan liegen im Hütter Wohld die ehemaligen Fischteiche des Zisterzienserklosters, die auch heute noch zur Fischzucht genutzt werden. Von Bad Doberan in südöstliche Richtung nach Parkentin, dort rechts ab, beschildert. Hier hat sich ein feines Restaurant angesiedelt. Auf der kleinen, aber ausgesuchten Karte finden sich saisonabhängige Speisen rund um den fangfrischen (Süßwasser-)Fisch. Stilvolles Ambiente. Mo Ruhetag, sonst von 12 bis 21 Uhr (So ab 11 Uhr) warme Küche. Sehr beliebt, Reservierung daher ratsam. Angeschlossen ist auch ein kleiner Fischladen (9–18 Uhr, Mo geschl., Jan. bis März Mo und Di). Am Hütter Wohld 5, 18209 Hütten, ✆ 038203-12244, www.fischereihof.de.

Pension Schwark (9), gepflegte kleine Pension in Althof, einem ruhigen Dorf ca. 3 km südöstlich von Bad Doberan. Von Lesern empfohlen. Am besten erreicht man Althof über Hohenfelde (südlich von Bad Doberan), dort links ab, beschildert. Direkt am idyllischen Dorfteich gelegen, mit Garten und Terrasse. Nur 6 Zimmer, die Frühstücksküche steht allen Gästen zur Verfügung. Achtung: In Althof gibt es kein Restaurant! Günstig: DZ ab 49 €, DZ mit Miniküche 52–60 €. Am Dorfteich 4, 18209 Bad Doberan/Althof, ✆ 038203-91060, 📠 910613, www.pension-schwark.m-vp.de.

Sehenswertes

Münster und ehemalige Klosteranlage: Das Münster zählt zu den bedeutendsten gotischen Bauwerken in Mecklenburg-Vorpommern. Der augenfälligste Unterschied zu den Kirchen der Hansestädte ist das Fehlen einer Turmanlage. Stattdessen steht über der Vierung ein Dachreiter mit hoch aufragender Spitzhaube. Dies und die elegante Außenfassade, die sich mit Ausnahme von Blendrosetten in den Giebeln der Querschiffe und der Westfassade kaum Verzierung erlaubt, lassen die Kirche als Bauwerk der Zisterzienser erkennen, denen eigentlich jeder Zierrat zuwider war. Eigentlich – denn im Innern zeigt sich das Münster ungemein kunstvoll gestaltet. Aber bereits in ihren Ausmaßen ist es für eine Klosterkirche, zumal des Zisterzienserordens, ungewöhnlich groß ausgefallen. In seiner Anlage ist das Münster von Bad Doberan eine dreischiffige Basilika von 79 m Länge. Die eleganten Querschiffe geben dem Grundriss die Form eines Kreuzes. Gleichmäßig legen sich fünf Kapellen zu einem Kranz um den Chorumgang. 1368 war das Münster vollendet und präsentierte sich dank der strengen Ausführung der architektonischen Vorgaben der Zeit geradezu modellhaft als eines der herausragenden Beispiele Norddeutscher Backsteingotik – abgesehen von der erwähnten Abwesenheit des

Turms. Nicht zuletzt aber verdankt das Gotteshaus seine Bedeutung der außergewöhnlichen, weitgehend mittelalterlichen Ausstattung. Beeindruckend ist zunächst die Raumwirkung im lichtdurchfluteten Innern der Kirche. Dank der aufwendigen Restaurierung zwischen 1964 und 1984 ist u. a. die ursprüngliche Farbgebung wieder sichtbar gemacht worden. Zu den herausragenden Stücken der Ausstattung gehören der kostbare Hochalter, der um 1310 entstanden war (um die unterste Reihe Mitte des 14. Jh. erweitert) und damit eines der ältesten Beispiele eines Flügelaltars darstellt, daneben der schlanke Sakramentsturm, der um 1350 aus Eichenholz kunstvoll geschnitzt wurde, und gegenüber der vor 1370 fertiggestellte Kreuzaltar mit dem monumentalen Triumphkreuz. Weiterhin bemerkenswert sind die nahezu vollständig erhaltenen mittelalterlichen Mönchsgestühle mit kunstvoll geschnitzten Seitenwänden.

Traditionsreich: Schon die Klosterbrüder aus Bad Doberan züchteten Fisch

Dass das Doberaner Münster in derart gutem Zustand erhalten ist, hat verschiedene Ursachen. Sicherlich bewahrte die abgeschiedene Lage die Kirche vor Schaden – beispielsweise vor Bilderstürmerei oder vor den Bombennächten des Zweiten Weltkriegs. Dass das Gotteshaus nicht vergessen von der Welt verfiel, ist dem Umstand zu danken, dass es als Grablege mecklenburgischer Fürsten diente. Als dann schließlich Doberan zur Sommerresidenz der mecklenburgischen Fürsten wurde und das ehemalige Klostergelände Ende des 18. Jh. zu einem englischen Landschaftsgarten umgestaltet worden war, wurde das Münster zu dem, was es bis heute geblieben ist: eine Attraktion.

Die Außenanlage ist noch immer ein anmutiger Landschaftspark, umgeben von der alten (1963 restaurierten), 1,5 km langen Klostermauer. Vor der Westfassade erstreckt sich ein idyllischer Teich. Am Südschiff findet sich ein Stück des ehemaligen Kreuzgangs. Auf der anderen Seite der Kirche erhebt sich das frühgotische Beinhaus. Etwas abseits liegt die malerische Ruine einer Scheune, die „Wolfsscheune". Und schließlich findet sich südlich des Münsters noch die Ruine des Wirtschaftsgebäudes, das Kornhaus, in dem sich unter anderem ein Café untergebracht ist (zur Saison tägl. 10–17 Uhr geöffnet), sowie dahinter der gepflegte Klostergarten und ein Spielplatz samt Picknickbänken.

• *Öffnungszeiten* Tägl. Mo–Sa 9–18 Uhr (Mai bis Sept.), bzw. 10–17 Uhr (März/April und Okt.), 10–16 Uhr (Nov. bis Febr.), So jeweils erst ab 11 Uhr, Gottesdienst So 9.30 Uhr. Eintritt Erw. 2 € (inkl. Führung 3 €), erm. 1,50 € (2,50 €), Schüler 0,50 € (1 €), Familien 4 € (6,50 €). Tägl. werden Münsterführungen angeboten sowie Sonderführungen beispielsweise über die gotische Schnitzkunst, das Leben der Zisterzienser oder auch ins Gewölbe. Anmeldung für Führungen unter ✆ 038203-62716, www.doberanermuenster.de.

Der Weiße Pavillon auf dem Kamp

Am Kamp: Die klassizistischen Gebäude im Zentrum Bad Doberans gruppieren sich vor allem um den kleinen Park namens Kamp. Die prächtigsten Gebäude liegen an der Ostseite des Parks entlang der August-Bebel-Straße. Den Anfang macht die Sommerresidenz Friedrich Franz' I., das Großherzogliche Palais (errichtet ab 1806) zum ehemaligen Klostergelände hin, daneben das Salongebäude (1802) und das Logierhaus (1796), das auch heute ein nobles Hotel beherbergt. Im Park selbst befinden sich die beiden Pavillons, der Rote (1808/1809), ehemals als Ausschank errichtet, und der Weiße (1810), ursprünglich ein Musiksaal, in dem sich heute ein hübsches Café befindet. Schöpfer dieses klassizistischen Ensembles (mit Ausnahme des Logierhauses) war der Baumeister *Carl Theodor Severin*, der ab 1802 in Bad Doberan wirkte und in dem von ihm entworfenen Haus am Alexandrinenplatz von 1823 bis zu seinem Tod 1836 lebte.

Stadt- und Bädermuseum Möckelhaus: In dem neugotischen Gebäude, das 1886–1888 erbaut und jüngst komplett saniert wurde, ist das Bad Doberaner Museum untergebracht. Die ausgestellten Exponate verweisen natürlich vor allem auf die Badekultur, beispielsweise in Form diverser Strandmoden. Weitere Bereiche informieren über die Frühgeschichte der Gegend und natürlich über das Mittelalter und den Bau des Zisterzienserklosters mit seinem prächtigen Münster. Nicht zuletzt aber ist das Gebäude selbst samt hübschem Garten einen Besuch wert.

Öffnungszeiten Mitte Mai bis Mitte Sept. Di–Fr 10–12 und 13–17 Uhr, Sa/So 12–17 Uhr, im Winterhalbjahr nur bis 16 Uhr und So/Mo geschlossen. Eintritt 3 €, erm. 2 €, Familienkarte 6 €. Beethovenstr. 8, ✆ 038203-62026, www.stadtmuseum.moeckelhaus.de.

Bad Doberan/Umgebung

Südlich von Bad Doberan liegt etwas versteckt das **Glashäger Quellental**, in dem das beliebte Mecklenburger Mineralwasser entspringt. Durch das idyllische Tal und zum Tempelchen über der Quelle lohnt ein gemütlicher Spaziergang. Große Mineralwasserabfüllanlagen sucht man vergeblich. Das Wasser wird aus dem Quellental nach Bad Doberan gepumpt und dort abgefüllt.

• *Essen und Trinken* **Ausflugsgaststätte Quellental**, ein Stück oberhalb des Quellentempelchens gelegen, sehr freundlich, innen rustikal, außen schöner großer Garten mit kleinem Spielplatz. Bodenständige, günstige Hausmannskost, auch Café und (guten) Kuchen. Anfahrt über Hohenfelde. Geöffnet Di–Fr 12–21 Uhr, Sa/So ab 11 Uhr, Am Wege 5, 18209 Hohenfelde, ✆ 038203-62879, www.quellental-mv.de.

Heiligendamm

ca. 250 Einwohner

Noblesse oblige: Deutschlands ältestes Seebad erstrahlt wieder in altem Glanz. Blendend weiß, würdevoll chic – und kaum bezahlbar.

Eine prachtvolle Allee führt von Bad Doberan zu seinem Ableger an der Ostsee, der als „Weiße Stadt am Meer" in die deutsche Bädergeschichte einging. Und in der Tat – das neoklassizistische Gebäudeensemble am Strand sucht in Deutschland seinesgleichen.

Das älteste deutsche Seebad hat seine Existenz dem Kur- und Badearzt Prof. Dr. Samuel Gottlieb Vogel zu verdanken. Er verordnete dem damaligen mecklenburgischen Herzog *Friedrich Franz I.* ein heilendes Bad hier am „Heiligen Damm" in der Ostsee. 1793 ließ der Herzog die ersten Badehäuser bauen, 1816 entstand unter dem Baumeister *Carl Theodor Severin* das klassizistische Kurhaus mit seinem 250 m² großen Ballsaal, es folgten nach und nach weitere Prachtbauten, später dann unter der Leitung von *Georg Adolph Demmler*. Bis in die 1930er Jahre hinein gaben sich die Mächtigen und Prominenten in Heiligendamm ein Stelldichein, der russische Zar Nikolaus I. ebenso wie Feldmarschall von Blücher, Rainer Maria Rilke und Marcel Proust, aber auch Hitler und Mussolini. Nach dem Zweiten Weltkrieg wurde der Ort als staatliches Sanatorium genutzt, viele der Prachtbauten verfielen. 1996 kaufte die Kölner Fundus-Gruppe hier ein Areal von insgesamt rund 400 ha und begann mit der umfangreichen Sanierung. Im Frühjahr 2003 wurde das Fünf-Sterne-Haus *Kempinski Grand Hotel Heiligendamm* feierlich eröffnet. Die Pläne der Fundus-Gruppe sind nicht unumstritten, gehörte doch zur „Sanierung" der Abriss der *Perle*, eines der Logierhäuser, im Januar 2007. Auch das Wegerecht wurde zuletzt stark eingeschränkt, da die Fundus-Gruppe, die

Im neuen alten Glanz: Heiligendamm

hier mittlerweile schon an die 250 Millionen Euro investiert, aber auch 250 Arbeitsplätze geschaffen haben soll, sich an der Anwesenheit der vielen Zaungäste störte, sodass zu befürchten steht, dass die weiße Pracht als Kulturdenkmal der Öffentlichkeit kaum noch zugänglich ist. Auch Leser zeigten sich von der Situation negativ beeindruckt.

Die ganze Welt blickte im Juni 2007 auf Heiligendamm, als im Zuge des G 8-Gipfels die Mächtigen der Welt im Grand Hotel residierten. Ende 2008/Anfang 2009 geriet Heiligendamm wieder Schlagzeilen: Kempinski kündigte den Vertrag mit der Fundus-Gruppe, die Trennung der ehemaligen Partner geriet zu einem medialen Rosenkrieg. Der Hotelbetrieb aber soll davon ungehindert weitergeführt werden.

Abseits der klassizistischen Hotelgebäude zeigt sich Heiligendamm ein wenig vernachlässigt. Es ist umgeben von viel Wald, der Strand zählt nur zu den durchschnittlicheren in der Gegend – etwas steinig und auch nicht allzu breit.

• *Information* Eine richtige Touristinformation gibt es in Heiligendamm nicht, allerdings kann man am Schalter des Molli-Bahnhofs Heiligendamm um Auskunft nachfragen. Kühlungsborner Str. 4, ✆ 038203-4150, 📠 41512, www.heiligendamm.de.

• *Essen & Trinken* **Restaurant Friedrich Franz**, Gourmet-Tempel im Grand-Hotel, das 4-Gänge-Menü kommt hier auf 65–96 € (nur Mi–Sa abends, Reservierung erwünscht). Ebenfalls im Grand-Hotel: das **Kurhaus Restaurant**, elegantes Ambiente, etwas günstiger als obiges, täglich abends geöffnet, Fr–So bereits ab 12 Uhr. Reservierungen über das Hotel, ✆ 038203-7400.

Café/Restaurant Herzoglicher Wartesaal, im Bahnhof Heiligendamm, stilvolles Ambiente aus alter Zeit, wechselnde Tagesgerichte, leicht gehobenes Preisniveau. Tägl. 10.30–23 Uhr. Kühlungsborner Str. 4, ✆ 038203-41515.

• *Übernachten* ***** **Grand Hotel**, das heutige Heiligendamm besteht in weiten Teilen aus diesem Luxushotel. Verschiedene Bars, zwei Restaurants (s.o.), die von einem hoteleigenen Biohof beliefert werden, Schwimmbad, Saunen, Dampfbad, Fitness, Luxus-Spa usw. Dem Hotel angeschlossen ist eine Abteilung für Plastische und Dentalchirurgie der benachbarten Median Klinik (Reha-Klinik). Insgesamt 225 Zimmer und Suiten, das günstigste der Kategorie Classic Parkblick kostet mit Frühstück 320 € (DZ), die Strandsuite kommt auf 990 € für 2 Pers. Prof.-Dr.-Vogel-Straße 16–18, 18209 Bad Doberan- Heiligendamm, ✆ 038203-7400, 📠 7407474, www.hotelheiligendamm.de.

• *Verbindungen* Zur **Schmalspurbahn Molli** siehe S. 95.

Der **Bus** 121 fährt nach Bad Doberan und Kühlungsborn und weiter nach Rerik (Mo–Fr ca. 10-mal, Sa/So 6-mal). Deutlich günstiger als der Molli.

Die Küste zwischen Heiligendamm und Warnemünde

Östlich von Heiligendamm verläuft ein Weg am Ufer Richtung Börgerende und Nienhagen. Hier kann man auf dem „Heiligen Damm" (rad-)wandern – oder parken (gebührenpflichtig, versteht sich), und an den langen Strand gehen. Nach drei Kilometern erreicht man **Börgerende**, ein unspektakuläres Straßendorf, das sich aber in den letzten Jahren herausgeputzt und ein wenig touristische Infrastruktur entwickelt hat. Von hier aus führt ein (Rad-)Wanderweg ohne Straße weiter nach **Nienhagen.** Das letzte Stück führt oberhalb einer gar nicht so steilen Steilküste durch den Nienhäger *Gespensterwald* (Naturschutzgebiet) mit seinen bizarr anmutenden Bäumen. Immer wieder führen Treppen hinunter zum recht schönen Sandstrand unterhalb der Steilküste.

• *Übernachten* **Pension und Restaurant am Meer**, in einem schönen backsteinernen Fachwerkhaus in Börgerende ist dieses freundliche Gasthaus samt Herberge untergebracht. Innen sitzt es sich sehr gemütlich unter schwerem Holzgebälk, außen befindet sich eine schöne Terrasse. Mit Liebe zum Detail eingerichtet. Bodenständige Küche bei leicht gehobenen Preisniveau, auch Café. DZ 98–120 € einschließlich Frühstück, in der Nebensaison deutlich günstiger. Seestr. 38, 18211 Börgerende, ✆ 038203-82248, 📠 82249, www.pension-fachwerk.de.

Der Markt im Rücken der Marienkirche

Rostock

knapp 200.000 Einwohner (inkl. Warnemünde)

Rostock
Karte S. 111

Die „Leuchte des Nordens" präsentiert sich als quirlige, kontrastreiche Ostseemetropole: die Innenstadt zeigt ebenso hanseatische Geschäftigkeit wie backsteingotische Würde, und die Universität, die älteste Nordeuropas, sorgt für das junge Antlitz Rostocks.

Lebensader der alten Hansestadt ist heute die Fußgängerzone, die von Rathaus und Marienkirche zum Universitätsplatz und dem ehemaligen Kloster bzw. dem Kröpeliner Tor führt. Im Zentrum der Altstadt erhebt sich nahe dem weitläufigen Markt und dem eigenwilligen Rathaus die Marienkirche, ein trotz langwieriger Renovierungsarbeiten unbedingt besichtigenswertes Beispiel der Norddeutschen Backsteingotik (s. u. *Sehenswertes*). Ein interessantes Gebäudeensemble befindet sich am **Universitätsplatz,** das sich u. a. aus dem barocken **Herzoglichen Palais,** der klassizistischen **Wache** und dem den Platz dominierenden **Hauptgebäude der Universität** zusammensetzt. Schräg hinter Letzterem erstreckt sich das ehemalige **Kloster Zum Heiligen Kreuz**, heute eine kleine, fast dörflich anmutende Idylle mitsamt sehenswertem Museum im Klostergebäude und einer hübschen Kirche (s. u. *Sehenswertes*). Schließlich gelangt man am westlichen Ende der Innenstadt an das **Kröpeliner Tor** (um 1270 begonnen und im 14. Jh. auf die heutige Höhe von 54 m erweitert). Von den ehemals 22 Stadttoren stehen außer dem Kröpeliner Tor noch das wuchtige **Steintor** mit dem spitzen Helm (16. Jh.), an dessen Innenseite auf Lateinisch der fromme Wunsch zu lesen ist, es mögen Eintracht und allgemeines Wohlergehen herrschen, nahebei das gedrungene **Kuhtor** (um 1260, damit eines der ältesten Stadttore Norddeutschlands) und schließlich zum Hafen hin das klassizistisch umgeformte **Mönchentor.** Die Stadttore sind Überreste der mittelalterlichen

Befestigungsanlage. Erhalten sind auch Abschnitte der bis zu 7 m hohen Stadtmauern, die ab 1270 Rostock umgaben. Entlang des südwestlichen Abschnitts erstreckt sich ein von alten Bäumen bestandener Park, der zum Steintor hin in den Rosengarten übergeht.

Rostocks Brunnen, Reliefs und Skulpturen

Zwar gibt es kaum einen Ort in Europa, der nicht sein kleines Monument hätte, und sei es ein Gefallenendenkmal, in Rostock aber sind die Reliefs, Brunnenfiguren und Plastiken nicht nur in bemerkenswerter Häufigkeit anzutreffen (knapp 300 sollen es sein), es ranken sich auch teils kuriose Geschichten um die Kunstwerke. Die wohl berühmteste Plastik Rostocks ist die bronzene *Schlange*, die sich um eine Säule des Rathauses windet. Es heißt, dass sich hier bereits nach der Fertigstellung der Rathausvorhalle ein bronzenes Reptil schlängelte – möglicherweise aus dem gleichen Grund, aus dem die Lübecker Maus in der dortigen Marienkirche nagt: Wandernde Gesellen konnten, indem sie von den verborgenen Wahrzeichen wussten, beweisen, dass sie tatsächlich in dieser oder jener Stadt gewesen waren. Die heutige Bronzeschlange Rostocks stammt aus dem Jahr 1998.

Zu den älteren Statuen zählt das Denkmal des wohl berühmtesten Sohnes der Stadt: *Gebhard Leberecht von Blücher*, geboren 1742 in Rostock, preußischer Generalfeldmarschall und mit Wellington gefeierter Sieger über Napoleon bei Waterloo. Die Statue zeigt den „Marschall Vorwärts" nicht in Uniform, sondern in den Gewändern eines antiken Helden, wenngleich er in Händen Marschallstab und Degen hält. Kurios ist die Entstehungsgeschichte des Denkmals: In einer Zeitung wurde 1814 berichtet, dass die Stadt ihrem berühmten Sohn ein Denkmal setzen wolle, worauf sich Blücher höflich bedankte. Nicht weiter ungewöhnlich, hätte der Stadtrat von diesem Vorhaben gewusst. Nun aber musste Letzterer sich einer Zeitungsente beugen und das Geld für das Denkmal auftreiben, um das Gesicht zu wahren. 1819 wurde die von Johann Friedrich Schadow geschaffene Bronzestatue auf dem Universitätsplatz aufgestellt, die etwas misslungene Inschrift stammt von keinem Geringeren als Goethe. Ebenfalls auf dem Universitätsplatz befindet sich der ausdrucksstarke *Brunnen der Lebensfreude* von Reinhard Dietrich und Jo Jastram, die sich auch mit diversen anderen Skulpturen im Stadtbild Rostocks verewigt haben.

Eine weitere Berühmtheit ist an der Straße namens Glatter Aal zu sehen: Hier hängt ein von Reinhard Buch 1996 gestaltetes Portraitrelief des berühmten dänischen Astronomen *Tycho Brahe* mitsamt Planeten im Hintergrund, Arbeitsinstrumenten, dickem Bauch und – goldener Nase. Letztere ist keineswegs sprichwörtlich gemeint: Brahe hatte Mitte des 16. Jh. in Rostock studiert und nicht nur ein Duell, sondern dabei auch die Nase verloren, sodass er fortan eine goldene Prothese tragen musste.

Eine der formschönsten Statuen ist die Bronzeplastik *Die Trinkende* (Viktor H. Seifert, 1922) im Rosengarten, so schön, dass sie mittlerweile zwei Mal gestohlen wurde. Dank der Spenden Rostocker Bürger befindet sich seit Herbst 2007 der nun zweite Nachguss der Figur wieder an ihrem Platz.

Wer sich vertiefend mit den Kunstwerken in Rostocks Innenstadt beschäftigen will, dem sei das 2006 im Hinstorff-Verlag erschienene Buch *Kunstwege. Spaziergänge durch Rostock und Warnemünde* von Matthias Schümann und Reiner Mnich empfohlen.

Vor dem Kröpeliner Tor entfaltet sich ein kleiner studentischer Gegenentwurf zur touristischen Ostseeküstenromantik. Um den Doberaner Platz liegt die **Kröpeliner-Tor-Vorstadt,** von formulierungsmüden Jungakademikern kurz die KTV genannt: statt Hafenidylle ein Straßenbahnknotenpunkt, keine maritimen Souvenirläden, sondern Kopierbuden und Handyshops, statt nostalgischer Schifferkneipen und Fischrestaurants internationale Küche, hippe Bars und Lounges.

Dagegen präsentiert sich der Stadtteil, der sich im Rücken des Rathauses erstreckt, die östliche Altstadt, ruhig und geradezu kleinstädtisch. Schmale Gassen ziehen sich leicht bergauf an hübschen, niedrigen Häusern entlang. Hier steht die Kirche St. Petri (s. u. *Sehenswertes*) am weitläufigen und oft leeren Alten Markt. Hinter dem Rathaus zeugen ein paar sehenswerte gotische Giebelhäuser von hanseatischem Bürgerstolz: so vor allem das **Kerkhoff-Haus** (Hinter dem Rathaus 5), das 1470 entstanden ist und heute Stadtarchiv und Standesamt beheimatet, oder auch das **Krahnstöver-Haus** (Große Wasserstraße 30) mit seinen zinnengekrönten Giebeln, das bislang als spätgotisch datiert wurde, nun aber deutlich älter geschätzt und damit auch als bedeutender eingestuft wird – der Beweis steht noch aus.

Vom Hafen hingegen sollte man nicht allzu viel erwarten. Sehenswerte Bauten finden sich fast nicht. Vor allem aber führt die B 105 direkt am Hafen entlang. Am westlichen Teil des Hafens befinden sich das Theater am Stadthafen und das Brauereigasthaus *Alter Fritz* und etwas weiter ein paar Bars sowie die Basen von Surf- und Tauchschulen.

Stadtgeschichte

Erste historisch gesicherte Erwähnung fand Rostock anlässlich seiner Zerstörung. Kein Geringerer als *Saxo Grammaticus,* der berühmte dänische Geschichtsschreiber, berichtet davon, dass die Dänen im Jahr 1161 eine slawische Burg namens *roztoc* niederbrannten. Bald aber begann der Wiederaufbau unter Mithilfe zugezogener niederdeutscher Neusiedler, und es wuchs um die St. Petrikirche eine Ortschaft, die 1218 das Lübische Stadtrecht erhielt. Der rasante Aufstieg der Stadt begann nach dem Zusammenschluss der Altstadt mit den nahe gelegenen Siedlungen: zunächst mit der Mittelstadt um St. Marien, dann der Neustadt um St. Jakobi, der dritten großen Stadtkirche, die aber im Zweiten Weltkrieg zerstört und nicht wieder aufgebaut wurde.

Rostocks Entwicklung ist untrennbar mit den Geschicken der Hanse verknüpft. Zum Schutz ihrer Handelsfahrer gingen 1260 Lübeck, Wismar und Rostock ein Bündnis ein, das Kern und Motor des bald machtvollen Handelsverbands war. Rostocks Kaufleute waren auf den Handel nach Skandinavien ausge-

Marschall Vorwärts

Rostock
Karte S. 111

Die alma mater rostochienses: die älteste Uni an der Ostsee

richtet, sie fuhren vor allem nach Schonen im damals dänischen Südschweden sowie nach Dänemark selbst und nach Norwegen. Die hanseatische Blüte fand einen nachhaltigen Ausdruck in der Gründung der Universität, die 1419 von Papst Martin V. gestattet wurde. Die *alma mater rostochienses* war die erste Universität in Nordeuropa und wurde *das* Bildungszentrum der Hanse im gesamten Ostseeraum.

Mit dem Niedergang der Hanse verblühte auch die Pracht Rostocks. Nahezu ruiniert im Dreißigjährigen Krieg, vernichtete ein schwerer Stadtbrand 1677 weite Teile der Stadt. Erst Mitte des 19. Jh. ging ein neuer wirtschaftlicher Schub durch die Stadt, ausgelöst durch die Industrialisierung. Auf einer ansässigen Werft wurden moderne Dampfschiffe gebaut und bald war Rostock der Heimathafen der größten Dampferflotte der Ostsee. Aber eben das wurde der Stadt auch zum Verhängnis. Zu den Schiffsbauern hatte sich ab 1925 die junge Flugzeugindustrie gesellt. Unter den Nationalsozialisten aber wurde auf den Werften nur noch für militärischen Nutzen produziert und Rostock ein wichtiger Standort der Rüstungsindustrie. Das wiederum machte die Stadt an der Warnow zu einem bevorzugten Ziel alliierter Bomber, die Rostock in Schutt und Asche legten – zu Kriegsende war fast die Hälfte der Stadt zerstört.

Der Wiederaufbau Rostocks ging vergleichsweise zügig voran, „profitierte" doch die Stadt insofern von der deutschen Teilung, dass sie nun der wichtigste Hafen der DDR war. Die großen Werften und der Hochseehafen waren die wirtschaftlichen Motoren Rostocks, das 1952 Hauptstadt des nördlichsten Bezirks der DDR wurde. 1990 verlor die Stadt zwar im neu geschaffenen Bundesland Mecklenburg-Vorpommern den Status der Landeshauptstadt an Schwerin, aber Rostock knüpfte an eine alte Tradition an und nennt sich seither wieder Hansestadt. Einen nachhaltig schlechten Ruf erlangte Rostock 1992, als die rassistischen Übergriffe auf eine Asylbewerber-Aufnahmestelle und ein Wohnheim durch die Presse gingen und der Vorort Lichtenhagen zum Synonym für Rechtsradikalismus in den neuen Bundesländern wurde.

Heute ist es neben dem Tourismus wieder der seit 2003 durch einen Tunnel mit dem Westufer der Warnow verbundene Hafen, der Rostocks wirtschaftlichen Aufschwung ausmacht. Ausgebaut und modernisiert, verfügt Rostock nun über einen der bedeutendsten Warenumschlags-, Kreuzfahrt- und Fährhäfen Deutschlands, und auch die Aker-Werft produziert in Rostock Tanker, Container- und Passagierschiffe.

Praktische Informationen

• *Information* Die **Touristinformation** am Neuen Markt bietet Eintrittskarten, Stadtführungen, Zimmervermittlung etc. Juni bis Aug. Mo–Fr 10–19 Uhr, Sa/So 10–16 Uhr; Mai/Sept. Mo–Fr 10–18 Uhr, Sa/So 10–16 Uhr; Okt. bis April Mo–Fr 10–18 Uhr, Sa 10–15 Uhr, So geschlossen. Neuer Markt 3, 18055 Rostock, ☏ 0381-3812222, ℻ 3812602, www.rostock.de.

Stadtführungen durch die Innenstadt Mai bis Okt. tägl. um 14 Uhr (So um 11 Uhr), Do zudem um 18 Uhr, Nov. bis April nur Sa 14 Uhr. Dauer 1,5 Std., Erw. 4 €, Kinder bis 12 J. frei, Treffpunkt bei der Touristinformation. Für Gruppen werden außerdme thematische Führungen angeboten, nähere Infos bei der Touristinformation.

Mit der **RostockCard** erhält man u. a. eine kostenfreie Stadtführung, Ermäßigungen im Schifffahrtsmuseum, in einigen Theatern, bei Hafenrundfahrten usw., vor allem aber freie Fahrt im Nahverkehr. 48 Std. gültig, 9 €/Pers.

• *Fahrradverleih* **Radstation Rostock** am Hauptbahnhof (davor stehend links). Mo–Fr 10–18 Uhr, Sa 10–13 Uhr. ☏ 0381-2523990.

• *Fußball* Der **FC Hansa Rostock** bereicherte jahrelang die Bundesliga, zurzeit kämpft sich der Verein im Zeichen der Kogge durch die Zweite Liga. Karten für Heimspiele im neuen Stadion und Fanartikel gibt es im **Hansa-Fan-Shop**, Breite Str. 12–15, ☏ 0381-21190.

• *Hafenrundfahrten* U. a. mit der *MS Rostocker 7* der Reederei Rostocker Personenschifffahrt, 2-stündige Fahrt von Rostock nach Warnemünde und zurück. Liegeplatz am Stadthafen. Zwischen 10.30–15.30 Uhr etwa halbstündlich, Erw. 10 €, Kinder 4,50 €. ☏ 0381-699962, www.rostocker-flotte.de.

• *Parken* Stundenweise und mit Parkschein parken kann man z. B. an der Langen Straße, darüber hinaus mehrere Parkhäuser und -plätze in Zentrumsnähe.

• *Taxi* Hanse-Taxi, ☏ 0381-685858.

• *Theater* Das **Volkstheater Rostock** verfügt über mehrere Bühnen: Gespielt wird im Großen Haus (Theater, Oper, Ballett), Doberaner Str. 134/135, Abendkasse ☏ 0381-3814702; im Theater am Stadthafen (vornehmlich Theater), Am Warnowufer 65, ☏ 0381-2085220; in der kleinen Komödie, Rostocker Str. 8, ☏ 0381-5191400. Konzerte finden u. a. im Barocksaal statt. Vorverkauf im Großen Haus, ☏ 0381-3814700, werktags nachmittags, sowie unter www.volkstheater-rostock.de oder in der Touristinformation (hier auch Infos über Kleinkunst).

• *Veranstaltungen* **Hanse Sail**, *das* Großereignis der Stadt. Jedes Jahr am zweiten Augustwochenende treffen sich Windjammer und Schoner, Traditionssegler und Museumsschiffe zum größten maritimen Fest an der deutschen Ostseeküste. Mit großer Regatta und Feuerwerk. Infos unter www.hansesail.com.

Ostseejazz, traditionsreiches, internationales Musikevent, meist in der ersten Junihälfte. www.ostseejazz.de.

Rostocker Weihnachtsmarkt, der größte seiner Art in Norddeutschland und ein Besuchermagnet, auch Leser waren begeistert und empfanden den Weihnachtsmarkt als Attraktion. Ab Ende Nov. in der Altstadt, www.rostocker-weihnachtsmarkt.de.

• *Verbindungen* Die **Bahn** bietet vom Bahnhof Rostock 1-mal tägl. eine ICE-Verbindungen nach Berlin, Leipzig, Nürnberg und München, ansonsten regelmäßig ICs nach Stralsund, Binz (Rügen), Schwerin, Hamburg, Hannover und Frankfurt. Im Regionalverkehr nach Wismar (via Bad Doberan), nach Schwerin und über Ribnitz-Damgarten nach Stralsund und von dort aus weiter nach Rügen, Greifswald und Usedom.

Im Nahverkehr fährt die **S-Bahn** vom Hauptbahnhof häufig nach Warnemünde (S 1), eingeschränkt nach Güstrow (S 2) und etwa stündl. zum Seehafen (S 3). Der **Hauptbahnhof** befindet sich ein gutes Stück südlich der Altstadt.

Rostock Karte S. 111

Der **Bus** bietet tägl. Verbindungen nach Rerik über Bad Doberan und Kühlungsborn mit der Linie 121 und mit der Linie 118 nach Graal-Müritz. ZOB neben dem Hauptbahnhof.

Zwei **Fähren** kreuzen die Warnow. Eine **Personenfähre** verbindet von Juni bis Sept. halbstündlich den Anleger Kabutzenhof (Straßenbahnhaltestelle in der Kröpeliner-Tor-Vorstadt, westlich des Stadthafens), bzw. Sa/So näher am Stadthafen mit dem Anleger Gehlsdorf auf der anderen Seite der Warnow. In Warnemünde setzt eine **Autofähre** der Weißen Flotte alle 20 Min. über den Seekanal zur Hohen Düne über. Pkw (inkl. Fahrer) 2,80 €, jede weitere Person 1,20 €, Kinder (6–14 J.) 0,80 €, Fahrrad 0,80 €. Infos unter ✆ 0381-519860, www.weisse-flotte.de.

Warnow-Tunnel: Ein 790 m langer, mautpflichtiger Tunnel führt seit 2003 bei Lütten-Klein unter der Warnow hindurch zum Überseehafen. Pkw/Motorrad im Sommer 2,80 €, im Winter 2,20 €; Gespann/Wohnmobil 4 €, bzw. 2,80 €. Infos unter www.warnowquerung.de.

In der Innenstadt fährt man **Straßenbahn**, zentraler Knotenpunkt ist das Steintor, direkt zum Hauptbahnhof fahren die Linien 3, 4, 5 und 6, zum Stadthafen die Linien 1, 2, 5 und 6. Einen handlichen Netzplan erhält man am Bahnhof und in der Touristinformation. Des Weiteren verkehren auch **Busse** durch die Innenstadt und bis in die Vororte.

Der große Rostocker Überseehafen (auf der anderen Seite der Warnow) ist auch einer der wichtigsten Fährhäfen Deutschlands. Mit **Schiffen** der *TT-Line* gelangt man in die südschwedische Hafenstadt Trelleborg, mit *Scandlines* ebenfalls nach Trelleborg sowie nach Gedser/Dänemark, und Ventspils/Lettland (www.scandlines.de), mit der Tallink Silja GmbH nach Helsinki/Finnland und Tallinn/Estland (www.tallinksilja.com).

Der **Flughafen** *Rostock-Laage* befindet sich südlich von Rostock an der A 19 (Busshuttle nach Rostock), werktags u. a. Linienflüge nach München, Charterflüge mit Germanwings etc. ✆ 01805-007737, www.rostock-airport.de.

• *Wassersport* **Tauchsportschule Rostock**, Ausbildung und Scheine, Wracktauchen, Tauchfahrten, Ausrüstung (auch Verleih), Füllstation etc. Am Warnowufer 61, ✆/📠 0381-690440, www.tauchschule-rostock.de.

Wassersport Rostock, Segelschule, auch Scheine, Surf- und Katamaranschule. Am Warnowufer 65, ✆ 0381-2009555, www.wassersport-rostock.de.

• *Zoo* Der **Zoologische Garten** Rostock liegt südwestlich vom Stadtzentrum (großer Parkplatz am Barnstorfer Ring, zu erreichen auch mit der Straßenbahn Nr. 3 und Nr. 6 ab Zentrum). Zu sehen gibt es Eisbären, Elefanten, Krokodile, Löwen, Leoparden, Jaguare etc. Auch Leser fanden den Zoo einen Ausflug wert. April bis Okt. tägl. 9–19 Uhr und Nov. bis März tägl. 9–17 Uhr, Kassenschluss 1–2 Std. vorher. Erw. 11 €, erm. 9 €, Kinder 3–16 J. 6 €, Familienkarte 21–31 €, Hunde 6 €. Rennbahnallee 21, ✆ 0381-20820, 📠 4934400, www.zoo-rostock.de.

Übernachten

Bei der Hotelbuchung sollte man berücksichtigen, dass am zweiten Wochenende im August zur Hanse Sail eine Art Haupt-Hauptsaison ist; d. h. falls die Unterkünfte dann nicht ohnehin ausgebucht sind, sind sie in der Regel auch noch ein Stück teurer als sonst.

**** **Steigenberger Hotel Sonne (19)**, auch wenn von außen nicht ersichtlich: das erste Haus am Platz, dafür weithin sichtbar, dank der Sonnen auf dem Giebel. Der Eingang befindet sich an der Seite zum Rathaus. Im Inneren den vier Sternen angemessen. Mit Internetzugang. Zum Haus gehören u. a. das gehobene Restaurant und die stilvolle Weinwirtschaft am Eck (s.u.). EZ ab 107 €, DZ ab 119 €, Suite ab 189 €, jeweils einschließlich Frühstücksbuffet, Tiefgarage 9 €/Tag. Neuer Markt 2, 18055 Rostock, ✆ 0381-49730, 📠 4973351, www.rostock.steigenberger.de.

*** **Die Kleine Sonne (20)**, Drei-Sterne-Ableger des Steigenberger, schräg gegenüber in der Steinstraße. Kreativ und stilvoll eingerichtet, sehr freundlich. Mit Sauna und Solarium. Parkplatz hinter dem Haus 6 €/Tag. EZ 77 €, DZ 86 €, inkl. Frühstück. Steinstr. 7,

18055 Rostock, ✆ 0381-46120, 📠 46121234, www.die-kleine-sonne.de.

Altes Hafenhaus (2), sehr schöne Stadtvilla am Hafen mit gelber Fassade, direkt neben dem klassizistischen Mönchentor. Ungemein stilvoll und teils mit Antiquitäten eingerichtet. Gemälde an den Wänden machen das Hotel auch zur Galerie. Sehr freundlich. EZ 69 €, DZ 89 €, inkl. Frühstückbuffet. Strandstr. 93, 18055 Rostock, ✆ 0381-4930110, 📠 4930119, www.altes-hafenhaus.de.

Am Hopfenmarkt (16), die Rezeption des aus zwei Häusern bestehenden Garni-Hotels befindet sich im Restaurant *Gastmahl des Meeres* mitten im Hopfenmarkt (tägl. 7–21 Uhr). Recht neue, gediegene Zimmer, sehr zentral. Dazu gehört auch das urige Gasthaus Hopfenkeller (s.u.). EZ ab 69 €, DZ ab 93 €, Appartement ab 120 €, Frühstück jeweils inkl., im Nebenhaus (Aalreuse) um einiges günstiger. Buchbinderstr. 10 (Rezeption in der Kröpeliner Str. 19), 18055 Rostock, ✆/📠 0381-4583443, www.am-hopfenmarkt.de.

Hotel Verdi (8), das gelb verputzte Haus befindet sich in ruhiger Lage in der östlichen Altstadt unweit der Petrikirche. EZ 62 €, DZ 84 €, Appartement 89 €, Frühstück inkl., Garage 7 €/Tag. Wollenweberstr. 28, 18055 Rostock, ✆ 0381-252240, 📠 2522429, www.hotel-verdi.de.

Pension am Doberaner Platz (17), hübsche kleine Pension nahe dem Kröpeliner Tor. Zentral am lebhaften Zentrum des Studentenviertels KTV gelegen, aber dennoch ruhig, da etwas zurückgesetzt. Nur 12 Zimmer, daher früh buchen. EZ 48 €, DZ 68 €,

Frühstücksbuffet und Parkplatz inkl. Doberaner Str. 158, 18057 Rostock, ✆ 0381-492830, ✆ 4928333, www.pension-doberanerplatz.de.

Jugendgästeschiff MS Georg Büchner (3), schwimmende Jugendherberge am Stadthafen. 1- bis 6-Bett-Kajüten, manche mit Dusche und WC. Übernachtung mit Frühstück 19 €/Pers., Senioren ab 27 J. 22 €. DJH-Mitgliedschaft erforderlich. Am Stadthafen 72/73, 18057 Rostock, ✆ 0381-6700320, ✆ 6700321, www.djh-mv.de.

Land-gut-Hotel Hermann, großes familiengeführtes Hotel auf einem ehemaligen Gutshof, etwas außerhalb und ruhig gelegen. Aus der Stadt heraus auf der B 105 Richtung Norden und bei Bentwisch rechts ab. Mit Wellnessbereich und Sauna. Auch Restaurant (unter der Woche nur abends, Sa/So auch mittags geöffnet). EZ ab 55 €, DZ ab 85 €, Suiten 105 €, einschl. Frühstück. Albertsdorf Haus 13, 18182 Bentwisch bei Rostock, ✆ 0381-6667666, ✆ 6667668, www.land-gut-hotel.de.

Essen & Trinken/Nachtleben (Karte S. 111)

Die meisten Restaurants und Lokale befinden sich in der Innenstadt, zudem haben sich im ehemaligen Arbeiterviertel Kröpeliner-Tor-Vorstadt (KTV) zwischen der Heiligen-Geist-Kirche und dem Doberaner Platz Restaurants mit internationaler Küche, Kneipen und Bars niedergelassen.

• *Restaurants* **Ratskeller (11)**, ältestes Gasthaus der Stadt, deftige, gutbürgerliche Küche im großen, stimmungsvollen Gewölbekeller unter dem Rathaus. Freundlicher Service, das Preisniveau ist für Standort und Gebotenes in Ordnung. Neuer Markt 1, ✆ 0381-5108460, www.ratskeller-rostock.de.

Brauhaus Zum alten Fritz (4), am Stadthafen beim Theater befindet sich der große Brauereigasthof. Urig eingerichtet, zum empfehlenswerten Bier aus dem Stralsunder Stammhaus gibt es Deftiges aus der Küche, beispielsweise Bierkutscherschnitzel oder Hanseaten-Labskaus. Wechselnde Wochenkarte, im Sommer mit Biergarten, sehr beliebt und oft bis auf den letzten Platz gefüllt. Tägl. 11–1 Uhr. Am Warnowufer 65, ✆ 0381-208780, www.alter-fritz.de.

Zur Kogge (6), traditionsreiche Hafengaststätte in einem roten Eckhaus mit Stufengiebel, neben dem *Ratskeller* wohl das berühmteste Restaurant der Stadt. Maritimurige und gemütliche Einrichtung, die mit ein paar Schildern versehen auch als kleines Museum durchginge. Aus der Küche kommen dem Ambiente angemessen vor allem Fischgerichte, mittleres Preisniveau, dazu kann man zuweilen Livemusik vom Schifferklavier genießen (oder mitsingen). Tägl. ab 11.30 Uhr, Jan. bis März So geschl. Wokrenter Str. 27, ✆ 0381-4934493, www.zur-kogge.de.

Kaminstube (7), beliebtes Restaurant zwischen Marienkirche und Hafen, viel Fisch, interessante Tageskarte, sowie Thai-Küche. Di–Sa ab 18 Uhr. Burgwall 17, ✆ 0381-31337.

Silo 4 (1), im siebten Stock des hinteren Gebäudes des hohen Business-Centers am Stadthafen gelegen, mit entsprechend herrlichem Ausblick über den Hafen. So Brunch (10–14 Uhr), sonst nur abends geöffnet (Di–Sa 18–24 Uhr). Showküche, viel Asia, gehobenes Preisniveau. Dazu gehört auch eine Bar. Am Strande 3 d, ✆ 0381-4585800, www.silo4.de.

Hopfenkeller (12), urgemütliches Restaurant im steinalten Keller mit niedrigem Kreuzrippengewölbe am Hopfenmarkt. Deftige Hausmannskost bei mittlerem Preisniveau. Kröpeliner Str. 18, ✆ 0381-2036247.

Gastmahl des Meeres (13), beliebtes Fischrestaurant mitten auf dem Hopfenmarkt. Große Auswahl, Pate steht der DDR-Fernseh-Koch *Rudolf Kroboth*. Preise o. k. Kröpeliner Str. 19, ✆ 0381-4583443.

Albert und Emile (10), gehobene französische Küche in der östlichen Altstadt. Di–Sa 18.30–24 Uhr. Altschmiedestr. 28, ✆ 0381-4934373.

Old Western (9), amerikanisches Restaurant, nicht nur essbare Burger, sondern auch Spare-Ribs, Steaks, Salate etc. Nicht teuer, freundliche Bedienung, auf großen Bildschirmen laufen Nachrichten, Sport oder Musikvideos. Neben der Marienkirche in der Langen Str. 23, ✆ 0381-4995252.

In der **KTV (18)** findet man um den Doberaner Platz internationale Küche. Ob indische Brasserie (**Jyoti,** Leonhardstr. 23, ✆ 0381-4590485), spanische Tapas-Bar (**Bodega**, Leonhardstr. 21 a) oder karibische Küche in der **La Casa de Cuba** (Barnstorfer Weg 10, ✆ 0381-4900204).

• *Weinstuben* **Weineck im Hause Krahnstöver (14)**, im sehenswerten gotischen Giebelhaus, auch Weinverkauf sowie Küche, an festen Terminen auch Degustation. Der Besitzer versprüht hanseatischen Charme. Mo–Fr 10–23 Uhr, Sa 10–14 und 17–23 Uhr. Große Wasserstr. 30, ✆ 0381-4902004.

Weinwirtschaft (15), stilvolles Weinlokal am Eck des Hotels Sonne, auch (Show-)Küche sowie Weinverkauf, angemessen große Weinkarte, freundlich und gemütlich. Tägl. 11–24 Uhr. Neuer Markt 2, ✆ 0381-4973249.

• *Cafés* **Café in der Likörfabrik (21)**, zu Recht beliebtes, junges Café unweit des Neuen Marktes (in einem Eckhaus am Kuhtorplatz), von morgens bis nachts geöffnet, So 10–14 Uhr Brunch. Grubenstr. 1, ✆ 0381-3777654.

Café Kloster (22), im hübschen Gebäudeensemble um das Kloster zum Heiligen Kreuz. Gemütliches Café, etwas Geduld sollte man aber mitbringen. Mo–Sa 11–19 Uhr, So 12–18 Uhr. Klosterhof 6, ✆ 0381-3757950, www.cafe-kloster.de.

• *Nachtleben* **MAU Club (5)**, Club und Mehrzweckbühne am Stadthafen. Konzerte, Disko, Lesungen, Kleinkunst etc., dazu gehört auch die Kneipe *Dieter* (abends geöffnet, Mo Ruhetag). Am Warnowufer 56, ✆ 0381-2023577, www.mauclub.de.

Das studentische Nachtleben spielt sich v. a. in der **KTV** ab. Die hippen Bars und Lounges tragen so schöne Namen wie **Muckefuck** (Barnstorfer Weg 48, ✆ 0381-453441) und **Diesseits** (Margaretenstr. 41, ✆ 0381-5108803).

Eine schicke Cocktailbar (Di–Sa 18–2 Uhr geöffnet) befindet sich außerdem im Restaurant **Silo 4**, s. o.

Sehenswertes

Die Highlights der Stadt, neben oben genannten gotischen Giebelhäusern, öffentlichen Kunstwerken etc., sind zweifellos die mächtige, an Höhe und Bedeutung alles überragende Marienkirche mit der bemerkenswerten astronomischen Uhr und das ehemalige Kloster zum Heiligen Kreuz mit Rostocks Kulturhistorischem Museum.

Rathaus

Am weitläufigen Neuen Markt weist das Rathaus einen eigentümlichen Stilmix auf: Es besteht aus zwei Gebäuden, die ähnlich dem Stralsunder Rathaus mit einer gotischer Fassade verbunden wurden. 1726 entschloss sich ein mutiger Stadtrat, der gotischen Fassade einen barocken (damals hochmodernen) Vorbau vorzusetzen. So erhebt sich heute über sieben Arkaden eine repräsentative, barocke Fassade, die wiederum von den spitzen Türmen der gotischen Schaufassade überragt wird.

Rostock Karte S. 111

Marienkirche

Einen wuchtigen Eindruck vermittelt die Marienkirche, zwischen Neuem Markt und Langer Straße gelegen. Zunächst wurde Mitte des 13. Jh. eine Hallenkirche errichtet, die nach 1290 zu einer Basilika aus- und umgebaut wurde und sogar eine Doppelturmanlage erhalten sollte, die einzige neben St. Nikolai in Stralsund. Doch nach über hundert Jahren Arbeit brach der Bau in sich zusammen. Um das Gebäude stabiler zu halten, wurde an das vergleichsweise kurze Langschiff ein mächtiges Querschiff angefügt, sodass die Marienkirche nahezu genauso lang wie breit (und auch fast ebenso hoch) ist. Dies und der Umstand, dass die Doppelturmanlage nicht vollendet, sondern auf halbem Weg unterbrochen und zu einem massigen

Als diese Uhr das erste Mal tickte, war Amerika noch nicht entdeckt

Westwerk zusammengefasst wurde, geben der Kirche ihr kompaktes, wuchtiges Erscheinungsbild. Im Innern werden die Haupt- und Seitenschiffe in über 31 m Höhe durch schöne Sterngewölbe abgeschlossen. Die notwendigen Restaurierungsarbeiten werden voraussichtlich noch ein paar Jahre beanspruchen.

Zwar ist nicht viel von der mittelalterlichen Ausstattung erhalten, was aber noch zu sehen ist, zeigt sich umso bemerkenswerter. Ein kunst- und technikhistorisches Kleinod befindet sich hinter dem Hauptaltar: die **astronomische Uhr**. 1472 vom Nürnberger Uhrmacher *Hans Düringer* angefertigt, ist sie zwar die jüngste von einer ganzen Reihe dieser aufwendigen Chronometer, die im hanseatischen Raum zu finden sind, aber sie ist die am besten erhaltene und – sie funktioniert immer noch. Dieser zweiteilige Zeitmesser ist mehr als nur eine Uhr, denn neben der Tageszeit (etwas ungewohnt im 24-Felder-Umlauf) und Datum (inkl. Jahr) sind auch noch Tierkreiszeichen, Mondphasen, Wochentage und Heiligenkalender abzulesen. Die Uhr zieren schöne Schnitzereien, so sind beispielsweise auf der oberen Uhrscheibe die Monate mittels Figuren gekennzeichnet, die Korn mähen (im Juli) und dreschen (August), Reben (September) und Äpfel (Oktober) ernten oder Holz hacken (November). Die heutige Attraktion des Kunstwerks ist vor allem der Apostelumgang am oberen Ende des Zeitmessers jeden Tag pünktlich um 12 Uhr (und um Mitternacht). Da diese Uhr aber nicht leicht zu lesen ist, empfiehlt sich eine kleine, informative Broschüre, eine Einführung im Rahmen einer Kirchenführung oder durch die kenntnisreichen ehrenamtlichen Mitarbeiter.

Aber es gibt noch andere Sehenswürdigkeiten in der Kirche: Links vom Altar steht eine bronzene Tauffünte aus dem Jahr 1290. Getragen von vier knienden Gestalten, wird auf der Fünte mit feinen Verzierungen das Leben Christi dargestellt, ein nicht minder aufwendig gestalteter Deckel schließt das Kunstwerk ab. Auf der anderen Seite des Hauptaltars hängt der Rochusaltar, ein großer Schnitzaltar des Schutzheiligen der Bartscherer und Wundheiler (um 1530). Er ist der letzte von einst etwa 40 Altären, die zur mittelalterlichen Innenausstattung zählten.

• Öffnungszeiten Mai bis Sept. Mo–Sa 10–18 Uhr, So 11.15–17 Uhr; Okt bis April Mo–Sa 10–12.15 und 14–16 Uhr, So 11.15–12.15 Uhr. Besichtigung 1 €, erm. 0,50 €; Fotoerlaubnis 1 €. Am Ziegenmarkt 4, ✆ 0381-453325, www.marienkirche-rostock.de.

• Kirchenführung Mit Erklärung der astronomischen Uhr im Sommer tägl. außer So/feiertags 11 Uhr. Erw. 4 €, Kinder bis 12 J. frei. ✆ 0381-453325.

Petrikirche

Weithin sichtbar erhebt sich der Kirchturm auf eine Höhe von 117 m, wobei der schlanke, spitze Helm über die Hälfte der Höhe ausmacht. Die vergleichsweise kleine Petrikirche war im Zweiten Weltkrieg stark zerstört und unter widrigen Umständen in den folgenden Jahrzehnten mühsam wieder aufgebaut worden, nur der lange Helm konnte erst 1994 wieder auf den Turm gesetzt werden. Der Bau der Kirche wurde um 1300 auf dem ältesten Rostocker Siedlungsgebiet begonnen, aber nach Verzögerungen, Bauplanänderungen und Erweiterungen erst im 15. Jh. fertiggestellt – inklusive Turm, der in den folgenden Jahrhunderten mit erschreckender, aber angesichts seiner Höhe nicht verwunderlicher Regelmäßigkeit vom Blitz getroffen und mehr oder weniger stark beschädigt wurde.

Dass es sich bei der Petrikirche eigentlich um eine dreischiffige Basilika handelt, ist in ihrem Inneren kaum noch zu erkennen, da die beiden Seitenschiffe vom Mittelschiff seit dem Wiederaufbau abgetrennt sind. Das für den Gottesdienst genutzte Mittelschiff ist heute ein schmaler, karger Raum, der in 24 m Höhe von einer Holzdecke abgeschlossen wird. Dagegen ist in der Kapelle im nördlichen Seitenschiff noch ein Kreuzrippengewölbe erhalten (im südlichen Seitenschiff sind Gemeinderäumlichkeiten untergebracht). Im Nordschiff, dem „Raum der Stille", befinden sich auch die bedeutendsten Sehenswürdigkeiten der Kirche: zwei Altarflügel aus dem 15. Jh., der Rest des Hauptaltars hängt heute in der Marienkirche. Der Turm kann bis unter den Helm bestiegen werden, entweder über 196 Stufen unter den Helm auf 45 m Höhe – oder schonender mit dem Aufzug.

Öffnungszeiten Juni bis Aug. Mo–Fr 10–19 Uhr, Sept./Okt. und April/Mai bis 17 Uhr, Nov. bis März bis 16 Uhr, Sa/So ganzjährig 10–17 Uhr. Eintritt frei. Turmbesteigung bzw. Aufzug 2 €, erm. 1,50 €. Alter Markt, ✆ 0381-21101, www.petrikirche-rostock.de.

Rostock
Karte S. 111

Kulturhistorisches Museum im Kloster zum Heiligen Kreuz

Das ehemalige Zisterzienserkloster zeigt sich heute als ein stimmungsvolles, geschlossenes Gebäudeensemble. Gegründet wurde es 1270 von der dänischen Königin Margarete. Rund um den Kreuzgang des sorgsam restaurierten Klosters ist das Kulturhistorische Museum untergebracht, das allein aufgrund der Räumlichkeiten einen Besuch wert ist. Auch wenn man es bei einem zweigeschossigen Kreuzgang nicht vermuten möchte, zeigen sich die Ausstellungsräume verwinkelt und überraschen immer wieder mit zahlreichen sehenswerten Details. Im unteren Teil (rechter Hand) beschäftigen sich Ausstellungsstücke und Schautafeln mit der (Bau-)Geschichte der Anlage und dem Klosterleben im Allgemeinen, der hintere Teil, gegenüber dem Eingang, ist wechselnden Ausstellungen vorbehalten. U. a. über eine Treppe links vom Eingang gelangt man in den ersten Stock, in dem mehrere Sektionen untergebracht sind, darunter: Skizzen und Gemälde Rostocker Stadtansichten, eine bemerkenswerte Sammlung niederländischer Malerei aus dem 16. bis 19 Jh., historisches Spielzeug, Kunsthandwerk, Porzellan, Trinkgefäße, Uhren, Silbertand und eine Münzsammlung.

Die Highlights des Museums aber sind die kleine Kirche, die man vom Eingang aus rechts durch die schwere Holztür erreicht, und das Refektorium, das linker Hand an den Kreuzgang anschließt. In der gotischen Klosterkirche aus dem 14. Jh. bestimmt das warme Rot des Backsteins den Raum, die Gewölbedecke zeigt sich sparsam bemalt, und bei der Kanzel ist ein hübsches Gethsemane-

Fresko erhalten. Im Refektorium schließlich findet man sich unter einem herrlichen Kreuzrippengewölbe wieder, das den Raum zu einem eleganten Zeugnis gotischer Architektur werden lässt. Hier findet sich stimmungsvoll eine kleine, aber kostbare Auswahl sakraler Kunst, wie z. B. die ausdrucksstarken Reste eines gotischen Hochaltars.

Im Klosterhof hat sich neben Café, Goldschmiede und Galerie auch das **Kempowski Archiv** angesiedelt, in dem man sich über das Schaffen des 2007 verstorbenen Rostocker Schriftstellers *Walter Kempowski* informieren kann.

Öffnungszeiten **Museum**: Di–So 10–18 Uhr. Eintritt frei. Klosterhof 7, ✆ 0381-2035910, www.kulturhistorisches-museum-rostock.de. **Kempowski Archiv**: Di–So 14–17 Uhr, Do 9.30–12 Uhr, Eintritt frei. Klosterhof 3, ✆ 0381-2037540.

Sehenswertes außerhalb der Innenstadt

Dokumentations- und Gedenkstätte: Südlich der Innenstadt kann man in der ehemaligen Untersuchungshaftanstalt der Stasi in Rostock einen bedrückenden Eindruck des Zellentrakts erhalten. Mit der Stasi, ihren Methoden und ihrer Wirkung befasst sich eine ständige Ausstellung. Außerdem werden wechselnde Ausstellungen gezeigt.

Öffnungszeiten Di–Fr 10–18 Uhr, Sa 10–17 Uhr, Eintritt frei, Führungen Mi 15.30 Uhr und Sa 14 Uhr . Hermannstr. 34 b (Eingang auf der anderen Seite, via Augustenstraße und Grüner Weg), ✆ 0381-4985651.

Kunsthalle: Am Rand des Stadtteils Reutershagen und neben der B 105, die hier Hamburger Straße heißt, befindet sich oberhalb des Schwanenteichs die 1969 errichtete Kunsthalle, der einzige Museumsneubau in der Geschichte der DDR. In dem quadratischen Gebäude ist eine hübsche Sammlung moderner Kunst vornehmlich aus Ostdeutschland zu sehen, beginnend mit expressionistischen Werken vom Beginn des 20. Jh. Der Schwerpunkt liegt auf Gemälden und Skulpturen aus Norddeutschland, von Künstlern wie Otto Niemeyer-Holstein, der Rostockerin Kate Diehn-Bitt oder Jo Jastram, der auch im Straßenbild Rostocks seine Spuren hinterlassen hat (s. o.). In den weitläufigen Sälen der Kunsthalle finden außerdem wechselnde Ausstellungen zeitgenössischer Künstler aus dem Ostseeraum statt. Nett ist das angeschlossene Kunstcafé am Schwanenteich (mit Terrasse), in dem selbstgemachter Kuchen serviert wird, gleiche Öffnungszeiten wie die Kunsthalle.

Öffnungszeiten Di–So 10–18 Uhr. Eintritt frei. Hamburger Str. 40, ✆ 0381-3817008, www.kunsthallerostock.de. Ab Hauptbahnhof mit der Straßenbahn Nr. 1, 4 und 5 Richtung Lütten Klein bzw. Lichtenhagen bis Haltestelle „Kunsthalle".

IGA-Park: Der Park zwischen B 105 (Stadtteil *Lütten Klein*) und dem linken Warnowufer entstand anlässlich der Internationalen Gartenbauausstellung (IGA) im Jahr 2003. Neben dem Parkgelände selbst – verschiedene Gärten, Wiesen, saisonale Blumen, Kinderspielplatz etc. – lohnt v. a. das Schiffbau- und Schifffahrtsmuseum auf einem ausgedienten Hochseefrachter. Zu sehen sind u. a. Maschinenraum und Brücke, Krankenstation und Matrosenkajüten, die Ausstellung auf dem Schiff widmet sich der Schiffbaugeschichte im Ostseeraum.

• *Öffnungszeiten* April bis Sept. Di–So 9–18 Uhr, im Juli/Aug. auch montags, Okt. bis März Di–So 10–16 Uhr. Eintritt Park 1 €, Park+Museum 4 €, Kinder 2,50 €. Hunde verboten. Schmarl-Dorf 40, ✆ 0381-12831364, www.schifffahrtsmuseum-rostock.de.

• *Anfahrt* Mit dem Auto auf der B 105 Richtung Warnemünde, bei der Ausfahrt Warnow-Tunnel abbiegen, beschildert. S-Bahn ab Zentrum, Station Lütten Klein.

Warnemünde

ca. 8500 Einwohner

Bei Warnemünde denkt man zu allererst an den fantastischen Strand, feinsandig und breit, von dem aus man den großen Fährschiffen und Frachtern zusehen kann, die im Rostocker Hafen ein- oder auslaufen. Aber Rostocks berühmter Stadtteil am offenen Meer hat viele Gesichter.

Entlang des Alten Stroms erinnert das Ostseebad Warnemünde an seine Ursprünge als kleines Fischerdorf an der Mündung der Warnow, in das Mitte des 19. Jh. der Bädertourismus einzog. Kleine, kopfsteingepflasterte Gassen ziehen sich entlang sorgsam restaurierter Häuser und kleiner Gärtchen. In dem kleinen Ort, bereits im 12. Jh. erwähnt und seit 1323 im Besitz Rostocks, lebten die Menschen jahrhundertelang nur von der Fischerei oder hatten als Matrosen oder Lotsen ein Auskommen. Warnemünde bestand nur aus zwei Straßenzügen, der Vorder- und der Hinterreihe entlang des Alten Stroms, und erst mit dem Bädertourismus wurde der alte Ort modernisiert und begann langsam zu wachsen. Es könnte ein malerisches Idyll sein, wären da nicht die Menschenmassen, die von der S-Bahn in das ehemalige Fischerdorf ausströmen. Zum Bahnhof führt eine Fußgängerbrücke über den Alten Strom, an dessen Kai sich die Imbissbuden aneinanderreihen. Auf der anderen Seite des Alten Stroms liegen abwechselnd Ausflugs- und Fischbrötchenkutter, während in den restaurierten Häusern Boutiquen, Restaurants und Souvenirshops um Aufmerksamkeit buhlen.

Warnemündes Wahrzeichen

Mit der Fischerdorf-Romantik ist es spätestens an der Strandpromenade vorbei. Hier stehen schicke Hotelneubauten neben angeschlagenen Gebäuden, die noch auf ihre Sanierung warten. Auf dem weiten Platz am Anfang der Strandpromenade befinden sich die beiden Wahrzeichen Warnemündes: der Leuchtturm und der Teepott, Letzterer ein markantes Gebäude, das in den 1960er Jahren errichtet wurde und Restaurants und Cafés beherbergt. Dahinter beginnt der berühmte weite Sandstrand. Die Promenade, die sich noch ein ganzes Stück Richtung Westen erstreckt, kann in den Sommermonaten derart gut besucht sein, dass man sich inmitten eines ins Stocken geratenen Großstadtmarathons glaubt. Unübersehbar erhebt sich das Hotel Neptun, 1970/71 im zeitgemäß eher nüchternen Stil erbaut und nunmehr zwar noch immer nicht formschön, aber im Innern zu einer Fünf-Sterne-Unterkunft restauriert. Daneben befindet sich in etwas bescheideneren Ausmaßen das Kurhaus. Im Zentrum Warnemündes steht die sehenswerte neugotische Kirche. Die vom Kirchplatz Richtung Westen führende Mühlenstraße fungiert als kleine Einkaufsmeile.

Die Landzunge Hohe Düne auf der anderen Seite des stark befahrenen Neuen Stroms erreicht man über eine Autofähre. Die Hohe Düne trennt die bauchige Bucht mit dem schönen Namen Breitling, in der sich auch der Überseehafen Rostocks befindet, von der Ostsee. Von hier aus gelangt man zum abgeschiedenen Vorort Markgrafenheide am Rand der Rostocker Heide (s. u.).

Praktische Informationen

• *Information* Die **Touristinformation** nahe der Fußgängerbrücke über den Alten Strom bietet Zimmervermittlung, Information und **Stadtführungen** (Di 18 Uhr, im Winter Do 11 Uhr, 4 €). April bis Okt. Mo–Fr 9–18 Uhr, Sa/So 10–16 Uhr, Nov. bis März Mo–Fr 10–17 Uhr, Sa 10–15 Uhr, So geschlossen. Am Strom 59, 18119 Rostock-Warnemünde, ✆ 0381-548000, 📠 5480030, www.rostock.de.

• *Baden* Warnemündes Kapital ist der teils über 100 m breite, lang gestreckte, feinsandige Strand. Während der Hauptsaison flächendeckend überwacht, Strandversorgung ausreichend vorhanden, rollstuhlgerechter Zugang unweit des Leuchtturms (Höhe Heinrich-Heine-Straße), FKK- und Hundestrandabschnitte Richtung Dietrichshagen.

• *Fahrradverleih* Fahrräder ab 5 €/Tag, u. a. **am Bahnhof** (✆ 0381-7007060) oder bei der **Warnemünder Fahrradtouristik** (Seepromenade/Ecke Strandstraße, ✆ 0381-5191955).

• *Hafenrundfahrten/Ausflugsboote* Zahlreiche große und kleine Hafenrundfahrten werden in Warnemünde angeboten, z. B. mit der *MS Rostocker 7* der Reederei Rostocker Personenschifffahrt. Fahrt von Warnemünde nach Rostock und zurück. Liegeplatz am Seekanal, nahe der S-Bahn-Haltestelle. Erw. 10 €, Kinder 4,50 €. ✆ 0381-699962, www.rostocker-flotte.de.Oder mit der *Flotte der roten Kutter*, Liegeplatz am Alten Strom. Erw. 7 €, Kinder 3,50 €. ✆ 0381-5192012, www.angel-seetouristik.de. Beide bieten auch Angel- und Charterfahrten.
Mit der *MS Baltica* 4-stündige Touren nach Kühlungsborn und retour (mit Landgang), Erw. 17 €, Kinder 6–13 J. 11 €, Liegeplatz am Alten Strom (etwa auf Höhe Leuchtturm), ✆ 0381-5106790, www.msbaltica.de.

• *Kurtaxe* Mai bis Sept. 2,25 €, Schüler/Studenten 1,50 €, Okt. bis April 1,50 €, erm. 1 €.

• *Spielbank* Im Kurhaus befindet sich die Spielbank Warnemündes, jede Menge einarmige Banditen und Automaten, aber auch Roulette oder Black Jack. Letzteres tägl. 19–2 Uhr, Fr/Sa bis 3 Uhr, Automaten schon ab 12 Uhr. ✆ 0381-5483331, www.spielbank-warnemuende.de.

• *Verbindungen* Siehe auch *Rostock/Verbindungen*. Wichtigstes Nahverkehrsmittel ist die **S-Bahn** (S 1), die häufig vom Hauptbahnhof Rostock nach Warnemünde fährt.
In Warnemünde setzt eine **Autofähre** der Weißen Flotte alle 20 Min. über den Seekanal zur Hohen Düne über. Pkw (inkl. Fahrer) 2,80 €, jede weitere Person 1,20 €, Kinder (6–14 J.) 0,80 €, Fahrrad 0,80 €. Infos unter ✆ 0381-519860, www.weisse-flotte.de.
Bus 119 fährt von Warnemünde etwa stündlich (Sa/So 5-mal tägl.) nach Bad Doberan.

Übernachten

Wie in Rostock werden freie Zimmer zur Hanse Sail rar und entsprechend steigen die Preise.

***** **Neptun (6)**, von außen nicht gerade eine Zierde, aber unübersehbar, innen nobel bis hin zum fünften Stern. Im Haus gibt es drei Restaurants, zwei Cafés, zwei Bars (darunter die *Sky Bar* im obersten Stockwerk mit entsprechendem Ausblick) und Diskothek. Außerdem das Arcona Spa mit großem Wellnessangebot, Saunalandschaft, Hallenbad und Fitnessbereich. EZ ab 149 €, DZ ab 234 €, Frühstück inkl. Seestr. 19, 18119 Warnemünde, ✆ 0381-7770 (Zimmerreservierung 0381-7777777), 📠 54023, www.hotel-neptun.de.

**** **Am Leuchtturm (2)**, der Name trügt nicht: schönes, renoviertes Haus frei stehend an der Strandpromenade mit Blick auf

den Leuchtturm, schick und geschmackvoll eingerichtet, freundlicher Service. Im Haus das Restaurant *Olive*. EZ 125 €, DZ 155–215 €, einschließlich Frühstücksbuffet, auch Appartements in einem nahe gelegenen Haus (ab 125 €). Hunde nicht gestattet. Am Leuchtturm 16, 18119 Warnemünde, ✆ 0381-54370, 📠 548510, www.hotel-am-leuchtturm.de.

**** **KurparkHotel (10)**, schöne historische Villa im Stil der Bäderarchitektur, ein Stück hinter dem Kurhaus und mit Blick auf den Park. Mit Hotelbar und Restaurant, Sauna und Fahrradverleih. Nur 18 Zimmer, EZ 81 €, DZ 130 €, DZ mit Balkon 152 €, Juniorsuite 180 €, jeweils inkl. Frühstücksbuffet. Im Nachbarhaus stehen auch Appartements zur Verfügung. Kurhausstr. 4, 18119 Warnemünde, ✆ 0381-4402990, 📠 440299999, www.kur-park-hotel.de.

*** **Bellevue (4)**, moderner Bau mit stilistischen Anleihen aus der Bäderarchitektur, tolle Lage an der Strandpromenade, alle Zimmer mit Balkon und Terrasse, viele mit Seeblick. EZ 85 €, DZ 120–145 €, inkl. Frühstücksbuffet, in der Nebensaison deutlich günstiger. Seestr. 8, 18119 Warnemünde, ✆ 0381-54333, 📠 5433444, www.bellevue-ostsee.de.

Fischerhus (15), ruhige Lage im alten Warnemünde, unweit des Heimatmuseums,

Quirlig: am alten Strom

mit Café. EZ 80–90 €, DZ 110–130 €, jeweils mit Frühstück. Auch Appartements. Alexandrinenstr. 124, 18119 Warnemünde, ✆ 0381-548310, 📠 5483110, www.hotel-fischerhus.de.

Antik-Pension Birnbom (14), kleine Pension in einem alten Haus neben dem Heimatmuseum. Nur 6 teilweise mit Antiquitäten eingerichtete Zimmer (früh buchen), familiäre Atmosphäre. Kleine Sauna und Fahrradverleih, in einigen Zimmern auch W-LAN. EZ 60 €, DZ 80–90 €, Frühstück inkl. Alexandrinenstr. 30, 18119 Warnemünde, ✆ 0381-548160, 📠 5481623, www.birnbom.de.

Jugendherberge Warnemünde (12), großes Haus, relativ weit außerhalb vom Zentrum Richtung Dietrichshagen, strandnah, auch Fahrradverleih. Im Mehrbettzimmer 25,20 €/Pers., im DZ 29,20 €, inkl. Frühstück, Senioren (über 27 Jahre) plus 5–6 €. Parkstr. 47, 18119 Warnemünde, ✆ 0381-548170, 📠 5481723, www.djh-mv.de.

Auf der anderen Seite des Neuen Stroms erstreckt sich die **Yachthafenresidenz Hohe Düne (8)**, eine riesige, sehr noble und entsprechend teure Hotelanlage mit einem modernen Yachthafen (www. yachthafen-hohe-duene.de). Zur Residenz gehören 6 Restaurants, darunter auch „Der Butt" von Sternekoch *Tilmann Hahn*, ehemals Küchenchef des Kempinski in Heiligendamm, des Weiteren vier Bars, Café, diverse Boutiquen, Wassersport- und riesiges Wellnessangebot etc. EZ ab 145 €, DZ ab 210 €. Am Yachthafen 1, 18119 Warnemünde, ✆ 0381-50400, 📠 50406099, www.hohe-duene.de.

Essen & Trinken (Karte S. 119)

• *Restaurants* **Chezann (11)**, seit 2008 mit einem Michelin-Stern prämiertes Restaurant in der Nähe der Kirche, modern und mit Stil eingerichtet, sehr freundlich, für das Gebotene moderate Preise. Di–So ab 18 Uhr geöffnet. Mühlenstr. 28, ✆ 0381-5107177, www.chezann.de.

Meyers Mühle (13), unten eine gemütliche Schänke mit Restaurant, mittleres Preisniveau, oben ein stilvolles, etwas gehobenes Restaurant. Freundlich und aufmerksam. Mittags und abends geöffnet. Von der Mühlenstraße etwas zurückgesetzt in einer ehemaligen Mühle aus dem 19. Jh., einem Galerieholländer. Mühlenstr. 44, ✆ 0381-54250, www.meyers-muehle.net.

Olive (2), Restaurant/Bistro im Hotel am Leuchtturm (Eingang Strandpromenade), auch Kaffee und Kuchen, ansonsten gehobene mediterrane Küche und Regionales. Mit Terrasse. Schick eingerichtet, in der Hauptsaison tägl. mittags und abends geöffnet, in der Nebensaison Mi–Fr abends, Sa/So mittags und abends. Am Leuchtturm 16, ✆ 0381-543738, www.restaurant-olive.de.

Zur Gartenlaube 1888 (7), gehobenes Restaurant in einer ruhigen, aber zentralen Seitenstraße. Historisches Ambiente, Menü um 35 €, kleine Weinkarte. Tägl. ab 18 Uhr geöffnet, So Ruhetag. Anastasiastr. 24, ✆ 0381-52661.

Zum Stromer (17), traditionsreiches Restaurant und freundliche Kneipe, urgemütlich mit knisterndem Kaminfeuer im Innern und ein paar hübschen Plätzen draußen. Auch wöchentlich wechselnde Angebote, nicht teuer, auch „Warnemünder Kleinigkeiten" und Tapas. Mo–Fr ab 17 Uhr, Sa/So ab 12 Uhr. Am Strom 32, ✆ 0381-8579786.

Seekiste Zur Krim (16), irgendwo zwischen Fischrestaurant und Hafentaverne, urig maritime Einrichtung, außen ein paar Plätze. Viel Fisch und deftige Hausmannskost. Im Sommer Mo–Fr ab 12 Uhr, bzw. ab 17 Uhr im Winter, Sa/So immer ab 11 Uhr. Am Strom 47, ✆ 0381-52114, www.seekiste-zur-krim.de.

Twee Linden (5), gutes und günstiges Fischlokal (natürlich gibt es auch Fleischgerichte) am Alten Strom, absolut überzeugend fanden wir die Warnemünder Fischsuppe. Mittags und abends geöffnet. Am Strom 85, ✆ 0381-5106223.

Herberts (9), auf der anderen Seite des Alten Strom gelegen, Café und Restaurant in einem modernen Gebäude, das stilsicher einem Kutter nachempfunden ist. Große Terrasse zum Wasser hin. Tägl. durchgehend 11–24 Uhr geöffnet, am Wochenende auch länger. Am Bahnhof 1 c, ✆ 0381-4405530.

MV auf Ostseetour

Klön-Klause, *Lesertipp!* Restaurant und Café. Urige Atmosphäre, schöner Wintergarten mit grünen Polstern, freundliche Bedienung. Auch Pension. Am Strom 89, ✆ 0381-548190, www.kloen-klause..de.

• *Cafés/Bars* **Café Röntgen (3)**, Ableger des beliebten Cafés in Schwerin, beim Leuchtturm. Seestr. 5, ✆ 0381-5193656.

Schuster's (1), je nach Tageszeit Strandbar, Café und Cocktailbar, neben dem Teepott. Tägl. ab 11 Uhr. ✆ 0381-7007835.

Sky Bar im obersten Stock des **Hotel Neptun (6)**, s. oben.

Sehenswertes

Heimatmuseum: In einem hübschen alten Fischerhaus aus dem 18. Jh. ist eine exponatreiche Ausstellung untergebracht. In den Räumen scheint die Zeit stillzustehen: Diele, Küche, Gute Stube und Schlafkammer sind eingerichtet wie vor hundert Jahren und vermitteln einen Eindruck vom Alltag im ehemaligen Fischerdorf Warnemünde. Im hinteren Teil sind Ausstellungsstücke zu sehen, die sich mit der Arbeitswelt der Warnemünder befassen: Sie verdienten zunächst ausschließlich als Fischer, Matrosen und Lotsen ihr Brot, Letzteren kam ab dem 19. Jh. auch die Aufgabe der Seenotrettung zu. Schließlich dokumentieren ein paar Exponate die Anfänge des Badetourismus in Warnemünde.

Öffnungszeiten April bis Okt. Di–So 10–18 Uhr, Nov. bis März Mi–So 10–18 Uhr. Eintritt Erw. 3 €, Rentner 2 €, Kinder 1 €, Familien 4 €. Alexandrinenstr. 30/31, ✆ 0381-52667, www.heimatmuseum-warnemünde.de.

Leuchtturm und Teepott: Der über 32 m hohe Leuchtturm, der 1897/98 anstelle eines älteren Seezeichens errichtet wurde und heute wieder für die Öffentlichkeit zugänglich ist, bietet einen herrlichen Blick auf Warnemünde und die Hafeneinfahrt. Daneben befindet sich ein eigenwilliges Bauwerk mit einem kühn geschwungenen Dach: Der Teepott, gebaut 1968 und vor wenigen Jahren komplett saniert, beherbergt Restaurants und Café sowie die nicht minder eigenwillige Dauerausstellung *Reinhold Kasten. Der letzte große Abenteurer des 20. Jahrhunderts.* Zu sehen ist ein Sammelsurium von Souvenirs aus der ganzen Welt, die ein altgedienter Seemann im Laufe seiner Karriere zusammengetragen hat.

Öffnungszeiten **Leuchtturm** Ostern bis Anfang Okt. tägl. 10–19 Uhr, Eintritt 2 €,, Familien 4 €. **Ausstellung Reinhold Kasten im Teepott**, tägl. 10–18 Uhr. Eintritt Erw. 4 €, Kinder 2 €. Seepromenade 1, ✆ 0381-7007855.

Kirche: Im Ortskern erhebt sich die 1871 eingeweihte, im neugotischen Stil errichtete Kirche von Warnemünde. An anderer Stelle gab es vermutlich drei Vorgängerbauten, aus denen die teils (echt-)gotische Inneneinrichtung stammt. So z. B. der sehenswerte Schnitzalter aus dem 15. Jh. oder die Kanzel aus dem späten 15. Jh.

Öffnungszeiten Mai bis Sept. tägl. 10–18 Uhr, So erst ab 12 Uhr, außerhalb der Saison eingeschränkt (ein paar Stunden über Mittag). Im Juli/Aug. Di 18 Uhr Kirchenführungen.

Robbenforschungszentrum der Uni Rostock: Beim Yachthafen Hohe Düne befindet sich das 60 mal 30 Meter große Becken, in dem ein knappes Dutzend der Meeressäuger untergebracht ist, die vom Rostocker Forschungsinstitut *Marine Science Center* (MSC) bezüglich ihrer Sinnessysteme und Orientierung erforscht werden. Besucher sind ausdrücklich willkommen, jedoch nur nach vorheriger Anmeldung.

Führungen finden regelmäßig statt, Anmeldung unter ✆ 0381-50408181. Am Yachthafen 1 (Ostmole der Warnow), aktuelle Infos auch unter www.msc-mv.de.

Rostocker Heide

Ein weitläufiges Kleinod der Hansestadt Rostock erstreckt sich vom Breitling entlang der Ostseeküste bis fast zur Halbinselkette Fischland-Darß-Zingst: die Rostocker Heide.

Auch wenn der Name vielleicht irreführt: Die Rostocker Heide ist ein ausgedehntes Mischwaldgebiet, durchsetzt von Wiesen und geschützten Moorgebieten. Bereits 1252 gelangte die Stadt Rostock in Besitz der Heide, als Fürst Heinrich Borwin III. den Wald veräußerte. Während des Mittelalters hatten die Bürger der Stadt das Recht, Brennholz zu sammeln, Torf zu stechen, Bäume für Masten und Planken zu schlagen und sogar den Festbraten zu jagen – bis der Wald Gefahr lief, irreparablen Schaden zu nehmen. Im 16. Jh. durfte zunächst nur noch trockenes Holz gesammelt und nicht mehr gejagt werden. Bald war jedwede Ausbeutung des Waldes nur noch mit schriftlicher Erlaubnis möglich. Über die Einhaltung der Restriktionen wachte mehr schlecht als recht ein Heidevogt. Bis aber nachhaltige Forstwirtschaft betrieben wurde, sollten noch über 200 Jahre vergehen. Nach dem Zweiten Weltkrieg verloren die Rostocker ihre Heide, sie wurde verstaatlicht und von der sowjetischen Armee als militärischer Übungsplatz genutzt. Erst nach der Wende erhielt die Hansestadt ihren Wald zurück und das Militärgebiet wurde renaturiert. Heute steht den Rostockern und ihren Besuchern ein hübsches Naherholungsgebiet von hohem ökologischem Wert zur Verfügung. Der Wald besteht zu je einer Hälfte aus Nadel- und Laubbäumen, allen voran Kiefern und Fichten, Birken und Erlen, aber auch Eichen und Eschen. Dazwischen erstrecken sich vor allem in Küstennähe ausgedehnte Moorgebiete wie das Naturschutzgebiet **Große Moorwiese Heiligensee** oder das **Große Moor** nordwestlich von Graal-Müritz.

Graal-Müritz

ca. 4200 Einwohner

Ein kompaktes kleines Zentrum und ein wenig Bebauung entlang einer Handvoll Straßen, der Rest, dazwischen und drum herum, sind Wald – und ein beliebter langer Sandstrand. Diese Kombination, der Mix aus Wald- und Seeluft, hat Graal-Müritz früh zu einem Kurort werden lassen, bereits 1884 wurde hier ein Kindersanatorium eröffnet. Die Kuratmosphäre hat sich bis heute erhalten, inklusive diverser Einrichtungen, und Graal-Müritz kann sich offiziell nicht nur Ostsee-, sondern sogar Ostseeheilbad nennen.

Am Rande des beschaulichen Zentrums erstreckt sich ein **Rhododendron-Park,** der im Mai und Juni in voller Blüte steht. Etwas abseits führt eine Stichstraße an ein paar Hotels vorbei zu einem großen Platz am Fuß einer 350 m ins Meer reichenden **Seebrücke.** Hier ist im Sommer das Zentrum des Strandlebens. Unweit hat sich mit dem **Aquadrom** die jüngste Attraktion des Ortes angesiedelt, die das ganze Jahr über Gäste anlockt. Der Dünenweg (Strandpromenade) verbindet die beiden Ortsteile Graal und Müritz.

Praktische Informationen

• *Information* Das **Haus des Gastes Graal-Müritz** an der Durchgangsstraße (Ecke Kurstraße) bietet Information, Zimmervermittlung, etc. Mai bis Sept. Mo–Fr 9–20 Uhr, Sa 9–18 Uhr, So 10–16 Uhr; im Winterhalbjahr Mo–Fr 9–17 Uhr, Sa 9–12 Uhr, So geschlossen. Rostocker Str. 3, 18181 Graal-Müritz, ✆ 038206-7030, Fax 70320, www.graal-mueritz.de.

Geführte Radtouren zum *Jagdschloss Gelbensande* (S. 125) finden im Sommer jeden Mittwoch statt, Infos und Treffpunkt beim Haus des Gastes.

• *Baden* Weißer, feinsandiger Strand, breit und kilometerlang, flach ins Meer abfallend, ausgezeichnet mit der Blauen Flagge, im Bereich um die Seebrücke überwacht. Etwas abseits FKK- und Hundestrand.

• *Bootsausflüge* Mit der **MS Baltica** während der Saison immer sonntags um 10 Uhr ab der Seebrücke nach Warnemünde, retour um 16 Uhr, pro Person 17 €, Kinder 11 €, Familien 47 €. Infos und Buchung unter ✆ 0381-5106790, www.msbaltica.de.

• *Fahrradverleih* **Thon,** 3-Gang-Rad ab 6 €, auch Tandems und Tretmobile, bei längerer Mietdauer günstiger. Lange Str. 29, ✆ 038206-79805.

• *Sport* Unweit der Seebrücke liegt das **Aquadrom**, ein Multifunktions-Erholungszentrum. Wasserwelt, Sauna- und Fitnessbereich, Tennis, Badminton, Kegeln etc., außerdem Wellnessangebote. Allerdings nicht ganz günstig (Beispiel Wasserwelt: Tageskarte 12 €, Kinder 8,50 €, Familie 27,50 €; 3 Std. 9,50 € bzw. 6,50 €, Familie 21,50 €). Mit Bistro. Tägl. 9–21.30 Uhr. Buchenkampweg 9, ✆ 038206-87900, www.aquadrom.net.

Nordic Walking Park, jüngst wurden vier, unterschiedlich lange Routen (4–5 km) rund um den Kurort eröffnet, Infos und Übersichtskarten gibt es im Haus des Gastes.

• *Verbindungen* Etwa stündl. mit der **Regionalbahn** nach Rostock.
Mit dem **Bus 118** 6-mal tägl. nach Rostock, mit der **202** 12-mal tägl. nach Ribnitz-Damgarten sowie 4-mal weiter nach Hohe Düne/Fähre (Übersetzen nach Warnemünde) und zurück.

Übernachten/Essen & Trinken

• *Übernachten* ****Akzent Hotel Residenz**, an der Straße zur Seebrücke auf der rechten Seite, wenige Gehminuten vom Strand. Mit Fischrestaurant *Pescado* (Mo–Fr nur abends, Sa/So auch mittags), mit Hotelbar, die Zimmer gediegen eingerichtet. EZ 86 €, DZ 118–124 €, Frühstück inkl. Zur Seebrücke 34, 18181 Graal-Müritz, ☏ 038206-74470, 📠 74505, www.residenz-hotel-graal-mueritz.de.

*** **Haus am Meer**, familiengeführte Pension bei der Seebrücke, von der Straße etwas zurückgesetzt. Das Restaurant (mit Terrasse) bietet mecklenburgische Küche. EZ 60 €, DZ 92–101 €, inkl. Frühstück. Zur Seebrücke 36, 18181 Graal-Müritz, ☏ 038206-7390, 📠 73939, www.pension-haus-am-meer.de.

Witt, empfehlenswerte Pension mit Café und Restaurant in rohrgedecktem Haus, etwas abseits der Hauptstraße im östlichen Ortsteil Müritz gelegen. Beliebtes Restaurant mit sehr schönem Garten, auch Cafébetrieb, gute, mecklenburgische Hausmannskost zu fairen Preisen, freundlich. EZ 55–75 €, DZ 65–85 €, jeweils einschließlich Frühstück. Am Tannenhof 2, 18181 Graal-Müritz, ☏ 038206-77221, 📠 77913, www.pension-cafe-witt.m-vp.de. cafe-witt@web.de.

Seehotel Düne, einladendes Hotel mit bodenständigem Restaurant am Ende der Strandstraße (Sackgasse) im OT Müritz. Knallgelber Bau, nur über die Dünen geht es zum Strand. EZ 80–85 €, DZ 90–110 €, Appartement für 2 Pers. 120 €, Frühstück jeweils inkl. Strandstr. 64, 18181 Graal-Müritz, ☏ 038206-13990, 📠 139919, www.seehotel-duene.de.

Strandhotel Deichgraf, gegenüber vom Seehotel Düne, leuchtend rotes Haus, recht schickes Hotel, Restaurant im maritimen Stil (mittleres bis leicht gehobenes Preisniveau). Edel eingerichtete Zimmer, Wellnessbereich mit Sauna, Massagen und Kosmetik-Angebot, nicht ganz billig: EZ 105 €, DZ 161–186 €, inkl. Frühstück. Strandstr. 61, 18181 Graal-Müritz, ☏ 038206-138413, 📠 138414, www.strandhoteldeichgraf.com.

Ostseecamp Rostocker Heide, beliebter Campingplatz, nur durch die Düne vom Strand getrennt und doch „mitten" in der Rostocker Heide, etwa 1 km westlich von Graal-Müritz, mit kleinem Laden und Gasthaus, Sportmöglichkeiten etc. Erw. 5,50 €, Kinder 6–15 J. 3 €, Zelt nach Größe 5–7 €, Auto 4 €, Wohnmobil 10 €, Strom 3 €. Geöffnet April bis Oktober. Wiedortschneise 1, 18181 Graal-Müritz, ☏ 038206-77580, 📠 79194, www.ostseecamp-ferienpark.de.

• *Essen & Trinken* Viele Hotels haben auch ein eigenes Restaurant und bieten ihren Hausgästen Halbpension an, ansonsten ist die Auswahl nicht allzu groß. Leckere Fischbrötchen gibt es im **Bistro Kombüse** an der Seebrücke; einen hübschen Garten hat das **Caféstübchen Witt** der gleichnamigen Pension im OT Müritz (s. oben), hier werden hausgebackene Kuchen serviert. Auch Restaurant. Tägl. 12–22 Uhr geöffnet, Mo Ruhetag.

Freilichtmuseum Klockenhagen

Im Zentrum von Klockenhagen befindet sich das sechs Hektar große Freigelände, auf dem 20 historische Gebäude aus den verschiedensten Dörfern Mecklenburgs zusammengetragen und hier wiederaufgebaut wurden, darunter Dorfkirche, Scheunen, diverse Back- und Bauernhäuser, Katen, Schmiede und Windmühle sowie ein Klohäuschen. Auf dem Gelände werden außerdem Hühner, Gänse, Ziegen, Schafe und Pferde gehalten; wechselnde Sonderausstellungen finden im Querdielenhaus (Haus Nr. 13) statt.

• *Öffnungszeiten/Anfahrt* April bis Okt. tägl. 9–17 Uhr geöffnet, letzter Einlass um 16.30 Uhr. Im Winter geschlossen. Eintritt 3,50 €, Kinder 4–16 J. 2 €, Schüler/Stud. 2,50 €, Fotoerlaubnis 1,50 €. Gaststätte auf dem Gelände, der historische Dorfladen des Museums ist Mi–So 10–17 Uhr geöffnet. Mitten im Zentrum von Klockenhagen (5 km westlich von Ribnitz-Damgarten) gelegen, nicht zu übersehen, Gaststätte/Café gegenüber vom Eingang. Mecklenburger Str. 57, 18311 Ribnitz-Damgarten/OT Klockenhagen, ✆ 03821-2775, www.freilichtmuseum-klockenhagen.de.

Jagdschloss Gelbensande

Das Schloss am Ostrand der Rostocker Heide war – nicht zuletzt wegen seines Heilklimas zwischen Meer und Wald – der bevorzugte Aufenthaltsort von *Friedrich Franz III.* (1851–1897), dem zeitlebens schwer asthmakranken Großherzog von Mecklenburg-Schwerin, und seiner russischen Gattin *Anastasia*. Erbaut wurde es in den Jahren 1885–1887 durch den Baumeister *Gotthilf Ludwig Möckel*, ein historisierender Backsteinbau mit Obergeschoss aus Fachwerk, dazu Erker und Türmchen, auf Wunsch Anastasias wurden auch russische Stilelemente integriert. Die Kinder der großherzoglichen Familie – das waren *Alexandrine* (später Königin von Dänemark), *Friedrich Franz IV.* (letzter Großherzog von Mecklenburg-Schwerin) und schließlich *Cecilie*, die spätere Ehefrau des preußischen Kronprinzen *Wilhelm* und letzte Kronprinzessin des deutschen Kaiserreiches – verbrachten hier weite Teile ihrer Kindheit und Jugend. Teile der Familie lebten bis Ende 1944 im Jagdschloss Gelbensande.

Farbenprächtig: das Bienenhaus im Freilichtmuseum Klockenhagen

Ende des Zweiten Weltkriegs diente Gelbensande als Lazarett und Seuchenstation (einen kleinen Friedhof findet man im Schlosspark), nach dem Krieg als Tuberkulose-Heilstätte und Krankenhaus, Pflegeheim und Psychiatrie (bis 1979), später als Gemeindeverwaltung, Seniorenzentrum etc. (bis 1990). Seit 1995 bemüht sich ein gemeinnütziger Verein um Erhalt und Restaurierung des Schlosses.

Ein Rundgang durch das Erdgeschoss – Souterrain und Obergeschoss sind nicht zu besichtigen – führt u. a. durch Salon, Kabinett, Studierzimmer und Jagdhalle, z. T. sind noch originale (bzw. originalgetreu restaurierte) Möbel zu sehen, auch die Böden und Wandverkleidungen sind teilweise noch Original erhalten, Fotos an den Wänden erläutern die Geschichte des Schlosses. Einige Räume sind wechselnden Ausstellungen vorbehalten. Im Sommer befindet sich eine Imbissbude neben dem Schloss.

• Öffnungszeiten Mo–Do 10–16 Uhr, Sa/So 14–17 Uhr geöffnet, Fr geschlossen. Eintritt 3 €, ermäßigt 2,50 €, Kinder 1 €, Familienticket 7 €; Audioguide (Hörführung) 2 €, für den Rundgang wird auch ein ausführliches Begleitheft ausgehändigt. Am Schloss 1, 18182 Gelbensande, ✆ 038201-475.

• Anfahrt Das Schloss liegt am Ortsrand von Gelbensande in Waldlage (Parkplatze etwas abseits), beschildert. Gelbensande liegt direkt an der B 105 zwischen Ribnitz-Damgarten und Rövershagen.

Karl's Erlebnisdorf: Diesen Hof muss man tatsächlich erlebt haben, vor allem bei nicht ganz optimalem Strandwetter, dann nämlich ist es hier brechend voll. Geboten sind Kinderbelustigung in Form von Traktorfahren, Ponyreiten, Streichelzoo, Abenteuerspielplatz, Maislabyrinth und vieles mehr, die Größeren finden unzählige Snack-Buden, Cafés und Restaurants, außerdem einen Bauernmarkt und mehrere Geschäfte für Keramik, Kaffee, Souvenirs etc. Geldautomat am Eingang.

Öffnungszeiten/Anfahrt Mai bis September tägl. 9–20 Uhr, ansonsten 9–19 Uhr, Eintritt frei. Purkshof 2, 18182 Rövershagen, ✆ 0180-5006046, www.bauernmarkt.de. Das Erlebnisdorf liegt etwa 1 km außerhalb von Rövershagen direkt an der B 105, nicht zu übersehen.

Ribnitz-Damgarten

ca. 17.000 Einwohner

Die Bernsteinstadt: Hier dreht sich alles um den honigfarbenen Stein. Größte Attraktion ist das Bernsteinmuseum im alten Kloster.

Ansonsten ist nicht viel los in der Doppelstadt. Beide Städte wurden im frühen 13. Jh. gegründet und 1950 zu einer vereinigt. Ribnitz war dabei immer die bedeutendere der beiden Nachbarinnen, ausgestattet mit einem großen Hafen, einer gotischen Marienkirche und seit 1323 mit einem reichen Nonnenkloster. Zentrum des gleichförmigen Stadtplans ist ein weitläufiger Platz, an dem sich das Rathaus, die Touristinformation sowie die wuchtige Stadtkirche **St. Marien** aus dem 13. Jh. befinden (Mo–Fr 9–16 Uhr). In westlicher Richtung liegt das **Rostocker Tor,** das einzig erhaltene von fünf mittelalterlichen Stadttoren. Am Bodden findet man den traditionsreichen Hafen, etwas südlich des Marktes ist im ehemaligen Nonnenkloster das Bernsteinmuseum untergebracht.

Das **Deutsche Bernsteinmuseum** ist zweifelsohne die größte und stets gut besuchte Attraktion in Ribnitz-Damgarten. Die umfangreiche Sammlung zeigt neben Fundstücken mit den verschiedensten Inklusen (u. a. Einschlüsse urzeitlicher Blüten, Insekten oder auch Skorpione) auch Bernsteinkunst aus den verschiedensten Epochen: neben einer steinzeitlichen Figur auch einen Hausaltar aus dem 17. Jh. sowie die Nachbildung eines kleinen Teils des berühmten Bernsteinzimmers. Infotafeln erläutern Entstehung und Beschaffenheit des Bernsteins, Verbreitung und Abbau sowie die Verarbeitung von der Altsteinzeit über das Mittelalter bis in die heutige Zeit. In der angeschlossenen kleinen Werkstatt des Museums kann man bei der Bearbeitung zusehen oder auch gegen Gebühr eigene Steine schleifen und polieren. Mit schönem Café und Museumsshop.

• *Öffnungszeiten* März bis Okt. tägl. 9.30–18 Uhr, Nov. bis Febr. Di–So 9.30–17 Uhr. Eintritt 6 €, Kinder 4–16 J. 3,50 €, Familienkarte 13 €. Sehr freundlich. Führungen nur für Gruppen nach Voranmeldung. Im Kloster 1–2, 18311 Ribnitz-Damgarten, ✆ 03821-4622, www.deutsches-bernsteinmuseum.de.

• *Anfahrt* Das Museum liegt zwischen Markt und Bahnhof, ab Zentrum Ribnitz bestens ausgeschildert.

Schräg gegenüber vom Bernsteinmuseum, in einigen Räumlichkeiten des St.-Klaren-Klosters aus dem 14. Jh., befindet sich die **Galerie im Kloster**. Drei Räume sind wechselnden Ausstellungen regionaler Künstler vorbehalten, eine kleine Dauerausstellung widmet sich *Lyonel Feininger* (1871–1956): Einige seiner Ansichten von Ribnitz (z. B. der Comic *Wee Willie Winkie's World*) sowie diverse Bleistiftzeichnungen sind hier zu sehen.

Öffnungszeiten Di–So 10–17.45 Uhr, im Sommer auch montags. Eintritt 2 €, Kinder 10–16 J. 1 €, Familien 5 €. Im Kloster 9, 18311 Ribnitz-Damgarten, ✆ 03821-4701.

• *Information* Die **Touristinformation** befindet sich in einem nagelneuen roten Würfel auf dem Marktplatz im Zentrum, nebenan Pizzeria/Eiscafé mit Terrasse auf dem Platz. Umfangreiches Infomaterial, Busfahrpläne für die Umgebung usw. Freundlich und hilfsbereit. Mitte Juni bis Mitte Sept. Mo–Fr 10–18 Uhr, Sa 10–16 Uhr, So geschlossen; ansonsten Mo–Fr 10–12.30 und 13–16 Uhr, Sa/So geschlossen. Am Markt 14, 18311 Ribnitz-Damgarten, ✆ 03821-2201, ℻ 894750, www.ribnitz-damgarten.de.

• *Sport* **Golfanlage „Zum Fischland"**, knapp 2 km südlich von Ribnitz gelegener 9-Loch-Platz mit Driving-Range, auch Golfschule. Pappelallee 23 a, 18311 Ribnitz-Damgarten, ✆ 03821-894610, ℻ 894611, www.golfclub-fischland.de.

Bodden-Therme, Spaßbad und Saunalandschaft, Wasserrutsche, Wellenbecken, Blockhaussauna etc. Di/Mi 14–22 Uhr, Do–So 10–22 Uhr, Juli/Aug. auch Mo. Eintritt Erw. 7,50 € (3 Std.), Kinder 6 €, Kinder unter 1 m Größe 1 €. Körkwitzer Weg 15, ✆ 03821-3909961, www.bodden-therme.de.

• *Übernachten/Essen/Außerhalb* **** **Park-Hotel Schloss Schlemmin**, unser *Tipp* für die Gegend, ca. 15 km östlich von Ribnitz-Damgarten in Schlemmin, einem hübschen und verschlafenen Dörfchen in ländlicher Idylle, in der man noch Gänse im Garten hält. Schneeweißes Schloss mit Zinnen und Türmchen, umgeben von einem 20 ha großen Park. Innen vollständig renoviert, 37 individuell ausgestattete Zimmer, sehr komfortabel, Sauna, Wellness, Salon, Bibliothek, Bar, usw. Das Restaurant bietet wechselnde Tageskarte zu leicht gehobenen Preisen, darunter auch Vegetarisches. EZ 85–115 €, DZ 99–145 €, Familienzimmer (4 Betten) 170 €, Suite 155–180 €, Frühstück jeweils inkl. Am Schloss 2, 18320 Schlemmin, ✆ 038225-5160, ℻ 516100, www.schloss-schlemmin.de. *Anfahrt*: Von Ribnitz zunächst auf der B 105 nach Damgarten, dort rechts abbiegen Richtung Richtenberg und nach ca. 12 km links ab nach Schlemmin, das Schlosshotel ist ausgeschildert.

Ribnitz-Damgarten

• *Verbindungen* Zwei **Bahnhöfe**, der wichtigere befindet sich in Ribnitz, südlich des Zentrums (Ribnitz-Damgarten West). Am Bahnhof in Damgarten (Ribnitz-Damgarten Ost) halten nicht alle Züge. Fast stündl. ab Bahnhof West nach Rostock und Stralsund, alle 2 Std. auch ab Bahnhof Ost (meist Regionalexpress).

Bus, Linie 210 fährt etwa stündl. über Fischland-Darß-Zingst nach Barth. Wer aber ohne boddenweite Umschweife nach Barth gelangen will, sollte die Linie 211 oder 214 nehmen, die je 6-mal tägl. fahren. Die Linie 202 verbindet Ribnitz 11-mal tägl. mit Graal-Müritz, 4-mal tägl. weiter zur Hohen Düne (Fähre nach Warnemünde), Sa/So nur 2-mal.

Am Prerower Strom

Fischland–Darß–Zingst

Die schönste Halbinsel der deutschen Küste, Nationalpark und Künstlerkolonie, gesäumt von Traumstränden und belebt von ein paar schmucken Dörfern, ein wenig mondän, doch meist idyllisch in der herrlichen Landschaft zwischen Ostsee und Bodden.

Ursprünglich eine Inselkette, wuchsen die Eilande erst im Laufe der Zeit zusammen und erhielten eine Verbindung zum Festland. Als Erstes machte sich das schlanke Fischland sowohl am Festland als auch am Darß fest, allerdings nicht ganz von selbst. Strömung trug im Laufe der Jahrhunderte nördlich von Dierhagen, das streng genommen zum Festland gehört, Land an. Es entstand ein sich festigender Sandhaken, der nur durch einen Strom vom Fischland getrennt war: den Permin. Ein weiterer Wasserweg trennte das Fischland nördlich von Ahrenshoop wiederum vom Darß. Im 14. Jh. aber versenkten die Hansestädte Rostock und Stralsund in beiden Meerengen mehrere Schiffe, um die Wasserstraßen unpassierbar zu machen. Es war die Blütezeit nicht nur der Hanse, sondern auch der meist auswärtigen Piraten und der heimischen Schmuggler, die zwischen all den Inseln, Haken und Buchten vorzügliche Voraussetzungen für ihr Gewerbe fanden. Die Blockade, die den umtriebigen Piraten wie auch den kleinen, schmuggelnden Fischern die Bewegungsfreiheit nehmen sollte, bewirkte die Versandung der Ströme, bis schließlich die ehemaligen Inseln Darß und Fischland miteinander und mit dem Festland verbunden waren. Der letzte natürliche Wasserweg schließlich wurde erst Ende des 19. Jh. gekappt. Nach der verheerenden Sturmflut von 1872 wurde die Außenküste mit Dünen gesichert, wobei der Prerower Strom, der Zingst vom Darß trennt, seine Ostseemündung verlor.

Auf der schmalen Landenge **Fischland** befinden sich die Ostseebäder Wustrow und Ahrenshoop, Letzteres bekannt dank seiner Künstlerkolonie. Verglichen zum

Fischland ist der **Darß** dünn besiedelt. Zwar gibt es drei Dörfer, die beiden kleinen Boddenhäfen Born und Wieck und das Ostseebad Prerow im Norden, aber die Orte liegen geradezu gedrängt zwischen Küste und dem weitläufigen Wald, der sich fast über die gesamte Halbinsel erstreckt. Bei dem Ostseebad **Zingst** hingegen handelt es sich um die einzige Ortschaft auf der gleichnamigen Halbinsel, deren äußere Küstenlinie, von der Strömung genährt, noch immer stetig wächst.

Die touristischen Zentren der Insel sind v. a. die an der nördlichen Außenküste gelegenen Ostseebäder, das beschauliche Aushängeschild ist Ahrenshoop, während der Tourismus an Wieck und Born an der Boddenküste fast völlig vorbeiläuft. Das Highlight auf der Halbinselkette ist der Weststrand auf dem Darß: Bizarre Windflüchter beugen sich über die spärlich bewachsenen Dünen, im feinen Sand sammelt sich hier und da von Wind und Strömung angetragenes Strandgut. Der dichte, urwüchsige Wald hält dem Naturstrand in gewisser Weise den Rücken frei, denn im Naturparadies, das Teil des Nationalparks Vorpommersche Boddenlandschaft ist, ist jede Art von Bebauung verboten. So ist der Weg zwar etwas lang, mit dem Fahrrad aber mühelos zu bewältigen. Apropos: Auf Fischland-Darß-Zingst ist man generell besser mit dem Fahrrad unterwegs. Das Wegenetz ist sehr gut ausgebaut, die Entfernungen sind überschaubar. Dafür spricht auch, dass **Parken** in fast jedem Ort entweder verboten oder gebührenpflichtig ist, es sei denn, man weicht weit in die abgelegenen Seitenstraßen aus. Eifrige Parküberwachungsdienste sind zumindest während der Saison fast überall im Einsatz.

Dierhagen

ca. 1650 Einwohner

Das Tor zum Fischland liegt an einer Landenge noch vor der lang gestreckten Halbinsel. Ostsee und Bodden sind hier kaum einen Steinwurf voneinander entfernt. Eigentlich besteht Dierhagen aus drei kleinen Weilern, die unter einem Namen zusammengefasst werden: Der Tourismus spielt sich vor allem in Dierhagen Strand ab. An der Zufahrtsstraße auf die Halbinselkette und an der schmalsten Stelle der Landenge stehen die paar Häuser, die den Namen Dierhagen Ost tragen. Dierhagen Dorf dagegen erstreckt sich hinter dem kleinen Hafen am Saaler Bodden. Wenn man es genau nimmt, gehören sogar noch zwei weitere Ortsteile zu Dierhagen: das südlich an Dierhagen Dorf angrenzende Dändorf (an der Boddenküste) ohne nennenswerte Sehenswürdigkeiten, und der am Ostseestrand gelegene Ort Neuhaus (südlich von Dierhagen Strand), an den wiederum südlich das Naturschutzgebiet *Großes Ribnitzer* Moor angrenzt.

Touristisch setzt man in Dierhagen eher auf (teilweise recht große)Hotels und Pensionen, das Investor-finanzierte Wohnparkmodell ist kaum vertreten. Vor allem in Dierhagen Strand gibt es noch zahlreiche kleine Datschen mit sandiger Zufahrt, ein kleines privates Idyll hinter den Dünen.

• *Information* Kurverwaltung im **Haus des Gastes** in Dierhagen Strand. Zimmervermittlung, Wanderkarten und Internet-Point, im Sommer Nordic-Walking-Treff. Sehr freundlich und hilfsbereit. Geöffnet Mo–Fr 9–18 Uhr, Sa/So 9–15 Uhr, im Winter Mo–Fr 9–16 Uhr, Sa 10–13 Uhr, So geschlossen. Ernst-Moritz-Arndt-Str. 2, 18347 Dierhagen Strand, ✆ 038226-201, 📠 80466, www.dierhagen-fischland.de.

• *Baden* Westlich und nordwestlich von Dierhagen erstreckt sich hinter einem Streifen Dünenwald der etwa 6 km lange, feinsandige Strand, der seit vielen Jahren mit der Blauen Flagge ausgezeichnet wird. Juni bis Sept. tägl. 9–18 Uhr von der DLRG überwacht (Strandzugang 15), ✆ 038226-274. FKK-Bereiche bei den Zugängen 7, 12, 17 und 24, Hundestrand bei den Zugängen 9, 16 und 23. Strandzugang 15 ist rollstuhlgerecht.

Fischland-Darß-Zingst
Karte S. 130/131

Fahrradweg
Darßer Ort
Darßer Ort
Leuchtturm Darßer Ort
Seebrücke
Kern-zone I
Prerow
Esper Ort
Darß
Wieck a. Darß
Bliesenrad
Born a. Darß
Ahrenshoop
Althagen
Niehagen
Hohes Ufer
Fuhlendorf
Michaelsdorf
Neuendorf Heide
Hermanns-hagen
Wustrow
Barnstorf
Saaler
Bodden
Harmanns-hof
Fisch-land
Saal
Bartels-hagen
Hessen-burg
Dierhagen Ost
Dierhagen
Dierhagen Strand
Dierhagen Dorf
Neuhaus
Dändorf
Ribnitzer See
105
Großes Moor
Graal-Müritz
Ribnitz-
Damgarten
Klocken-hagen
Hirsch-berg
Daskow
Ahren
hage
Neuhof
Rostocker Heide
Altheide
Gelben-sande
Recknitz
Warnemünde
Markgrafen Heide
105
Hinrichs-hagen
Rostock
Poppen-dorf
Bartels-hagen

Hiddensee
Gellen
Geller-
haken
Nationalpark Vorpommersche
Boddenlandschaft
Kernzone I
Großer
Werder
Kleine
Werder
Bock
Zingst
Zingst
Pramort
Barhöft
Sundische
Wiese
Straße gesperrt
Große Kirr
Kleine
Wiek
Große
Wiek
Hohen-
dorf
Klausdorf
Drehbrücke
Bisdorf
Brese-
witz
Barther Strom
Barther
Bodden
Grabow
Groß
Mohrdorf
Nisdorf
Fahren-
kamp
Prohn
Pruchten
Barth
Günz
Alten-
pleen
Parow
Küstrow
Dabitz
Preetz
Kramerhof
Buschen-
hagen
Neu
Bartelshagen
Rubitz
Lassentin
Stralsund
Divitz
Groß
Kordshagen
Niepars
Pantelitz
Karnin
105
Langen-
dorf
Kummerow
Zimken-
dorf
Martens-
hagen
Löbnitz
Borg-
wallsee
Lüssow
Starkow
Velgast
194
Neuhof
Neu
Lüders-
hagen
Negast
Trinwillers-
hagen
Jakobsdorf
Stein-
hagen
Krummen-
hagen
Wolfs-
hagen
Weiten-
hagen
Schlemmin
Richtenberg
Winde-
brak
Millenhagen
2,5 km
Fischland-Darß-Zingst

• *Bootsausflüge* Im Sommer 4-mal tägl. mit dem **Zeesenboot** 1,5 Std. über den Saaler Bodden, ab Dierhagen Hafen (Erw. 10 €, Kinder 5 €), auch Tagestouren und Segelkurse, weitere Infos unter ✆ 0170-4512671 und www.boddenskipper.de.

• *Einkaufen* Von Mai bis Okt. findet immer Di und Fr von 9–14 Uhr am Hafen Dierhagen der **Regional- und Biomarkt** statt.

• *Fahrradverleih* U. a. beim **OstseeCamp Dierhagen** (unweit der Kurverwaltung), Fahrrad 6–7 €/Tag, Kinderrad 4 €, auch Kindersitze, Anhänger, Nachläufer, Helme und Bollerwagen. Ernst-Moritz-Arndt-Str., ✆ 038226-80778. Fahrradverleih auch beim Camping Stranddünen (s. unten).

• *Kurtaxe* 15. Juni bis .14. Sept.. pro Pers. 2 €/Tag, erm. 1,20 €, unter 16 J. frei. Außerhalb der Hochsaison 1,10 € pro Pers., erm. 0,80 €. Auch Hunde zahlen Kurtaxe: ganzjährig 1 € pro Tag.

• *Übernachten* **** **Strandhotel Fischland**, in Alleinlage hinter den Dünen und nur wenige Meter vom Strand befindet sich die komplett renovierte, große Hotelanlage. Die dazugehörigen Ferienhäuser und -appartements gruppieren sich im Halbrund auf dem Areal. Hübsche, recht bunte Zimmer mit komfortabler Ausstattung, teilweise mit Meerblick. Hotelrestaurant mit großer Terrasse, Wellnessbereich mit Schwimmbad, Saunen, Whirlpool, Kosmetikstudio etc; außerdem Segeln und Surfen, Reiten, Tennis, Tischtennis, Badminton und Fahrradverleih. Sehr freundlicher und zuvorkommender Service, professionelle Leitung EZ ab 138 €, DZ ab 164 €, jeweils mit Frühstück. Appartements im Landhausstil für 2 Pers. ab 190 €, 4 Pers. ab 226 €, 6 Pers. ab 346 €. Landhausvillen für 6–8 Pers. ab 293 €. Hunde erlaubt. Zahlreiche Arrangements, mit denen man oft günstiger fährt. Ernst-Moritz-Arndt-Str. 6, 18347 Dierhagen, ✆ 038226-520, 📠 52999, www.strandhotel-fischland.de.

**** **Hotel Blinkfüer**, einladendes Hotel im Ortsteil Dierhagen Strand (relativ weit östlich), hübscher Garten, zum Meer sind es gut 100 m. Diverse Arrangements, gehobenes Restaurant mit raffinierter Küche, gespeist wird auf der Café-Terrrasse oder im schönen Wintergarten, mittags und abends geöffnet. Freundlicher Service. EZ 95–100 €, DZ 125–135 €, jeweils mit Frühstücksbuffet, Hund 8 €/Tag. An der Schwedenschanze 20, 18347 Dierhagen, ✆ 038226-53570, 📠 80392, www.hotel-blinkfueer.de.

****S **Hotel & Spa Dünenmeer**, neues Hotel mit modernem Wellness-Bereich im Ortsteil Neuhaus (südlich von Dierhagen Strand), deutlich teurer als das dazugehörige Strandhotel (s. oben), gehobenes Restaurant mit ebensolchen Preisen, Terrasse in den Dünen. Moderne Appartementhäuser nebenan. EZ 180–200 €, DZ 282–322 €, inkl. Halbpension, Appartement für 2 Personen ab 154 €. Birkenallee 20, 18347 Dierhagen/OT Neuhaus, ✆ 038226-5010, 📠 501555, www.duenenmeer.de.

Ferienappartements Meeresrauschen, in Dierhagen Strand, gehören zum gleichnamigen Restaurant (s. unten), nur wenige Meter zum Strand. Für 2–4 Pers./2 Zimmer 72 €, für 4–5 Pers./3 Zimmer 82 €, in der Hochsaison allerdings nur wochenweise. Am Badesteig 8 a, 18347 Dierhagen Strand, ✆ 038226-53608 (Kontakt über das *Restaurant Meeresrauschen*).

Campingplatz An den Stranddünen, der Platz ist nur durch die Dünen vom weiten und feinsandigen Strand getrennt. Gute Lage in Dierhagen Ost, mit kleinem Restaurant/Kneipe, die Stellplätze teilweise mit etwas wenig Schatten. Ganzjährig geöffnet. Pro Pers. 6,50 €, Zelt 7–8 €, Wohnwagen/Wohnmobil je 9 €, Auto 3 €, Mietwohnwagen für 3–4 Pers. 45–55 €. Es werden auch einige einfache Ferienwohnungen vermietet. Ganzjährig geöffnet. Waldweg 5, 18347 Dierhagen Ost, ✆ 038226-80492, 📠 539800, www.campingplatz-ennen.de.

• *Essen & Trinken* **Restaurant Meeresrauschen**, sehr beliebtes und nicht teures Restaurant in Dierhagen Strand. Einladende Terrasse und freundlicher Service, auf den Tisch kommt hauptsächlich mecklenburgische Fischküche. Tägl. ab 11 Uhr durchgehend geöffnet. Am Badesteig 8 a, ✆ 038226-53608.

Pfannkuchenhaus, in diesem überaus beliebten Restaurant in Dierhagen Strand gibt es natürlich Pfannkuchen in allen denkbaren Varianten, darüber hinaus aber auch Fleisch- und Fischgerichte. Auch Café, mit Terrasse. Tägl. durchgehend ab 11 Uhr. Waldstr. 4, ✆ 038226-80464, www.pfannkuchenhaus-dierhagen.de.

Gaststätte Boddenblick, einfach und günstig, schöne Terrasse am Hafen von Dierhagen Dorf und mit besagtem Blick auf den Saaler Bodden. Mittags und abends geöffnet. ✆ 038226-80166.

• *Veranstaltungen* Alljährlich am dritten Wochenende im Juli startet im Hafen eine

Nationalpark Vorpommersche Boddenlandschaft

Noch vom DDR-Ministerrat wurde im September 1990 der Nationalpark Vorpommersche Boddenlandschaft beschlossen, mit dessen Aufbau – dann gesamtdeutsch – ab November 1990 begonnen wurde (s. auch S. 17). Heute umfasst das Gebiet 805 km^2, die sich etwa zwischen Born (Halbinsel Darß) bis Schaprode (Rügen) in west-östlicher Richtung und der Ostsee nördlich von Darß-Zingst und Hiddensee bis etwa zur Hälfte des Barther Boddens in südliche Richtung erstrecken. Etwa die Hälfte des Nationalparks besteht aus den Flachwassergebieten der Ostsee, ein Viertel aus Boddengewässer und ein weiteres Viertel aus Landfläche, die wiederum zu mehr als 50 % mit Wald bedeckt ist. Dazu kommen diverse landschaftliche Besonderheiten wie die sog. Küstenüberflutungsmoore und Salzwiesen, Windwatten, Sandhaken, Dünen und Strandwälle, zur Boddenseite hin auch die Röhrichte, die die Ufer stellenweise noch mit dichtem Schilfrohr säumen. Diese verschiedenen Ökosysteme auf relativ kleinem Raum bieten unzähligen Tieren einen geschützten Lebensraum. Neben den 48 Süßwasser- und Meeresfischarten (darunter: Zander, Barsch und Hecht; Hering, Flunder und Dorsch; manche Fischarten „wandern" auch zwischen Meer und Bodden) sind es vor allem viele Wasservögel, die den Nationalpark bevölkern. Die flachen Gewässer der Ostsee und deren Sandbänke sind ein Paradies für sie, hier tummeln sich verschiedenste Enten, Kormorane, Haubentaucher, Seeschwalben und Graureiher, im Sommer machen hier geschätzte 40.000 Graugänse Rast.

Berühmtester Übernachtungsgast auf seinem Weg nach Süden ist allerdings der **Kranich**, der alljährlich im Frühherbst am Großen Werder (östlicher Zipfel von Zingst, S. 155) auf seinem Flug zum Winterquartier in Südspanien eine Pause einlegt. Etwa 80.000 Kraniche zählte man hier in den Monaten September und Oktober der vergangenen Jahre, teilweise mehrere 10.000 gleichzeitig. Ein ähnliches Schauspiel bietet sich alljährlich im Frühjahr, so manchem jungen Kranich kann man hier auch beim Balztanz zusehen. Eine Beobachtungsplattform befindet sich bei Pramort auf Zingst (S. 156).

Der Nationalpark Vorpommersche Boddenlandschaft steht aber auch für eine „dynamische Landschaftsentwicklung", bei der man z. T. tatsächlich zuschauen kann. Die Darßer Landspitze (S. 154) ist ein Beispiel: Hier verlandet der Strand jährlich um mehrere Meter, die abtragende und anlandende Kraft des Meeres formt Landschaft und Lebensräume immer wieder neu, und das oft innerhalb kürzester Zeit (S. 13). Das war nicht immer so – auf dem einstmals noch mit dichtem Wald bestandenen Darß und Zingst zog in den 1960er- und 1970er Jahren die industrielle Landwirtschaft ein, die Halbinseln wurden damals hauptsächlich für die Rinderzucht genutzt; später waren die Sundischen Wiesen bei Zingst ein wichtiger Truppenübungsplatz der NVA (bis 1990). Mittlerweile hat man die (Bau-)Sünden der Vergangenheit größtenteils beseitigt, Deiche zurückgebaut, Fischerei und Holzproduktion deutlich reduziert und die Massenviehzucht in eine bescheidene Weidehaltung umgewandelt. Ausgeschlossen vom streng geschützten Kerngebiet des Parks sind die Orte Born, Prerow, Wieck und Zingst sowie Kloster, Vitte und Neuendorf auf Hiddensee.

Information Nationalpark-Besucherzentrum **Darßer Arche** in Wieck, S. 148; **Natureum** Darßer Ort bei Prerow, S. 154. Ein **Kranich-Informationszentrum** befindet sich in Groß Mohrdorf (ca. 20 km nordwestlich von Stralsund), S. 163.

Zeesenbootregatta mit den traditionellen Schiffen mit rotbraunen Segeln. Abends großer Ball.

Hafenfest am letzten Wochenende im Juli.

Mittelalterspektakel ab etwa Mitte Juli bis Mitte Aug. auf der Festwiese hinter dem Sportplatz in Dierhagen (nahe der Hauptstraße), mit Markt, Ritterturnier etc. Genaue Termine bei der Kurverwaltung.

Am zweiten Samstag im August trifft sich ganz Dierhagen zum **Tonnenabschlagen**: Der Brauch, bei dem es um Geschicklichkeit zu Pferde geht, stammt noch aus der Schwedenzeit; der Gewinner wird für ein ganzes Jahr zum Tonnenkönig gekürt. Ebenfalls mit Tanz am Abend.

• *Verbindungen* Etwa stündl. mit dem **Bus** ab Dierhagen nach Ribnitz-Damgarten und ebenfalls stündl. über Wustrow, Ahrenshoop, Born, Wieck, Prerow und Zingst nach Barth. Es fährt die Linie 210. Nächster **Bahnhof** in Ribnitz-Damgarten.

Wustrow

ca. 1300 Einwohner

Der größte Ort auf dem Fischland erstreckt sich vom Ostseestrand bis zum Boddenhafen. So zeigt das traditionsreiche Wustrow auch zwei Gesichter: Bädertourismusambiente zum Meer hin und Fischerdorfflair im Rücken des Hafens.

Weithin sichtbar erhebt sich der spitze Helm der **neugotischen Kirche** von Wustrow, die in der zweiten Hälfte des 19. Jh. erbaut wurde. Bei einer Turmbesteigung eröffnen sich weite Blicke über die Boddenlandschaft und (praktischer) neben Fotomotiven auch ein Überblick über den Ort.Empfehlenswert ist auch ein kleiner Rundgang durch das alte Fischerdorf: von der Kirche aus die Neue Straße hoch und die Osterstraße wieder zurück zum Hafen. Das alte Wustrow, das sich besonders entlang der Neuen Straße – quasi dem etwas gebogenen Rückgrat des alten Fischerdorfs – und entlang der Osterstraße ausbreitet, ist eine idyllische Ansammlung alter, sorgsam restaurierter Fischerkaten und Kapitänshäuser. Prominent ist das **Fischlandhaus,** ein hübsches Hochdielenhaus, dessen Rohrdach weit über die rote Fassade reicht. Darin verbergen sich eine Bibliothek und Räumlichkeiten für wechselnde Ausstellungen (Neue Straße 38, ✆ 038220-80465).

Etwas anders präsentiert sich der zum Strand orientierte Teil Wustrows. Über die verhältnismäßig lebhafte Strandstraße gelangt man zu einer kleinen Seebrücke. Hier und am überaus einladenden Strand spielt sich im Sommer der Badetrubel ab. Auf dem Platz am Fuß der **Seebrücke** befindet sich eine moderne Svantevit-Skulptur (die Darstellung einer slawischen Gottheit). Auch die Strandseite Wustrows lohnt eine Erkundungstour, hier finden sich ebenfalls beschauliche kleine Straßen mit alten Häuschen, teilweise sehr sorgfältig und liebevoll restauriert wie z. B. in der Parkstraße und der Lindenstraße.

Östlich des Hafens gelangt man schließlich in den Ortsteil Barnstorf. Der kleine Weiler besteht nur aus einer Handvoll traditioneller, niederdeutscher

Hallenhäuser und Scheunen, umgeben von ungemein idyllischen, fotogenen Gärten – vor allem im Sommer, wenn alles blüht. In einem der Gebäude ist die **Kunstscheune** untergebracht, in der wechselnde Ausstellungen stattfinden (Ende Mai bis Mitte Okt. sowie Ostern, Weihnachten und an Feiertagen tägl. 10–13 und 15–18 Uhr, Barnstorf Hufe IV, ✆ 038220-201, www.kunstscheune-barnstorf.de). Ein netter Spaziergang führt vom Hafen hierher.

Praktische Informationen

• *Information* Das **Haus des Gastes** (Kurverwaltung) befindet sich in dem backsteinernen Gebäude an der Durchgangsstraße, das einst als kaiserliches Postamt errichtet wurde. Freundlich und kompetent, mit Internet-Point. Mo–Fr 9–17 Uhr, Sa/So 10–15 Uhr, Öffnungszeiten können in der Nebensaison variieren. Ernst-Thälmann-Str. 11, 18347 Wustrow, ✆ 038220-251, ℻ 253, www.ostseebad-wustrow.de.

• *Baden* Von Dierhagen über Wustrow bis Ahrenshoop und weiter bis an das „Nordkap" der Halbinselkette, den *Darßer Ort*, erstreckt sich der herrliche, blau beflaggte Sandstrand. Er erfreut sich großer Beliebtheit und ist daher streckenweise und saisonal etwas übervölkert. Im Ortsbereich des Ostseebads Wustrow, also etwa bei der Seebrücke, ist der Strand bewacht. Der Strand fällt relativ sanft ins Meer ab und ist dementsprechend familienfreundlich, etwas Vorsicht sollte man bei den vorgelagerten Wellenbrechern walten lassen. FKK-Bereiche befinden sich ein wenig abseits nördlich und südlich des Hauptstrandes, einen Hundestrand gibt es im Süden auf Höhe der Surfschule (Strandübergänge 8 und 9).

• *Bootsausflüge* **Zeesenbootsegeln** kann man vom Wustrower Hafen aus. Wenn das Wetter passt, legen die Traditionssegler mehrmals tägl. ab. Erw. 12 €, Kinder 6 €. ✆ 038320-201 oder ✆ 0170-2017816 (Peter Eymael) oder über die Fischländer Segelschule, s. u. **Boddenrundfahrten** mit der *MS Ostseebad Wustrow* in der Hochsaison täglich, Dauer 2 Std., Erw. 9,50 €, Kinder 5 €. Infos am Hafen, unter ✆ 038320-588 oder unter www.boddenschifffahrt.de.

• *Einkaufen* **Regional- und Biomarkt** jeden Mo 9–14 Uhr in der Strandstraße.

Weide mit Boddenblick

Bücherstube Fischland, an der Durchgangsstraße, Bücher und Karten zur Region, Schreibwaren und eine kleine Abteilung für Zeichenbedarf. Ernst-Thälmann-Str. 20. Zeitungen und Zeitschriften im **Tabakladen** am Anfang der Strandstraße auf der linken Seite.

• *Fahrradverleih* Diverse Verleiher im Ort, die Preise sind einander angenähert, z. B. ein 3-Gang-Rad ab 6 €/Tag, die vollgefederte Alu-Luxus-Variante ab 7 €, Kinderrad ab 4 €. Überall gibt es auch entsprechendes Zubehör zu mieten. Die Verleiher befinden sich zuhauf in der Strandstraße, z. B. die **Schatztruhe** (eigentlich ein maritim-lastiger Souvenirshop), Strandstr. 32, ✆ 038220-80365; **Freizeitagentur Chaos** (hinter der Kurverwaltung, saisonal), Parkstr. 3, ✆ 038220-66776; **Fahrrad Schröder** (hier auch geführte Radwanderungen), Lindenstr. 17, ✆ 038220-80905.

• *Ferienhausvermittler* **Fischländer Ferien**, An der Seenotstation 2, 18347 Wustrow, ✆ 038220-666111, www.fischland.de.

Fremdenverkehrsverein Wustrow, Strandstr. 11, 18347 Wustrow, ✆ 038220-82763, www.fremdenverkehrsverein-wustrow.de.

• *Kurtaxe* Mitte Juni bis Mitte Sept. 1,50 €, erm. 0,80 €, in der Nebensaison 1 €/0,50 €, Hund 1 €.

Fischland–Darß–Zingst
Karte S. 130/131

Ländliches Panorama bei Wustrow

• *Veranstaltungen* Am Ostersamstag übernehmen beim **Strandgalopprennen** die Pferde den Strand; die **Zeesbootregatta** findet am ersten Samstag im Juli statt, eine Woche darauf (zweiter Sonntag im Juli) das traditionelle **Tonnenabschlagen**. Das **Seebrückenfest** wird am letzten Sonntag im August gefeiert.

Sommerkino Wustrow, im Zelt bei der Seebrücke, Termine im Haus des Gastes.

• *Verbindungen* Mit dem **Bus** ca. stündl. über Dierhagen nach Ribnitz-Damgarten und ebenfalls stündl. über Ahrenshoop, Born, Wieck, Prerow und Zingst nach Barth. Es fährt die Linie 210.

Fährverbindung nach Ribnitz in der Hochsaison 3-mal tägl. mit der *MS Boddenkieker*. ✆ 038320-588, www.boddenschifffahrt.de.

• *Wassersport* **Surfcenter Wustrow**, etwa 1 km südlich von Wustrow, an der schmalsten Stelle der Landenge und entsprechend strandnah. Surf- und Kitekurse, auch Wellenreiten. Dazu Verleih, solange Material vorhanden. Der angeschlossene Parkplatz ist für Kunden umsonst, ansonsten 1 €/Std., Wohnmobilstellplätze über Nacht 8–13 € (inkl. 1 Pers., jede weitere 3 €). Am Windrad 1, 18347 Wustrow, ✆/℻ 038220-80250, www.surfcenter-wustrow.de.

Fischländer Segelschule, Grundkurs, auch für Kinder, Sportbootführerscheine, Segeltouren im Zeesenboot, Vermietung von Jollen. Hafenstr. 10, 18347 Wustrow, ✆/℻ 038220-66365, www.fischlaender-segelschule.de.

• *Wohnmobilstellplatz* Am Hafen und beim Surfcenter Wustrow (s. oben).

Übernachten/Essen & Trinken

Dorint Strandresort & Spa, in der Strandstraße unweit der Seebrücke gelegen. Modernes Luxusambiente, freundlicher Service, großer Spa-Bereich mit Hallenbad, angemessen nobles Restaurant. Die besseren Zimmer tragen die Namen von Heilsteinen. Im Jadezimmer kann man ab 173 € übernachten, das Bernsteinzimmer (passender wäre wohl: die Bernstein-Suite-de-luxe) schlägt mit 343 € zu Buche, das normale EZ ab 127 €, das DZ ab 153 €, Frühstücksbuffet inkl. Strandstr. 46, 18347 Wustrow, ✆ 038220-650, ℻ 65100, www.dorint.com.

Hotelschiff Stinne, einzigartig das Ambiente: Hotel und Restaurant an Bord eines trockengelegten Großseglers. Nur 5 DZ und die Kapitänssuite. Im maritimen Restaurant wird etwas ausgefallenere Fischküche zu leicht gehobenem Preisniveau geboten. Ostern bis Ende Okt. tägl. ab 17 Uhr geöffnet (So auch mittags), die Kajüten des Hotels sind ganzjährig buchbar, DZ mit Frühstück 90 €. Kuhleger 13 a, 18347 Wustrow, ✆ 038220-336, ℻ 80570, www.hotelschiff-stinne.de.

Sonnenhof, Hotel, Restaurant und Café in der Strandstraße, das Restaurant mit dem netten Wintergarten liegt zur Straße, im rückwärtigen Gebäude befindet sich das Hotel (10 Zimmer, 4 Appartements). Im großen Biergarten daneben gibt es auch kleine Gerichte (Fischbrötchen, Bratwürste etc.), sowie Kaffee und Kuchen, große Karte, freundlicher Service. EZ 70 €, DZ 110 €, Appartement für 2–4 Personen 130–160 €, in der Nebensaison deutlich günstiger. Strandstr. 33, 18347 Wustrow, ☏ 038220-6190, ✆ 61955, www.sonnenhof-wustrow.de.

Schifferwiege, Pension und Restaurant in einer ruhigen Seitenstraße (gleich am Anfang der Strandstraße rechts rein). Mit Terrasse und Garten, innen Wintergarten mit hellen Korbmöbeln, freundliches Ambiente, behaglich-gediegene Zimmer. EZ 60,50 €, DZ 68 €, Appartement 74–79 €, Frühstück inkl. Das Restaurant (viel Fisch zu mittlerem bis leicht gehobenem Preisniveau) ist tägl. ab 11 Uhr durchgehend geöffnet, nachmittags Kaffee, Kuchen und Eis. Karl-Marx-Str. 30, 18347 Wustrow, ☏/✆ 038220-80336, www.schifferwiege.de.

Schimmel's, neue Pension und Restaurant schräg hinter dem Haus des Gastes, nur drei moderne Zimmer, hell und geschmackvoll eingerichtet, außerdem eine Ferienwohnung. DZ 70 €, Frühstück 5–12 € pro Person. Das Restaurant mit Café ist ab 14 Uhr geöffnet (So auch mittags, Do Ruhetag), Kaffee und Kuchen, abends hauptsächlich leichte Fischküche. Parkstr. 1, 18347 Wustrow, ☏ 038220-66500, www.schimmels.de.

Kapitänshaus, Fischrestaurant am Hafen, innen sehr gemütlich, große Auswahl an Fischgerichten, auch „im Würzsud gegart", auch einige vegetarische Gerichte. Mittags und abends geöffnet, der netten Lage entsprechendes leicht gehobenes Preisniveau. Hafenstr. 8, ☏ 038220-80980. Zum Kapitänshaus gehört auch die **Fischräucherei** nebenan, ebenfalls am Hafen, tägl. ab 12 Uhr gibt es hier frischen Räucherfisch, Fischbrötchen, Getränke etc. Auch Terrasse zum Sitzen.

Pension Schlunt und das *Restaurant Fischschuppen* (s.u.) liegen einander quasi gegenüber. In der Pension Doppelzimmer im rustikalen Stil, Sauna im Haus, DZ für 65–80 €, Frühstück 7,50 € pro Person. Osterstr. 30, 18347 Wustrow, ☏ 038220-80515, www.landhaus-schlunt.de.

Das dazugehörige **Restaurant Fischschuppen** bietet nettes Ambiente, urig mit Holzbalken, private Atmosphäre durch kleine Nischen. Große Speisekarte, auf der nicht nur die gängigen (Fisch-)Gerichte zu finden sind, sondern auch Exoten wie Schwertfisch oder Wok-Pfanne. Sehr beliebtes Restaurant, freundlicher Service, mittleres Preisniveau: Hauptgerichte ca. 10–15 €. Mo–Do nur abends geöffnet, Fr–So auch mittags. Osterstr. 30, ☏ 038220-80515.

Deutsches Haus, gegenüber dem Hafen gelegenes, gediegenes Hotel samt gutem und günstigen Restaurant (mit großer Terrasse) und Imbiss-Pavillon nebenan – hier gibt es leckeren Backfisch, Fischbrötchen und andere Snacks. 15 Zimmer, davon eines behindertengerecht, teils mit Balkon und Boddenblick. DZ mit Frühstück 84–94 €, Appartement bis 4 Pers. gleicher Preis, allerdings ohne Frühstück. Hafenstr. 5, 18347 Wustrow, ☏ 038220-6970, ✆ 69710, www.hotel-deutsches-haus.m-vp.de.

Wandertipp: Rund um Wustrow

Charakteristik: leichte Rundwanderung. **Länge/Dauer:** ca. 8 km, reine Gehzeit etwas mehr als 2 Std. **Start/Verlauf:** Die Rundwanderung beginnt am Hafen von Wustrow. Von hier aus zur Kirche und die Durchgangsstraße überqueren, rechts abbiegen und beim Haus des Gastes links in die Parkstraße einbiegen. Immer geradeaus bis auf den Deich (Radweg quert) und weiter geradeaus zum Ostseestrand. Dort rechts abbiegend gelangt man auf einem Fußweg zur Seebrücke. Von hier aus geht es geradeaus weiter, der Fußweg mündet in den gepflasterten Radweg. Die Pflasterung endet an einer sandigen Kreuzung, hier rechts abbiegen und durch ein Wäldchen zu einer Bungalowsiedlung, geradeaus durch bis zur Landstraße, kurz links, dann gleich rechts die Straße hinein, die zu einem Hotel führt. Direkt vor dem Hotel rechts auf einen Feldweg. Dieser führt am Boddenufer entlang zum idyllischen Ortsteil Barnstorf. Von dort geht es zurück zum Hafen von Wustrow.

Karte S. 130/131

Idyllisches Ahrenshoop

Ahrenshoop

ca. 800 Einwohner

Der vielleicht schönste Ort der Halbinsel – die ehemalige Künstlerkolonie verdient das Attribut „malerisch" voll und ganz. Dank traumhaftem Strand, vielen Kunstgalerien und hervorragenden Hotels ist Ahrenshoop heute eines der nobelsten Ziele an der deutschen Ostseeküste.

Ein Bummel durch das alte Fischerdorf macht Lust am Entdecken, an jeder Ecke wartet ein neues Fotomotiv – liebevoll restaurierte Fischerkaten, edle Strandvillen, das beeindruckende Hochufer, die schilfgesäumte Boddenküste oder einfach der endlose Ostseestrand. In den niedrigen Rohrdachhäusern verbergen sich zahlreiche Kunstgalerien, teilweise in nur zu Fuß zugänglichen Seitensträßchen gelegen, von denen der leuchtend blaue Kunstkaten am Strandweg mit seinem rohrgedeckten Dach sicher am auffälligsten ist. Entlang der viel befahrenen Hauptdurchgangsstraße reihen sich dagegen die schicken, oft aufwendig um- oder neugebauten Hotels aneinander, hier trifft man sich in edlen Restaurants und Cafés. Wer Ahrenshoop erkunden will, sollte sich das Panorama vom **Hohen Ufer** auf den Strand nicht entgehen lassen: Der Blick von hier oben zählt zu den beliebtesten Fotomotiven der Halbinsel, und – man ahnt es schon – gemalt wurde diese Ansicht auch schon mehrfach.

Historisch spielte der Ort, der Ende des 13. Jh. erstmals als „Arens Hof" oder „Arnes Hof" erwähnt wurde, zunächst kaum eine Rolle. Ahrenshoop bildete seit jeher die Grenze zwischen dem mecklenburgischen Fischland und dem Darß, der schon zu Vorpommern gehört. Erst in den letzten Jahrzehnten des 18. Jh. entstand hier ein richtiges Fischerdorf. Zu größerer Bedeutung kam Ahrenshoop ab 1889, als der Maler *Paul Müller-Kaempff* (1861–1941) den Ort „entdeckte" und bald darauf zu seiner neuen Wohn- und Schaffensstätte erkor. Ihm folgten zahlreiche Künstler und Künstlerinnen, denen Ahrenshoop sein Renommee als Künstlerkolonie verdankt und von dem es noch heute zehrt. Mit den Künstlern kamen aber auch die betuchten Badegäste hierher, von denen man in den 1920er Jahren jährlich über 2000 zählte. Nach dem Zweiten Weltkrieg lebte der Künstlerort Ahrenshoop weiter und avancierte zum beliebten Urlaubsziel der DDR-Kulturschaffenden. Heute zählt der Ort ca. 2000 Gästebetten und eine stetig wachsende Zahl an (Eigentums-)Wohnanlagen, in die besser Betuchte für einen komfortablen Lebensabend investieren – kaum ein Haus in Ahrenshoop ist heute noch in „normalem" Familienbesitz ohne Ferienvermietung. Kurzum: Wer hier uriges altes Fischerambiente sucht, wird sicher nicht fündig.

Zu Ahrenshoop gehören auch die beiden südlich gelegenen Ortsteile **Althagen** und **Niehagen**, beide ebenfalls mit ausreichend Unterkünften (und ein wenig Gastronomie) ausgerüstet, insgesamt aber doch deutlich ruhiger als der Ort selbst. Mit dem Fahrrad (fast durchgehend Radweg) ist man schnell im „Zentrum", zu Fuß sind es von Niehagen zur „Bunten Stube" in Ahrenshoop etwa 30–45 Minuten.

Künstlerkolonie Ahrenshoop

Bei einer Wanderung im Jahr 1889 erblickte der Maler *Paul Müller-Kaempff* das beschauliche Fischerdörfchen erstmals vom Hohen Ufer aus, der Ahrenshooper Steilküste, und war sogleich angetan von diesem „Bild des Friedens und der Einsamkeit". Es war die unberührte Natur und das romantische, einfache Leben, durch das Müller-Kaempff sich angezogen fühlte – er wollte weg vom akademisch-bürgerlichen Kunstbetrieb der Großstadt mit seinen strengen Hierarchien, hin zur Einheit von Mensch und Natur und der damit verbundenen Freiheit. 1892 ließ sich Müller-Kaempff an der Dorfstraße ein erstes Haus bauen und gründete eine Malschule, es folgte als Schule und Pension das **Künstlerhaus Lukas** in der Dorfstraße (Nr. 35), das damals bis zu 50 Schüler und Schülerinnen beherbergen konnte – hauptsächlich Schülerinnen, denen der Zugang zu den meisten staatlichen Akademien bis 1919 verwehrt blieb.

Ahrenshoop wurde zu einem Zentrum impressionistischer Landschaftsmalerei, was sich auch an den Hochschulen von Berlin und Düsseldorf herumsprach. Mit den Malschülern kamen auch die Maler, die das alte Fischerdorf als ihren neuen Wohnsitz auserkoren, und mit der Kunst kam der Badetourismus. 1909 wurde der **Kunstkaten** (s. u. *Sehenswertes*) als öffentliches Ausstellungsgebäude eröffnet, doch brachte der Erste Weltkrieg das rege künstlerische Treiben in Ahrenshoop bald zum Erliegen. Auch der Kunstkaten wurde geschlossen (1919) und bald darauf verkauft. Nach einer zweiten Blütezeit in den 1920er Jahren kam es erst wieder in der DDR zu einer erneuten Aufnahme des Kulturbetriebes: Ahrenshoop wurde zum „Bad der Kulturschaffenden", in dem Maler, Schriftsteller und Theaterleute, aber auch Funktionäre entspannte Ferientage verbrachten.

Noch heute hält man die Tradition der Künstlerkolonie Ahrenshoop aufrecht. Künstler unterhalten Ateliers, im Kunstkaten sind wieder Ausstellungen zu sehen und auch das Künstlerhaus Lukas wurde wieder seiner ursprünglichen Funktion zugeführt: In sieben Atelierwohnungen sind Stipendiaten untergebracht, das in der Regel einmonatige Stipendium steht den Bereichen Bildende Kunst, Literatur, Tanz und Musik offen (www.kuenstlerhaus-lukas.de).

Praktische Informationen

• *Information* Die **Kurverwaltung Ahrenshoop** liegt zwischen Durchgangsstraße und Strand beim Kunstkaten, hier auch Zimmervermittlung und Internet-Point. In der Hochsaison (15. Juni bis .–15.Sept.) Mo–Fr 9–18 Uhr, Sa/So 10–15 Uhr; in der Nebensaison Mo–Fr 9–17 Uhr (im Winter nur bis 16 Uhr), Sa 10–15 Uhr, So geschlossen. Ob des Andrangs leiden leider zuweilen die Umgangsformen. Kirchnersgang 2, 18347 Ahrenshoop, ✆ 038220-666610, 📠 666629, www.ahrenshoop.de.
Jeden Mittwoch um 10 Uhr (im Winter ab 11 Uhr) starten von der Kurverwaltung ca. 2-stündige **Ortsrundgänge**.

• *Appartement- und Zimmervermittlung* sowohl in der Kurverwaltung, als auch bei diversen privaten Anbietern, Infos z. B. bei www.die-ahrenshooper.de, www.fischland.de oder www.ahrenshoop24.de. Günstige, gut ausgestattete Appartements mit kleinen Terrassen gibt es auch bei **Marder** in Niehagen, Niehäger Straße 30, 18347 Ahrenshoop/Niehagen, ✆ 038220-6420, 📠 64220 www.fewo-marder.de

• *Baden* Badefreunde werden mit einem endlosen feinsandigen Strand quasi direkt an den Ort angrenzend verwöhnt. Nur ein schmaler Dünenstreifen trennt Dorf und Meer, in südwestliche Richtung schließt mit dem Ahrenshooper *Hohen Ufer* ein Stück Steilküste an. Auch hier wird der Dorfstrand in den Sommermonaten von der DLRG bewacht (Übergang 12), und auch an diesem Strand weht als Gütesiegel die Blaue Flagge. FKK nicht streng getrennt, aber eher in nordöstlicher Richtung anzutreffen (Richtung Darßer Weststrand). Ausgewiesene Hundestrände finden sich bei Übergang 3 und 13 (im ganzen Ort und am Strand gilt Leinenpflicht).

• *Bootstouren* **Zeesenbootfahrten** auf der *Sannert* oder der *Blondine*, im Sommer mehrmals tägl. Dauer 90 Min., Erw. 12 €, Kinder 6 €. Infos im *Räucherhaus* (am Althäger Hafen, s. unten) bzw. unter ✆ 038220-6946, www.raeucherhaus.net.

• *Einkaufen* Sofort ins Auge fällt die **Bunte Stube** an der Dorfstraße – der halbrunde Bau in Rot und Weiß von 1929 stammt aus der Zeit des Bauhaus und lädt heute zum Stöbern ein: Bücher, Postkarten, Keramik, Tee, Pullover, Schals etc., in der kleinen Galerie im Hinterraum finden wechselnde Ausstellungen statt. Mo–Sa 10–18.30 Uhr, So 12–17 Uhr. Dorfstr. 24.

> **Kunst** aller Art und aller Preisklassen wird in den Galerien und Ateliers verkauft.

• *Fahrradverleih* **Gielow**, April bis Okt. tägl. 8–19 Uhr. Tourenräder 4–7 €/Tag, MTB ab 6 €. Auch Kindersitze, Helme, Anhänger und Kartenmaterial. Bei Gielow auch Strandkorbverleih (5 €/Tag) und **Appartements** für max. 6 Pers. (90 €/Tag, für 2 Pers. ab 40 €). Dorfstr. 21 (an der Hauptstraße beim Schild bis ganz hinten zum schwarzen Schuppen durchgehen). ✆/📠 038220-80134, www.haus-gielow.de.
Brilke, in Niehagen, Pension (s. u.) mit Fahrradverleih: Tourenräder 5,50–12,50 €/Tag (Tipp: wer im Internet bucht, fährt billiger). Auch Kinderräder und -sitze, Anhänger/Nachläufer, Hundekörbe etc. Hauptstr. 1, ✆/📠 038220-80396, www.pension-brilke.de.

• *Kurtaxe* In der Hochsaison vom 15. Juni bis 14.Sept. 2,30 € pro Pers., erm. 1,80 €, unter 18 J. frei; in der Nebensaison 1,50 €, im Winter 1 € (1. Nov. bis 31. März), Hunde ganzjährig 1 €.

• *Parken* In ganz Ahrenshoop schwierig, da Parken im „Zentrum" fast überall verboten ist. Einige ausgewiesene Parkplätze (z. B. beim Hotel Strandläufer die Straße rein), oder Parkmöglichkeiten bei der Kirche, fast überall gebührenpflichtig.

• *Reiten* **Islandpferdehof Fischland**, in Niehagen, sympathischer Hof, angeboten werden Anfänger- und Fortgeschrittenenkurse auf Islandpferden, Ausritte (z. B. 5-Stunden-Ritt zum *Darßer Weststrand*, 50 €), Ganztagesritte (90 €) und auch Mehrtagesritte (300 € inkl. Übernachtung und Verpflegung); ein Ferienhaus für 4 Personen kann für 50 €/Tag gemietet werden, und auch das eigene Islandpferd kann mitgebracht werden (Offenstall und Weide, 5 €/Tag). Reitstunde 17,50 €. Weg zum Kiel 12, 18347 Ahrenshoop-Niehagen, ✆ 038220-69328, www.islandpferdehof-fischland.de.

• *Veranstaltungen* Neben den zahlreichen temporären Ausstellungen (Termine im monatlich herausgegebenen Ahrenshooper Veranstaltungskalender) gibt es auch ein paar feste Termine: Das beliebte **Tonnenabschlagen** zu Pferde findet immer am dritten Sonntag im Juli statt, abends großer Reiterball. Ein Wochenende später trifft man sich zum Ahrenshooper **Strandfest**.

Beliebtes Fotomotiv: der Blick vom Hohen Ufer

Die **Ahrenshooper Kunstauktion** findet immer am ersten Samstag im August statt. Unter den Hammer kommen Werke u. a. von Künstlern aus Ahrenshoop (und der gesamten Ostseeregion), teilweise noch aus den Anfangszeiten der Künstlerkolonie.

Am dritten Samstag im August lädt Ahrenshoop zur **Langen Nacht der Kunst**: Kunsthäuser, Galerien und Werkstätten sind bis Mitternacht geöffnet, umrahmt wird das Ganze von diversen Veranstaltungen und Vorführungen (Eintritt 10 €, unter 18 Jahren frei).

Einen letzten Höhepunkt der Saison bildet schließlich die **Althäger Fischerregatta** am dritten Septemberwochenende: Regatta mit Zeesenbooten auf dem Saaler Bodden, dazu Hafenfest und Markt, abends Tanz und Live-Musik.

- *Verbindungen* Nur **Bus** (Linie 210), mehrere Haltestellen an der Hauptstraße (Dorfstraße). Etwa stündl. über Wustrow und Dierhagen nach Ribnitz-Damgarten; ebenfalls stündl. über Born, Wieck, Prerow und Zingst nach Barth.
- *Wassersport* s. oben Wustrow, S. 136.

Übernachten

Die Auswahl an guten bis sehr guten Hotels (und den dazugehörigen, entsprechend hochpreisigen Restaurants) ist groß, im mittleren und unteren Preissegment findet sich dagegen nicht allzu viel. In den Ortsteilen Althagen und Niehagen gibt es auch einige günstige Pensionen. Der nächste Campingplatz befindet sich in Born (S. 147).

- *In Ahrenshoop* **Elisabeth von Eicken**, „Wohnen – Essen – Kunst" lautet das Credo dieses sorgfältig sanierten Hotels, ehemals Wohnhaus der Malerin Elisabeth von Eicken, das heute sechs von zeitgenössischen Künstlern individuell gestaltete Zimmer bietet (besonders einladend die im Dachgeschoss – z. B. die Nr. 6 von Gerd Mackensen). Alle Zimmer sind auch als Einzelzimmer zu haben. Restaurant und Bistro im Haus (s. u.), mit ruhiger Terrasse nach hinten hinaus. Im 1. Stock befindet sich die *Galerie Peters-Barenbrock* (wechselnde Ausstellungen, Di–So 11–17 Uhr). Je nach Größe und Ausstattung kostet das EZ 85–120 €, das DZ 110–145 €, Frühstück inkl., Halbpension 34 € pro Person. In einigen Zimmern sind Hunde willkommen. Im Jan. geschl. Dorfstr. 39, 18347 Ahrenshoop, ✆ 038220-6990, 69924, www.elisabethvoneicken.de.

**** **Der Fischländer – Weststrand Hotel**, das knallgelbe Haus mit Rohrdach am nordöstlichen Ortsausgang (Richtung Prerow) ist kaum zu übersehen. Gleich beim Weststrand (nur über die Straße), 28 komfortable, stilvoll eingerichtete Zimmer, die meisten mit Balkon. Gehobenes Restaurant, Terrassencafé und Cocktailbar (s.u.) im Hotel, außerdem Wellnessbereich mit Sauna, Whirlpool, Massage und Kosmetik. EZ 105–125 €, DZ 125–155 €, Suite für 2 Pers. 175–190 €, einschließlich Frühstück, Halbpension 26 € pro Person und Tag, Haustier 10 €. Zudem werden drei voll ausgestattete Ferienwohnungen auf dem Schifferberg angeboten: für 2 Personen 120 €, für vier Personen 135–165 €/Tag. Dorfstr. 47 e, 18347 Ahrenshoop, ✆ 038220-6950, 📠 69555, www.hotelderfischlaender.de.

**** **Romantik Hotel Namenlos & Fischerwiege**, auf mehrere Gebäude verteiltes Hotel, auch hier alles sorgsam saniert, man logiert entweder im rohrgedeckten Haupthaus, der Fischerwiege mit baumbestandenem Garten, im kleinen Dünenhaus neben der Fischerwiege mitten im Grünen (und mit Galerie im Erdgeschoss) oder im denkmalgeschützten Haus Bergfalke, ebenfalls mit Rohrdach. Zum Hotel gehören Hallenbad, Sauna und Whirlpool, auch Massagen und Kosmetikbehandlungen. Im Haupthaus EZ 110 €, DZ 160–180 €, in der Fischerwiege EZ ab 100 €, DZ ab 160 €, Appartement für 2 Pers. im Dünenhaus 125–135 €, im Haus Bergfalke EZ 60 €, DZ 90 €, jeweils mit Frühstück, Halbpension möglich (Menü 28 €). Schifferberg 2, 18347 Ahrenshoop, ✆ 038220-6060, 📠 606301, www.hotel-namenlos.de.

Pegasus in Ahrenshoop

Zum Strandläufer, gediegen-schickes Hotel an der Dorfstraße, empfehlenswertes Restaurant mit netter Terrasse davor. Die wenigen, behaglich im Stil der Gründerzeit eingerichteten Zimmer bieten historisches Ambiente, dazu aber modernen Komfort. Sauna und Whirlpool, keine 100 m zum Strand. DZ 115–130 €, Suite für 2 Pers. 135–155 €, jeweils mit Frühstück, eine Ferienwohnung für 2 Personen kommt auf 98 €. Im benachbarten Muschelhaus kostet das modern eingerichtete DZ mit Frühstück 115–125 €. Dorfstr. 31, 18347 Ahrenshoop, ✆ 038220-80779, 📠 80152, www.zum-strandlaeufer.de.

Pension Nordlicht, einladendes pastellgelbes Gebäude, ebenfalls an der Dorfstraße, direkt an Strandübergang 9 und nur wenige Schritte zum Meer. Parkplatz am Haus, mit Terrasse, auf der die Wellensittiche in der Voliere plaudern. Freundlicher Service, nette Zimmer in pastelligem Landhausstil, mit Balkon oder Terrasse (wir empfehlen eines mit Meerblick nach hinten). EZ 67 €, DZ 88–98 €, es gibt auch ein Appartement: für 2 Pers. 115 €, für 4 Pers. 145 €, alle Preise inkl. Frühstück. Halbpension im dazugehörigen Restaurant 15 €. Dorfstr. 34, 18347 Ahrenshoop, ✆ 038220-69610, 📠 69623, www.haus-nordlicht.m-vp.de.

Appartements Saatmann, an der Hauptstraße Richtung Althagen, rotes Haus auf der linken Seite, ein Stück vom Zentrum. Rustikal und mit viel Holz eingerichtete Ferienwohnungen und Appartements, für 2 Personen 75–85 €/Tag. Restaurant/Café im EG, mit Terrasse. Bernhard-Seitz-Weg 17, 18347 Ahrenshoop, ✆ 038220-6070, www.saatmann.net.

• *In Althagen* **Pension „Räucherhaus"**, direkt am Althäger Hafen, drei Appartements und vier Ferienwohnungen, z. T. unterm Dach, für 2-3 Personen 56–77 €/Tag, für 4 Personen 100 €, für 7 Personen 150 € (jeweils mit kl. Küche). Ab 4 Personen werden vom Räucherhaus auch **Zeesenbootfahrten** organisiert (s. oben). Rustikale Gaststätte im Haus (s. unten). Am Hafen, 18347 Ahrenshoop/OT Althagen, ✆ 038220-6946, www.raeucherhaus.net.

• *In Niehagen* **Landhaus „Morgensünn“**, im Ortsteil Niehagen gelegenes Haus, ockerfarben und mit Rohr gedeckt, mit Schwimmbad, Sauna und Wellnessangebot. Zum Landhaus gehören noch drei weitere Häuser, darunter das **Restaurant Am Kiel** (s. u.). DZ mit Frühstücksbuffet 110–140 € (Boddenblick), als EZ 95 €, in den anderen Häusern auch Ferienwohnungen und Appartements (für 2–4 Personen 110–180 €). Bauernreihe 4 d, 18347 Ahrenshoop/OT Niehagen, ✆ 038220-6410, 📠 64126, www.landhaus-morgensuenn.de.

Pension Bradhering, *Lesertipp!* Altes Backsteinhaus (ehemals Bauernhof) in schöner ruhiger Lage, mit Garten, Frühstück im angebauten Wintergarten. DZ 75–80 €, Appartement für 2–4 Personen 85–95 €, Ferienhaus 85 €, Frühstück jeweils extra. Auch Fahrradverleih. Weg zum Kiel 7, 18347 Ahrenshoop/OT Niehagen, ✆ 038220-414, www.pension-bradhering.de.

Pension Brilke, freundliche Pension unter einem Rohrdach, mit Fahrradverleih, relativ günstig, allerdings an der Durchgangsstraße im Ortsteil Niehagen gelegen. EZ 40 €, DZ 70–75 €, Appartement für 2 Personen 75 €, jeweils inkl. Frühstück. Niehäger Str. 1, 18347 Ahrenshoop/OT Niehagen, ✆ 038220-80396, 📠 66219, www.pension-brilke.de.

Essen & Trinken/Nachtleben

• *Restaurants* **Elisabeth von Eicken**, im angenehmen, gepflegten Ambiente der Künstlervilla mitten im Zentrum von Ahrenshoop bietet das edle Restaurant hochwertige, raffinierte Küche zu angemessenen Preisen: das 3-Gang-Menü kommt auf 43 €, das vegetarische Menü (5 Gänge) auf 46 €, das 5-Gang-Menü auf 65 € – wer sich etwas Besonderes gönnen will, ist hier genau richtig (nur abends geöffnet, Mo/Di geschlossen). Etwas günstiger ist das **Bistro Elisabeth**: Hier gibt es auch kleine Gerichte, z. B. Pasta und Salate, aber auch Steaks (Mo/Di geschlossen). Abgerundet wird das kulinarische Angebot durch eine gute Auswahl an Weinen mit Schwerpunkt Deutschland und Südtirol. Dorfstr. 39, ✆ 038220-6990.

Restaurant/Café Namenlos, vielfach gelobtes Restaurant mit herrlicher Terrasse auf einem kleinen Hügel mit schönem Blick, wo es sich am Nachmittag bei Kaffee und Gebäck aus eigener Konditorei bestens aushalten lässt. Das Restaurant serviert verfeinerte mecklenburgische Küche von heimischen Produzenten, das Ganze allerdings nicht ganz billig (Hauptgerichte um 17–20 €), im Angebot aber immer ein etwas günstigeres Tagesgericht. Tägl. durchgehend geöffnet. Schifferberg 2, ✆ 038220-6060.

Achtern Strom, Fischrestaurant und Café mitten im Zentrum an der Hauptstraße (im Haus Baltischer Hof), mit Terrasse. Nettes Ambiente, sehr freundlicher und hilfsbereiter Service, gute Fischküche, nicht teuer. Tägl. ab 11 Uhr durchgehend geöffnet, nachmittags Kaffee und Kuchen. Dorfstr. 4, ✆ 038220-82601.

Räucherhaus, hier am Althäger Boddenhafen (Ortsteil Althagen) kommt hauptsächlich geräucherter Fisch auf den Tisch, natürlich aber auch fangfrischer. Uriges Ambiente, überdachte Veranda, eine Institution und beliebt, allerdings scheinbar so beliebt, dass die Gastfreundlichkeit darunter zuweilen arg leidet. Tägl. ab 11.30 Uhr durchgehend geöffnet. Am Hafen, ✆ 038220-6946.

Am Kiel, in Niehagen an der Hauptstraße, verfeinerte Fischküche, auch Wildgerichte, Salate etc., für das Gebotene nicht zu teuer, freundlicher Service. Mit Terrasse. Tägl. ab 12 Uhr durchgehend geöffnet. Boddenweg 12, ✆ 038220-669721.

Kap der Guten Hoffnung, im Ortsteil Niehagen, Lesertipp: „Ein echter Geheimtipp: günstige Hausmannskost, sehr gut und viel, sehr zu empfehlen der ‚Fischtopf für Hungrige'!". Im Sommer tägl. ab 17 Uhr geöffnet, So auch mittags, im Winter Mo Ruhetag. Weg zum Kiel 6 (gegenüber Pension Bradhering), ✆ 038220-66705. -

• *Cafés* Neben dem bereits erwähnten **Café Namenlos** mit seiner schönen Terrasse (s. o.) fällt die Wahl unbedingt auf das **Café Buhne 12**: traumhafte Lage oberhalb des Strandes am Hohen Ufer, toller Blick aufs Meer (v. a. abends). Schöner, großer Garten, nettes Ambiente und freundlicher Service, auch viel gelobtes (Fisch-)Restaurant zu leicht gehobenen Preisen, nachmittags ein Muss für Kaffee und Kuchen. Di–So 12–23 Uhr, im Winter Sa/So 12–23 Uhr). Grenzweg 12, ✆ 038220-232, www.buhne12.de.

Café Stübchen, im Ortsteil Niehagen an der Hauptstraße, moderner orangener Pavillon mit Terrasse und Garten drumherum, innen Kamin, leckere selbst gebackene Kuchen und Eis, auch deftige Snacks und kleine Gerichte. Im Sommer tägl. 13–20 Uhr geöffnet, im Winter eingeschränkt (am besten vorher anrufen). Niehäger Str. 14, ✆ 038220-667558.

• *Nachtleben* **Cocktailbar Tute**, im Hotel Fischländer, beliebter Treffpunkt für Nachtschwärmer, es kann auch das Tanzbein geschwungen werden. Tägl. ab 21 Uhr. Dorfstr. 47 e, ✆ 038220-6950.

Sehenswertes

Kunstkaten Ahrenshoop: Der leuchtend blaue Katen mit Rohrdach am Strandweg ist nicht zu übersehen. Mit seiner fast 100-jährigen, wechselvollen Geschichte ist er die älteste Galerie in Ahrenshoop. Zu sehen sind heute wechselnde Ausstellungen hauptsächlich zeitgenössischer Künstler, oft mit geografischem bzw. thematischem Bezug zu Ahrenshoop und der Ostsee. Darüber hinaus finden im Kunstkaten zahlreiche Veranstaltungen statt – Lesungen, klassische Konzerte, Schauspiel, Kabarett, Jazz- und Liederabende etc.

Öffnungszeiten Tägl. 10–18 Uhr, im Winter Di–So 10–13 und 14–16 Uhr. Eintritt 2 €, erm. 1 €. Strandweg 1, ✆ 038220-80308, www.kunstkaten.de.

Strandhalle: Nur einen Steinwurf vom Kunstkaten entfernt, zwischen Dorfstraße und Strand, befindet sich dieses deutlich modernere Veranstaltungshaus. Es wurde 1998 eröffnet und dient als Ausstellungsgebäude der Kommune, angeschlossen ist ein Gästehaus für Künstlergruppen. Neben den wechselnden Ausstellungen – ebenfalls meist zeitgenössischer Künstler – findet hier auch alljährlich die Ahrenshooper Kunstauktion (s. o. *Veranstaltungen*) statt.

Öffnungszeiten Tägl. 10–18 Uhr, im Winter 10–13 und 14–16 Uhr. Eintritt 2 €, erm. 1 €. Dorfstr. 16 b, ✆ 038220-82522.

Galerie Alte Schule: Das recht kleine Ausstellungsgebäude befindet sich neben der Strandhalle (auf dem Weg zum Strand noch vor der Strandhalle). Gezeigt werden wechselnde Ausstellungen zeitgenössischer Künstler aus dem Ostseeraum bzw. dem Norden Deutschlands.

Öffnungszeiten Di–So 10–13 und 14–17 Uhr, im Winter 13–17 Uhr, Mo geschlossen. Eintritt frei. Dorfstr. 16, ✆ 038220-66330.

Neues Kunsthaus: Auf der Boddenseite der Dorfstraße, schon Richtung Althagen und etwas versteckt gelegen. Sehenswerte Galerie zeitgenössischer Kunst aus Mecklenburg-Vorpommern und dem gesamten Ostseeraum. Hier sind auch Ausstellungen von Stipendiaten aus dem *Künstlerhaus Lukas* zu sehen. Schöner rohrgedeckter Bau, mit Skulpturengarten.

Öffnungszeiten Tägl. 10–18 Uhr, im Winter nur bis 16 Uhr (Dez. bis ca. Febr.), im Frühling/Herbst bis 17 Uhr. Eintritt 1 €, erm. 0,50 €, unter 16 J. frei. Bernhard-Seitz-Weg 3 a, ✆ 038220-80726, www.neues-kunsthaus-ahrenshoop.de.

Ahrenshoop wie vor hundert Jahren

Galerie im Dornenhaus: Um die Ecke vom Neuen Kunsthaus befindet sich das unter Denkmalschutz stehende alte Fachwerkhaus mit tiefem Rohrdach. Die Galerie beansprucht die beiden vorderen Räume (dahinter privat), ausgestellt sind Keramik und schräge Skulpturen im Garten.
Öffnungszeiten Tägl. 10–18 Uhr. Eintritt frei. Bernhard-Seitz-Weg 1, ✆ 038220-80963.

Kunsthaus am Schifferberg: Ganz neue Galerie neben dem Strandhotel Möwe am Ortsrand Richtung Prerow. Auch hier wechselnde Ausstellungen, Künstler aus der Zeit der Künstlerkolonie Ahrenshoop wie auch Moderne und Zeitgenössisches.
Öffnungszeiten Do–So 15–19 Uhr, Schifferberg 14 d, ✆ 038220-666860, www.kunsthaus-am-schifferberg.de.

Schifferkirche: Der originelle Kirchenbau aus dem Jahr 1951 liegt am Fuß des (immerhin 14,6 m hohen) Schifferbergs in einer Seitenstraße der Dorfstraße – eine kleine Holzkirche, deren Dach dick mit Rohr gedeckt ist. Im Kircheninneren finden sich Werke der Bildhauerin *Doris Oberländer-Seeberg:* der hölzerne Taufständer, die Kanzel und die Schrift an der Altarwand. Auch das Innere der Kirche besteht fast ausschließlich aus Holz.
Öffnungszeiten Juni bis Sept. Di–So 10–16 Uhr, Okt. bis Mai Do–So 10–16 Uhr. So 9 Uhr Gottesdienst. Paetowweg 5, Infos unter ✆ 038233-69133.

Born

ca. 1200 Einwohner

An Born fließen die Touristenströme, kanalisiert von der Verbindungsstraße, weitgehend vorbei. Dabei lohnt sich ein Abstecher, findet man hier doch noch viel vom Charme eines alten Fischerdorfes: ein paar rohrgedeckte Häuschen mit bunten Fassaden und bemalten Haustüren, kopfsteingepflasterte Sträßchen, eine traditionsreiche Anlegestelle an der Boddenküste und im Rücken die ländliche Idylle des Darßer Waldes. Am Ortsrand von Born befindet sich heute ein Campingplatz, im Darßer Wald die Jugendherberge, und seit kurzem kann man auch mitten im Ort stilvoll in einem alten Kapitänshaus logieren.

Bedeutendste Sehenswürdigkeit von Born ist die hübsche hölzerne **Fischerkirche** mit Rohrdach. Sie wurde 1934/1935 erbaut und zeigt im Innern ein hölzernes Tonnengewölbe. Auf dem Dach thront ein kleiner Turm, die dazugehörigen Glocken aber befinden sich separat auf dem 50 m entfernten Friedhof.
Öffnungszeiten **Fischerkirche**: nur Mi 14–16 Uhr und Sa 11–12 Uhr. Führungen nach Absprache, Infos im Pfarramt, Kirchenort 2, ✆ 038233-69133.

Praktische Informationen

• *Information* **Kurverwaltung Born**, freundlich und hilfsbereit, im Sommer Mo–Fr 9–12 und 13–17 Uhr, Sa/So 10–16 Uhr; Sept. bis Mai Mo–Do 10–12 und 13–16 Uhr, Sa/So geschlossen. Chausseestr. 73b, 18375 Born a. Darß, ✆ 038234-50421, 📠 50431, www.darss.org.

Nationalparkamt Vorpommersche Boddenlandschaft, im Wald auf der anderen Seite der Bundesstraße, beschildert. Im Forst 5, 218375 Born a. Darß, ✆ 038234-5020, www.nationalpark-vorpommersche-boddenlandschaft.de.

• *Bootstouren* Die *MS Blütenkieker* startet im Sommerhalbjahr 3-mal tägl. zur großen **Boddenrundfahrt**, sowie 1-mal pro Woche abends (zuletzt Mi) zur Abendfahrt. Infos unter ✆ 038220-588 oder www.boddenschifffahrt.de.

Mit der *MS Heidi* während der Saison nach Fuhlendorf (Bodstedter Bodden) und Prerow. ✆ 038234-210, www.reederei-rasche.de.

Eine **Fähre** (max. 12 Personen) bedient im Sommer immer freitags und sonntags je 3x tägl. die Strecke Born–Neuendorf (am Saaler Bodden), Infos unter ✆ 0151-52560217.

Fahrradtransport auf allen Schiffen möglich.

• *Einkaufen* **Bio-Hofladen Gut Darß**, am Ortsrand, beschildert. Gemüse, Fleisch,

Frisch aus der Wabe: Honig in allen Variationen

Fisch, Käse, Backwaren, Gewürze, Honig usw., geöffnet Mo–Fr 9–18 Uhr (im Winter nur bis 17 Uhr), Sa 9–12 Uhr. Im Sommer findet auf dem Gut immer donnerstags 10–15 Uhr ein Regional- und Biomarkt statt, im Anschluss ist eine Gutsbesichtigung möglich (5 € pro Person, Kinder frei). Am Wald 26, 18375 Born, ✆ 038234-50627, www.gut-darss.de.

• *Fahrradverleih* **Neumann's Fahrradshop** im Zentrum, 3-Gang-Rad 4 €, 7-Gang-Rad gefedert 5,50 €, auch Kinderräder und Zubehör. April bis Okt. tägl. 9–19 Uhr geöffnet. Im Moor 2, ✆ 038234-272, www.neumann-darss.de.

• *Kurtaxe* In der Hauptsaison 2 €, erm. 1,50 €, in der Nebensaison 1 €, erm. 0,80 €.

• *Übernachten* **Pension Walfischhaus**, direkt am Boddenhafen von Born, neue kleine Pension in geschmackvoll restauriertem Gebäude, auch Restaurant und Café (s. unten). Insgesamt nur sieben Zimmer in komfortabler, gemütlicher Einrichtung, einige auch mit Terrasse/Balkon. EZ 65 €, DZ 116–124€, Dreibett-Zimmer 150–158 €, Frühstück jeweils inkl. Ganzjährig geöffnet. Chausseestr. 74, 18375 Born a. Darß, ✆ 038234-55784, 📠 55785, www.walfischhaus.de.

Capitänshaus von Petersson, aufwendig renoviertes altes Kapitänshaus, ein Anwesen mitten im Dorf mit viel Grün drumherum, Café/Restaurant nebenan. Insgesamt fünf große Ferienwohnungen (zweistöckig) für max. 5 Personen zum Preis von 90–150 €/Tag, im Nebengebäude eine kleine 1-Zimmer-Whg. für 80 €/Tag. Z. T. schnell ausgebucht, Leser zeigten sich begeistert. Buchung über Residenzen-Vermietungsdienst Sefior Ltd., Grehberg 58, 31855 Aerzen, ✆ 0700-94647800, www.capitaenshausvonpetersson.de.

Jugendherberge Born, etwa 3 km außerhalb von Born (Richtung Ahrenshoop) abseits der Straße im Nationalpark gelegen und umgeben vom Darßer Wald. Mit Minigolf, kleiner Gaststätte, Fahrradverleih. Unterbringung in hölzernen Bungalows und Schwedenhäusern (22,90 €/Nacht, Senioren ab 27 J. 28 €/Nacht), auch Campingmöglichkeit (15,50 bzw. 18,90 € pro Person). Strikt verboten ist hier offenes Feuer (Nationalpark). Im Darßer Wald, 18375 Born, ✆ 038234-229, 📠 231, www.djh-mv.de.

Regenbogen Camp Born, ruhig gelegener Campingplatz westlich des Ortes am Boddenufer (mit Badestelle). Großzügiger, schattiger Platz, keine Gaststätte, aber kleiner Supermarkt und Kiosk/Café, Fahrradverleih, Sportangebot, das Surfrevier ist für Anfänger geeignet. Auch Kite-Schule, Kajak-Verleih und Kanutouren (s. unten). Zelt je nach Größe 7,90–8,65 €, Wohnwagen/-mobil 8,65–9,95 €, Erw. 6,30 €, Kinder bis 14 J. 2,60 €, Pkw 4,30 €, in der Hauptsaison nur für mindestens 3 Tage buchbar. Geöffnet Anfang April bis Ende Okt. Nordstraße, 18375 Born, ✆ 038234-244, 📠 59303, www.regenbogen-camp.de.

Fischland–Darß–Zingst
Karte S. 130/131

• *Essen/Trinken* **Borner Hafenbistro**, gelbes Haus mit Terrasse direkt am Hafen von Born, kaum zu übersehen. Hier gibt es köstliche Fischbrötchen und einige warme Fischgerichte. Während der Saison ganztägig geöffnet.

Restaurant/Café Walfischhaus, *Lesertipp*! Nur wenige Meter vom Borner Hafen, mit Terrasse und Boddenblick, innen sehr gemütliches, schönes Ambiente. Feine Küche zu gehobenem Preisniveau (EG-Bio-Gütesiegel), auch Vegetarisches sowie allergikergeeignete Gerichte. Tägl. ab 12 Uhr durchgehend geöffnet, nachmittags Kaffee und Kuchen. Mi Ruhetag. Chausseestr. 74, ✆ 038234-55784, www.walfischhaus.de.

Freundliches Hofcafé in Born

Peterssons Hof, Restaurant und Café im alten, sorgsam restaurierten Haus neben dem Kapitänshaus (s. oben), mitten im Zentrum. Das Restaurant bietet hochwertige Küche zu gehobenem Preisniveau (Hauptgerichte um 15–20 €), auch günstigerer kleine Gerichte und Snacks, nachmittags Kaffee und hausgebackene Kuchen. Innen urig und schön eingerichtet, nett sitzt man aber auch auf der Terrasse, sehr freundlicher Service. Auch von Lesern empfohlen! Im Sommer tägl. ab 11.30 Uhr durchgehend geöffnet, im Winter eingeschränkt. Bäckergang 12 b, ✆ 038234-55720, www.peterssons-hof.de.

Mühlenstube, sehr beliebtes, bodenständiges Gasthaus in der alten Mühle von Born. Mit Terrasse, günstige Küche, auch kleine Speisen. Mi–So 11.30–22 Uhr. Nordstr. 25, ✆ 038234-472.

Café Tonart, ganz reizendes kleines Café mit schönem Garten, sehr freundlicher Service, alternativ, gemütlich und beliebt. Während der Saison tägl. 9.30–20 Uhr, in der Nebensaison eingeschränkte Öffnungszeiten und Mo Ruhetag, im Winter geschlossen (außer Weihnachten bis Neujahr). Chausseestraße 58 ✆ 038234-416, www.cafe-tonart.de.

• *Wassersport* **Kitesurf & Kanu Born**, Wassersportcenter am Regenbogencamp (s. oben), Kurse für Kiten und Windsurfen (2 Tage Kite-Anfängerkurs 195 €, Surfkurs Anfänger ab 80 €), auch Boardverleih, außerdem Kajakvermietung (je nach Größe 25–35 €/Tag). Ende April bis ca. Oktober geöffnet. Regenbogen-Camp Born, 18375 Born a. Darß, ✆ 038234-55582, www.kiten-lernen.de.

• *Veranstaltungen* **Darßer Sommertheater**, diverse Aufführungen und Konzerte auf der Freilichtbühne (Achtung: auch auf Platt!) im Juli und August. Chausseestr. 90, Näheres bei der Kurverwaltung, ✆ 038234-50421.

• *Verbindungen* Mit dem **Bus** 210 (Haltestelle an der Kurverwaltung) ca. stündl. über Ahrenshoop und Wustrow nach Ribnitz-Damgarten, ebenfalls etwa stündl. über Wieck, Prerow und Zingst nach Barth.

Wieck

ca. 750 Einwohner

Was auf Born zutrifft, gilt für den kleineren Nachbarort Wieck gleichermaßen: ein altes Fischerdörfchen nahe der Boddenküste, das von der stark befahrenen Hauptverbindungsstraße der Halbinsel nur gestreift wird und sich somit relativer Ruhe erfreuen kann. Hauptanziehungspunkt von Wieck ist die **Darßer Arche**, das hiesige Besucherzentrum des Nationalparks Vorpommersche Boddenlandschaft. In dem

Gebäude, das aussieht wie ein Schiff im Trockendock, kann man sich über Land und Bodden im Nationalpark informieren. Mittels Schautafeln, Ausstellungsstücken und Filmen wird man über die Lebensräume Wasser, Düne, Wald etc. informiert (besonders sehenswert fanden wir den Film über die Kraniche). Dass im gleichen Gebäude auch die Kurverwaltung untergebracht ist, ist keineswegs Raum- oder Geldnot geschuldet. Vielmehr spiegelt sich darin der erklärte Wille, den gegenseitigen Nutzen von Tourismus und Naturschutz herauszustellen. Im Nebengebäude befindet sich die *Galerie Künstlerdeck* (Di–So 11–17 Uhr geöffnet).

• *Öffnungszeiten* **Darßer Arche**, Mai bis Okt. tägl. 10–18 Uhr, Nov. bis April Mi–So 10–16 Uhr. Eintritt Erw. 4 €, Schüler/Stud., Rentner 3,50 €, Familienticket 10 €. Bliesenrader Weg 2, 18375 Wieck a. Darß, ✆ 038233-70380, www.darsser-arche.de.

Wasserwanderer auf dem Bodden

Praktische Informationen

• *Information* **Kurverwaltung** im Nationalparkzentrum Darßer Arche. Sehr freundlich und kompetent, es werden auch Karten und Bücher zur Gegend verkauft, außerdem einige Nationalpark-Souvenirs. Juni bis Aug. Mo–Fr 9–17.30 Uhr, Sa/So 10–13 Uhr; Sept. bis Mai Mo–Fr 10–16 Uhr, Sa/So geschlossen. Bliesenrader Weg 2, 18375 Wieck a. Darß, ✆ 038233-201, ✆ 497, www.darss.org.

• *Einkaufen* Von Mai bis Sept. immer Mi und Sa 9–13 Uhr **Regional- und Biomarkt** an der Darßer Arche.

• *Fahrradverleih* **Neumann's Fahrradshop**, 3-Gang-Rad ab 4 €, 7-Gang-Rad 5,50 €, auch Kinderräder und Zubehör. Müggenberg 31 (hinter dem Eiscafé bei der Darßer Arche), ✆ 038233-70536, www.neumann-darss.de. Außerdem bei **Kröpelin**, Kielstr. 1, ✆ 038233-579.

• *Übernachten/Essen & Trinken* **Haferland**, sympathisches Hotel in Wieck, sehr freundliche Leitung, hell eingerichtet, gegenüber dem kleinen Hafen gelegen. Großes Wellnessangebot, großer schöner Garten. Im Haus befinden sich gleich drei Restaurants: das Bistro *Fass 36*, das in rustikalem Ambiente Bodenständiges zu fairen Preisen bietet und auch als Bar dient, das gehobene Restaurant *Gute Stube*, à la carte oder Menü auf hohem Niveau zu angemessenen Preisen, und das deutlich gehobene, kleine Restaurant *Jäger's Tafelfreuden*, verteilt auf mehrere Räume – hier kostet das 3-Gang-Menu 38 €, 4-Gang 52 €, 5-Gang 68 €, auch Mittagstisch. Die herausragende Qualität vor allem der beiden letzteren Restaurants, abgerundet durch eine buchdicke Weinkarte, garantiert Sternekoch Kurt Jäger, der hier eine Kochschule betreibt (Kurs um 100 €). DZ 123–164 €, al EZ 103–144 €, Appartement 152–180 €, jeweils inkl. Frühstücksbuffet. Hunde sind in einigen Zimmern erlaubt, 12 €/Tag. Bauernreihe 5 a, 18375 Wieck a. Darß, ✆ 038233-680, ✆ 68220, www.hotelhaferland.de.

• *Veranstaltungen* Im Sommer regelmäßig **Theateraufführungen** auf der Freilichtbühne Wieck im Kurpark, u. a. die **Darß Festspiele** von Mitte Juli bis ca. Ende August, Infos bei der Kurverwaltung, ✆ 038233-201.

• *Verbindungen* Mit dem **Bus** 210 (Haltestelle in der Prerower Str.) ca. stündl. über Born, Ahrenshoop und Wustrow nach Ribnitz-Damgarten, ebenfalls etwa stündl. über Prerow und Zingst nach Barth.

Prerow

ca. 1700 Einwohner

Weitläufiger, aber eher unspektakulärer Ort am Rand des dichten „Darßer Urwaldes", allerdings mit herrlichem Strand samt moderner Seebrücke – ein familienfreundliches Badeparadies. Der berühmte Darßer Weststrand ist in einer schönen Wanderung gut zu erreichen.

Prerows Kapital ist der knapp 5 km lange und bis zu 80 m breite feinsandige **Nordstrand,** hinter dem sich ein Stück Küstenwald und der Prerowstrom erstrecken. Das Dorf selbst ist ein Stück vom Meer entfernt. Die Flaniermeile von der Seebrücke führt – flankiert von diversen Souvenir- und sonstigen Geschäften – über den Prerowstrom ins Zentrum, wo sich der größte Teil des touristischen Lebens rund um die Waldstraße abspielt. Diverse Hotels und Restaurants haben sich hier an der Hauptstraße angesiedelt. Parallel und abzweigend von der Waldstraße stößt man dagegen noch auf einige Relikte vergangener Tage, als Prerow noch ein bedeutender Seefahrerort war: flache alte Kapitänshäuser, meist mit rohrgedecktem Dach und den berühmten **Darßer Haustüren** – bunt bemalt und mit handgeschnitzten Motiven (Blumen und oft die Sonne) –, zu sehen u. a. in der Grünen Straße und in der Buchenstraße.

Baden auf dem Darß: ostseetypisch im Norden …

Ein Fischerdorf am Prerowstrom, der einst den Bodstedter Bodden mit der Ostsee verband und dadurch Darß und Zingst trennte, gab es wahrscheinlich schon zu slawischer Zeit. Zu Wohlstand kam das Dorf ab dem 17. Jh., als die Prerower sich als Seefahrer verdient machten. Drei Werften und über 100 Kapitäne soll man hier in der Blütezeit Mitte des 19. Jh. gezählt haben, die von ihren weiten Fahrten auch den entsprechenden Wohlstand mitbrachten. Nach der Sturmflut von 1872, die ganz Prerow unter Wasser gesetzt hatte, entschied die Preußische Regierung, die Mündung des Stromes zuzuschütten. Mit der Seefahrt ging es bergab, als Erwerbszweig rückte dafür ab ca. 1880 der Badetourismus ins Blickfeld. In der DDR war Prerow einer der bekanntesten Urlaubsorte und FKK-Strände an der Ostsee.

Praktische Informationen

• *Information* Die **Kurverwaltung Prerow** liegt etwas zurückversetzt von der Waldstraße im Zentrum. Zimmervermittlung und Wanderkarten, zahlreiches Infomaterial. Zur Saison werden Ortsführungen angeboten (Mo 10 Uhr). Freundlich. Im Sommer Mo–Fr 9–20 Uhr, Sa/So 10–18 Uhr, in der Nebensaison nur bis 18 Uhr (Sa/So 16 Uhr), im Winter

Mo–Fr 9–16 Uhr, Sa 10–15 Uhr, So geschlossen. Gemeindeplatz 1, 18375 Prerow, ✆ 038233-6100, 📠 61020, www.ostseebad-prerow.de.

• *Baden* Der **Prerower Nordstrand** ist zweifellos einer der schönsten Strände an der Ostseeküste – darum beliebt und dementsprechend belebt. Rund um die Seebrücke herrscht jede Menge Trubel: Beachvolleyballer werfen sich in den Sand und jeder sich irgendwann ins Meer. Drachen steigen in die Luft. Kinder und Junggebliebene bauen Sandburgen und wer seine Ruhe sucht, ohne auf Luxus verzichten zu wollen, macht den Strandkorb zu seiner Burg.

Über dem Strand weht selbstverständlich die Blaue Flagge. Auf einer Strecke von gut 3 km um die Seebrücke ist das Badetreiben DLRG-überwacht. Verpflegung gibt es am Anfang der Seebrücke. FKK-Bereiche befinden sich im Osten hinter der Hohen Düne und im Westen nach dem Ortsausgang, Hundestrände noch ein Stück dahinter.

Deutlich ruhiger geht es auf der nordwestlichen Seite des Nordstrands zu, wo sich dieser in sanftem Bogen bis zum Nothafen am Darßer Ort erstreckt. Der Sandstrand fällt flach ins Meer ab. Es gibt weder Strandversorgung noch DLRG-Überwachung.

Wer einen Marsch oder eine kleine Radtour auf sich nimmt – als bequeme Alternative böte sich eine Kremserfahrt durch den Darßer Wald an –, der kann einen der herrlichsten Naturstrände Deutschlands besuchen: den **Weststrand auf dem Darß**. Der Weststrand ist nicht ebenfalls überwacht! Natürlich finden sich hier weder FKK-, Hunde-, oder Textil-Strandzuteilungen, noch jedwede Verpflegung, dafür aber mit Sicherheit irgendwo ein ruhiges Plätzchen zum Sonnenbaden – selbst in der Hochsaison.

• *Bootsausflüge* Mississippi-Flair am Rande Mecklenburgs vermittelt die *River Star*. Der Nachbau eines **Schaufelraddampfers** fährt in der Saison bis zu 4-mal tägl. den Prerower Strom hinab (Erw. 9 €, Kinder bis 12 J. 5 €). Reederei Poschke, Pumpeck 5, 18375 Born, ✆ 038234-239, www.reederei-poschke.de.

• *Fahrradverleih* **Niccy's Fahrradverleih** schräg gegenüber der Kurverwaltung. Fahrrad ab 4 €/Tag, Kinderrad oder Anhänger 3,50 €/Tag. ✆ 0173-6238707.

Fahrradverleih Wiedner, beim westlichen Strandzugang (Bernsteinstr.) nur während der Saison, ganzjährig in der Grünen Straße 2 b, Fahrräder um die 4 €, ✆ 038233-60187.

• *Kremserfahrten* Mehrere Kutscher bieten

... und mit fast mediterranem Flair am abgeschiedenen Weststrand

Rundfahrten über den Darß sowie einen Kutschen-Linienverkehr zum Leuchtturm/ Natureum an (einfach ca.4 €, erm. 2 €). Mehrstündige Rundfahrten bieten u.a. **Alfred Kayserling** (Schmiedeberge 20, ✆ 038233-60278 oder ✆ 0171-5286744, www.kutscherhof-kayserling.de), **Ralf-Dieter Bergmann** (Bogislav-Rosen-Weg 3, ✆ 038233-70277 oder ✆ 0171-6041651), auch Transfer zum Leuchtturm. Abfahrt meist am westlichen Ortsrand (Bernsteinstraße, Höhe Küsters Allee).

• *Kurtaxe* In der Hochsaison 2 €, erm. 1 €, in der Nebensaison und im Winter 1 € (0,50 €).

• *Parken* Kostenpflichtige Parkplätze am östlichen Ortseingang sowie am westlichen Ortsende (dort 5 €/Tag, nur nach 18 Uhr 2 €/Std., über Nacht 10 €!), im Ort zur Saison schwierig.

• *Veranstaltungen* **Anbaden** in der Ostsee am 1. Januar, wahrhaftig nichts für Warmduscher. Danach wärmendes Feuer und Glühwein am Strand.

Seebrückenfest am Samstag nach Himmelfahrt.

Am letzten Sonntag im Juli lädt Prerow zum traditionsreichen **Tonnenabschlagen**, abends mit großem Tonnenball.

Das **Prerower Hafenfest** (am Prerowstrom) findet alljährlich am letzten Juli- oder dem ersten Augustwochenende statt. Diverse Wettkämpfe zu Wasser, abends Livemusik im Festzelt.

• *Verbindungen* Mit dem **Bus** 210 ca. stündl. über Wieck, Born, Ahrenshoop, Wustrow und Dierhagen nach Ribnitz-Damgarten, ebenfalls ca. stündl. nach Zingst und Barth.

Mit der **Darßbahn** (Touristenbähnchen) im Sommer ca. stündl. vom Hafen Prerow (nahe der Seemannskirche) durch den Ort und zum Leuchtturm Darßer Ort (Haltestelle ca. 2,5 km vorher, dann zu Fuß). Infos unter ✆ 038233-60150.

• *Wassersport* Gute Möglichkeiten zum Surfen und Segeln, z. B. mit dem **UniSurf-Team** am Strand des Regenbogen Camp Prerow. Einsteigerkurs, Grundkurs, auch Segelkurse, Brett- und Jollenverleih. April bis Okt. ✆ 038233-69494, www.ust-sport.de.

Übernachten

• *Hotels/Pensionen* ****** Hotel Waldschlösschen**, noble Herberge ca. 400 m vom Ostseestrand am Rand des Darßer Waldes gelegen. Geschmackvolles Hotel (Fachwerkbau von 1891 sowie zwei Anbauten), private Atmosphäre, Gourmetrestaurant, großer Wellnessbereich (Vitalis Spa) mit Meerwasser-Hallenbad, Dampfbad, Saunen, Kosmetik, etc. 33 komfortable, individuell eingerichtete Zimmer. EZ 134 €, DZ 189 €, Suite 249 €, jeweils mit obligatorischer Halbpension diverse Arrangements. Bernsteinweg 4, 18375 Prerow, ✆ 038233-6170, 📠 617403, www.waldschloesschen-prerow.de.

Carpe Diem, etwas versteckt am Ende der Grünen Straße (zweigt von der Waldstraße ab) gelegenes Gesundheits- und Wellnesshotel. Geradlinig-stilvolles Ambiente, die Zimmer zum Wohlfühlen. Im Haus gibt es eine (Wein-)Bar, Sauna und Fitness, zudem ayurvedische und osteopathische Behandlungen sowie naturheilkundliche Massagen. Fahrradverleih. EZ 100 €, DZ 120 €, Appartement für 2–4 Pers. 135–185 €. Bio-Frühstück mit hausgebackenem Brot inkl. Grüne Str. 31 b, 18375 Prerow, ✆ 038233-7080, 📠 70810, www.carpe-diem-prerow.de.

****** Hotel Bernstein**, *Lesertipp*: „Wunderschöne Hotelanlage, ruhig gelegen, guter Service, einfach ideal um auszuspannen." Mit Restaurant, Bar, Pool, Wellnessangebot. Buchenstr. 42, 18375 Prerow, ✆ 038233-64000, 📠 64446, www.travelcharme.com.

Pension Voss, freundliche Herberge schräg hinter dem Waldschlösschen, ca. 500 m zum Strand, sehr ruhige Lage. Auf mehrere Gebäude verteilt, netter Service, das angeschlossene Restaurant *Voß's Gute Stube* mit Terrasse (und Strandkörben) bietet ein dreigängiges Tagesmenü unter 15 €, Hauptgerichte um 11 € (mittags und abends geöffnet, Di Ruhetag). Einfache günstige Zimmer, EZ 45 €, DZ 80 €, jeweils einschließlich Frühstück, auch FeWos ab 75 € (4 Pers.). Villenstr. 6, 18375 Prerow, ✆ 038233-60136, 📠 60138.

• *Appartements* **Residenz Kormoran**, moderne Ferienwohnanlage am Rand des Darßer Waldes, zu Fuß sind es ca. 20 Min. zum Strand. Ferienwohnung für 2 Pers. 80–90 € (1–2 Zimmer), für 4 Pers. 100–115 € (2–3 Zimmer), für 6 Pers. 125 € (3 Zimmer) pro Tag. Grüne Str. 45 f, 18375 Prerow, ✆ 038233-6300, 📠 630399, www.residenz-kormoran.de.

Haus hinter den Dünen, Appartement-Anlage gleich beim Strand, mit Spielplatz, Tischtennis und Sauna, Fahrradverleih. Die Appartementhäuschen sind mit hellen Kiefernmöbeln eingerichtet, z. T. mit Balkon, die Ferienhäuser mit Terrasse. Appartement für 2 Pers. 56–90 €/Tag, für 4 Pers. ab 110 €, Ferienhaus ab 150 € (4–8 Pers.). Bernsteinweg 6, 18375 Prerow, ✆ 038233-7060, 📠 706101, www.haus-hinter-den-duenen.de.

• *Camping* **Regenbogen Camp Prerow**, das lang gezogene Gelände befindet sich nordwestlich des Ortes, relativ neue Anlage, ruhig, und abgelegen, Schattenplätze oder Stellplätze auf den Dünen! Restaurants, Supermarkt, Sportangebot. Der Open-air-Luxus ist allerdings nicht gerade günstig, Zelt nach je Größe 9,40–13,60 €, Wohnmobil 12,55 €, Erw. 8,45 €, Kinder bis 14 J. 3,10 €, Pkw 5 €, in der Hauptsaison nur für mindestens 3 Tage buchbar. Ganzjährig geöffnet. Waldstraße 8, 18375 Prerow, ✆ 038233-331 oder 276, 📠 69351, www.regenbogen-camp.de.

Prerower Robinson Camping, im mit Kiefern bestandenen Dünenwald gleich hinter dem Strand. Zufahrt über die schmale Straße neben dem Waldschlösschen (Villenstraße). Schöner Platz, das hat sich auch herumgesprochen, deshalb sollte man für den Sommer möglichst frühzeitig buchen. Pro Person 4,50 €, Zelt 7–12 €, Wohnwagen/-mobil 12 €, Auto 4 €. Auch Ferienhäuser: für 4 Pers. 75 €, 5 Pers. 85 €, Wohnwagenverleih 42,50 € (4 Pers.). Geöffnet April bis Okt. Hagens Düne, 18375 Prerow, ✆ 038233-60198 (im Winter: ✆ 038233-60250), ℻ 71863.

Essen & Trinken

• *Restaurants* **Restaurant Titania**, im Hotel Waldschlösschen. Gourmetrestaurant, das für die herausragenden Fischkreationen von Küchen- und Hotelchef Michael Jahncke weithin bekannt ist – hier gönnt man sich etwas Besonderes und ist gerne bereit, die angemessenen knapp 60 € für das 5-Gänge-Menü zu investieren. Ansonsten kommen die Vorspeisen auf ca. 10 €, die Hauptspeisen auf ca. 19 €. Gepflegtes Ambiente, riesige Weinauswahl, nur abends geöffnet (kein Ruhetag). Bernsteinweg 4, ✆ 038233-6170.

Restaurant Seeblick, an der Seebrücke, in dem skandinavisch anmutenden Holzhaus wird hier gute Fischküche serviert, im Sommer gibt es auch eine Dachterrasse – schön! Mittleres Preisniveau, von April bis Okt. tägl. mittags und abends geöffnet. ✆ 038233-348.

• *Cafés* **Teeschale**, sehr sympathische Teestube neben dem Darß-Museum, innen wirkt das Café wie ein großer Wintergarten, draußen kann man auf der herrlichen Terrasse sitzen, sehr freundlich, es gibt auch kleine Gerichte (um 6 €) und natürlich Kuchen, im Sommer tägl. 12–23 Uhr. In der Nebensaison Mo Ruhetag und nur bis ca. 20 Uhr (sicherheitshalber anrufen). Auch Teeladen (zur Saison Mo–Sa 10–21 Uhr, So 12–19 Uhr, in der Nebensaison eingeschränkt. Waldstr. 50 ✆ 038233-60845.

Räucherware aus Prerow

Café zum Leuchtturm, nettes Museumscafé im Natureum Darßer Ort. Köstliche Kuchen, nicht teuer. Öffnungszeiten und Anfahrt s. u. *Natureum*. Am Leuchtturm, ✆ 038233-304.

Fischland–Darß–Zingst
Karte S. 130/131

Sehenswertes

Darß-Museum: Eine lehrreiche und kunterbunte Sammlung widmet sich hier allem Wissenswerten über die Halbinsel, von den kunstvollen Darßer Haustüren über Geografisches und Geologisches, die Entstehung einer Dünenlandschaft, Bernstein, die nahe gelegene Hertesburg (eine Slawenburg aus dem 10. Jh., von der heute kaum noch etwas erhalten ist) bis hin zu steinzeitlichen Funden in der Gegend. In den Räumen des 1. OG findet sich u. a. eine originalgetreu aufgebaute Darßer Stube. Eine eigene Abteilung ist dem Beginn des Bäderwesens im ausgehenden 19. Jh. gewidmet, mit teils sehr origineller Bademode. Ansonsten ist allerlei Nautisches zu sehen: Schiffsmodelle, Sextanten, Fischereihandwerkszeug und so fort.

Öffnungszeiten Mai. bis Okt. Di–So 10–18 Uhr, Nov. bis April Fr–So 13–17 Uhr. Eintritt 4 € (mit Kurkarte 2 €), Kinder 2,50 € (1,50 €), unter 6 J. frei. Waldstr. 48, ✆ 038233-69750.

Bootshäuser am Prerower Strom

Leuchtturm und Natureum Darßer Ort: Hoch erhebt sich der backsteinerne Leuchtturm über den Darßer Ort. Mitte des 19. Jh. erbaut und in Betrieb genommen, war er bis 1978 von einem Leuchtturmwärter besetzt. Seit der Restaurierung beherbergt der Turm mitsamt Gehöft das *Natureum Darßer Ort,* die Außenstelle des Stralsunder *Meeresmuseums.* Hier wird man anschaulich über den Naturraum Küste informiert, indem z. B. Luftbilder der Jahre 1937, 1953, 1991 und 1998 die Küstendynamik und das Entstehen des Darßer Ortes in seiner heutigen Form verdeutlichen. Der Leuchtturm kann auch bestiegen werden: über eine Wendeltreppe mit 127 gusseisernen Stufen zu einer Aussichtsgalerie – prächtiger Ausblick bei auch nur passablem Wetter garantiert, bei guter Sicht bis Hiddensee! Nicht unterschlagen werden darf schließlich das freundliche Museumscafé, hier drängt es sich geradezu auf, den Natureumsbesuch mit einer kleinen Pause abzuschließen.

- *Öffnungszeiten* **Leuchtturm** und **Natureum Darßer Ort**, Mai bis Okt. tägl. 10–18 Uhr, Nov. bis April Mi–So 11–16 Uhr. Eintritt 3,50 €, erm. 2,50 €, ohne Turmbesteigung 2 €, bzw. 1,50 €. Am Leuchtturm, 18375 Born/Darßer Ort, ✆ 038233-304, www.meeresmuseum.de.
- *Anfahrt* Leuchtturm und Natureum sind nicht mit dem Pkw erreichbar! Von Prerow sind es gut 5 km zu Fuß oder mit dem Fahrrad. Das **Bäderbähnchen** fährt bis auf knapp 2,5 km heran, am bequemsten ist eine **Kremserfahrt** vom westlichen Ortsrand von Prerow (Bernsteinstraße, Höhe Küsters Allee) direkt zum Leuchtturm (einfach ca. 4 €, erm. 2 €, s. o. *Praktische Informationen*).

Seemannskirche: Verlässt man den Ort in Richtung Zingst, gelangt man gleich nach der Brücke über den Prerowstrom linkerhand zur Seemannskirche von Prerow. Das Gotteshaus aus Backstein (mit Holzturm) stammt aus dem Jahr 1728 und birgt im barocken Inneren einige Votivschiffe: kleine Schiffsmodelle, die von geretteten Seefahrern als Dank gestiftet wurden.

Hohe Düne: Ein Stück weiter auf der B 105 Richtung Zingst stößt man linkerhand auf einen Pfad zur Hohen Düne (Parkplatz etwas weiter vorne auf der rechten Seite): Von hier – mit immerhin knapp 14 m (samt Aussichtsplattform) einer der höchsten Erhebungen auf der Halbinsel – genießt man einen herrlichen Blick über den Prerowstrom und den Ostseestrand.

Wandertipp: Von Prerow zum Darßer Ort

Charakteristik: leichte Wanderung, teils auf sandigem Untergrund. **Länge/Dauer:** ca. 10 km, reine Gehzeit etwa 3 Std. **Start/Verlauf:** Die Wanderung beginnt am nordwestlichen Ortsrand von Prerow beim (kostenintensiven) *Parkplatz.* Zunächst geht es in südlicher Richtung ein Stück zurück ins Dorf und an der ersten Abzweigung bei einer Haltestelle des Bäderbähnchens rechts in den Wald. Auf einem teils sandigen Wanderweg gelangt man zum *Leuchtturm* mit dem Natureum. Auf dem Kremserparkplatz vor dem Natureum führt ein Holzsteg Richtung Norden in den Wald. Zunächst geht man auf Holzplanken, bis man aus dem Wald heraustritt und auf einem sandigen Pfad an hohen Schilf entlang weiterläuft. Bei einer T-Kreuzung rechts abbiegen (geradeaus geht es zum Darßer Ort, Rundweg zurück zum Leuchtturm möglich). Kurz darauf zunächst links halten und schließlich rechter Hand parallel zum Strand zurück nach Prerow.

Zingst

ca. 3200 Einwohner

Das Ostseeheilbad lässt sich mit zwei Worten beschreiben: Zingst wächst. Zwar nicht immer zum Vorteil des Ortsbildes, aber zur Freude der Besucher. Denn hier bieten sich noch die besten Chancen, auch zur Hochsaison ein Urlaubsbett in (relativer) Strandnähe zu ergattern.

Mit über 10.000 Gästebetten ist Zingst der touristisch mit Abstand größte Ort der Halbinsel (zum Vergleich: Prerow hat gerade mal 6.000 Gästebetten). Überwiegend Ferien- und Appartementhäuser legen sich wie ein Gürtel um das „alte" Zingst, das sich rund um die Strandstraße noch erahnen lässt. Ein netter Spaziergang führt von der modernen Seebrücke mit 270 m Länge und dem Haus des Gastes vorbei am – etwas zu neu und steril wirkenden – Platz vor dem Steigenberger Hotel zum alten Zingster **Rettungsschuppen** von 1875. Hier befindet sich heute eine kleine Ausstellung rund um die Seenotrettung, es wird auch ein Film gezeigt (tagsüber geöffnet, Eintritt frei). Über die Strandstraße gelangt man zum Fischmarkt (hier die katholische Kirche) und ein Stück weiter zum **Heimatmuseum/Museumshof** in einem ansehnlichen Kapitänshaus in der Strandstraße 1 (am Kreisel) mit großer Ausstellung zur Geschichte des Ortes (im Sommer Di–Fr 10–17 Uhr, Sa/So 13–16 Uhr, Eintritt 1 €). Über die Jordan- und die Hafenstraße sind es nur wenige Fußminuten zum **Hafen** am Zingster Strom. Auf dem Rückweg lohnt der Abstecher zur evangelischen **Peter-Pauls-Kirche.** Das neugotische Gotteshaus entstand 1860 bis 1862 nach Plänen von *Karl Friedrich Schinkel,* die dessen Schüler *Friedrich August Stüler* ausführte.

Die Beliebtheit des Ortes ist – neben dem traumhaften Sandstrand – zu einem großen Teil auch der schönen Lage zwischen Ostsee und Zingster Strom mit der vorgelagerten Insel Große Kirr (Vogelschutzgebiet) geschuldet. In westlicher Richtung wird Zingst vom Freesenbruch, einem moorigen Waldgebiet, begrenzt. Im Osten zieht der Nationalpark Vorpommersche Boddenlandschaft mit den Sundischen Wiesen – so wird die Landspitze bis zum Großen Werder genannt –, die zum

Kerngebiet des Nationalparks gehören, die Besucher in Scharen an. Ein Radweg führt von Zingst hier hindurch zum Aussichtspunkt am **Pramort,** von dem aus der Blick bis nach Hiddensee reicht. Das seichte Wassergebiet östlich von Pramort ist einer der wichtigsten Rastplätze für **Kraniche** in ganz Europa. Zum „Festland" ist es von Zingst übrigens nur ein Katzensprung: Über die Meiningenbrücke gelangt man schnell in die nächstgrößere Stadt Barth. Einen **Kranichbeobachtungspunkt** findet man südlich von Zingst nahe der Straße Richtung Barth (auf der linken Seite) gegenüber der *Insel Kirr*: Vor allem abends (im Herbst!) kann man hier Tausende der einfliegenden Vögel beobachten. Kirr ist eines der wichtigsten Brutgebiete im *Nationalpark Vorpommersche Boddenlandschaft.*

Rad-Wanderung zum Pramort

Zu Fuß etwas langweilig, für eine Fahrradtour aber genau das Richtige sind die knapp acht schnurgeraden Kilometer auf Betonplatte vom Parkplatz *Sundische Wiese* zum *Pramort,* dem Ostzipfel des Zingst. Linkerhand erstreckt sich Wald (dahinter dann die Ostsee), rechts Wald oder Wiese und ab und zu eine Kuhweide. Hobby-Ornithologen kommen auf der Beobachtungsplattform am Pramort v. a. im Frühjahr und Herbst auf ihre Kosten (Fernglas nicht vergessen!), wenn sich die Zugvögel hier zu Tausenden treffen. Der Blick reicht zur vorgelagerten Insel Großer Werder, halblinks im Hintergrund ist die Südspitze Hiddensees zu sehen. Schon knapp 1 km vor dem Pramort zweigt ein Weg nach links ab zur *Hohen Düne,* einem weiteren Beobachtungspunkt (das letzte Stück dorthin nur zu Fuß, Fahrräder verboten). Über die Tierwelt hier im Kerngebiet des Nationalparks, ehemals militärisches Sperrgebiet, kann man sich im Besucherhäuschen des Parks informieren, zu finden gleich nach dem Parkplatz Sundische Wiese auf der linken Seite (tägl. 10–17 Uhr geöffnet, Eintritt frei).

• *Anfahrt/Parken* Von Zingst etwa 8 km nach Osten zum Hotel Sundische Wiese (beschildert), dort ein großer gebührenpflichtiger Parkplatz (1 €/Std.).

• *Fahrradverleih* Neben dem *Hotel Schlösschen,* normales Tourenrad 4 €/Tag, einen weiteren Fahrradverleih findet man kurz vor dem Parkplatz Sundische Wiese in einem Häuschen auf der linken Seite.

• *Essen & Trinken* Biergarten neben dem Hotel, deftige Küche zu günstigen Preisen, leider nur bis 17 Uhr geöffnet. Terrassencafé und Restaurant im *Hotel Schlösschen* (S. 159).

Praktische Informationen

• *Information* **Kur- und Tourismus GmbH** im Kurhaus (Haus des Gastes), direkt an der Seebrücke. Ganzjährig tägl. 9–21 Uhr. Ortsrundgänge werden Mo und Do 10 Uhr (ab Kurhaus) angeboten. Seestr. 56, 18374 Zingst, ✆ 038232-81580, 📠 81550, www.zingst.de.

Die *Zimmervermittlung* der Kurverwaltung befindet sich am westlichen Ortseingang, hier erhält man aber auch Informationen, sehr hilfsbereit und freundlich. Im Sommer 9–12 Uhr und 13–18 Uhr geöffnet. Am Bahndamm 71, ✆ 038232-81521.

• *Appartementvermittlung* **Avest Vermietungsservice**, größter Anbieter vor Ort. Hier haben Sie die Qual der Wahl – von der 2-Zimmer-Dachwohnung bis hin zum Einfamilienhaus. Überwiegend Neubauten, z. T. in Strandnähe. Der Katalog kann telefonisch oder im Internet bestellt werden. Sünnenkringel 70, ✆ 038232-84960, 📠 84961 oder Lengericher Str. 2, 49809 Lingen, ✆ 0591-610650, 📠 6106511, www.avest.de.

• *Baden* Auch der Strandbereich um Zingst ist traumhaft und beliebt. Von Prerows

Am Strand von Zingst

Nordstrand bis weit hinter Zingst zieht sich der feinsandige, blau beflaggte Strand. Etwa 2 km hinter Zingst/Ost aber ist es mit der Badeherrlichkeit vorbei: Hier beginnt die Kernzone des Nationalparks, der Strand ist gesperrt. Rund um die Seebrücke gibt es auch behindertengerechte Zugänge. Ein FKK-Bereich befindet sich auf Höhe des Campingplatzes und beim Ortsteil Zingst/Ost. Hundestrände gibt es im Osten des Ortes Zingst.

• *Bootsausflüge* Die Reederei Zingst (gehört zur Reederei Hiddensee) unternimmt Mai bis Sept. ganztägige **Ausflugsfahrten** nach Hiddensee/Vitte (zuletzt Di–So). Erwachsene 19,50 €, Kinder bis 11 J. 12 €, Fahrrad 7 € (empfiehlt sich für den 4-stündigen Landgang!). Nach Stralsund ging es zuletzt montags. Infos unter ✆ 0180-3212150 oder www.reederei-zingst.de.

Kleine **Segeltörns** z.B. mit der *Seewolf* (✆ 038232-15697) oder dem Zeesenboot *Irmchen* (✆ 038232-15604), im Sommer mehrmals tägl., auch zur Kranichbeobachtung. In der Regel: Erw. 7,50 €, Kinder 5 €.

Alle Fahrten starten am Hafen, nicht an der Seebrücke!

• *Fahrradverleih* Mehrere Verleiher im Ort, z. B. **Fahrrad Neumann**, 3-Gang-Rad ab 4 €, auch Kinderräder und Verleih von Zubehör. Klosterstr. 13, ✆ 038232-12027.

Außerhalb im **Hotel Schlösschen**, Sundische Wiese. Fahrrad ab 4 €, geöffnet bei gutem Wetter. **Tipp**: Wenn die Kraniche unterwegs sind, sollte man frühzeitig ein Fahrrad reservieren. ✆ 038232-8180.

• *Kinder* **Experimentarium**, , am westlichen Ortsrand. Naturwissenschaft zum Anfassen und Mitmachen. Im Sommer (Juli/Aug.) tägl. 10–18 Uhr, im April bis Juni und Sept./Okt. Di–So 10–17 Uhr, im Winter Mi–So 10–16 Uhr. Erw. 4,90 €, Kinder 3,90 € (jeweils mit Kurkarte, ohne 6 € und 4,50 €), Kinder unter 6 J. frei. Seestr. 76, ✆ 038232-84678, www.experimentarium-zingst.de .

• *Kranichbeobachtung* Ein großes und beliebtes Spektakel veranstalten die Zugvögel im September und Oktober auf der Halbinsel Zingst. Um es zu beobachten, muss man eine Karte im Nationalparkhaus (am Anfang der Straße zur Sundischen Wiese) erwerben und besser auch vorbestellen: Höchstzahl 80 Pers., 5 €/Pers., Kinder bis 5 J. frei. Infos in der Kurverwaltung. Der Aussichtspunkt befindet sich 8 km vom Eingang zu den Sundischen Wiesen am Pramort, der Weg dorthin ist ab 15 Uhr bis Sonnenaufgang gesperrt, außer man verfügt über Karten, dann muss man aber vor Sonnenuntergang am Pramort sein, denn dann kommen die Kraniche.

• *Kurtaxe* Mitte Juni bis Mitte Sept. und Mitte Dez. bis Anfang Jan. 2 €/Tag, erm. 1 €, Rest des Jahres 1 €, erm. 0,50 €.

• *Parken* Schwierig. Kostenpflichtige größere Parkplätze an den Rändern des Ortes,

Ankunft am Kurhaus

im Ort bleibt nur die Suche nach der Parklücke. Und sogar weit außerhalb ist der Parkplatz gebührenpflichtig, nämlich an der Sundischen Wiese beim Hotel Schlösschen(1 €/Std., 3 €/Tag).

• *Veranstaltungen* Das **Anbaden** zur Saisoneröffnung findet in Zingst traditionell am 1. Mai an der Seebrücke statt, die Ostsee bringt es dann auf immerhin 8–10 °C. 50 Unerschrockene stürzen sich in die Fluten.

Am letzten Wochenende im Juni lädt der Ort zum **Zingster Hafenfest mit Zeesenbootregatta**.

Die **Zingster Kunstmagistrale** findet am dritten Augustwochenende statt: Zwischen Seebrücke und Fischmarkt stellen Künstler aus der Umgebung ihre Werke unter freiem Himmel aus (auch Verkauf) – Gemälde, Grafiken, Skulpturen etc.

Das **Shantychortreffen** findet immer am 2. Septemberwochenende statt.

Das Zingster **Weihnachtstauchen** am 26. Dez. dient einem guten Zweck. Kleines Volksfest an der Seebrücke, Spendenaktion.

Öffnungszeiten Meiningenbrücke

Im Sommer wird die Brücke tägl. um 9.30 Uhr und 18.30 Uhr für den Schiffsverkehr maximal 30 Min. geöffnet (so es überhaupt ein Verkehrsaufkommen gibt) und damit nicht passierbar. Mitte Sept. bis Mitte Okt. nur Mi–Sa 10.30 Uhr und 18.30 Uhr, Mitte Okt. bis Ende April nur Di 10.30 Uhr. **Achtung**: An gesetzlichen Feiertagen keine Brückenöffnung!

Außerdem: Im Winter ist die Brücke einspurig, Brückenöffnungszeiten dann unregelmäßig.

• *Verbindungen* Der **Bus** 210 verbindet Zingst etwa stündl. mit Barth sowie in anderer Richtung mit Prerow, Wieck, Born, Ahrenshoop, Wustrow, Dierhagen und Ribnitz-Damgarten.

Mit der **Touristen-Bummelbahn** *Zingst-Express* während der Saison etwa 5-mal tägl. ab Fischmarkt im Zentrum zum Hafen und Hotel Vier Jahreszeiten (und retour). Erw. 3 €, Kinder 2 €.

Mehrmals tägl. **Schiffsverbindung** Zingst – Barth – Zingst sowie **Boddenrundfahrten** mit der Reederei Poschke. Einfach 5 €, Kinder bis 12 J. 3,50 €, Fahrrad 1 €; hin und zurück sowie Boddenrundfahrten 9 €, bzw. 5 €. Infos unter ✆ 038234-239, www.reederei-poschke.de.

• *Wassersport* **Sportstrand Zingst**, Windsurfen, Kitesurfen und Tauchen. Sehr sympathische, junge Surfschule auf halbem Weg nach Zingst/Ost, auch Schnupperkurse und Scheine. Am Strandübergang 6, ✆ 038232-20869 oder 0172-3144909, www.kiteclub.com.

Übernachten/Essen & Trinken/Nachtleben

• *Übernachten* **** **Meerlust**, modernes, gelbes Gebäude am Deich, hinter dem direkt der weiße Ostseestrand anschließt. Bekanntes Wellnesshotel mit schickem Restaurant (s. u.), schönes und privates Ambiente, ein Haus zum Wohlfühlen. Hallenbad mit Salzwasser, Sauna, Dampfbad und Fitnessbereich, diverse Massagen und Bäder, Beautyfarm. 31 edel ausgestattete Zimmer überwiegend mit Balkon oder Terrasse. EZ 150 €, DZ ab 225 €, Suite für 2 Pers. ab 290 €, Frühstück 13 €/Pers., Kinder 8 €, Tiefgarage inkl. Zudem gibt es noch 16 Ferienwohnungen mit Küche und Terrasse bzw. Balkon, für 2–3 Pers. 190 €, für 4 Pers. 205–245 €. Seestr. 72, 18374 Zingst, ✆ 038232-8850, 📠 88599, www.hotelmeerlust.de.

Steigenberger Strandhotel und Aparthotel, neuer, großer Hotelkomplex (über 100 Appartements und 120 Zimmer) im „Herzen" des Ostseebades, an der Strandpromenade bei der Seebrücke. Der Platz davor ist neu und vielleicht etwas seelenlos geraten. Mit schicken Restaurants, Café, Bar und Bistro. DZ ab ca. 190 €, in der Nebensaison deutlich günstiger, Appartements mit separatem Schlafzimmer (bzw. 2 Schlafzimmern), Wohnraum mit Küchenzeile, Balkon oder Terrasse, für 2 Pers. ab etwa 140 €, Tiefgarage und Frühstück extra. Aparthotel: Seestr. 54, 18374 Zingst, ✆ 038232-850, 📠 85999; Strandhotel: Seestr. 60, 18374 Zingst, ✆ 038232-84232, 📠 842111; beide: www.zingst.steigenberger.de).

****** Hotel Schlösschen**, das sympathische Hotel liegt herrlich abgelegen und ruhig am Rand des Osterwaldes bei den Sundischen Wiesen, etwa 8 km von Zingst entfernt. Gemütlich und sehr freundlich. Für die Versorgung in der Abgeschiedenheit sorgt das gute Restaurant (Küche 12–21 Uhr, abends auch Menü, 29–48 €) mit Wintergarten, Terrasse und Kaminzimmer, Hotelbar sowie einem schönen Biergarten vor dem Haus (natürlich auch für Ausflügler offen); nachmittags Cafébetrieb mit köstlichen Kuchen. Im Haus auch Sauna, nebenan Fahrradverleih. Parkplatz 15 €/Tag (am Haus) oder am öffentlichen Parkplatz 3 €/Tag. DZ 129–154 €, bei Einzelbelegung 99–124 €, Suite 164 €, jeweils einschließlich Frühstück, in der Nebensaison deutlich günstiger. Landstr. 19, 18374 Zingst, ✆ 038232-8180, 📠 81838, www.hotelschloesschen.de.

Meeresrauschen, Hotel, Restaurant und Café, nur wenige Schritte von der Seebrücke (an Strandübergang 11). Gediegenes Ambiente und familiäre Atmosphäre, im zugehörigen Restaurant mit Terrasse kann man gut und günstig essen (tägl. ab 12 Uhr durchgehend). Ausgesprochen günstig: EZ 55 €, DZ ab 80 €, einschließlich Frühstücksbuffet, Appartement für 2 Pers. ab 95 €. Seestr. 51, 18374 Zingst, ✆ 038232-1301, 📠 80184, www.hotel-meeresrauschen.de.

Boddenhus, das traditionsreiche Hotel befindet sich direkt am Hafen, viele Zimmer mit Boddenblick. Das angeschlossenen Restaurant serviert verfeinerte regionale Küche, natürlich viel Fisch, mittleres Preisniveau. DZ 75–110 €, EZ 68 €, Suite 138 €, jeweils mit Frühstück. Hafenstr. 4, 18374 Zingst, ✆ 038232-15713, 📠 15629, www.boddenhus.de.

Am Deich, Pension, Restaurant und Café. Nur 12 einfache Zimmer, einige davon gemütlich unterm Dach, z. T. mit Balkon. Im dazugehörigen Restaurant mit netter Terrasse kommen Fischgerichte für 10–14 € auf den Tisch. EZ 55 €, DZ 65–90 €, Dreier 100 €, jeweils mit Frühstück. Direkt am Strandübergang 14 a. Seestr. 79, 18374 Zingst, ✆ 038232-1437, 📠 16411, www.amdeich-strandeck.de.

Letzte Vorbereitungen für das Kurkonzert

• *Jugendherberge* **JH Zingst**, ruhige Lage am Rand des Zentrums und nicht mal 10 Min. zum Strand. Schöne und gepflegte Anlage. Tischtennis, Billard, Volley- und Basketball, Grillhütte, Fahrradunterstand. Unterbringung in 1- bis 4-Bett-Zimmern, alle mindestens mit Waschbecken. In einer Seitenstraße der Bahnhofstraße, beschildert. Übernachtung mit Frühstück 21,30 €, Senioren über 27 J. zahlen25,60 € pro Übernachtung, auch Doppelzimmer vorhanden. Glebbe 14, 18374 Zingst, ✆ 038232-15465, 📠 12285, www.djh-mv.de.

• *Camping* **Wellness-Camp Düne 6**, am östlichen Ortsrand gelegen, neuer Campingplatz und noch etwas spärlich bewachsen, daher noch etwas trostlos und wenig Schatten. Dafür ist aber auch alles neu und modern, zudem steht mitten auf dem Platz ein großes Wellnessgebäude mit Schwimmbad, Sauna, Fitness- und Wellnessbereich; außerdem Restaurant. 2 Erw. und Zelt inkl. Auto 27,50 €, 2 Erw. und Wohnmobil 37,50 €, Kinder unter 6 J. frei, Kinder 6–13 J. 4 €. Auch

Fischland–Darß–Zingst
Karte S. 130/131

Appartements. Inselweg 9, 18374 Zingst, ✆ 038232-17617, 📠 17627, www.wellness-camp.de.

Am Freesenbruch, knapp außerhalb vom Ort an der Straße nach Prerow auf der linken Seite. Wohlorganisierter und geradlinig parzellierter Campingplatz, recht wenig Schatten. Auf den über 300 Stellplätzen finden sich hauptsächlich Wohnwagen und -mobile; nur über die Straße zum Strand. Mit Restaurant, Biergarten, Markt und Imbiss. Pro Pers. 7 €, Kinder 4 €, Komfortstellplatz 15 €, Stellplatz für Wohnmobil bzw. Auto + Wohnwagen 10 €, Stellplatz Auto + Zelt 8–10 €, Auto 2 €. Ganzjährig geöffnet. Am Bahndamm 1, 18374 Zingst, ✆ 038232-15786, 📠 15710, www.camping-zingst.de.

• *Essen & Trinken* **Restaurant Meerlust**, im gleichnamigen Hotel (s. o.). Mit Liebe zum Detail geführtes Feinschmeckerrestaurant, dessen kunstvolle Kreationen auch vom *Gault Millau* mit großem Lob bedacht wurden. Überwiegend regionale Produkte, oft aus biologischem Anbau, erlesene Weine, viele davon aus Deutschland. Schönes Ambiente, sehr freundlicher Service, nicht ganz billig (Menü um 40 €), aber angemessen.

Ein Ostseebad, das etwas auf sich hält, leistet sich eine Seebrücke

Tägl. mittags und abends geöffnet, nachmittags Café. Seestr. 72, ✆ 038232-8850.

Kurhaus-Restaurant, im Fachwerkhaus an der Seebrücke, das auch die Touristinformation beherbergt. Mit Terrasse. Regionale Fischküche und mecklenburgische Spezialitäten (nicht nur Fisch), nicht allzu teuer, April bis Sept. tägl. durchgehend geöffnet. Seestr. 56, ✆ 038232-81576.

Schlösschen, Restaurant, Café und Biergarten des sympathischen Hotels am Rand des Osterwaldes bei den Sundischen Wiesen, etwa 8 km von Zingst entfernt. Innen gemütlich, außen idyllischer Biergarten, sehr freundlicher und zuvorkommender Service. Gutes Restaurant, warme Küche 12–21 Uhr, abends auch Menü (ca. 29–48 €), nachmittags Cafébetrieb mit köstlichen Kuchen. Landstr. 19, ✆ 038232-8180, www.hotelschloesschen.de.

Meeresrauschen, Restaurant und Café beim gleichnamigen Hotel, nur wenige Schritte von der Seebrücke (an Strandübergang 11). Gediegenes Ambiente, mit Terrasse, regionale, bodenständige Küche, vor allem Fisch, gut und günstig. Tägl. ab 12 Uhr durchgehend warme Küche. Hausgemachter Kuchen. Seestr. 51, ✆ 038232-1301, www.hotel-meeresrauschen.de.

Boddenhus, nettes Restaurant im gleichnamigen Hotel am Hafen, verfeinerte regionale Küche, natürlich viel Fisch, mittleres Preisniveau, mit Terrasse und großem Wintergarten. Hafenstr. 4, ✆ 038232-15713, www.boddenhus.de.

> Guten **Räucherfisch** gibt es bei *Kruse*, am Hafen rechts, zum Mitnehmen, als Imbiss, oder im Restaurant. Sehr freundlich.

• *Nachtleben* **Abraxas**, im Zentrum beim Fischmarkt, Cocktails, dazu mexikanische Küche. Ab 18 Uhr geöffnet, Mo Ruhetag. Strandstr. 38, ✆ 038232-16342.

Caribaltic, Cocktailbar in einem gelben Kasten am Ortseingang (Richtung Prerow). Seestr. 85, ✆ 038232-17518, www.caribaltic.de.

Kon Tiki, Cocktailbar hinterm Deich am Strandübergang 8, mit Terrasse. Zu essen gibt es Steaks (auch von Krokodil, Strauss oder Känguru), Salate, Nachos, Chicken-Wings und andere Snacks, dazu große Getränkekarte. Tägl. ab 19 Uhr (So ab 15 Uhr). Seestr. 32, ✆ 038232-15544, www.kon-tiki-bar.de.

An der Boddenküste

Vinetastadt Barth

ca. 9000 Einwohner

Ein beschauliches Städtchen mit überschaubarer Innenstadt, das die alten Grenzen der mittelalterlichen Ringstruktur nie verlassen hat. Weitläufig zeigen sich dagegen Marktplatz und Hafen.

Zwar war Barth bereits 1255 das Stadtrecht verliehen worden, die Stadt konnte sich aber, eingeklammert zwischen den beiden mächtigen Hansestädten Rostock und Stralsund, nie zu vergleichbarer Größe entfalten. Um so immenser erscheint der Anspruch mythischer Größe. Barth glaubt sich als Heimat der legendären Stadt Vineta und hat sich dies sogar amtlich verbriefen lassen – und nennt sich seither offiziell „Vinetastadt". Der versunkenen Stadt zu Ehren finden jedes Jahr die Vineta-Festtage rund um eine Open-Air-Theateraufführung am Hafen statt und selbst ein Museum ist diesem Mythos gewidmet: In einem ehemaligen Kaufmannshaus in der Langen Straße im Zentrum ist das **Vineta-Museum** untergebracht, das – neben den etwa halbjährlich wechselnden Ausstellungen im 1. und 2. OG – im Dachgeschoss

Versunken in der Ostsee: Vineta

Die Dächer waren mit Gold und Silber gedeckt, die Kinder spielten mit Perlen, und sogar die Schweine fraßen aus goldenen Trögen. Vinetas Glanz strahlte weit. Doch Pracht und Reichtum verleiteten zu Hochmut und Selbstherrlichkeit. So kam es, wie es kommen musste: Ein göttlicher Fluch traf die Stadt, und eine riesige Flutwelle versenkte sie mit all ihren Bewohnern im Meer. So jedenfalls will es die Legende. Zuverlässigere Quellen wie die Schriften des Geschichtsschreibers *Adam von Bremen* (11. Jh.) lassen vermuten, dass es diese große Stadt an der Ostsee tatsächlich gegeben hat. Vineta war demnach eine mächtige Handelsstadt der Wenden, die späteren Quellen zufolge im 12. Jh. von den Dänen zerstört wurde. Gründlich zerstört – denn bis heute ist die Stadt verschwunden.

Mehrere Theorien nehmen für sich in Anspruch, ihren ehemaligen Standort benennen zu können. Eine Theorie besagt, dass Vineta bei Koserow auf Usedom gelegen habe. Dort findet sich unterhalb des Streckelsbergs in der Ostsee das so genannte Vineta-Riff, die vermeintlichen Ruinen der Stadt. Lange zuvor war Wollin (östlich von Usedom) der Favorit, denn hier hatte man tatsächlich Überreste einer reichen slawischen Siedlung ausgegraben. 1998 traten *Klaus Goldmann* und *Günter Wermusch* dann mit der These an die Öffentlichkeit, dass Vineta sich weit entfernt von der Pommerschen Bucht beim heutigen Barther Bodden befunden habe (*Vineta. Die Wiederentdeckung einer versunkenen Stadt*, 3. Aufl. 2004).

Möglicherweise werden sich irgendwann stichhaltige Beweise für den Standort Vinetas finden, bis dahin schmücken sich Barth, Koserow und Wollin gemeinsam mit der sagenhaften Wendenstadt. Der Legende zufolge warten die Bewohner Vinetas bis heute darauf, von ihrem Fluch befreit zu werden. Nur am Ostermontag erhebe sich demnach die Stadt aus den Fluten und hoffe darauf, dass ein Montagskind sich in die Straßen Vinetas wage, um von einem Händler irgendetwas zu kaufen – erst dann sei die Stadt erlöst.

Karte S. 130/131

eine kleine Dauerausstellung zum sagenumwobenen Vineta beherbergt. Zu sehen sind hier im dunklen Dachgeschoss (eine steile Stiege führt hinauf) u. a. Quellentexte zu Vineta, aber auch Dokumentationen zum neuesten Forschungsstand.

Öffnungszeiten Mo–Fr 10–17 Uhr, Sa/So 11–17 Uhr, im Winter Mo geschlossen. Eintritt 3 €, erm. 2 €, Familienkarte 6 €. Lange Str. 16, 18356 Barth, ✆ 038231-81771, www.vineta-museum.de.

Erstaunlich weitläufig zeigt sich der **Hafen** von Barth, der zuletzt Stück für Stück modernisiert und umgestaltet wurde. Das Zentrum des kleinstädtischen Lebens ist der **Marktplatz** und die von ihm ausgehende Lange Straße. Neben dem Markt erhebt sich auch die hübsche, dreischiffige, backsteinerne **Marienkirche** (Mo–Fr 10–18 Uhr, Sa 10–15 Uhr, im Winter eingeschränkte Öffnungszeiten, Turmbesteigung möglich), die im 14. Jh. errichtet wurde. Ungewöhnlich platziert zeigt sich das **Rathaus,** ein imposanter Backsteinbau, der sich etwas abseits und mitten in einem Wohngebiet befindet.

• *Information* Zwei **Touristinformationen** finden sich in Barth. Die eine im Steuerhaus am Hafen, tägl. 10–19 Uhr, Okt. bis Ostern Mo–Fr 10–17 Uhr, Sa/So 11–16 Uhr. Hafenstr. 10 a, 18356 Barth, ✆ 038231-66965. Die andere unweit des Marktes, Mo–Fr 9–12 und 13–18 Uhr, Sa 9–12 Uhr. Lange Str. 13, 18356 Barth, ✆/℻ 038231-2464, www.stadt-barth.de.

• *Bootsausflüge* Im Sommer (Juni bis Sept.) mit der Reederei Poschke jeden Sonntag ganztägige **Ausflugsfahrten** nach Hiddensee/Neuendorf, Erw. 19,50 €, Kinder bis 12 J. 12 €, Familienkarte 54 €, Fahrrad 5 € (empfiehlt sich für den 4-stündigen Landgang!). Infos unter ✆ 038234-239, www.reederei-poschke.de.

Bunte Fassaden in Barth

• *Übernachten/Essen & Trinken* **** **Ringhotel „Speicher" Barth**, in einem ehemaligen Kornspeicher am Hafen, kaum zu übersehen. Sorgfältig restauriert und stilvoll eingerichtet, modernes Ambiente, große Fensterflächen mit viel Blick, architektonisch eine Besonderheit in der Gegend. Im Haus Sauna, Whirpool, Massagen und Fitness. Das feine Restaurant bietet nicht nur ein überaus interessantes Ambiente, bei dem alte Trägerelemente und Backsteinwände in die Gestaltung integriert sind, sondern auch auf dem Teller hoch anspruchsvolle Kreationen aus erlesenen Zutaten. Gehobenes Preisniveau. EZ ab 65 €, DZ ab 110 €, Suite 150-220 €, Frühstück inkl., Halbpension 25 € pro Person. Am Osthafen 2, 18356 Barth, ✆ 038231-63300, ℻ 63400, www.speicher-barth.de.

Sur la Mer, Restaurant mit angeschlossener Pension am Westhafen. Nur 7 Zimmer in den oberen Stockwerken, im EG das helle, moderne Restaurant und die Terrasse zum Bodden hin. Leicht gehobene Preise, freundlicher Service. EZ ca. 60 €, DZ ca. 90 €, inkl. Frühstück. Am Westhafen 24, 18356 Barth, ✆/℻ 038231-77536, www.sur-la-mer.net.

Jugendherberge Barth, das Gebäude ist zwar schon etwas in die Jahre gekommen, befindet sich dafür in herrlicher Lage über dem Barther Bodden, völlig ab vom Schuss und entsprechend ruhig. Badestelle und Bootsanleger vorhanden, viele Freizeitangebote, darunter eine Surfschule mit Kanu- und Surfbrettverleih sowie ein Reiterhof. Unterbringung in 1- bis 6-Bettzimmern, z. T. auch in Bungalows. Übernachtung mit Frühstück 19,30–23,30 € pro Pers., über 27-Jährige zahlen 23,60–28,50 €. Im Garten darf auch gezeltet werden: 13 € pro Person, Senioren ab 27 J. zahlen 15,90 €, ebenfalls inkl. Frühstück. Hunde erlaubt. Vom Zentrum (Platz der Freiheit) aus beschildert, ca. 2 km östlich gelegen. Glöwitz 1, 18356 Barth, ✆ 038231-2843, 📠 2090, www.djh-mv.de.

• *Veranstaltungen* Hauptattraktion sind die jährlichen **Vineta-Festtage** mit dem Open-Air-Theaterspektakel am Hafen. Im Sommer, wechselnde Termine, Infos unter ✆ 038231-2464.

An einem Samstag im Juni gibt es auch in Barth das traditionelle **Tonnenabschlagen** (den genauen Termin weiß die Touristinformation).

Meist Juli/Aug. finden die **Barther Segel- und Hafentage** statt, ein Großereignis mit jeder Menge Rummel.

• *Verbindungen* Die **Bahn** bietet mit der UBB etwa alle 2 Std. Verbindungen nach Stralsund, mit der UBB und dem Regionalexpress ebenfalls ca. alle 2 Std. über Velgast (Umsteigen) nach Ribnitz-Damgarten.

Der **Bus** 210 fährt stündl. über Zingst, Prerow, Wieck, Born, Ahrenshoop, Wustrow und Dierhagen nach Ribnitz-Damgarten und retour.

Von April bis Okt. 3-mal täglich (in der Hochsaison 4-mal tägl.) tägl. **Schiffsverbindung Barth – Zingst** mit der Reederei Poschke. Erw. einfach 5 €, Kinder bis 12 J. 3,50 €; hin und zurück 9 €, bzw. 5 €, Familienkarte 15 bzw. 26 €, Hund/Fahrrad 1 € pro Strecke. Von Nov. bis März keine Verbindung. Infos unter ✆ 038234-239, www.reederei-poschke.de.

Zwischen Barth und Stralsund

Eine verlassene Gegend, obwohl mit Fischland-Darß-Zingst eines der wichtigsten touristischen Zentren der Ostseeküste gleich um die Ecke liegt, und auch Stralsund ist nur rund 20 Kilometer entfernt. Wer sich doch auf den Weg macht, sieht auch gleich, warum sich so wenige Besucher hierher verirren: Strände gibt es nur wenige, das Gebiet ist oft schilfig und gehört bereits zur Schutzzone des Nationalparks Vorpommersche Boddenlandschaft. Ein Niemandsland mit einer Handvoll Dörfern, in denen man vom großen Ostseetourismus so gar nichts spürt. Dennoch lohnt ein Ausflug hierher: In Groß Mohrdorf befindet sich das überaus sehenswerte **Kranich-Informationszentrum** (und in der Umgebung Kranich-Beobachtungspunkte), ab dem **Barhöfter Hafen** ist es nur ein Katzensprung zur Insel Hiddensee, die von hier im Sommer regelmäßig von Ausflugsbooten angesteuert wird. Kulturelles Zentrum ist das *Vorpommernhaus* in **Klausdorf**, ein ehemaliger Kuhstall, der nun als Veranstaltungsort für Vorträge, Lesungen, Konzerte, Theater, Tanz und weitere Festivitäten dient.

Kranich-Informationszentrum Groß Mohrdorf

In einem unscheinbaren Neubau am Ortsausgang von Groß Mohrdorf in Richtung Hohendorf liegt das mit viel Engagement und Herzblut betriebene Informationszentrum, in dem interessierte Besucher neben diversen Schautafeln, Tierpräparaten und Fotografien auch einen Film über das Leben der Kraniche zu sehen bekommen. Darüber hinaus können die Mitarbeiter vom Kranich-Informationszentrum tagesaktuell die besten Beobachtungsplätze nennen. Mehr als 15.000 Besucher finden alljährlich den Weg zum Info-Zentrum hier in Groß Mohrdorf. Ein lohnenswerter Ausflug!

• *Öffnungszeiten* Febr. Mo–Fr 10–16 Uhr, März bis Mai tägl. 10–16 Uhr, Juni bis Aug. Mo–Sa 10–16 Uhr, im August auch So 10–16 Uhr, Sept./Okt. tägl. 9.30–17.30 Uhr, im Nov. tägl. 10–16.30 Uhr. Im Dez. und Jan. nur nach tel. Voranmeldung. Eintritt frei. Lindenstr. 27, 18445 Groß Mohrdorf, ✆ 038323-80540, www.kraniche.de. Groß Mohrdorf liegt 14 km nordwestlich von Stralsund.

• *Kranichbeobachtung* Wer auf eigene Faust unterwegs ist, findet ca. 1 km außerhalb von Bisdorf (nördliches Nachbardorf von Groß Mohrdorf) einen Beobachtungsstand, die *Kranichhütte* (ab Bisdorf beschildert). Nur im Herbst geöffnet ist der *Kranich Utkiek* in einer großen Scheune in Hohendorf (nordöstlicher Nachbarort von Groß Mohrdorf); auf dem Feld vor dem Utkiek finden auch Ablenkungsfütterungen statt. Das Kranichzentrum selbst veranstaltet im Herbst **Führungen** zu den Beobachtungsplätzen, Infos unter ✆ 038323-80540.

Der Kranich – lautstarker Tänzer unter den Zugvögeln

Ihr eleganter Balztanz hat sie berühmt gemacht, aber auch das lautstarke Trompeten, mit dem sie sich allabendlich bei Einbruch der Dämmerung an ihren Schlafplätzen in der „Rügen-Bock-Region", dem größten mitteleuropäischen Rastplatz für Kraniche, einfinden. Bis zu 40.000 Graue Kraniche (*Grus grus*) gleichzeitig, so die Schätzungen des 1996 gegründeten Kranich-Informationszentrums in Groß Mohrdorf, treffen sich alljährlich im Herbst zur gemeinsamen Rast an den der Küste vorgelagerten Inseln *Großer Werder, Kleine Werder, Bock* und etwas weiter westlich der *Kirr* (bei Zingst) sowie an der *Udarser Wiek* nördlich der Halbinsel Ummanz (Rügen). Von hier aus machen sie sich auf den Weg nach Süden.

Die Kraniche überwintern in der spanischen Extremadura bzw. im Norden Marokkos oder Algeriens, durch die milden Winter auch zunehmend nördlich der Pyrenäen in Südwestfrankreich, den Sommer verbringen sie in Süd- und Mittelschweden. Die Boddenregion zwischen Rügen und Zingst dient also nur als – vor allem im Herbst oft Wochen andauernde – Zwischenstation, um sich für die weite Reise zu stärken. Gereist wird im Verband und in der charakteristischen „V"-Formation. Bei ihren Langstreckenflügen nutzen die Kraniche die Thermik und können, bei Rückenwind, mit nur wenigen Flügelschlägen eine Geschwindigkeit von über 80 Stundenkilometern erreichen. Distanzen von über 1000 Kilometern ohne Zwischenstopp sind durchaus möglich.

Doch dazwischen ruhen sie eben in Nordostdeutschland aus, bevorzugt in den weiten Flachwasserbereichen östlich von Zingst (im Nationalpark Vorpommersche Boddenlandschaft), aber auch in den Sumpfgebieten des südlich im Landesinneren gelegenen Müritz-Nationalparks. Fast 80.000 Kraniche auf der Durchreise wurden 2007 gezählt; an die 5.000 Paare bleiben ganzjährig in Deutschland, von denen wiederum die Hälfte in Mecklenburg-Vorpommern. Gebrütet wird im flachen Wasser auf dem Boden, meist im Schutz eines Baumes, in einem großen, aus aufeinander geschichteten Pflanzenstängeln bestehenden Nest, in dem in der Regel zwei bräunlich-graue Eier liegen. Nach gut vier Wochen Brutzeit schlüpfen die Küken mit rotbraunem Daunenkleid, die dann maximal bis zum nächsten Frühjahr bei ihren Eltern leben. Das Brutpaar selbst bleibt oft ein Leben lang zusammen. Ein ausgewachsener Kranich bringt es auf eine Standhöhe von 1,20–1,30 Metern bei einem Gewicht von sechs bis sieben Kilogramm und einer Flügelspannweite von bis zu 2,20 Metern, damit ist er der größte Vogel Deutschlands. Sein Federkleid ist grau mit schwarzem Oberkopf samt roter Mütze und seitlichen weißen Streifen, die Schwungfedern bilden eine schwarze Schleppe. Die Jungvögel sind durch ihren bräunlichen Kopf zu erkennen. Kraniche sind Allesfresser, die ihre Nahrung beim Umherschreiten vom Boden oder aus dem flachen Wasser aufsammeln und damit wie auch Reiher und Störche zu den sog. Schreitvögeln zählen. Geschlafen wird stehend im knietiefen Wasser, das hier als Schutz gegen Feinde wie beispielsweise den Fuchs dient. Im Herbst ernähren sich die Kraniche auch von den Ernteresten der Felder und der Saat. Um den Schaden für die Bauern gering zu halten – und den Tausenden von Vögeln ausreichend ►►

Barhöft

ca. 100 Einwohner

Den kaputten Plattenbau am Ortseingang sollte man großzügig übersehen, gegenüber davon befindet sich der gebührenpflichtige Parkplatz, von dem man in wenigen Gehminuten zum beschaulichen kleinen Barhöfter Hafen gelangt, von dem während der Saison täglich das Ausflugsboot nach Hiddensee startet. Am autofreien Hafen werden frischer und geräucherter Fisch sowie Fischbrötchen verkauft.

Wenn man sich vom Hafen nach links wendet, geht es auf einem schmalen Waldweg und nach links hinauf zur **Nationalpark-Ausstellung** in einem Häuschen im Wald (im Sommer tägl. 10–17 Uhr, Nov. bis April tägl. 10–16 Uhr, Eintritt frei). Von der Ausstellung noch ein Stück weiter (Treppen hinauf) erreicht man den Barhöfter **Aussichtsturm** mit 17 Metern Höhe, der über 102 Stufen zu erklimmen ist (Mo–Fr 10–18 Uhr, Sa/So 12–18 Uhr, im Winter kürzer, Erw. 1 €, Kinder 0,50 €). Bleibt man auf dem Waldweg, geht es am Wasser entlang und dann rechts ab zu einer **Bodden-Aussichtsplattform**. Ein netter Spaziergang.

• *Ausflugsboote* Mit der Motorbarkasse *Admiral Raule* im Sommer tägl. um 9 Uhr nach Hiddensee (Hafen Neuendorf, retour um 17 Uhr), Fahrtdauer 1 Std. 45 Min. pro Strecke, Erw. 21,50 €, Kinder 4–14 Jahre 15 €, Hund/Fahrrad 3 € (Preise jeweils hin und zurück); im Herbst werden auch Kranichbeobachtungsfahrten veranstaltet (20 €, Kinder 13,50 €), Infos unter ✆ 0172-9949930 oder am Hafen.

• *Übernachten* **Hotel & Restaurant Zum Seeblick**, zwei große rote Backsteingebäude in unmittelbarer Nähe zum Hafen, nicht zu übersehen. Restaurant tägl. durchgehend geöffnet, EZ 60 €, DZ 72 €, Frühstück inkl. Am Hafen, 18445 Barhöft, ✆ 038323-4500, ℻ 45054, www.m-vp.de/hotel-seeblick.

Pension Zum Bodden, DZ 45 €, auch Ferienwohnungen, Frühstück 5,90 €/Pers. Bootsverleih. Am Hafen 3/4, 18445 Barhöft, ✆ 038323-219, ℻ 71581, www.sprenger-barhoeft.de.

►► Nahrung zu bieten – gingen die Naturschutzorganisationen in den 1990er Jahren zu „Ablenkfütterungen“ über, wie sie beispielsweise am *Kranich Utkiek* in Hohendorf (bei Groß Mohrdorf) zu beobachten sind.

Aus der Nähe wird man einen Kranich in freier Natur ansonsten kaum zu sehen bekommen. Die Tiere sind sehr scheu und fliegen schon bei einer Annäherung auf etwa 300 Meter auf. Bessere Chancen hat man von besagtem Utkiek (gibt es auch in Bisdorf bei Groß Mohrdorf, sowie zwei Beobachtungspunkte bei Zingst), doch auch hier sollte man unbedingt ein Fernglas dabei haben. Bei ihrer berühmten Balz wird man die Kraniche nur gelegentlich im Frühjahr erleben dürfen, diese findet hauptsächlich an den Brutplätzen in nördlicheren Gefilden statt. Während die Tiere bis Ende der 1980er Jahre noch als überaus selten galten, hat sich ihr Bestand heute vervielfacht. Vor allem durch die im Jahr 1990 ausgewiesenen strengen Schutzgebiete des *Nationalparks Vorpommersche Boddenlandschaft* finden die Kraniche hier optimale Bedingungen ohne Störung durch Mensch und Landwirtschaft. Doch damit könnte es Ende dieses Jahrhunderts schon wieder vorbei sein, falls ein Szenario der Klimaforschung wahr wird: Durch die Erderwärmung könnte Nordostdeutschland deutlich wärmer und niederschlagsärmer werden, Feuchtgebiete könnten austrocknen und die Kraniche somit wegbleiben.

Blick über den Querkanal auf Stralsunds Altstadt

Stralsund

ca. 58.000 Einwohner

Die alte Hansestadt am Strelasund präsentiert sich reich an Tradition, weltoffen und sehr gastfreundlich. Es gibt zahlreiche Gründe, die für einen Aufenthalt in Stralsund sprechen: die wunderschöne Lage der Hafeninsel, prachtvolle Monumente der Backsteingotik, eine freundliche, lebendige Altstadt sowie einige bemerkenswerte Museen.

Die malerische Altstadt Stralsunds, am 27. Juni 2002 in die Welterbeliste der UNESCO aufgenommen, ist fast vollständig von Wasser umgeben: einstmals ein effektiver Schutz gegen Angriffe, heute ein blauer, von Grünflächen gesäumter Gürtel um den historischen Stadtkern. Landseits erstrecken sich Knieperteich und Frankenteich entlang der teils erhaltenen Stadtmauern und Bastionen. Zum Strelasund hin öffnet sich der traditionsreiche, von Kanälen durchzogene Hafen. In der Altstadt stehen bedeutende Bauten der Norddeutschen Backsteingotik auf engstem Raum: Die *Nikolaikirche* und die berühmte Schmuckfassade des *Stralsunder Rathauses* bilden ein einzigartiges städtebauliches Ensemble, gegenüber zeugt das *Wulflamhaus* von hanseatischem Bürgerstolz, und über dem Neuen Markt erhebt sich majestätisch *St. Marien*. Dazwischen sind in einem alten Kloster die zwei sehenswerte Museen untergebracht: das *Deutsche Meeresmuseum* und das *Kulturhistorische Museum*, dessen Außenstellen *Museumshaus* und *Museumsspeicher* sich ganz in der Nähe befinden. Das *Deutsche Meeresmuseum* hat jüngst einen spektakulären Neubau realisiert: Am *Hafen*, der mit seinen stolz aufragenden backsteinernen Speichern und den die Hafeninsel umschließenden Kanälen selbst zu den wichtigsten Sehenswürdigkeiten der Stadt gehört, entstand mit dem *Ozeaneum* ein bemerkenswerter Besuchermagnet von internationalem Rang.

Stralsund
Karte S. 170

Ein weiteres, neues Wahrzeichen der Stadt erhebt sich südöstlich der Altstadt über den Strelasund und ergänzt kontrastreich die markante Silhouette Stralsunds: die 2. *Strelasundquerung*. Die im Oktober 2007 eröffnete, spektakuläre Brücke mit dem hoch aufragenden Pylon verbindet das Festland mit der Insel Rügen.

Weitere Informationen zur schönen Hansestadt Stralsund finden Sie im aktuellen Reisehandbuch *Rügen, Stralsund, Hiddensee* des Michael Müller Verlags. Erlangen 2008, 264 Seiten, 15,90 €, ISBN 978-3-89953-385-9.

Stadtgeschichte

Am 31. Oktober 1234 verlieh *Wizlaw von Rügen* der Ortschaft Stralow das lübische Stadtrecht. Damit war der Grundstein gelegt für einen sagenhaften Aufschwung, der Stralsund zu einem Flaggschiff der mächtigen Hanse werden ließ. Dank seiner Lage konnte sich der Ort schnell als Handelszentrum etablieren. Zum einen wurde Stralsund Umschlagplatz für die regionale landwirtschaftliche Produktion, zum anderen zu einer wichtigen Kraft im Nord- und Ostseehandel zwischen Flandern und Nowgorod.

Stralsund gehörte neben Lübeck, Wismar, Rostock und Greifswald von Anfang an der Hanse an. Nachdem der Städtebund seine größte Bewährungsprobe – den militärischen Konflikt mit dem dänischen Königreich – bestanden hatte, stand er mit dem am 24. Mai 1370 geschlossenen *Frieden von Stralsund* im Zenit seiner Macht (zur Hanse s. S. 21). Der Stadt des Friedensschlusses bescherte das einen anhaltenden Bauboom. St. Nikolai bekam einen neuen Doppelturm, dem Rathaus wurde die prächtige Fassade vorgesetzt, und auch die Marienkirche erhielt ihre imposante Gestalt. Der Reichtum der Stadt zeigte sich auch in der Entstehung vieler repräsentativer Bürgerhäuser im Stil der Backsteingotik, bekanntes Beispiel ist das Wulflamhaus. Auch die Kirchen wurden von den Kaufleuten reich ausgestattet, dieser Glanz aber ging während des Bildersturms im Zuge der Reformation weitgehend verloren.

Die Jahrzehnte zwischen 1628 und 1715 trafen Stralsund hart. Zuerst kam *Wallenstein* und verlangte die Aufnahme seiner Truppen in der Stadt. Die folgende Belagerung der kaiserlichen Truppen konnte erst durch schwedische Waffenhilfe gebrochen werden. Das neue Bündnis der Stadt mit dem schwedischen König *Gustav II. Adolf* hatte jedoch einen hohen Preis, denn die Schweden blieben. Stralsund war de facto ein Teil des Schwedischen Reiches geworden (bestätigt im *Westfälischen Frieden* 1648). 1680 wütete ein Brand in der im Wiederaufbau befindlichen Stadt, 1710 rollte die letzte Pestwelle durch die Gassen, und schließlich hatte Stralsund unter dem Großen Nordischen Krieg zu leiden.

Auch von den Napoleonischen Kriegen blieb Stralsund nicht verschont. Erst nach Napoleons Fall endete für Stralsund die Zugehörigkeit zu Schweden. Nach dem *Wiener Kongress* (1814/15) fand sich Stralsund nicht mehr unter gelb-blauer, sondern unter weiß-schwarzer Flagge wieder: Die Schweden hatten Vorpommern und Stralsund an die Preußen abgetreten. Das 19. Jh. schließlich brachte vor allem eines: technischen Fortschritt (ironischerweise zunächst in den Farben gelb-blau, denn das erste Dampfschiff, das in Stralsund anlegte, war 1824 die schwedische *Constitutiones*). 1863 rollte die erste Eisenbahn aus Berlin ein. In Stralsund selbst entwickelte sich allerdings kaum Industrie – einzig bedeutender Industriezweig waren die Stralsunder Spielkartenfabriken –, es blieb vor allem eine Stadt des Handels, der

Die Schaufassade des Rathauses

Dienstleistungen und der Verwaltung. Mit dem Bau des Rügendammes 1936 konnte die Stadt zudem verstärkt vom Inseltourismus nach Rügen profitieren.

Die dunkelste Stunde der Stadtgeschichte schlug am 6. Oktober 1944. Eine britisch-amerikanische Bomberstaffel legte die Stadt in Schutt und Asche. Dass Stralsund überhaupt Ziel der Bomben wurde, war das Ergebnis zynischer Kriegslogik: Die vernichtende Fracht war eigentlich für die Heeresversuchsanstalt Peenemünde (S. 264) vorgesehen. Doch waren die alliierten Fliegerstaffeln vor Peenemünde auf starken Widerstand gestoßen und konnten ihre Bomben nicht ausklinken. Landen aber konnten die Flugzeuge mit dieser Fracht auch nicht. Also wurden die Bomben „auf dem Rückweg" über Stralsund abgeworfen.

Nach dem Krieg war es vor allem die Volkswerft, die Stralsund wieder auf die Beine brachte. Rund 8000 Arbeiter bauten hier gigantische Fischfang-Trawler. In den 1990er Jahren wurde die Volkswerft zu einer der modernsten Kompaktwerften Europas umgebaut, ihre riesige blaugrüne Fertigungshalle ist unübersehbar. Hier werden heute Großschiffe aller Art gebaut, wie z. B. Passagier- und Container- und Tankschiffe. Hinzu kommt der Tourismus als weiteres wichtiges wirtschaftliches Standbein der Stadt.

Praktische Informationen

• *Information* Die Tourismuszentrale der Hansestadt Stralsund bietet Zimmervermittlung, Ticketverkauf, Stadtführungen (s. u.), Internetpoint, freundlich und kompetent, auch Internet (0,50 €/10 Min.; 2,50 €/1 Std.). Mai bis Okt. Mo–Fr 9–18 Uhr, Sa/So 9–16 Uhr, Nov. bis April Mo–Fr 9–17 Uhr, Sa 10–16 Uhr. Alter Markt 9, 18439 Stralsund, ✆ 03831-24690, 📠 246922, www.stralsund.de bzw. www.stralsundtourismus.de.

Von Mai bis Sept. bietet die Tourismuszentrale tägl. **Führungen** an. Allen voran die Altstadtführung *Roter Backstein, blaues Meer* (Dauer 1 Std., Start tägl. um 11 Uhr, Treffpunkt vor der Tourismuszentrale, Erw. 4 €, Schüler/Stud. 2,50 €, Kinder unter 6 Jahren frei) oder auch die Abendführung *Diebe, Mörder und Huren* (Dauer 2 Std., Start dienstags um 21 Uhr, Treffpunkt vor der Tourismuszentrale, Erw. 6 €, Schüler/Stud. 3,50 €, Kinder unter 6 Jahren frei). Außerdem werden **geführte Radtouren** angeboten. Weitere Infos und Anmeldung in der *Tourismuszentrale* (s. oben).

• *Baden/Sport/Wellness* **Seebadeanstalt**, das städtische Freibad am Strelasund, nördlich der Altstadt. Mitte Mai bis Mitte Sept. tägl. 9–18 Uhr, am aufgeschütteten

Stralsund Karte S. 170

Sandstrand auch Beachvolleyball-Felder, Imbiss, Strandabschnitt überwacht. Sundpromenade 5, ✆ 03831-393295.

HanseDom, großes Freizeitzentrum mit vielfältigem Angebot: Wassererlebniswelt Seestern Therme mit „Ostseestrand" und Südsee-Ecke, Wellenbecken, Riesenrutsche und Wildwasserbach etc., außerdem Saunalandschaft (mit Wellnessbereich und diversen Dampfbädern), sowie Sportbereich (Tennis, Squash, Badminton, Kletterwand), natürlich auch Gastronomie. Tägl. 9.30–23 Uhr (Sportbereich 1 Std. länger). Grünhufer Bogen 18–20, ✆ 03831-37330, www.hansedom.de.

• *Hafen* **Hafen- und Seemannsamt** (Hafenkapitän), im Lotsenturm, Hafenstr. 50, ✆ 03831-260130.

Citymarina Stralsund, großer Yachthafen an der Nordmole, 150 Gastliegeplätze, 180 Meter langer Kai für Großschiffe. Seestr. 14 a, ✆ 03831-444978, www.rundtoern-marinas.de.

Yachtclub Strelasund, Hafen auf Dänholm, Zum kleinen Dänholm 21, ✆ 03831-297300, www.ycstr.de.

• *Fahrradverleih* Einfache Tourenräder ab 4,50 €/Tag bei **SIC.** am Hafen. Mo–Fr 7.30–17 Uhr, Sa 8.30–12.30 Uhr. An der Fährbrücke 1, ✆ 03831-280155.

• *Hafenrundfahrten* Stralsund müsse man vom Meer aus sehen, meinte schon Wilhelm von Humboldt. Möglichkeit dazu gibt es bei einer Hafenrundfahrt (*Zur neuen Rügenbrücke*) mit der Weißen Flotte, Dauer ca. 1. Std. Mai bis Okt. mind. 4-mal tägl. vom Stralsunder Hafen (Steinklappe). Erw. 7 €, Kinder 4–14 J. 4 €. ✆ 03831-268138.

• *Parken* Nicht ganz einfach, z. B. am Alten und am Neuen Markt und am Frankenwall. Ein großer gebührenfreier Parkplatz befindet sich auf der Mahnkeschen Wiese (beim Rügendamm-Bahnhof), ausgewiesene Park-and-Ride-Parkplätze finden sich an den Rändern der Altstadt.

• *Taxi* **Hansa Taxi**, ✆ 03831-491313; **Taxigenossenschaft**, ✆ 03831-393333; **Taxiring**, ✆ 03831-392400.

• *Verbindungen* Stralsund liegt an der **IC**-Strecke Rostock – Greifswald mit direkter Anbindung an Berlin bzw. Hamburg, auch die Nachtzüge aus München und Köln halten in der Hansestadt.

Mit der **Regionalbahn** gute Verbindungen in die Region (Rostock, Barth und Greifswald sowie bis nach Berlin). Nach Rügen fährt die *RB 13* bzw. der Regionalexpress (*RE 9*) stündl. über Bergen weiter nach Sassnitz oder Binz.

Gute **Busverbindungen** ins Hinterland von Stralsund. Nach Rügen mit der Linie 30 ca. 8-mal via Garz nach Putbus und weiter bis Bergen, Sa 4-mal, So 2-mal. Mit der Linie 41 in den Westen Rügens nach Gingst (dort Umsteigen nach Schaprode; im Winter einzige Verbindung mit Hiddensee). Haltestelle am Hauptbahnhof.

Das Netz der **Stadtbuslinien** ist zwischen Devin im Süden, Knieper Nord, Grünhufe und Dänholm (**Linie 2** bis hinüber nach *Altefähr* auf Rügen) dicht gespannt. U. a. mit der Linie 3 kommt man zum Tierpark, die Linie 4 fährt zum HanseDom.

Schiffe der *Weißen Flotte* fahren ca. 6-mal tägl. nach Altefähr (nur Mai bis Okt.).

Die *Reederei Hiddensee* steuert von Mitte März bis Okt. (sowie von Weihnachten bis Neujahr) 3-mal tägl. die Insel Hiddensee von Stralsund aus an. Hin- und Rückfahrt 17,20 €. Infos unter ✆ 03831-26810, 📠 268130, www.weisse-flotte.de oder direkt unter ✆ 0180-3212150, www.reederei-hiddensee.de.

• *Veranstaltungen* Seit 1991 finden die farbenfrohen, kostümträchtigen **Stralsunder Wallensteintage** statt, meist Ende Juli. Für ein paar Tage spielt die Altstadt die „gute alte Zeit" nach mit Mittelaltermarkt, Musketieren, Handwerkern und Gauklern sowie mit einem „guten alten Feind": Wallenstein und seinen Truppen.

Die **Sundischen Tage** Anfang Juni sind *das* Seglerevent in Stralsund. Geboten werden Regatten im Strelasund und rund um Rügen und Hiddensee, zahlreiche Rahmenveranstaltungen und anschließende Feier am Hafen, www.stralsunder-segelwoche.de.

Open-Air-Veranstaltungen auf der **Seebühne**, einer schwimmenden Bühne im Hafen, während der Sommermonate. Jährlich wechselnde Aufführungen (Oper, Musical, Ballet). Theater Vorpommern, Olof-Palme-Platz 4, ✆ 03831-2646-124 oder -150, www.ostseefestspiele.de.

Übernachten

• *Hotels* **Kontorhaus Hotel (8)**, neues Hotel am Hafen, innen wie außen stilsicher designed, die Inneneinrichtung hat etwas von einem Luxusliner, die geräumigen, hellen Zimmer haben keine Nummern, sondern tragen die Namen berühmter Schiffe (darunter die QE2 oder die Gorch Fock). EZ 75 €, DZ 105 €, Juniorsuite 122 €, Frühstücksbuffet im Kaffeekontor im Erdgeschoss inkl., in der Nebensaison deutlich günstiger, diverse Arrangements im Angebot. Am Querkanal 1, 18439 Stralsund, ✆ 03831-289800, 📠 289809, www.kontorhaus-stralsund.de.

Norddeutscher Hof (16), familiengeführtes, freundliches Haus am Neuen Markt, ordentliche, verhältnismäßig günstige Zimmer mit nettem, ebenfalls nicht teurem Restaurant (tägl. 11.23 Uhr), einige Tische auch im schönen Innenhof. EZ 65 €, DZ 85 €, jeweils inkl. Frühstück. Auch von Lesern empfohlen. Parkplätze vorhanden. Neuer Markt 22, 18439 Stralsund, ✆ 03831-293161, 📠 287939, www.nd-hof.de.

Stralsund Karte S. 170

Altstadt Hotel Zur Post (15), große Herberge in der historischen Altstadt, direkt am Neuen Markt. 100 geräumige Zimmer und ein paar Studios, im Haus *Das Restaurant*, die *Snack-Bar* und im Keller die Bar *Hemingway*. Tiefgarage (auch für Nicht-Gäste) 8 €/Tag (Leser berichteten allerdings, dass sie eines Nachts trotz Reservierung keinen freien Stellplatz fanden), EZ ab 93 €, DZ ab 121 €, Juniorsuite 141 €, Frühstücksbuffet 12 €/Pers., Hunde (6 €) nach Absprache. Am Neuen Markt, Tribseer Str. 22, 18439 Stralsund, ☎ 03831-200500, 📠 200510, www.hotel-zur-post-stralsund.de.

Hotel Villa am Meer (1), 1912 erbaute, bläulich gestrichene Villa mit Türmchen, nördlich der Altstadt in der „Villengegend" gelegen, nur ein wenig von der Strandpromenade zurückversetzt (knapp 10 Min. zur Innenstadt), teils mit Blick auf den Strelasund. 12 gut ausgestattete Zimmer. EZ 50 €, DZ je nach Größe 75–85 €, einschließlich Frühstück, Hund 5 €. Gerhart-Hauptmann-Str. 14, 18439 Stralsund, ☎ 03831-308466, 📠 308640, www.hotel-mit-meerblick.de.

• *Pensionen* **Pension Cobi (13)**, nette, familiäre Unterkunft im Zentrum bei der Jakobikirche und doch ruhig gelegen. Schlichte, schöne Zimmer, im Dachgeschoss etwas hellhörig, Fahrradverleih, freundliche Pensionsführung. EZ 35–45 €, DZ 50–70 €, einschl. Frühstücksbuffet. Jacobiturmstr. 15, 18439 Stralsund, ☎ 03831-278288 oder 0178-3122149 , 📠 03831-278288, www.pension-cobi.de.

Essen & Trinken/Nachtleben

• *Restaurants* **Tafelfreuden im Sommerhaus (12)**, zwischen Knieperteich und Hauptbahnhof an gut befahrener Straße. Das hübsche Haus könnte auch in Schweden stehen. Gehobene, ausgezeichnete Küche in feinem Ambiente, wechselnde kulinarische Wochen, heller Wintergarten, (angemessenes) oberes Preissement, Mo–Fr günstiger Mittagstisch mit Tagesgerichten unter 10 € oder auch als Businessmenu für 15 €, 3-Gänge). Im Haus auch 3 schön eingerichtete Zimmer unterm Dach (DZ mit Frühstück 70 €, 3er 81 €). Über Mittag und abends ab 18 Uhr geöffnet, Mo Ruhetag. Jungfernstieg 5 a, ☎ 03831-299260, 📠 292385, www.tafelfreuden-stralsund.de.

Altes Bankhaus (9), nur der Name und ein paar alte Scheine an der Wand verraten, das es sich hier um eine ehemalige Bank handelt, heute aber wird hier nicht gespart, sondern gut gegessen. Freundliche Ausstattung, nette, professionelle Leitung, junge Küche zu akzeptablen Preise, mittags und abends geöffnet. Heiliggeiststr. 43 a, ☎ 03831-303088.

Essbar (6),nettes kleines Restaurant und Weinbar unweit des Alten Marktes, sehr sympathisch. Alle Gerichte sind zunächst vegetarisch, auf Wunsch auch mit Fleischbeilage. Werktags über Mittag und tägl. ab 18 Uhr geöffnet, Küche bis 22 Uhr, So Ruhetag. Kleinschmiedstr. 22, ☎ 03831-298176, www.die-essbar.de.

Wulflamstuben (2), traditionsreiches Restaurant am Alten Markt im sehenswerten Wulflamhaus. Uriges Ambiente unter dunklem Holzgebälk, im Vorraum ein Modell der Altstadt. Gutbürgerliche Küche bei mittlerem bis gehobenem Preisniveau, auch Kaffee und Kuchen. Alter Markt 5, ☎/📠 03831-291533.

Brauhaus Zum Alten Fritz (17), hier wird das Stralsunder Bier („Störtebeker – das Bier der Gerechten") gebraut und selbstverständlich auch ausgeschenkt. Sehr gemütliche Gaststätte, die wie ein Brauereimuseum wirkt. Große Karte für jeden Geschmack (z. B. Zanderfilet in Mandelkruste für 12 €), hier wird natürlich auch mit Bier gekocht (z. B. Störtebekers Biersuppe), zudem Brotzeiten und Pasta, mittleres bis gehobenes Preisniveau, großer Biergarten. Tägl. ab 11 Uhr geöffnet. Gut 2 km südlich der Innenstadt, Greifswalder Chaussee 84/85, ☎ 03831-255500.

Torschließerhaus (7), in der Wachstube des Kütertor-Schließers, urgemütlich. Deftiges aus der Pfanne (Fisch und Fleisch), gut und günstig: Hauptgericht um 9 €, Spezialität Torschließerpfanne. Im Hinterhof sehr schöner Biergarten, freundlicher Service. Tägl. 12–15 und ab 18 Uhr geöffnet. Am Kütertor, ☎/📠 03831-293032.

Hansekeller (11), uriges Restaurant im backsteinernen Gewölbekeller im historischen Haus des Handwerks. Ein Teil der Küche befindet sich im Gastraum. Gutbürgerliche Küche, mittleres bis gehobenes Preisniveau. Tägl. ab 11 Uhr. Mönchstr. 48, ☎ 03831-703840.

• *Café* Ein Caféreicher Platz ist der Alte Markt, sympathisch und nett ist vor allem das kleine **Nikolai-Café (3)** neben dem Zugang zur Kirche; selbstgebackene Kuchen, köstliche Palatschinken z.B. mit Spinat und

Feta oder mit heißen Kirschen. Auch am Hafen gibt es Cafés, in denen man ein Plätzchen zum Ausruhen findet.

• *Imbiss* Räucherfisch gibt es vom **Räucherschiff** im Hafen.

Rasmus (10), traditionsreiches Fischgeschäft und Räucherei; hier wurde der Bismarck-Hering erfunden und hier wird er noch immer nach traditionellem (und natürlich geheimem) Rezept in Essig, Senfkörner, Zwiebeln und Lorbeerblätter eingelegt und verkauft. Heilgeiststr. 10, ✆ 03831/281538, www.bismarckhering.com..

Bismarck-Hering

Johann Wiechmann, Brauer, Kaufmann und Gründer einer der ersten Fischkonservenfabriken an der Ostseeküste, sandte 1871 an den jüngst ernannten Reichskanzler *Otto von Bismarck* ein kleines Holzfässchen, in dem entgräteter Hering eingelegt war. „Untertänigst" bat Wiechmann, die von seiner Gattin Karoline zubereitete Spezialität *Bismarck-Hering* nennen zu dürfen. Dem Reichskanzler schien es geschmeckt zu haben, denn in einem handgeschriebenen Antwortschreiben gab er sein fürstliches Einverständnis. Seither gibt es den Bismarck-Hering, der Stralsunder ist der originale.

Traditionsreich: das Wulflamhaus

Fischhalle (4), in einer der Querstraßen am Hafen (Neue Badenstr.). Köstliche Fischbrötchen um 3 €. Tägl. 9–20 Uhr (So ab 10 Uhr).

• *Nachtleben* **Brazil (5)**, Bar mit netter Atmosphäre, junges Publikum, am Hafen gelegen. Hier geht es etwas ruhiger zu. Am Querkanal 4, ✆ 03831-298480.

Apollonienkeller (14), Wein- und Whisk(e)y-Bar aus Leidenschaft, vor allem im Bereich Malt eine kolossale Auswahl, auch kleine Snacks. In der Fußgängerzone. Di–Sa ab 17 Uhr. Apollonienmarkt 1, ✆ 03831-666266, www.whiskyverein.de.

Sehenswertes

Der Alte Markt und das Rathaus

Rund um den Alten Markt kann man mit der Nikolaikirche und dem **Rathaus** ein einzigartiges Ensemble Norddeutscher Backsteingotik besichtigen. Die zum Markt weisende Schaufassade des Rathauses ist ein Juwel, wenn nicht das Kronjuwel deutscher Backsteingotik. Erstmals 1270 erwähnt, bestand das Rathaus zunächst aus den zwei Langhallen und (seit Ende des 13. Jh.) dem verbindenden Querbau im Süden. Auf dem Höhepunkt hanseatischer Macht entstand der nördliche Vorbau mit seiner prächtigen Schaufassade. Sechs Dreiecksgiebel krönen die Fassade, zwischen ihnen behelmte schlanke Pfeiler, zwei weitere schmücken die St. Nikolai zugeneigte

Seite. Unterhalb der Blendbögen und direkt über den Spitzbogenfenstern sind die Wappen der wichtigsten Hansestädte eingefügt. 1579 erhielt das Rathaus die Renaissance-Treppe, 1720 wurde das Barockportal der Längsfassade (Fußgängerzone/Ossenreyerstraße) angefügt. Über dem Eingang befindet sich ein farbenprächtiges Stadtwappen. Das Wappenschild (mit Stralsunds gekröntem Pfeil) wird gehalten von einem goldenen Löwen und einem roten Greif. Wenn man vor dem Barockportal steht, hat man quer durch das Rathaus hindurch einen eigenwilligen Blick auf das Hauptportal der Nikolaikirche. Der Innenhof des Rathauses ist heute mit Glas überdacht.

Außer dem Rathaus schmücken noch viele andere Fassaden in einem Stilmix der Epochen den Alten Markt. Besonders markant sind das **Commandanten-Hus,** ein Barockbau aus schwedischer Zeit, und das **Wulflamhaus.** Dieses Backsteingebäude, über dessen Treppengiebel sich vier Pfeilertürmchen erheben, wurde in der ersten Hälfte des 14. Jh. vom Bürgermeister *Bertram Wulflam* errichtet, der als der reichste Mann der Ostsee galt. Drei Häuser weiter links in Richtung Neuer Markt trifft man auf das **Giebelhaus,** erbaut Ende des 13. Jh. (Mühlenstraße 1). Sein Pfeilergiebel gilt als der älteste der Backsteingotik. Ein Blick in den Innenhof ist ausdrücklich erwünscht (hier befindet sich auch ein nettes Café).

Hanseatische Pracht: Nikolaikirche und Rathaus

St. Nikolai

Die Kirche St. Nikolai ist die älteste Kirche Stralsunds und der erste Nachfolgerbau der Lübecker Marienkirche. Zunächst entstand über der vorhandenen Bausubstanz der Vorgängerkirche eine dreischiffige Hallenkirche mit Querschiff und einem Turm. Kaum vollendet, wurde die Kirche nach 1270 zu einer dreischiffigen, querhauslosen Basilika mit Chorumgang umgebaut. Die Nähe zur Lübecker Marienkirche zeigt sich am deutlichsten in der wuchtigen Doppelturmanlage – neben Lübeck die einzige an der Ostseeküste, die vollendet wurde. Bei einem Brand 1662 wurden die Türme schwer beschädigt. Anfang des 18. Jh. kam es zu der bis heute das Stadtbild prägenden uneinheitlichen Bedachung der Türme, der eine mit barockem Helm, der andere mit niedrigem Pyramidendach.

Im Innern der Kirche beeindrucken die mit Fresken geschmückten farbenprächtigen Säulen (die sogenannten „Bunten Pfeiler"), aus manchen Kapitellen der Spitzbogenarkaden ragen kleine steinerne Köpfe mit auf die Säulen gemalten Körpern. Die Ausstattung der Kirche ist beachtlich – auch wenn man bedenkt, was vermutlich alles während des „Kirchenbrechens" 1525 verloren gegangen ist, lässt sich der Reichtum der ursprünglich vorhandenen mittelalterlichen Kunstschätze erahnen. Aus der Fülle der wertvollen Details sind besonders der gotische Hochaltar (gestiftet 1470), die Reste einer astronomischen Uhr von 1349 (hinter dem Hochaltar) und die Stuckplastik *Anna Selbdritt* (vor 1270) hervorzuheben sowie die erhaltenen Nebenaltäre. Einstmals sollen es 56 gewesen sein, viele davon von Fernhandelbetreibern gestiftet. Dazu gehört zum Beispiel der Altar der Bergenfahrer (Bergen in Norwegen), der um 1500 entstanden ist. Bemerkenswert sind zudem die vier erhaltenen Tafeln des als Gestühl der Nowgorodfahrer bekannten Reliefs aus dem 14. Jh. (beim barocken Trennaltar rechts). Die lebendige Darstellung zeigt die Herkunft ihres Handelsgutes: bärtige Zobeljäger, Holzfäller und Honigsammler bei der Arbeit und in Verhandlungen mit Figuren in hanseatischer Tracht. Kurzum: St. Nikolai ist unbedingt einen Besuch wert.

• *Öffnungszeiten* Geöffnet Mai bis Sept. Mo–Sa 10–18 Uhr, So 14–16 Uhr, Okt. bis März Mo–Sa 10–16 Uhr, So 14–16 Uhr. Eintritt Erw. 2 €, Kinder und Jugendliche frei. Eine Führung wurde zuletzt Mai bis Okt. werktags um 15 Uhr angeboten. Zugang hat man vom Markt aus durch das Seitenportal (ca. 30 Meter links von der Schaufassade des Rathauses), das Hauptportal (das Westportal, zum Rathaus hin) wird nur zu Gottesdiensten geöffnet, www.nikolai-stralsund.de.

Farbenprächtig: St. Nikolai

Johanniskloster

An der nördlichen (rekonstruierten) Stadtmauer liegt das ehemalige Kloster St. Johannis. 1254 von den Franziskanern gegründet, entwickelte es sich in den folgenden Jahrhunderten zu einem der bedeutendsten Klöster in Norddeutschland. Die Reformation beendete jedoch die Blüte des Klosters, das in städtischen Besitz gelangte und u. a. als Armenhaus und Rentnerdomizil, Waisenhaus, Krankenstube, Gefängnis, Friedhof und Militärstall diente. Den größten Schaden aber nahm das Kloster bei dem britisch-amerikanischen Bombenangriff 1944. Heute ist St. Johannis der Öffentlichkeit zugänglich, beherbergt das Stadtarchiv und dient als Konzertbühne und Ausstellungsraum. Im Zentrum der Klosteranlage befindet sich der idyllische Kreuzgang, etwas abseits erheben sich die Chorruinen von St. Johannis. Im **Kreuzgang** sind diverse Exponate ausgestellt, darunter die vielleicht älteste Darstellung des pommerschen Wappens (um 1560). Etwas versteckt liegt ein weiteres Juwel der Anlage: Wenn man sich am Ende des südlichen Kreuzgangs (nach der

Stralsund Karte S. 170

Glastür) nach rechts wendet, kommt man in den **Kapitelsaal.** Bei Restaurierungsarbeiten wurden 1983 unter bis zu 30 Tünchen spätgotische Fresken entdeckt, u. a. die Stigmatisation des Franz von Assisi.

Im ersten Stock gelangt man zunächst in den **Räucherboden** (rechter Hand). Hier stehen zahlreiche Öfen, deren kleine Schornsteine in den lang gezogenen Raum ragen. Der Name Räucherboden wurde dem Raum fälschlicherweise angehängt, hier wurde nicht geräuchert, sondern gekocht. Es handelte sich praktisch um eine kleine öffentliche Küche. Der Rauchgeruch ist übrigens heute noch deutlich wahrzunehmen. Über den Hellen Gang gelangt man in den gegenüberliegenden Flügel, in dem wechselnde Ausstellungen gezeigt werden.

Öffnungszeiten Anfang Mai bis Anfang Okt. Mi–So 10–18 Uhr, letzter Einlass 17.30 Uhr. Führung nach telefonischer Anmeldung unter ✆ 03831-666488 oder 666461.

Museen in der Mönchstraße

Hinter den dicken Mauern des **Katharinenklosters,** eines ehemaligen Dominikanerklosters aus dem 13. Jh., verbergen sich heute zwei bedeutende Museen der Stadt: das Deutsche Meeresmuseum und das Kulturhistorische Museum.

Ungewöhnlich: der Finnwal im Chor

Deutsches Meeresmuseum: 1951 begann die Geschichte des Deutschen Meeresmuseums mit einer kleinen Sammlung, die im Katharinenkloster ausgestellt war. Daraus entwickelte sich nicht nur das bedeutendste Museum Stralsunds, sondern auch das meistbesuchte Norddeutschlands. Neben den zwei Außenstellen *Natureum* am Darßer Ort (Fischland-Darß-Zingst, S. 154) und dem *Nautineum* auf dem Dänholm (siehe unten) wurde 2008 das *Ozeaneum* (s. unten) am Hafen eröffnet, das nicht nur dank seines spektakulären Äußeren die Attraktivität des Deutschen Meeresmuseums nochmals enorm steigern soll. Der äußerliche, architektonische Unterschied der beiden großen Standorte des Deutschen Meeresmuseum ist offensichtlich: hier in den altehrwürdigen Mauern des gotischen Klosters untergebracht, am Hafen eingefasst in modernste Architektur. Inhaltlich lässt sich die Unterscheidung am ehesten an der Wassertemperatur festmachen. Während sich das Ozeaneum den nördlichen Meeren Ost- und Nordsee bis hin zum Polarmeer widmet, werden im Katharinenkloster eher Mittelmeer und tropische Meere thematisiert.

In die riesige Halle der ehemaligen Kirche hat man zwei Zwischenebenen eingezogen und so eine deutlich größere Ausstellungsfläche geschaffen. Zum Thema Tiefseeforschung sind Originalbilder, Aquarien und altes Tauchgerät zu sehen. Darüber hinaus sind diverse Schiffsmodelle zu bewundern – u. a. Jean-Jacques Cousteaus berühmte *Calypso.* Außerdem kann man Skelette von Robben, Schwertfischen, Thunfischen und Haien besichtigen, im Chor der alten Klosterkirche hängt das 15 Meter lange und 1000 Kilogramm schwere Skelett eines Finnwals, der im Jahr 1825 vor Rügen strandete. Das 1. OG der Ausstellung ist ganz der Geschichte der Fischerei gewidmet: Neben verschiedenen Schiffsmodellen vom ca. 2000 Jahre alten Einbaum bis hin zum Modell *Atlantik-Supertrawler* aus dem Jahr 1980 werden die verschiedensten Methoden in Sachen Fischfang sowie die dazugehörigen Gerätschaften gezeigt, außerdem zahlreiche Modelle der entsprechenden Hochseeschiffe. Im 2. OG hat man eine bunte Sammlung zu verschiedenen Themen rund um das Meer zusammengetragen. Von hier aus geht es, vorbei an Ausstellungsvitrinen, die sich der Meeresvielfalt der Ostsee widmen, zum Museumsshop und dann die Treppen hinunter zum Aquarium: relativ klein und düster, eine umfangreiche Renovierung dieses Bereiches ist geplant.

• Öffnungszeiten Juni bis Sept. tägl. 10–18 Uhr, Okt. bis Mai nur bis 17 Uhr, Einlass bis 30 Min. vor Schließung. Eintritt 7,50 €, erm. 5 € (Kinder, Studenten etc.), Kinder unter 4 J. frei. Familienkarte (2 Erw., 1 Kind) 17 €, jedes weitere Kind 2 €. Audioguide 2 € (Ausweisdokument muss hinterlegt werden). Gut angelegt sind die 3 € für den **Museumsführer** (an der Kasse erhältlich). Katharinenberg 14–20, ✆ 03831-2650210, www.meeresmuseum.de.

Es werden auch **Kombitickets** für das Ozeaneum und/oder das Meeresmuseum und/oder das Nautineum angeboten. Das Kombiticket für alle drei kostet 19,50 € (erm. 12,50 €, Familien 44,50 €), Ozeaneum und Meeresmuseum 18 € (11 € bzw. 40 €), Ozeaneum und Nautineum 15,50 € (9,50 €, 35,50 €).

Kulturhistorisches Museum: Ebenfalls im Komplex des ehemaligen Katharinenklosters untergebracht ist das älteste Museum Mecklenburg-Vorpommerns (bereits seit 1859), das mit Sicherheit auch eines der sehenswertesten ist. Im Kloster befindet sich die Sammlung seit 1924. Die Ausstellungen beschäftigen sich mit der Geschichte Stralsunds und Vorpommerns und reichen von der Frühgeschichte bis in die Moderne. Gleich im ersten Raum stößt man auf drei wertvolle gotische Altäre. Direkt im Anschluss beginnt die Abteilung für Ur- und Frühgeschichte mit diversen Skeletten und anderen Funden aus der *Lietzow-Kultur* (um 5200–4000 v. Chr.). Das Highlight der gesamten Ausstellung bildet der *Goldschatz von Hiddensee* aus dem 9. Jh. (s. auch S. 238). Nach einem kurzen Exkurs zu Stralsunds Stadtgeschichte zu Zeiten der Hanse (wertvollstes Exponat ist hier der *Stralsunder Becher,* ein gotischer Murano-Glasbecher aus dem 14. Jh.) gelangt man ins Sommerrefektorium des Klosters aus der Zeit um 1500, einem weiten Saal, mit seinen bemerkenswerten Grotesken im Gewölbe. Generell gilt für das Kulturhistorische Museum: Unbedingt sehenswert sind auch Räumlichkeiten um die um die beiden Kreuzganghöfe mit den schönen Kreuzrippen- und Netzgewölben.

Das 1. OG widmet sich der jüngeren Stralsunder Geschichte: Zu sehen sind das Modell Stralsunds aus dem Jahr 1647, Fayencen aus der „Stralsunder Fayencenfabrique“ (1755–1792), Möbel, Uniformen, Waffen, Stadtansichten aus den verschiedenen Jahrhunderten sowie Spielkarten aus den überregional bekannten Stralsunder Spielkartenfabriken des 18./19. Jh. Ebenfalls sehenswert sind einige komplett einge-

Stralsund Karte S. 170

richtete historische Räume: ein Biedermeierzimmer, ein Wäschezimmer von 1900, ein Wohn-/Esszimmer von 1927 und schließlich ein DDR-Wohnzimmer aus dem Jahr 1970. Zahlreiche Gemälde und Grafiken, darunter auch Werke von *Caspar David Friedrich*, runden die Ausstellung ab.

• Öffnungszeiten Tägl. 10–17 Uhr (Nov. bis Jan. Mo Ruhetag). Eintritt 4 €, erm. 2 € (Kinder, Studenten), Kinder unter 6 J. frei. Familienkarte 12 € (2 Erw. und unbegrenzte Kinderschar unter 18 J.). Mönchstr. 25/27, ✆ 03831-28790. Die Mitarbeiter des Kulturhistorischen Museum übrigens sind sehr freundlich, kompetent und hilfsbereit.

Für das Kulturhistorische Museum, das Museumshaus und den Museumsspeicher sind **Kombitickets** erhältlich: Erw. 8 €, erm. 4 €, Familienkarte 16 €.

Museumshaus: In der Mönchstraße liegt diese Außenstelle des Kulturhistorischen Museums. Das uralte Haus, dessen Gebälk sichtlich unter der Last der Jahrhunderte ächzt, ist selbst das Exponat. Um 1320 erbaut, gehört es zu den ältesten Wohnhäusern der Stadt (und war bis 1979 bewohnt). Bei der in den 1990er Jahren erfolgten Sanierung ging es weniger darum, den mittelalterlichen Bauzustand komplett wiederherzustellen, vielmehr wurden die 650 Jahre, die dieses Haus bewohnt war, „sichtbar" gemacht, z. B. durch das „Aufblättern" von 20 Tapetenschichten. Zu sehen sind u. a. der krumme, niedrige Keller und ein kleines Kontor. Der Höhepunkt des Rundganges befindet sich im Dachgeschoss: Hier steht ein gotisches Lastenrad, das nicht nur zu den ältesten Nordeuropas zählt, sondern auch noch funktioniert.

Öffnungszeiten Tägl. 10–17 Uhr (Nov. bis Jan. Mo Ruhetag). Eintritt 4 €, erm. 2 € (Kinder, Studenten), Kinder unter 6 J. frei. Familienkarte 12 €. Kombiticket mit Kulturhistorischem Museum und Museumsspeicher 8 €, erm. 4 €, Familienkarte 16 €. Mönchstr. 38, ✆ 03831-28790.

Noch immer funktionstüchtig: das gotische Lastrad im Museumshaus

Museumsspeicher: Diese dritte Außenstelle des Kulturhistorischen Museums widmet sich der vorpommerschen Volkskunde. Auf drei Stockwerken sind Exponate aus handwerklicher Tradition zu sehen, wie z. B. Webstühle und Drehmaschinen, die Inneneinrichtung ländlicher Stuben und Trachten. Das Erdgeschoss ist dem Spielzeug gewidmet: vom Schachspiel über Puppen (samt Theater) und Bären bis zur Spielzeugdampfmaschine.

Öffnungszeiten Tägl. 10–17 Uhr (Nov. bis Jan. Mo Ruhetag). Eintritt 4 €, erm. 2 € (Kinder, Studenten), Kinder unter 6 J. frei. Familienkarte 12 €. Kombiticket mit Kulturhistorischem Museum und dem Museumshaus 8 €, erm. 4 €, Familienkarte 16 €. Böttcherstr. 23, ✆ 03831-293382.

Marienkirche

Die Kirche St. Marien ein Gotteshaus zu nennen ist eigentlich eine Untertreibung, „Burg Gottes" trifft es besser. Wuchtig und geradezu wehrhaft erhebt sich der kolossale Backsteinbau über den Neuen Markt. Die trutzige Kirche wurde erstmals 1298 erwähnt. Ihr Aussehen wurde in den folgenden Jahrhunderten jedoch stark verändert. Sicher ist, dass wesentliche Teile der heutigen Anlage Anfang des 15. Jh. entstanden sind, nachdem in den 80er Jahren des 14. Jh. der Kirchturm umfiel und auch Langschiff und Chor zerstörte. St. Marien ist die letzte große Backsteinbasilika im norddeutschen Raum und damit der kolossale Schlussstein der Norddeutschen Backsteingotik. Von außen sieht man der Kirche kaum an, dass es sich um ein dreischiffiges, basilikales Langhaus handelt. Die wuchtigen, von kleinen Türmchen gekrönten Anbauten des Kirchturms erwecken den Eindruck eines Querschiffes, das aber nicht vorhanden ist. 1478 erhielt der Turm eine gigantische Spitze: 151 m hoch ragte er nun über die Stadt, weit sichtbar über Wasser und Land (zum Vergleich: heute sind es 104 m). Aber es kam, wie es kommen musste: 1647 schlug der Blitz ein und zerstörte den Aufbau. 1708 erhielt der Turm die barocke Haube, die auch heute noch zu sehen ist.

Eine eindrucksvoll steile Raumproportion ergibt sich im Innern der Kirche, bei einer Mittelschiffbreite von etwas mehr als 10 m geht es fast 33 m in die Höhe. Karg dagegen gestaltet sich die Ausstattung der Kirche. Von der Aussichtsplattform auf dem Kirchturm in 90 m Höhe hat man einen einzigartigen Blick über die Hansestadt, den Strelasund und Rügen. Das hoch liegende Dachgewölbe ist mit Führungen begehbar. Hierbei ist u. a. ein alter Lastenaufzug von 1648 zu sehen: ein Tretrad von 7 m Durchmesser, das noch immer funktionstüchtig ist.

Öffnungszeiten Mai bis Okt. tägl. 10–17 Uhr, Nov. bis April Mo–Fr 10–12 und 14–16 Uhr, Sa 10–12 Uhr, So 14–16 Uhr. Turmbesteigung (366 Stufen) Erw. 4 €, erm. 2 €, Familien 10 €. Führungen durch das Dachgewölbe (einschl. Turmbesteigung) Di 15 Uhr und Do 15.30 Uhr. Erw. 4 €, erm. 2,50 €, Anmeldung am Infotisch in der Kirche oder unter ✆ 0172-3125491.

Ein Gotteshaus wie eine Burg: die Marienkirche

Stralsund Karte S. 170

Jakobikirche

Die Dritte im Bunde der gotischen Backsteinkirchen Stralsunds ist die Jakobikirche. Die chorlose Hallenkirche wurde im 14. Jh. errichtet und später in eine dreischiffige Basilika umgebaut. Die Jakobikirche hatte unter den Wirren der Jahrhunderte übrigens noch mehr zu leiden als ihre Schwestern, kaum ein Krieg, dessen Geschosse ihre Fassaden nicht getroffen hätten. Hinzu kamen Blitzschlag und Brände. St. Jakobi dient heute als Kulturkirche und ist Bühne für Konzerte, Theater oder diverse andere Veranstaltungen. Zuletzt wurde der Innenraum der Kirche restauriert.

Öffnungszeiten Zur Saison tägl. 10–18 Uhr geöffnet. Im Winterhalbjahr unregelmäßig. Infos unter ✆ 03831-309696, Kartenvorverkauf unter ✆ 03831-673218.

Am Hafen: das Ozeaneum

Einst die Basis hanseatischer Macht, ist der Hafen heute eine quirlige Flaniermeile. Von Kanälen umschlossen, setzt sich die Hafeninsel ein wenig ab und bleibt doch ein lebendiger Teil der Altstadt. Blickfang und Besuchermagnet ist das neue **Ozeaneum**. Seine spektakuläre Architektur passt sich zwischen den alten backsteinernen Speichern ein, ohne sich vorzudrängen. Vier Gebäude, durch ein gläsernes Foyer miteinander verbunden, bilden einen architektonisch gelungenen Museumskomplex, der in interessantem Kontrast zu der historischen Hafenfront steht. Im ersten Gebäude befassen sich die Ausstellungen (auch interaktiv) mit dem „Weltmeer“, der „Ostsee“ und der „Erforschung der Meere“. In den beiden nächsten Gebäude sind die Aquarien untergebracht, die vor allem die Lebensräume der Nordsee und der Ostsee sowie des Polarmeeres nachstellen. Insgesamt sind es 39 Aquarien, die zusammen sechs Mio. Liter Wasser fassen, das größte davon ist das Schwarmfischbecken mit einem Fassungsvermögen von 2,6 Mio. Litern. Das vierte Gebäude ist den Riesen der Meere gewidmet: Modelle von Walen in Originalgröße hängen im Raum. Klanginstallationen simulieren den Gesang der Meeressäuger. Dazwischen gibt es für Kinder eine kleine Erlebnisausstellung („Ein Meer für Kinder“).

Öffnungszeiten Ganzjährig tägl. 9.30–19 Uhr geöffnet, Juni bis Sept. bis 21 Uhr, Erw. 14 €, erm. 8 €, Familie: 2 Erw., 1 Kind 31 € bzw. 2 Erw., 2 Kinder 34 €. Hafenstr. 11, ✆ 03831-2650610, www.ozeaneum.de.

Faszinierende Unterwasserwelt

Es werden auch **Kombitickets** für das Ozeaneum und/oder das Meeresmuseum und/oder das Nautineum angeboten. Das Kombiticket für alle drei kostet 19,50 € (ermäßigt 12,50 €, Familien 44,50 €), Ozeaneum und Meeresmuseum 18 € (11 € bzw. 40 €), Ozeaneum und Nautineum 15,50 € (9,50 €, 35,50 €).

Am Hafen liegt des Weiteren die **Gorch Fock**, vor Anker. Der stattliche Windjammer war der Vorgänger des heutigen Marinesegelschulschiffes gleichen Namens. Nach dem Stapellauf im Mai 1933 stand der Großsegler als Ausbildungsschiff im Dienst. Nach dem Krieg fuhr er unter dem neuen Namen *Towarischtsch* (Kamerad) für die russische Handelsmarine. Schließlich erwarb ein Förderkreis den Windjammer und ließ ihn wieder instand setzen. Ein ausgeschilderter Rundgang führt auf die Brücke und in den Funkraum, dann in den Kapitänssalon und unter Deck.

Öffnungszeiten Mo–Fr 9–19 Uhr. Erw. 3 €, Schüler 0,50 €, Kinder bis 12 J. frei.

Strandabschnitt im Norden der Granitz

Rügen

Zwischen zergliederten Boddenufern, endlosen Sandstränden und spektakulärer Steilküste erstreckt sich eine vielgestaltige Landschaft, die stets mit neuen Naturschönheiten überrascht. Im Inselinneren verbinden kilometerlange Alleen mondäne Ostseebäder mit beschaulichen Dörfern.

Mit 926 km² ist Rügen mit Abstand die größte Insel Deutschlands. Und doch ist das Wasser immer nah: Auf der ganzen Insel gibt es keinen Ort, der mehr als 7 km vom Meer oder Bodden entfernt ist. Rügen ist ein Badeparadies. Von den 574 km Küstenlinie sind über 63 km Badestrände, die sich v. a. entlang Rügens Ostküste erstrecken. Berühmt ist der weite Strand bei Prora, beliebt sind die Hausstrände der Ostseebäder Göhren, Sellin und Binz, beschaulicher geht es am abgelegenen Sandstrand der Schaabe zwischen den Halbinseln Jasmund und Wittow zu.

Rügen wäre eigentlich besser als Inselgruppe beschrieben und weniger als zusammenhängende Insel, doch die Natur und der Mensch haben mit Nehrungen und Geröllwällen vom „Inselkern" Rügens Brücken zu den Nachbarinseln geschlagen: Im Südosten hängen sich die zergliederten Küsten des Mönchguts an, das sich wie ein verkleinertes Spiegelbild Rügens zwischen Bodden und Ostsee aus dem Wasser erhebt. Die Landengen Schmale Heide und der Lietzowdamm reichen in nordöstlicher

Rügen
Karte S. 182/183

Gellort
Kap Arkona
Varnkevitz
Putgarten
Schwarbe
Vitt
Bakenberg
NSG
Nordwestufer Wittow
mit Kreptitzer Heide
Nobbin
Wittow
Altenkirchen
Dranske
Wiek
Breege
Juliusruh
Tromper
Wiek
Wieker
Bodden
Toter
Kerl
Enddorn
Grieben
Dornbusch
Bohlendorf
Breeger
Bodden
Bessin
Kloster
Alt-
Neu-
Bug
Buger
Bodden
Vitte
Hahnentief-
(Bessinische)
Schaar
Vitter
Bucht
Vitter
Bodden
Buger
Haken
Rassower
Strom
Wittower
Fähre
Viieregge
Lebbin
Lebbiner
Bodden
Liddow
Fähr-
insel
Trog
Breetzer
Bodden
Vaschvitz
Neuen-
kirchen
Dünen-
heide
Hiddensee
Poggenhof
Neuendorf
Plogshagen
Trent
Neuen-
dorfer
Wiek
Tetzitzer
See
Banzelvitzer
Berge
Schaproder
Bodden
Schaprode
Rappin
Udarser
Wiek
Fauler
Haken
Woorker
Schloss
Ralswiek
Natur-
bühne
Ralswiek
Glowe
Spykerscher
See
Mittelsee
NSG
Spykerscher See
und Mittelsee
Schloss
Spyker
Bobbin
Polchow
Martins-
hafen
Großer
Jasmunder
Bodden
Semper-
heide
Neddesitz
Jasmund
Sagard
Lohme
Nationalpark-
zentrum
Hagen
Stubnitz
Kreide-
tagebau
Dargast
96
Großer-
Wostevitzer
Teich
NSG
Wostevitzer Teiche
Kleiner-
Sassnitz
Fährhafen
Nationalpark
Jasmund
Große Stubbenkammer
Königsstuhl
Kleine Stubbenkammer
Köllicker Ufer
Ernst-Moritz-Arndt-
Sicht
Wissower Ufer
Piratenschlucht
SASSNITZ

Rügen
BERGEN auf Rügen
PUTBUS
STRAL-SUND
Nationalpark Vorpommersche Boddenlandschaft
Biosphärenreservat Südost-Rügen
Kubitzer Bodden
Rügischer Bodden
Jasmunder Bodden
Prorer Wiek
Strelasund
Strela-sund
Geller Haken
Suhren-dorf
Murse-wiek
Freesenort
Heuwiese
Lieschow
Liebitz
Gingst
Dreschvitz
Flugplatz Güttin
Samtens
Rambin
Parow
Altefähr
Rügen-damm
Wamper Wiek
Drigge
Gustower Wiek
Prosnitz
Posnitzer Schanze
Gustow
Poseritz
Garz
Kniepower See
Karnitz
Sehlen
Nonnen-see
Buschvitz
Zittvitz
Thießow
Prora
Ostseebad Binz
Karow
Zirkow
Schmachter See
Jagdschloss Granitz
Serams
Lancken-Granitz
Granitz
NSG Granitz
Granitzer Ort
Ostseebad Sellin
Ostseebad Baabe
Ostseebad Göhren
Altensien
Neuen-siner See
Seeliner See
Seedorf
Moritz-dorf
Alt Reddevitz
Having
Middel-hagen
NSG Lobber Ort
Lobbe
Hagensche Wiek
Gager
Mönchgut
Bakenberg 66 m
Zickersches Höft
Groß Zicker
NSG Zicker
Zicker-see
Zickerhörn
Klein Zicker
Thiessow
Südperd
Thiessower Haken
Reddevitzer Höft
Neu Reddevitz
Stresower Bucht
Groß Stresow
Dt. Alleenstr.
Vilmnitz
Lauterbach
Neuendorf
Vilm
Kasnevitz
Deutsche Alleenstr.
Wreecher See
Neukamp
Altkamp
Groß Schoritz
NSG Schoritzer Wiek
Zudar
Zicker
Poppelvitz
Gelbes Ufer
Grabow
Palmer Ort
Glewitzer Fähre
Glewitzer Ort
Stahlbrode
Reinberg
Brandshagen
Devin
96
96n
196
2 km

Richtung nach Jasmund, dessen herrlicher Buchenwald hart über den berühmten Kreidefelsen abbricht. Schließlich ist die Halbinsel Jasmund ihrerseits über eine enge, lange Nehrung namens Schaabe mit Wittow verbunden, dem flachen „Windland", dessen Leuchtturm bewehrtes Kap weit in die Ostsee ragt. Während die stille Insel Ummanz durch eine Brücke mit dem Westen Rügens verbunden ist, hat sich Hiddensee seine exklusive Insellage erhalten.

Rügens Süden

Die südwestliche Ecke Rügens, das Dreieck Altefähr, Zudar und Bergen, markiert für viele Rügen-Reisende lediglich den letzten Abschnitt einer mehr oder minder langen Fahrt an den Urlaubsort. Wer sich vor dem ersten Strandgang ein bisschen mehr Zeit lassen will, kann sich auf dem nördlichsten Teil der **Deutschen Alleenstraße** über die Orte Gustow, Poseritz und Garz langsamer seinem Reiseziel nähern. In Rügens Mitte wird es dann städtisch. Bergen am Rugard, Inselhauptstadt und -zentrum, verbreitet freundlich kleinstädtisches Flair. In der näheren Umgebung der Stadt befinden sich die beiden Festspielorte Rügens: das Theater von Putbus, der klassizistischen „weißen Stadt", und die Freilichtbühne von Ralswiek, wo jedes Jahr die spektakulären *Störtebeker Festspiele* stattfinden.

▸ **Altefähr (ca. 1200 Einwohner)**: Der Name verrät bereits viel über den kleinen Ort. Hier legten die Fähren aus der Hansestadt Stralsund an. Mit dem Bau des Rügendamms 1936 wurde Altefähr gewissermaßen arbeitslos und seither von den meisten Reisenden im wahrsten Sinne des Wortes links liegen gelassen. Heute verfügt Altefähr über eine kleine Marina, ein unspektakulärer Badestrand und eine überschaubare touristische Infrastruktur. Sehenswert ist die St. Nikolaikirche (15. Jh.) mit ihrer eigenwilligen Turmuhr.

• *Information* Die **Tourismus-Information Altefähr** befindet sich im *Haus am Sund*, direkt am Hafen. Fährberg 9, 18573 Altefähr, ✆ 038306-75424, ℻ 75056, www.altefaehr.de.

• *Sporthafen* Knapp 50 Liegeplätze im relativ flachen Hafen (zwischen 90 cm und 2,5 m Tiefe). ✆ 038306-75424.

• *Verbindungen* Die **Buslinie 2** des Stralsunder Nahverkehrs verkehrt bis nach Altefähr, am etwas abseits gelegenen Bahnhof hält die **Regionalbahn** (RB 13 und RE 9), die von Stralsund über Bergen nach Sassnitz fährt (5–23 Uhr, fast jede volle Stunde).

• *Wassersport* **Sail & Surf Rügen**, großes Angebot: Surfkurse für Anfänger, Fortgeschrittene und Kinder, auch Scheinerwerb, außerdem Kurse im Kitesurfen und Katamaran. Zudem Materialverleih. Am Fähranleger, ✆ 038306-23253, www.segelschule-ruegen.de.

Flugplatz Rügen (bei Güttin): Rügen aus der Luft? Machbar und nicht einmal unerschwinglich. Nördlich von Samtens befindet sich der einzige Flugplatz der Insel. Ausgebaut wurde er ab 1992, davor diente lediglich eine bucklige Wiese als Start- und Landebahn. Heute steigen hier Cessnas vor allem für Inselrundflüge auf. Möglich, aber kostenintensiv sind auch Charterflüge.

Information Ostsee-Flug-Rügen, 18573 Güttin/Rügen, ✆ 038306-1289, www.Flugplatz-Ruegen.de. In der Hochsaison besser reservieren.

▸ **Garz (ca. 2500 Einwohner):** Als erster Ort der Insel erhielt **Garz** 1319 das Stadtrecht. Doch dieses Privileg scheint im Laufe der Jahrhunderte an der uralten Siedlung spurlos vorübergegangen zu sein. Garz ist ein Dorf geblieben. Es gibt eine Kirche und einen Dorfkrug, eine Poststelle befindet sich im kleinen Supermarkt. Die „Attraktionen" des Ortes liegen am südwestlichen Ortsrand: Der **slawische Burgwall** zeugt von der Bedeutung von Garz (*Charenza)* in slawischer Zeit. Garz war damals ein Handelszentrum und neben dem religiösen Zentrum Arkona der wichtigste Ort der Insel. Heute dienen Überreste des Burgwalls als kleiner Stadtpark. Im **Ernst-Moritz-Arndt-Museum** nebenan werden u. a. Erstauflagen der Publikationen des Dichters präsentiert sowie sein Universitätstalar, flankiert von informativen Schautafeln über sein Leben. Außerdem sind in dem Museum einige interessante archäologische Stücke (z. B. aus dem Burgwall) ausgestellt, auch die Geschichte des Burgwalles selbst wird beleuchtet.

Öffnungszeiten **Ernst-Moritz-Arndt-Museum,** Mai bis Okt. Di–Sa 10–16 Uhr, Nov. bis April 11–15 Uhr. Eintritt 1,50 €. An den Anlagen 1, ✆ 038304-12212.

• *Verbindungen* **Bus**: Die *Linie 30*, die Stralsund nach Bergen fährt, hält etwa 11-mal tägl. in **Garz** (Sa 4-mal, So 3-mal).

• *Golf* **Golfanlage Schloss Karnitz**, große, ruhig gelegene Anlage nördlich von Garz, 18-Loch-Challenge-Course (Platzreife und Reservierung erforderlich) und 9-Loch-Public-Course. Angeschlossen sind ein Restaurant und Ferienwohnungen (ab 85 €/2 Pers.). Von Süden kommend am Ortseingang links. 18574 Karnitz, ✆/℻ 038304-12420, www.golfclub-ruegen.de.

Auf der Deutschen Alleenstraße

▶ **Halbinsel Zudar:** Die Halbinsel wäre nahezu menschenleer, wäre da nicht der Verkehr, der im Sommer der **Glewitzer Fähre** zustrebt. Abseits dieser Verbindungsader, an der mit **Zudar** auch die größte Siedlung der Halbinsel liegt, wird es ländlich und einsam. Ein pittoreskes Bild gibt die Kormoran-Kolonie auf dem Inselchen **Tollow** ab: Mitten in der südlichsten Ausbuchtung der Schoritzer Wiek sitzen die großen Vögel auf abgestorbenen Bäumen und bilden eine skurrile Silhouette.

Glewitzer Fähre: Mitte April bis Okt. tägl. 6–20.10 Uhr, Mai bis Sept. bis 21.40 Uhr. PKW (inkl. Fahrer) 4,10 €, jede weitere Person 1,20 €, Fahrrad 1,20 €. Auskunft Glewitzer Fähre ✆ 0172-7526836.

• *Baden* Die Sandstrände Zudars befinden sich an der Ostküste der Halbinsel und sind dank ihrer abseitigen Lage meist nur spärlich besucht. Kleine Badegelegenheiten befinden sich auch um den Palmer Ort, die Südspitze Zudars. Die Strände sind nicht überwacht, kein Strandservice.

Rügen Karte S. 182/183

Bergen

ca. 14.600 Einwohner

Bergen bildet nicht nur die geographische Mitte Rügens, es ist auch die „Hauptstadt“ und das wirtschaftliche Zentrum der Insel. Der historische Ortskern mit Marktplatz, Marienkirche und altem Klostergelände versprüht sympathisches Kleinstadtflair.

Geschäftig geht es zu im Stadtzentrum von Bergen rund um den Markt. Dass der abschüssige, unsymmetrische Platz nur zum Teil verkehrsberuhigt ist, stört kaum, wenn man am oberen Teil auf einer der Caféterrassen sitzt und sich das Treiben in Ruhe anschauen kann. Umgeben wird der Marktplatz von einem wahllos aneinander gereihten, aber ansehnlichen Häuserensemble: hier ein bisschen Backstein, dort eine strahlend weiße Fassade, hübsche Giebel oder ein schmuckes Erkertürmchen neben funktionalem Nachkriegsdesign. Unter ihnen befindet sich auch das **Benedix-Haus,** ein hübsches Fachwerkgebäude, das die Touristinformation beherbergt. Nur ein paar Schritte weiter, im Rücken des Benedix-Hauses, wird es ruhig und idyllisch. Um die Marienkirche verteilen sich ein paar schmucke niedrige Häuser mit blühenden Vorgärten und die alten, sorgsam restaurierten Gebäude des ehemaligen Nonnenklosters. Im Klosterhof befinden sich heute eine Schauwerkstatt samt Café und ein kleines sehenswertes Stadtmuseum.

Praktische Informationen

• *Information* Die **Touristinformation Bergen** ist direkt am Markt in einem schönen Fachwerkgebäude, dem Benedix-Haus untergebracht, auch Ticketverkauf (z.B. Störtebecker-Festspiele oder Fähren). Mo–Fr 10–18 Uhr, Juli/Aug. auch Sa 10–13 Uhr. Markt 23, 18528 Bergen auf Rügen, ✆ 03838-811276, 📠 811127, www.stadt-bergen-auf-ruegen.de.

• *Einkaufen* **Schauwerkstatt im Klosterhof**, Kunstkeramik und Kerzendreherei, aber auch Süßes (Marmelade, Likör, Honig) und andere regionale Produkte. Hier befindet sich auch ein **Café** im gemütlichen Innenraum sowie auf der herrlichen Terrasse hinter der Kirche. Mo–Fr 10–18 Uhr, Sa 10–16 Uhr, außerhalb der Saison Mo–Fr 10–16 Uhr, Sa 10–13 Uhr. Billrothstr. 20, ✆ 03838-828356.

• *Fahrradverleih* **Zweirad Kresse**, Trekkingräder und MTB, 7 €/Tag, auch Kinderräder, Anhänger und Zubehör. Dammstr. 31, ✆ 03838-256620.

• *Parken* Kostenpflichtiger Parkplatz auf dem Markt, allerdings oft überfüllt, einzelne kostenpflichtige Stellplätze entlang der Zufahrtsstraßen zum Markt, großer kostenloser Parkplatz gegenüber dem Parkhotel Rügen (nicht Di und Do tagsüber: Wochenmarkt).

• *Taxi* ✆ 03838-252627.

• *Verbindungen* **Regional**express nach und von Stralsund und weiter nach Sassnitz von 5 bis 23 Uhr zu fast jeder vollen Stunde. Die Regionalbahn (RB 14) nach Binz und retour ebenfalls stündl. Außerdem **IC-Anschluss** (nach Binz bzw. zum Festland).

Bergen ist auch das Zentrum des öffentlichen Insel-Nahverkehrs, in der Stadt treffen sich (fast) alle **Buslinien**, hier die Zusammenfassung: **Linie 23** nach *Sassnitz* auch via *Binz*, 5-mal werktags und 7-mal Sa/So (und jeweils 2-mal tägl. weiter zum Königsstuhl). **Linie 24** über *Sellin, Baabe, Göhren* und *Middelhagen* nach *Thiessow* mindestens stündlich (ca. 6-mal tägl. mit Umweg über *Groß Zicker*). **Linie 28** nach *Binz* via Prora 5-mal täglich (Sa/So 1-mal). **Linie 30** 15-mal nach *Putbus*, etwa 9-mal tägl. weiter über *Garz* nach *Stralsund* (Sa/So 4-mal bzw. 3-mal). **Linie 33** 7-mal via Garz auf die Halbinsel Zudar (Sa/So 2-mal). **Linie 35** via *Trent* nach *Schaprode* (und damit nach Hiddensee) unter der Woche ca. 11-mal tägl., Sa/So 6-mal. **Linie 38** werktags ca. 8-mal von und nach *Waase* auf Ummanz via *Gingst* (Sa/So 3-mal). Und schließlich: **Linie 110 (Rugia-Reisen)** 10-mal tägl. (Sa/So 4-mal) via *Ralswiek, Sagard Bobbin, Glowe, Juliusruh, Altenkirchen* und *Wiek* nach *Dranske*.

Stadtverkehr mit der **Linie 32**.

Übernachten/Essen & Trinken

**** **Parkhotel Rügen**, etwas unterhalb vom Zentrum, ruhige Lage an einem nett angelegten kleinen See. Modernes 154-Zimmer-Hotel, auch Tagungshotel, mit Bar und Restaurant. Die Zimmer in moderner, heller Ausstattung. Großer Wellnessbereich mit Sauna, Dampfbad, Fitnessraum und Solarium, im Angebot verschiedene Arrangements, u. a. auch Nordic Walking und Fahrradverleih. EZ 86 €, DZ 126 €, einschließlich Frühstück. Stralsunder Chaussee 1, 18528 Bergen auf Rügen, ✆ 03838-8150, 📠 815500, www.parkhotel-ruegen.de

Hotel/Restaurant Am Rugard, zu Füßen des Ernst-Moritz-Arndt-Turms und damit recht ruhig. Gutes Restaurant, für das Ge-

Der Marktplatz in Bergen

botene nicht zu teuer, pommersche Spezialitäten (z. B. der Pommersche Wickelbraten mit Backpflaumenfüllung), zudem Cafébetrieb auf der Terrasse mit Blick auf den Turm. Mittags und abends geöffnet. 18 Doppelzimmer, DZ mit Frühstück 93 €, als EZ 66, in der Vorsaison deutlich günstiger. Rugardweg 10, 18528 Bergen auf Rügen, ✆ 03838-2019, 📠 201919, www.rugard.de.

Romantik Hotel Kaufmannshof Hermerschmidt, im Zentrum, nur wenige Schritte vom Marktplatz. Schöne Anlage mit Terrasse im Innenhof, leider an befahrener Straße, deshalb ein Zimmer zur Seite oder nach hinten hinaus nehmen. Sehr stilvolles Restaurant *Kontor*, leicht gehobenes Preisniveau, mittags und abends geöffnet. Zimmer z. T. mit französischem Balkon. EZ 60–90 €, DZ 90–130 €, einschließlich Frühstück, 2er-Appartement 110–140 €. Bahnhofstr. 6–8, 18528 Bergen auf Rügen, ✆ 03838-80450, 📠 804545, www.kaufmannshof.com.

Bibo ergo sum, netter Name für eine nette Kneipe, gemütlich, junges Publikum. Cocktails ab 5 €, am Wochenende Livemusik und/oder DJs (dann 2,50 € Eintritt). Nette Sitzgelegenheit zum Markt hin, auch große Auswahl an gutem und günstigem Essen. Bis spät abends geöffnet. Markt 14, ✆ 03838-2552259, www.biboergosum.de.

Gutshaus Kubbelkow, *unser Tipp!* Ausgezeichnetes Restaurant in einem schönen alten Gutshaus etwa 3 km südwestlich von Bergen. Innovative Küche aus regionalen Produkten in stilvollem Ambiente, sehr freundlich, Menu ab 36 €, Feinschmeckermenu ab 57 €, Hauptgerichte um 20 €. Im Sommer tägl. ab 18 Uhr, So auch mittags, Reservierung empfehlenswert, Di Ruhetag. Auch Hotel, es stehen, stilgerecht eingerichtet, 2 DZ (120 €) und 4 Suiten (160–190 €) zur Verfügung. Im Dorfe 8, 18528 Klein-Kubbelkow, ✆ 03838-8227777, www.kubbelkow.de.

Rügen Karte S. 182/183

Sehenswertes

Marienkirche: Der Backsteinbau ist die älteste Kirche Rügens (Baubeginn zwischen 1170 und 1180). Noch heute ist die Grundanlage der romanischen Basilika mit Querschiff und abgerundeter Apsis erkennbar. Während Restaurierungsarbeiten im 15. Jh. wurden die gotischen Elemente in Kirchenschiff und Apsis eingefügt, auch das Kreuzrippengewölbe sowie der Turm stammen aus dieser Zeit. Die Ausstattung hingegen zeigt sich überwiegend barock. Besonders beeindruckend sind die romanischen Fresken, die Chorraum und Apsis fast vollständig bedecken. Diese aber sind aufgrund der nicht ganz fachgerechten Restaurierung zwischen 1896 und 1902 nicht unproblematisch. Nichtsdestotrotz stellen die Malereien ein imposantes Beispiel der romanischen Freskenkunst dar. Seit kurzem stehen erneut ausgiebige Restaurationsarbeiten an, die sich nach letzten Informationen bis 2012 hinziehen werden. Noch vor der Besichtigung kann man einen Blick auf das vielleicht älteste Ausstattungsstück der Marienkirche werfen. In die Fassade eingelassen ist eine Grabplatte aus Granit, auf der das Relief eines Mannes zu sehen ist (vor dem Portal stehend links). Es wird vermutet, dass es sich hierbei um die Darstellung Jaromars handelt.

Öffnungszeiten zuletzt werktags 10–18 Uhr, Sa 10–16 Uhrund So zum Gottesdiensten und natürlich bei Veranstaltungen, außerhalb der Saison eingeschränkt (voraussichtlich Mo–Fr 10–16 Uhr).

Stadtmuseum im Klosterhof: Ende 2001 wurde das Stadtmuseum in den Räumen des sorgsam renovierten ehemaligen Klostergebäudes eröffnet. In teils lockerer Anordnung sind heute Funde zur Kloster- und Inselgeschichte zu sehen, u. a. bronzezeitliche Stücke, informative Schautafeln zu den slawischen Göttern, Alltagshistorisches, Exponate aus der Schwedenzeit und natürlich zur Geschichte des Zisterzienserklosters. Wechselnde Kunstausstellungen sind im zweiten Stock untergebracht.

Öffnungszeiten Mai bis Okt. Di–Sa 10–16.30 Uhr; im Winterhalbjahr eingeschränkt. Erw. 2 €, erm. 1 €. Im Klosterhof, Billrothstr. 20 a, ✆ 03838-252226.

Ernst-Moritz-Arndt-Turm: Eine Wendeltreppe führt über 90 Stufen hinauf in die Kuppel des Denkmals für den seinerzeit berühmtesten Sohn der Insel. Von hier aus hat man einen grandiosen Panoramablick über die Insel. Auf dem Weg in die Kuppel gehen zwei äußere Rundgänge ab, auf denen man sich über die Entstehung und Geschichte des Turms sowie über den Namensgeber informieren kann.

Öffnungszeiten Im Sommer tägl. 10–18 Uhr, im Winter liegt der Schlüssel im Hotel Am Rugard (an der Rezeption fragen). Vom Stadtkern aus beschildert, oben kostenloser Parkplatz. Eintritt 1,50 €, erm. 1 €, Familienticket 4 €.

Nördlich von Bergen

▸ **Ralswiek (ca. 300 Einwohner)**: Eigentlich ist Ralswiek nicht mehr als ein idyllisches Dorf am Großen Jasmunder Bodden. Doch sein Name ist weithin bekannt und steht als Synonym für das Spektakel, das zur Saison fast allabendlich hier aufgeführt wird: die **Störtebeker Festspiele,** gewidmet den legendären Freibeutern Klaus Störtebeker und Gödecke Michels (s. u. Kasten). Kaum 300 Menschen leben normalerweise in dem kleinen Hafenort, den größten Teil des Jahres geht es hier entsprechend beschaulich zu. Wenn allerdings im Sommer die Festspielzeit beginnt, strömen zahllose Besucher herbei, um dem Störtebeker-Schauspiel auf der Naturbühne beizuwohnen. Vor der malerischen (Natur-)Kulisse des Großen Jasmunder Boddens geraten die Aufführungen alljährlich zum Spektakel: Zum Programm gehören halsbrecherische Stunts und handfeste Schwertkämpfe, Kanonenfeuer, Seegefechte und zum Abschluss ein prächtiges Feuerwerk über dem Wasser. Jedes Jahr erwartet den Besucher ein neues Abenteuer aus dem „Leben Störtebekers“. Zu den Darstellern gehören nicht nur 20 Schauspieler sowie 100 Statisten, sondern auch vier Koggen, 30 Pferde und ein Seeadler.

Piraten der Ostsee – Klaus Störtebeker und Gödecke Michels

Klaus Störtebeker gehört zu den historischen Personen, die man gar nicht erst versuchen sollte, rein historisch zu erfassen. Zu dünn sind die Quellen, zu ausufernd die Sagen, die sich um den Freibeuter ranken. So viel weiß man von ihm: Er wurde möglicherweise auf Rügen geboren, er war ein begnadeter Pirat und er starb – aufgebracht von einer hanseatischen Flotte –, durch das Schwert des Hamburger Henkers. Sein letzter Wunsch, so die berühmteste Legende um Störtebeker, sei es gewesen, als Erster geköpft zu werden, während sich seine Mannschaft vor ihm aufstellen sollte. Die Männer, an denen er – enthauptet – vorbeilaufen könnte, sollten frei gelassen werden. Und sein kopfloser Körper lief, bis ihm ein Henkersknecht einen Klotz zwischen die Beine warf, und eine Hand voll Männer – oder waren es 17?, oder gar die Hälfte seiner Mannschaft? – war frei.

Die Karriere Störtebekers begann vor Stockholm. Er war einer der *Vitalienbrüder*, die das im dänisch-mecklenburgischen Konflikt belagerte Stockholm (1389) mit Lebensmitteln, „Viktualien", versorgten, indem sie die dänische Seeblockade brachen. Die Freibeuter waren zudem von der Hanse mit Kaperbriefen ausgestattet worden, die es ihnen „gestatteten", feindliche Schiffe aufzubringen und deren Ladung zu übernehmen, im Fachjargon „Prise zu machen". Der Akt der Piraterie konnte recht gesittet ablaufen – der Kapitän fragte die enternden Freibeuter nach ihrem Kaperbrief und übergab nach Einsicht der Dokumente die Ladung. Die Übernahme konnte aber auch damit enden, dass die eine Hälfte der Mannschaft niedergemetzelt wurde und der Rest die Reise in Fässer gesperrt fortsetzte.

Nachdem der dänisch-mecklenburgische Konflikt unter Vermittlung der Hanse beigelegt war, wurden konsequenterweise die Kaperbriefe wieder eingezogen. Einige der Freibeuter aber dachten nicht daran aufzuhören, schließlich ließen sich die Aktionen nun auf fette hanseatische Schiffe ausdehnen. Auch die berühmtesten Vitalienbrüder, Gödecke Michels und Klaus Störtebeker, begannen nun jedes Schiff zu jagen, das ihren Kurs kreuzte, bevorzugt natürlich die Koggen hanseatischer „Pfeffersäcke". Die Piraten, die auch *Likedeeler*, „Gleichteiler", genannt wurden, legten bald den gesamten Ostseehandel lahm. Die Hanse sah sich zu drastischen und kostenintensiven Gegenmaßnahmen gezwungen. Nachdem die Freibeuter aus der Ostsee vertrieben waren, ihre Tätigkeit aber in der Nordsee ungehindert fortsetzten, stellten hanseatische Flotten die Piraten. Nacheinander wurden Gödecke Michels und Klaus Störtebeker um 1400 gefangen genommen und hingerichtet.

• *Störtebeker Festspiele* **Vorverkauf** und **Kartenreservierung** in den größeren Touristen-Informationen der Insel oder unter Störtebeker Festspiele, Am Bodden 100, 18528 Ralswiek, ✆ 03838-31100, 📠 313192 oder www.stoertebeker.de.

Spielzeit ist von Mitte/Ende Juni bis Anfang Sept., Aufführungen tägl. außer So 20 Uhr, Kartenreservierung dringend empfehlenswert. Die **Preise** für Platzkarten ab 17 €/ Pers. (Kinder bis 15 J. 12 €). Außerdem gibt es nicht nummerierte Karten auf den hinteren Rängen für 12 € (10 €).

Anfahrt: Zu Festspielzeiten ist der Ort für den privaten Pkw-Verkehr ab 17 Uhr gesperrt. Entweder mit Auto oder Bus zum Parkplatz an der B 96 fahren und dann mit dem Pendelbus nach Ralswiek; oder mit dem Auto zum Parkplatz hinter Jarnitz und von dort noch etwa 15 Min. zu Fuß.

• *Übernachten* **** **Schlosshotel Ralswiek**, einmalige Lage hoch über dem Bodden und mit Blick auf die Naturbühne. Edelstes Ambiente, historische Ausstattung. Hochmodern ist allerdings der Wellnessbereich mit Kosmetikabteilung und Massagen, Algen- und Kreideanwendungen usw. außerdem Schwimmbad, Sauna, Fitnessraum. Im EG Restaurant, außerdem gibt es noch die Grafenschenke mit Terrasse (Drinks und kleinere Speisen). EZ 85 €, DZ 110–180 €, Suite 210 €, jeweils einschließlich Frühstück. 18528 Ralswiek, Parkstr. 35, ✆ 03838-20320, 📠 2032222, www.schlosshotel-ralswiek.de.

• *Sporthafen* Großer Yachthafen in der südlichsten Bucht des Großen Jasmunder Bodden, 120 Liegeplätze bei 2,30 m mit Slipanlage und Tankstelle. ✆ 03838-313553.

• *Bootsverleih* Am alten Hafen. Tretboot 1,50 €/Pers. für 30 Min., Motorboot 6,50 €, 1 Std. 13 €.

• *Verbindungen* Der **Bus** 110 (Rugia-Reisen) verbindet mehrmals tägl. Bergen mit Ralswiek (Achtung: nicht immer fährt der Bus in den Ort, oft hält er nur an der Abzweigung) und geht weiter nach Sagard, Juliusruh, Altenkirchen und Wiek bis Dranske.

▸ **Lietzow (ca. 300 Einwohner):** Für viele Reisende lediglich „auf dem Weg nach Jasmund" am Ende des Lietzowdamms (1886) gelegen, kann das Dorf heute zumindest mit kleinen Attraktionen aufwarten: einer Traditionsräucherei samt Erlebnisscheune, dem gemütlichen Bücher-Bahnhof und einem kleinen Badestrand mit Wassersportschule. Im Rücken des Dorfes erstreckt sich mit der Semper Heide ein kleines Waldstück entlang der Boddenküste. Von weitem sichtbar ist der schlanke Rundturm des Lietzower Schlosses, das eine architektonische Hommage an das schwäbische Schloss Lichtenstein darstellt.

• *Baden* Der kleine **Sandstrand** am Großen Jasmunder Bodden wird vom Ort durch die Durchgangsstraße getrennt, flach abfallendes Ufer, das Wasser immer ein bisschen wärmer als die Ostsee.

• *Einkaufen* **Bücher-Bahnhof**, Antiquariat und Café, eine Fundgrube! In einem urgemütlichen, liebevoll eingerichteten Bahnhofsgebäude finden sich nicht nur ein großer Bestand an antiquarischen Büchern, vom Kinderbuch bis zum Klassiker und natürlich eine Sektion sozialistischer Literatur, sondern auch Schallplatten, alte und neue Postkarten sowie Antiquitäten. Vom Parkplatz am Damm rechts über den Bahnübergang und an der Weggabelung links. Mi–So 13–17 Uhr, im Winter nur Sa/So oder nach telefonischer Anmeldung. Spitzer Ort 10 a, ✆/📠 038302-56433, www.buecherbahnhof.de.

Fischräucherei & Erlebnisscheune Lietzow, zur Räucherei gehört die Gaststätte *Röckerhus*. Außerdem gibt es einen Hofladen. Spitzer Ort 7, ✆ 038302-56966 oder 56964, 📠 56963.

• *Fahrradverleih* In der Wassersportschule **Timpeltu** (s. u.), Fahrrad 7 €/Tag.

• *Übernachten* **Pension Jasmund**, ein bisschen Bäderarchitektur auch jenseits der Ostseeküste, sympathische Unterkunft mit hellen Zimmern, teils mit Balkon. EZ 60 €, DZ 80–90 €, einschl. Frühstück, mit Sauna und Fahrradverleih für Hausgäste. Hunde willkommen. Boddenstraße 50, 18528 Lietzow, ✆ 038302-3033, 📠 569810, www.pensionjasmund.de.

Gästehaus Lietzow und Störtebeker-Camp, schöner Campingplatz im Wald der Semper Heide am Ortsrand von Lietzow. Mit Gaststätte, abends warme Küche (So Ruhetag). Von Bergen kommend in Lietzow rechts, ausgeschildert. Nov. –April geschlossen. Auch 30 Zimmer im Gästehaus (EZ mit Frühstücksbuffet 60 €, DZ 76 €), die schattigen Stellplätze kosten für Caravan und 2 Erw. 26,50 €, mit Pkw und kl. Zelt 21,50 €, Nov. bis Mitte März geschlossen. Waldstr. 59 a, 18528 Lietzow, ✆ 038302-2166, 📠 3171, www.lietzow.net.

• *Verbindungen* **Regionalbahn** von Stralsund über Bergen nach Sassnitz oder Binz zw. 5 und 23 Uhr zu fast jeder vollen Std.

Busse der Linie 110 (Rugia-Reisen) verbinden mehrmals tägl. Bergen mit Lietzow und weiter über Sagard, Juliusruh, Altenkirchen und Wiek bis Dranske.

• *Wassersport* **Wassersportschule Timpeltu**, sympathische Surf- und Segelschule am Lietzower Strand, ideales Anfänger-Revier, großes Angebot. Einsteiger- und Fortgeschrittenenkurse, Einzelstunden, Scheine; auch Katamaran. Materialverleih: Jolle, Kanu, Katamaran, Surfboard. Duschen, WC und Umkleiden stehen zur Verfügung. Geöffnet ab Ostern an den Wochenenden, dann durchgängig Mai bis Okt. Strandpromenade, ✆ 0173-1513970, www.timpeltu.com.

Kreisrund: der Circus in Putbus

Putbus

ca. 4800 Einwohner

Eine Stadt in Weiß: Der Circus im Zentrum, eine schmucke Allee mit prächtigen Häuern inklusive Theater und ein weitläufiger Schlosspark – Putbus hat sich seinen Charakter als klassizistische, strahlend weiße Residenzstadt bewahrt.

„Ich komme Ihnen wieder mit einer kleinen Völkerwanderung", kündigte sich der preußische König *Friedrich Wilhelm IV.* im Jahr 1846 beim Fürsten zu Putbus an, „da Sie, lieber Fürst, nun das Unglück haben, den schönsten Teil der Insel zu bewohnen und das Ungeschick gehabt haben, daraus ein irdisches Paradies zu machen, so müssen wir bei Ihnen landen." Viel Mühe hatte den Fürsten *Wilhelm Malte I. zu Putbus* (1783–1854) dieses „Ungeschick" gekostet. Ab 1808 hatte der ambitionierte Adlige um- und ausbauen lassen – es entstand eine der letzten Residenzstädte im klassizistischen Stil – samt Schloss (nicht erhalten) und Schlosspark, in dem es noch heute grünt und blüht wie vor 150 Jahren, Badehaus (Haus Goor), Kursalon, Theater, Marktplatz und schließlich dem großen Rondell im Zentrum, dem Circus. Vor allem Letzterer präsentiert sich als Musterbeispiel klassizistischer Architektur. Der Rondellplatz ist weitläufig angelegt, mit streng symmetrisch gestalteter Grünanlage um den zentralen Obelisken, außen aber nicht geschlossen bebaut. Zwischen den dreigeschossigen Häusern mit den weißen, klassizistischen Fassaden klaffen breite Lücken und verleihen dem Ensemble den Eindruck von Vorläufigkeit. Der Circus ist der Treffpunkt der Alleen, die Putbus wie ein Strahlenkranz umgeben: nach Garz und nach Bergen, Richtung Binz und in den Süden nach Lauterbach (zum Hafen von Putbus), und in die zauberhafte Gegend um den kleinen Weiler Wreechen beim gleichnamigen See.

Die Putbuser Geschichte als Seebad indes war kurz. Die frühen Ostseetouristen bevorzugten bald das offene Meer, um darin zu baden. Also wurde der fürstliche Badestandort kurzerhand an das Südende der Prorer Wiek verlegt und Binz, nicht Putbus, begann eine rasante Karriere als Ostseebad.

Rügen
Karte S. 182/183

Schmalspur 2: Der Rasende Roland

Der Zug ist mehr als ein technisches Denkmal. Mit 30 km/h schnaubt und dampft die historische Bahn auf 750-Millimeter-Schmalspurgleisen von Putbus (mit Anbindung an Lauterbach) über Binz durch die Granitz nach Sellin und Baabe bis nach Göhren. Historisch sind sowohl die Strecke, 1895 war das erste Teilstück Putbus – Binz in Betrieb genommen worden, als auch die Dampflokomotiven. Die Älteste rollte 1914 aus den Vulkan-Werken in Stettin. Von dem einstmals fast 100 km umfassenden Streckennetz der Rügenschen Kleinbahnen (RüKB) sind 24,1 km erhalten und für den 1996 wieder eröffneten Fahrbetrieb restauriert worden.

Der *Rasende Roland* ist dabei keineswegs nur eine nostalgische Reisemöglichkeit, die Kleinbahn ist ein durchaus ernstzunehmendes Transportmittel im öffentlichen Nahverkehr. Von Putbus nach Binz beispielsweise kommt man mit dem Bus auch nicht schneller – und man muss nicht einmal umsteigen.

Verbindung: Der *Rasende Roland* fährt zur Hauptsaison bis zu 12-mal tägl., in der Nebensaison (Okt.–Mai) 6-mal tägl., von Putbus aus über die Granitz in die Ostseebäder Binz, Baabe, Sellin und Göhren.

Preise: kurze Strecke 3,20 € (erm. 1,60 €), mittlere Strecke 6,40 € (3,20 €) und den ganzen Weg nach Göhren 8 € (4 €), Fahrrad 2,10 €. Noch günstiger fährt man mit Familien-, Wochen- und Monatskarten (z. B. Wochenkarte Erw. Putbus – Binz 9,60 €, Monatskarte 33,60 €).

Information: Pressnitztalbahn, Zweigniederlassung Rügensche BäderBahn, Bahnhofstr. 1a, 18586 Göhren, ✆ 03838-813591 (Büro Bergen), www.ruegensche-baederbahn.de.

Praktische Informationen

• *Information* **Stadt-Information Putbus** in der Orangerie. Hier gibt es auch Tickets für die Ausstellungen, die sich in dem hübschen Gebäude untergebracht sind, außerdem werden **Stadt- und Schlossgartenführungen** veranstaltet. Mo–Fr 9–17 Uhr, Sa/So 11–17 Uhr, Nov. bis April Mo–Fr 11–16 Uhr, Sa 10–14 Uhr, So geschl. Alleenstr. 35, 18581 Putbus, ✆ 038301-431, www.putbus.de.

• *Fahrradverleih* **Albert's Fahrrad-Service**, in der Bahnhofsstraße (etwa auf halbem Weg zwischen Bahnhof und Circus), Rad ab 5,10 €/Tag, auch Helme und Anhänger. Bahnhofstr. 7, ✆/℻ 038301-429.

• *Kurtaxe* Mai bis Okt. 1,20 €, Nov. bis April 0,70 €.

• *Taxi* ✆ 038301-339.

• *Verbindungen* **Bus**: Die Linie 30 fährt etwa 11-mal tägl. nach Garz, Sa/So 5-mal (3-mal tägl. Verbindung bis Stralsund) und in die andere Richtung etwa 15-mal nach Bergen. Uns erreichten Leserzuschriften, die bei einem Tagesausflug nach Stralsund diese Buslinie empfehlen, da allein der schöne Streckenverlauf einen Ausflug lohne.

Zugverbindung mit der OLA 14-mal tägl. von Bergen nach Putbus, 8-mal tägl. weiter bis Lauterbach (im Winter eingeschränkt).

Kleinbahn Rasender Roland siehe oben.

Übernachten/Essen & Trinken

**** **Ringhotel Wreecher Hof**, zwischen Schlosspark und Bodden im Ortsteil Wreechen gelegen. Nobler Komplex aus sieben reetgedeckten Häusern, umgeben von einer parkähnlichen Gartenanlage. Wellness- und Beauty-Angebot, Solarium, Hallenbad, Fitness. Elegantes, gehobenes Restaurant (ganzjährig abends geöffnet, Sonn- und Feiertage auch mittags), freundlicher Service. EZ 86 €, DZ ab 104 €, Juniorsuite mit Terrasse 176 €, Suite 176–238 €, einschließlich Frühstücksbuffet. Kastanienallee, 18581 Putbus/OT Wreechen, ✆ 038301-850, ℻ 85100, www.wreecher-hof.de.

Heu-Ferienhof Altkamp, Übernachtungsmöglichkeiten im Heu (Schlafsack mitbringen oder ausleihen). Außerdem Reitunterricht und -ausflüge sowie Fahrradverleih. Erw. 13,80 €, Kinder bis 12 J. 10,20 €, Frühstück 7 €, auch Ferienwohnungen (ab 63 €/ 2 Pers.). Dorfstr. 1, 18581 Altenkamp, ✆ 038301-889912, ✆ 889913, www.heuferienhof-ruegen.de.

Eiscafé Orangerie, in einem der Torhäuser zur Orangerie, von der Terrasse blickt man auf den Innenhof des Gebäude-Ensembles, einfach und freundlich. April bis Okt. 11–18 Uhr. ✆ 038301-88653.

Museumscafé im Affenhaus, herrlich gelegen am unteren Ende der Kastanienallee, nahe dem Schwanenteich, in dem eigenwilligen Gebäude im Schlosspark, in dem heute das Puppenmuseum untergebracht ist. Auch Plätze im Freien, hervorragende Waffeln. Im Sommer 10–20 Uhr, im Winter eingeschränkt (nach Wetterlage). ✆ 038301-60959 oder 0172-3003824 (mobil).

Nautilus, ein Erlebnis-Hotel und -Restaurant auf den Spuren von Jules Verne, eingetaucht in die aufwendig gestaltete Atmosphäre eines klassisch futuristischen U-Boots. Auch stilgerecht eingerichtete Zimmer. DZ ab 87 €, Kapitänssuite 120 €, Frühstück 8 €/Person. Dorfstr. 17, 18581 Neukamp, ✆ 038301-830, ✆ 60860, www.ruegen-nautilus.de.

Schlossparkidyll

Sehenswertes

Historisches Uhrenmuseum: Ein Kleinod unter den Museen der Insel! Der passionierte (Hobby-)Restaurator Franz Sklorz hat sein Leben lang Uhren gesammelt, dabei über 1000 Exponate zusammengetragen und in liebevoller Kleinstarbeit wieder hergestellt. Den Schwerpunkt des Museums bilden Zeitmessgeräte im Stil des Klassizismus, daneben sind zahllose Taschenuhren zu bewundern, eine Wiener Tischuhr, eine barocke Weltzeituhr und eine gänzlich aus Birnholz gefertigte barocke Uhr. Das älteste Stück ist eine gotische Uhr aus dem 15. Jh. Neben den Uhren gibt es aber noch andere Raritäten zu bewundern: kostbare mechanische Musikgeräte, einen Singvogelautomat, eine Jukebox von 1880 und vieles mehr. Sehenswert!

Öffnungszeiten Mai bis Okt. tägl. 10–18 Uhr, Nov. bis April 11–16 Uhr. Eintritt Erw. 3 €, Kinder 1,50 €. Alleestr. 13, ✆ 038301-60988, www.uhrenmuseum-putbus.de.

Theater: Der schmucke klassizistische Bau mit zum Schloss hin ausgerichteter Vorhalle auf vier Säulen wurde 1819–1821 erbaut, 1820 erstmals bespielt und bereits 1826 renoviert. Nachdem das Putbuser Theater seit den 1960er Jahren bis zur Baufälligkeit brachgelegen hatte, konnte es nach mehrjähriger Rekonstruktion 1998 wiedereröffnet werden. Seither erfreut sich das Schauspielhaus regen Zuspruchs. Es werden auch Führungen durch das Theater angeboten.

• *Aufführungen* Gespielt wird alles, was auf die Bühne passt: klassische Konzerte und Pop, Lustspiele und Kabarett und natürlich Theater von klassisch bis komisch.

• *Führungen* An spiel- und probefreien Tagen, am besten im Internet oder telefonisch erkundigen. Theater Putbus, Markt 13, ✆ 038301-8080 (Karten unter 80830), Kartenhotline ✆ 0180-5052425, www.theater-putbus.de.

Rügen Karte S. 182/183

Schlosspark: Bereits im 18. Jh. angelegt, wurde der Park (im Zuge der Umgestaltung des Schlosses unter *Wilhelm Malte von Putbus*) nach englischem Vorbild gestaltet und erweitert. Auf dem 75 ha großen Areal rund um das Schloss und den Schwanenteich wuchsen ab 1803 nicht nur exotische Hölzer und Stauden zwischen heimischen Buchen, Ulmen, Lärchen sowie Kastanien, dem Lieblingsbaum des Fürsten. Es entstanden auch zahlreiche Gebäude und Denkmäler beidseitig der Kastanienallee, die vom Circus aus den Park durchquert: ein Kursalon (1892 zur Christuskirche umgewidmet), ein Affen- und ein Fasanenhaus, ein Gartenhaus zur Unterbringung respektabler Persönlichkeiten (darunter Otto von Bismarck), ein Reitstall und nicht zuletzt die Orangerie. Alle Gebäude sind bereits oder werden derzeit renoviert. Nur das Schloss wurde 1960 gesprengt.

Rügener Puppen- und Spielzeugmuseum: Im Affenhaus des Schlossparks findet sich alles, was das Kinderherz begehrt: Puppenstuben, Krämerläden und eine Horde Porzellankopfpuppen in allen erdenklichen Größen und teils von immensem Alter. Und für die Jungs: eine Vitrine mit alten Eisenbahnen sowie eine kleine Armee von Zinnsoldaten. Kurios-makabres Detail aus revolutionären Zeiten: eine Spielzeug-Guillotine zum Decollieren adeliger Puppen. Beim Museum befindet sich ein kleines Café mit schöner Terrasse.

Öffnungszeiten Im Sommer tägl. 10–20 Uhr, im Winter eingeschränkt (nach Wetterlage). Erw. 3,50 €, Kinder ab 3 J. 1,50 €. Kastanienallee, ✆ 038301-60959.

Lauterbach

Über die Lauterbacher Chaussee gelangt man zum Putbuser Hafen. Der Fürst zu Putbus ließ ihn anlegen, nachdem das Geschäft mit den Badegästen abflaute. Eine neue Einnahmequelle für die geradezu aus dem Boden gestampfte Stadt musste her. Das Rezept: ein die Konjunktur belebender Hafen. Heute ist Lauterbach dank seiner modernen Marina in erster Linie als Seglertreff bekannt. Hier starten auch die Ausflugsschiffe auf und um die Insel Vilm. Vom Hafen aus Richtung Osten geht Lauterbach fast nahtlos in die beschauliche Fischersiedlung Neuendorf über.

• *Baden* Ein paar schmale Strände entlang des Ufers: um Neuendorf, in der Nähe von Neukamp und südlich von Altkamp (keinerlei Service).

• *Bootsverleih* **im-jaich**, führerscheinfreie 5-PS-Boote 39 €/halber Tag, 65 €/Tag. Adresse siehe *Übernachten*.

• *Fahrradverleih* **Albert's Fahrrad-Service**, Außenstelle des Putbuser Fahrradladens. Rad ab 5,10 €/Tag, auch Helme und Anhänger. Nur Mai bis Sept. geöffnet, Mo–Sa 9–11.30 und 18.30–19 Uhr. Chausseestr. 11, ✆/℻ 038301-429.

• *Hafen* Neben dem alten Hafen (✆ 038301-461) befindet sich in Lauterbach ein topmoderner Sportboothafen. Die Marina verfügt über 300 Liegeplätze bei 2–4 m Wassertiefe, Slipanlage, Tankstelle, Kran, Werkstatt, Ausrüstung. ✆ 038301-80929, www.im-jaich.de.

• *Übernachten* **Badehaus Goor**, in den klassizistischen Badetempel ist jüngst ein Nobelhotel eingezogen, das der Tradition des Hauses gerecht zu werden weiß. Neben einem unaufdringlich eleganten Restaurant stehen den Gästen ein großer Wellnessbereich samt Sauna und Schwimmbad zur Verfügung, in dem zahlreiche Anwendungen angeboten werden. DZ zwischen 130 und 190 €, EZ 90 €, Suite 210 €, jeweils einschließlich obligatorischer Halbpension und Schwimmbad/Sauna-Nutzung. Haustiere auf Anfrage, Parkplätze vor dem Haus, Tiefgarage 5 €. Fürst-Malte -Allee 1, 18581 Lauterbach, ✆ 038301/88260, ℻ 8826300, www.hotel-badehaus-goor.de.

im-jaich – wasserferienwelt, ungewöhnlich unterkommen kann man in den schwimmenden Appartements. Die teils zweistöckigen Hausboote sind stilvoll eingerichtet. Auch für Segelschüler der zugehörigen Wassersportschule (s.u.) gibt es hier Appartements und preiswerte Übernachtungen. Dazu Sauna, Wellness- und Fitnessbereich, Bootsverleih, kleiner Kiosk und Restaurant. Ganzjährig geöffnet. Ferienhaus zwischen 135 € (2–4 Pers.) und 159 € (bis 6 Pers.). im-

Ungewöhnlich: „Ferienhausbootsiedlung" bei Lauterbach

jaich, Am Yachthafen, 18581 Lauterbach, ✆ 038301-8090, ℻ 80910, www.im-jaich.de.
Pension Goor, auch die Segelschule Goor bietet Unterkunft an, und zwar in einem schön renovierten roten Haus am Hafen. 19 helle Zimmer mit Balkon (meist mit Seeblick), im Haus auch Gaststätte und Fahrradverleih. DZ zwischen 72 € (ohne Seeblick) und 94 € (mit Seeblick). Chausseestr. 7 c, 18581 Lauterbach, ✆ 01805-711712, ℻ 038301-882788, www.goors.de.

• *Wassersport* **im-jaich**, großes Angebot, vor allem natürlich Segelschule (alle Scheine), auch Seekajak (über die Seekajakveranstalter aus Gager, www.seekajakreisen.de), Yachtcharter, Regatten und Segeltörns. Adresse s. o. *Übernachten*.
Goor, Segelschule und Yachtcharter, Segelgrundkurs, alle Scheine, für die Kleinen auch auf dem Optimisten, außerdem Segeltörns und Skippertraining. Chausseestr. 7 c, 18581 Lauterbach, ✆ 038301-882780 ℻ 038301-882788, www.goor.de.

Insel Vilm

Die Insel liegt ruhig und verlassen in Sichtweite des Hafens von Lauterbach. Bereits 1936 wurde Vilm unter Naturschutz gestellt. 1959 verbrachte DDR-Ministerpräsident *Otto Grotewohl* (1894–1964) hier seine Urlaubstage, die Insel wurde daraufhin zum Nobel-Urlaubsziel des Ministerrates. Im Jahr 1990 richtete der Bund für Naturschutz auf Vilm eine Außenstelle ein; heute dürfen täglich maximal 30 Gäste (mit Voranmeldung!) zu einem geführten Rundgang auf die Insel. Lediglich in der Nähe des Landestegs ist eine Handvoll Häuser zu sehen. Wer die Insel Vilm mit dem Schiff umrundet, wird in erster Linie eine Vielzahl von Seevögeln beobachten können, mit etwas Glück sogar ein Seeadlerpärchen.

• *Ausflüge zur Insel* Die **Fahrgastreederei Lenz** organisiert ab Lauterbach die Fahrt – es fährt die **MS Julchen** – nach Vilm und die Führung über die Insel (April bis Okt.). Man sollte sich in der Hochsaison mindestens 1–2 Wochen vorher anmelden, Fahrten nur 1-mal tägl., Dauer 2,5–3 Std., Erw. 15 €, Kinder 8 € (4–12 Jahre), obligatorische Anmeldung unter ✆ 038301-61896, ℻ 61874. Fahrgastreederei Lenz & Co., Chausseestr. 9, 18581 Lauterbach (oder in *Jenny's Hafencafe* in Lauterbach), www.vilmexkursion.de, fgr.lenz@t-online.de.
Rund um die Insel Vilm schippert die **Weiße Flotte**, Mitte Mai bis Sept. 1-mal täglich um 14.30 Uhr, Dauer ca. 1 Std., Erw. 9 €, Kinder 6 €, (Kinder unter 4 Jahren frei), Hunde dürfen für 6 € auf Deck mitfahren. Zudem werden 1-mal tägl. *Boddenrundfahrten* (Dauer ca. 4 Std., Erw. 12 €, Kinder 8 €) angeboten. Infos unter ✆ 03831-268138, www.weiße-flotte.de.

Rügen
Karte S. 182/183

Tradition und Event: Beachvolleyballturnier vor dem Binzer Kurhaus

Granitz

Ausgedehnte Wälder, durchzogen von zahlreichen Waldpfaden und Wanderwegen, kilometerlange Sandstrände und mit Binz und Sellin zwei der traditionsreichen Seebäder – die Granitz im Osten Rügens präsentiert sich abwechslungsreich. Der Baumbestand des lichten Waldes besteht vor allem aus Buchen, zwischen die sich auch Erlen, Linden und wilde Obstbäume mischen. Im Osten bricht die bewaldete Hügelkette am Hochufer ab, darunter breitet sich ein wildromantischer Steinstrand aus. Auf der höchsten Erhebung, dem 107 m hohen Tempelberg, steht die größte Attraktion abseits der Ostseebäder: das Jagdschloss Granitz. Der schönste Strandabschnitt findet sich im Norden von Binz an der Prorer Wiek. Dahinter liegt die wohl problematischste Immobilie Rügens: der Koloss von Prora. Die gigantischen Betonbauten, von den Nationalsozialisten als riesiges Erholungsgebiet geplant, werden heute zum Teil von Museen genutzt.

Binz

ca. 5500 Einwohner

Das größte und bekannteste Ostseebad Rügens spart nicht an prachtvollem Dekor und aufwendigen Bauten der Bäderarchitektur – wahrlich ein Seebad von Welt. Man badet im Meer oder im mondänen Glanz vergangener Zeiten.

„Sorrent des Nordens" oder auch „Nizza des Ostens" – Beinamen für Binz gibt es viele. Dabei wäre es gar nicht nötig, den Ort mit fremden Federn zu schmücken. Über 3 km erstreckt sich die Promenade von Binz am Strand entlang, auf der es sich prächtig flanieren lässt – auf der einen Seite das rauschende Meer und quirliger Strandbetrieb, auf der anderen Seite glanzvolle Bäderarchitektur mit einer Vielfalt an ornamentaler Spielerei: Türmchen und Erker, Veranden, Loggien und Balkone mit ziselierten Schmuckblenden und verspielten gusseisernen Geländern sowie von Ziergiebeln gekrönte Fassaden. Das Flaggschiff unter den Prachtbauten ist wohl das 1908 errichtete dreiflügelige **Kurhaus** mit seinem zum Meer hin geöffneten Portal, über dem in der Mitte des Haupthauses ein Dachtürmchen thront. Leicht versetzt beginnt hier als Verlängerung der Hauptstraße auch die **Seebrücke** und reicht über 370 m weit in die Ostsee hinein. Sie wurde 1994 eröffnet, nachdem Binz über 50 Jahre ohne Seebrücke auskommen musste – den ersten Pfahlbau von 1902 hatte bereits drei Jahre später ein Sturm zerstört, die wiedererrichtete Brücke wurde 1942 von treibendem Eis zermalmt.

Aber Binz ist nicht nur restaurierte Bäderherrlichkeit, das Ostseebad gibt sich vielseitig und modern: Hier wird nicht nur flaniert, gekurt oder im Strandkorb entspannt, sondern auch Beachvolleyball gespielt oder auf Inline-Skates die Strandpromenade entlanggeheizt. Zahlreiche Restaurants bieten für jeden Geschmack etwas. Ähnlich abwechslungsreich gestaltet sich das Binzer Nachtleben in schicken Hotelbars, urigen Gaststätten, hippen Kneipen oder der Disco.

Praktische Informationen

• *Information* Gleich mehrere Anlaufstellen tummeln sich in Binz: allen voran die **Kurverwaltung Binz** im *Haus des Gastes*, Informationen, Tickets, Mobil-Telefonkarten, hier auch Internet-Zugang. April bis Okt. Mo–Fr 9–18 Uhr, Sa/So 10–18 Uhr; Nov. bis März Mo–Fr 9–16 Uhr, Sa/So 11–16 Uhr. Heinrich-Heine-Str. 7, 18609 Binz, ✆ 038393-148148, Fax 148145; www.ostseebad-binz.de.

Zimmervermittlung über den angeschlossenen **Fremdenverkehrsverein** ✆ 038393-665740, Fax 038393-665750, Paulstr. 2, 18609 Ostseebad Binz, www.ostseebad-binz.de.

Bei der Seebrücke befindet sich zudem ein **Info-Pavillon** (Mai bis Okt. tägl. 9–16.30 Uhr).

Geführte Wanderungen werden zur Saison von der Kurverwaltung und vom Nationalparkamt organisiert. Die Touren gehen zum Jagdschloss, in die Granitz mit einem Jäger, zu den Feuersteinfeldern oder durch Prora. Unkostenbeitrag etwa 5 €, Termine und Infos bei der Kurverwaltung.

• *Ausflugsschiffe* Die **Reederei Ostsee-Tour** bietet im Sommer neben dem Fährverkehr auch Ausflugsfahrten zum *Kreidefelsen*, zum *Kap Arkona* sowie *Rundfahrten* um die Insel an (kein Landgang). Adresse s. u.

Ausflugsfahrten zum *Kreidefelsen* hat auch die in Heringsdorf/Usedom beheimatete Reederei **Adler-Schiffe** im Programm. ✆ 038378-47790, www.adler-schiffe.de.

• *Baden* Besonders attraktiv ist der breite, feine Sandstrand **nördlich von Binz**, an Prora entlang und fast bis Neu Mukran. Die weite Bucht fällt flach ins saubere Meer ab, ist also bestens für Familien mit Kindern geeignet. Der Strand wurde wiederholt mit der Blauen Flagge ausgezeichnet. Zum Land hin wird der Strand geschützt von den Bädervillen entlang der Strandpromenade, oberhalb des Ortes von einem schmalen Waldstreifen. Sanitäre Einrichtungen stehen in allen Abschnitten zur Verfügung, außerdem gibt es Beachvolleyball-Felder und im Sommer sogar ein Trampolin. Wie üblich ist der Strand in textile, FKK- und Hundeabschnitte unterteilt (eine Unterteilung, die hier eher ernst genommen wird als an den Stränden im Norden). Über weite Teile des Binzer Strandes wachen die Rettungsschwimmer der DLRG.

• *Fahrradverleih* Davon gibt es gleich mehrere in Binz, die Preise sind ähnlich. **Zweiradhaus Deutschmann**, am Großbahnhof, auch Trailer, Bollerwagen, Helme, Hundekorb etc. Dollahner Str. 17, ✆ 038393-32420.

Pauli's Radshop, Hauptstr. 9 a, ✆ 038393-66924.

• *Kurtaxe* Mitte Mai bis Mitte Sept. Erw. 2,30 €, Kinder und Jugendliche 1,15 €, Mitte Sept.–Mitte Mai 1,20 €, Kinder und Jugendliche 0,60 €.

• *Parken* Im Ortszentrum schwierig, an den Rändern des Ortskerns befinden sich einige Parkplätze, natürlich kostenpflichtig, auch Tageskarten, auf privaten Parkplätzen und in Parkhäusern kann es auch mal deutlich teurer sein.

• *Taxi* **Zentrale Binz** ✆ 038393-2424.

• *Veranstaltungen* **Anbaden** am 1. Mai: Die ansässigen Hoteliers eröffnen mit einem Bad die Saison, anschließend Kurkonzert. Mitte Juni lockt das **Binzer Seebrückenfest**

Rügen Karte S. 182/183

mit großem Feuerwerk. Der Juli bietet ein **Beachvolleyball-Turnier** (Monatsmitte) und das **Binzer Sommerfest** (Monatsende). Im Okt. steigt das **Binzer Herbstfest** mit Drachensteigen und Pferderennen am Strand.

• *Verbindungen* **Zug**: Verbindung mit Regionalbahn und -express etwa 16-mal täglich von Binz nach *Bergen* (und weiter nach Stralsund); Achtung: bei jeder zweiten Verbindung muss man in Lietzow umsteigen! Zudem ist Binz eine **IC**-Haltestelle, auch der Nachtzug endet hier.

Bus Die **Linie 20** verbindet Binz mit *Prora*, dem *Fährhafen Sassnitz* bei Neu Mukran, der *Stadt Sassnitz* und dem Königstuhl sowie (in anderer Richtung) mit den Ostseebädern *Sellin*, *Baabe*, *Göhren* und ganz im Süden *Thiessow*, fast stündlich, bis Sassnitz bzw. Göhren häufiger. Die **Linie 23** verbindet zwar ebenfalls Binz mit *Sassnitz* (etwa 5-mal tägl. Sa/So öfter) und dem *Königsstuhl* (2-mal-tägl.), fährt aber weiter nach Bergen. Ebenfalls nach Bergen (via Prora) fährt die die **Linie 28**.

Der **Rasende Roland** beginnt seinen Weg entlang der Ostseebäder in Binz (Haltestelle am südlichen Ortsrand): über Sellin, Baabe nach Göhren und in anderer Richtung nach Putbus. Juni bis Sept. bis zu 12-mal, in der Nebensaison (Okt.–Mai) 6-mal tägl. nach Sellin und Baabe sowie nach Putbus für 3,20 € bzw. 1,60 €; nach Göhren für 4,80 € bzw. 2,40 €. Fahrrad 2,10 €, auch Familien-, Wochen- und Monatskarten. ✆ 03838-813591. Weitere Infos s. S. 192.

Schiffsverbindungen zu Rügens Ostseebädern: Die Reederei Ostsee-Tour verbindet Binz mit dem Sassnitzer Stadthafen sowie mit den Seebrücken von Sellin und Göhren. Fährbetrieb April bis Okt. Auch Familientickets möglich, Karten an Bord. Reederei Ostsee-Tour, Hafenstr. 12 j, 18546 Sassnitz, ✆ 038392-3150, 📠 50672, www.reederei-ostsee-tour.de.

• *Wassersport* Zur Saison am Strandabgang 28 (10–17 Uhr), Tretboote, Wasserski, etc.

Wassersport Insel Rügen, die geführten Kajaktouren auf dem ruhigen Kleinen Jasmunder Bodden sind gerade für Anfänger gut geeignet. Auch kurze Schnuppertouren werden angeboten, zudem Verleih. Strandstr. 7, 18609 Ostseebad Binz, www.wassersport-inselruegen.de.

Sail & Surf Rügen, siehe unter Prora.

Übernachten

***** **Hotel Kurhaus Binz (7)**, Nobelhotel direkt an der Seebrücke und somit mitten im größten Trubel. Eindrucksvolle Fassade, Palmen im Foyer, im Restaurant Kronleuchter und blaue Samtbezüge, große Terrasse zur Promenade, Bar etc, außerdem Schwimmbad und Wellness. Im Café spielt der Pianist zum Fünf-Uhr-Tee auf. EZ ab 139 €, DZ ab 218 € (Seefront 302 €), jeweils mit Frühstück. Strandpromenade 27, 18609 Binz, ✆ 038393-6650, 📠 665555, www.tc-hotels.de.

**** **Loev Hotel (9)**, großes Hotel mitten im Ort (Hauptstr./Ecke Heinestr.), im Haus auch Restaurant, Café/Bar, Diskothek, Beauty-Bereich, auch Strandkorbverleih. EZ ab 65 €, DZ ab 88 €, Komfort 131 €, Studio ab 165 €, jeweils inklusive Frühstücksbuffet. Auch Vermietung von Appartements zum Beispiel im traditionsreichen, prächtigen *Dünenhaus* (135–180 € am Tag, je nach Blick, Balkon etc.) oder günstiger in den Villen *Annabelle* und *Eden* (ab 67 €). Hauptstr. 20–22, 18609 Binz, ✆ 038393-390 und 5350, 📠 39444, www.loev.de.

**** **Hotel meerSinn (5)**, neues, schickes Hotel in stilvollem Design, mit Wellness-Beauty-Bereich, Sauna, Dampfbad und Pool. EZ ab 153 €, DZ ab 226 €, jeweils mit obligatorischer Halbpension, Garage 12 €. Im Haus auch das Restaurant *meerSalz*, ausgezeichnet, täglich wechselnde Gerichte aus regionalen Zutaten, nebenan das Braugasthaus *Zum Alten Fritz*. Schillerstr. 8, 18609 Binz, ✆ 038393-6630, 📠 66323, www.meersinn.de.

Villa Undine (3), unser Tipp an der Strandpromenade: nur 5 sehr gepflegte und mit Geschmack eingerichtete Appartements in traumhafter verwinkelter Villa. Sehr freundlicher Service, angenehme Atmosphäre. Einziges Manko: Die meisten der zufriedenen Gäste buchen bei Abreise schon fürs nächste Jahr, sodass man für die Hochsaison kaum noch ein Appartement bekommt. Außerhalb der Saison kann man sich auch an Frau Dr. Kühn-Hattenhauer wenden (Carl-Heinr. -Becker-Weg 16, 12165 Berlin, 030-79706185). Strandpromenade 30, 18609 Binz, ✆ 038393-32533.

**** **Strandhotel Lissek (2)**, Bädervilla an der Strandpromenade, schöne Zimmer, teils mit Meerblick. Im Haus das Restaurant Fischmarkt (vor allem fangfrischer Fisch). EZ ab 70 €, DZ ab 126 €, mit Seeblick 168 €, jeweils einschließlich Frühstücksbuffet. In der Nebensaison deutlich günstiger, auch interessante Arrangements. Strandpromenade 33, 18609 Binz, ✆ 038393-3810, 📠 381430, www.strandhotel-lissek.de.

Hotel Vier Jahreszeiten (8), die 76 Zimmer der Hotelanlage verteilen sich auf mehrere schneeweiße Bädervillen, darunter das traditionsreiche Haus Odin, alles tiptop renoviert und ziemlich schick, großer Wellnessbereich. Zum Hotel gehören die Restaurants *Orangerie* (mehrfach ausgezeichnet, kulinarische Themenabende, nobel) und *Vier Tageszeiten* (Buffetrestaurant). EZ ab 100 €, DZ ab 130 €, mit Balkon 140 €, mit geschlossener Loggia 170 €, Suite 260 €, jeweils einschließlich Frühstücksbuffet. Zeppelinstr. 8, 18609 Binz, ✆ 038393-500, 📠 50430, www.vier-jahreszeiten.de/binz.

Pension Haus Colmsee (10), bodenständige Pension in alter Bädervilla, etwas abseits am Ende der Promenade gelegen. Ordentliche, recht große Zimmer. Keine Haustiere, DZ ab 75 €, mit Balkon zum Meer 95 €, inkl. Frühstück. Strandpromenade 8, 18609 Binz, ✆ 038393-21424, 📠 21426, www.hauscolmsee.de.

Hotel „Villa Schwanebeck" (4), kleines Hotel in „zweiter Reihe" unweit des Kurplatzes, für Binz (und die Lage) verhältnismäßig günstig. Mit Fahrradverleih, Sauna, Whirlpool. Im Haus auch ein Restaurant (regionale Küche, leicht gehoben, zur Saison mittags und abends, Nebensaison nur abends). Nov. –Jan. geschlossen. EZ 75 €, DZ 90 € (klein), 120 € (groß), kleine Suite 140 €, jeweils inkl. Frühstück. Margarethenstr. 18, 18609 Binz, ✆ 038393-2013, 📠 31734, www.villa-schwanebeck.de.

Jugendherberge Binz (1), in bester Lage nahe am Strand und nahe am Ortskern, meist 5- bis 8-Bett-Zimmer mit Waschbecken, 6 kleine Zimmer mit Dusche und WC. Übernachtung ab 21,90 € (Senioren ab 27 J. 4 € Aufschlag). Strandpromenade 35, 18609 Binz, ✆ 03839-32597, 📠 32596, www.jh-binz.de.

Essen & Trinken/Nachtleben

• *Essen & Trinken* **Gaststätte Strandhalle (11)**, tolles Ambiente in der über 100 Jahre alten restaurierten Strandhalle: hoher Raum mit Gebälk und dunkler Holzdecke, die Einrichtung bewegt sich zwischen urigem Kaffeehaus und Antiquitätensammlung – gemütlich. Vielfach empfohlene und gelobte Küche (nach eigenen Angaben „feinbürgerlich"),, Spezialität ist hier der Ostseedorsch. Leser, die von diesem Restaurant angetan waren, empfehlen zu reservieren. Freundlicher Service, tägl. 12–23 Uhr geöffnet; Parkplätze vor der Tür. Strandpromenade 5, ✆/📠 038393-31564.

Strandkorbsiedlung bei Binz

Bootshaus Binz, ebenfalls von Lesern v. a. wegen der Fischküche empfohlenes Restaurant, untergebracht in einem denkmalgeschützten Gebäude in dem einstmals die erste Seenotrettung der Ostsee untergebracht war. Beliebt und freundlich, Reservierung empfehlenswert. Täglich ab 12 Uhr durchgehend geöffnet. Strandpromenade 49, ✆ 038393/57944.

Braugasthaus Zum Alten Fritz (6), wie das Pendant in Stralsund urgemütlich als Kneipe, Café oder Restaurant. Bodenständige Küche, die Zutaten aus regionaler/ökologischer Produktion, neben dem Hotel *meerSinn*. Schillerstr. 6–8, ✆ 038393-6656560.

• *Nachtleben* **M 3**, siehe Prora. **Club Löwe (9)**, inselweit und darüber hinaus bekannte In-Disco mit Bar im UG des Hotel Loev. Hier kann man im Sommer Di–So die Nächte durchtanzen (im Winter nur Fr/Sa) geöffnet ab 22 Uhr. Eintritt um 3 €. Keine feste Musikrichtung. Hauptstr. 22, ✆ 038393-390.

Jagdschloss Granitz

Umgeben von Buchenwald thront das Jagdschloss auf der höchsten Erhebung der Granitz, dem 107 m hohen Tempelberg. Als idealer Aussichtspunkt gehört der repräsentative Prunkbau zu den beliebtesten Ausflugszielen Rügens, dementsprechend voll kann es hier im Sommer werden.

Das Schloss ist ein eigenwilliges Bauwerk aus der Mitte des 19. Jh., spätklassizistisch mit einem für die Zeit typischen Hang zu vermeintlich mittelalterlichen Stilelementen. Der Putbuser Fürst *Wilhelm Malte I.* ließ es an der Stelle eines älteren Jagdhauses errichten. Es entstand ein verputzter Backsteinbau auf quadratischem Grundriss, der Dank seiner von Zinnen gekrönten Ecktürmchen und dem alles überragenden zentralen Aussichtsturm verspielt trutzig wirkt. Von der Aussichtsplattform kann man ein grandioses Panorama genießen. Sehenswert sind auch die Innenräume: die mit Jagddekor bestückte Vorhalle, der festliche Rittersaal, der Empfangssaal, der elegante Speisesaal, Damen- und Billardzimmer und so fort. Das außergewöhnlichste Stück ist die gusseiserne Wendeltreppe, die sich den Aussichtsturm hinaufschraubt. Im Jagdschloss befindet sich auch ein Souvenirshop, Gastronomie gibt es im Gewölbe und im Biergarten.

• *Öffnungszeiten* Mai bis Sept. tägl. 9–18 Uhr, Okt. bis April Di–So 10–16 Uhr. Erw. 3 €, erm. 2,50 €, Kinder (6–14 J.) 1,50 €. ✆ 038393-2263, 📠 21283.

• *Anfahrt* Die Anfahrt ist für PKW gesperrt, wer auf den Tempelberg weder laufen noch mit dem Fahrrad fahren will, muss den kostenintensiven *Jagdschloss-Express* nehmen (ab der Binzer Seebrücke oder dem gebührenpflichtigen Parkplatz südlich von Binz). Im Sommer alle 45 Min., im Winter etwa 1-mal pro Std. ✆ 038393-33880. Auch der *Rasende Roland* verfügt über eine Haltestelle *Jagdschloss Granitz*, von hier aus hat man allerdings noch ein (ansteigendes) Stück zu Fuß bis zum Schloss zu bewältigen.

• *Essen & Trinken* **Alte Brennerei**, urige Gaststätte im Schlossgewölbe, altertümliches Ambiente und traditionelle Speisen, im Sommer auch Biergarten neben dem Schloss. Im Sommer findet regelmäßig abends das Schlemmerspektakel statt, d. h. jede Menge Gaukeleien zum 4-Gänge-Menu. Ansonsten in der Hauptsaison tägl. 10–19 Uhr, Nov. bis März 10–16.30 Uhr geöffnet, Mo Ruhetag. ✆ 038393-32872.

Nördlich von Binz: Schmale Heide und Prora

Auf der Schmalen Heide, einem Geröllgürtel, der die Granitz mit der Halbinsel Jasmund verbindet, steht Rügens prominenteste Immobilie: Prora. Entlang der gleichnamigen sanft geschwungenen Wiek erstreckt sich ein kilometerlanger Traumstrand.

Vom herrlichen Sandstrand aus ist Prora, heute ein grauer, großteils sanierungsbedürftiger Gebäudegigant, kaum zu sehen, denn die wuchtigen Betonblöcke werden von dem Kiefernwald verdeckt, der sich über die Schmale Heide erstreckt. Die wirklichen Ausmaße von Prora kann man ohnehin nur aus der Luft erfassen.

Was also tun mit dem Koloss? Die Sowjets hatten versucht, einen Block zu sprengen, dabei aber nur eine Ruine produziert. Seit 1994 steht die Anlage unter Denkmalschutz (einschließlich der Ruine!). Natürlich wird Prora längst genutzt, auch wenn der wirklich weitläufige Komplex damit nicht einmal annähernd ausgefüllt wird und das Problem der Sanierung auch nicht gelöst ist. Im Mittelteil Proras befand sich die Museumsmeile mit dem Dokumentationszentrum Prora, Prora-Museum und Science-Center, NVA-Museum, dazu Galerien, Antiquariat/Café u a. Mittlerweile aber hat einer der Museumsbetreiber diesen Block gekauft, während die übrigen nun fürchten, dass die zu erwartenden Mieterhöhungen Teil eines kaum kaschierten Verdrängungswettbewerbs sein werden. Die ersten Museen und Galerien haben ihre Pforten bereits geschlossen. Was aus Prora werden wird, ist offen.

Rügen Karte S. 182/183

• *Verbindungen* **Bus**: Die **Linie 20** hält auf dem Weg von *Sassnitz* nach *Binz* (und weiter ins Mönchgut) mehrmals tägl. in Prora, ebenso die **23** von *Bergen* via Binz nach *Sassnitz* Außerdem gibt es zwei Haltestellen der **Regionalbahn** (Verbindung Bergen–Binz, Achtung: Oft muss man in Lietzow umsteigen). Schließlich fährt während der Saison auch das Bäderbähnchen **Prora-Express** von der Binzer Seebrücke aus.

• *Camping* **Campingplatz Meier**, *Lesertipp*: „auf einem alten NVA-Gelände zwischen Binz und Prora, etwas abseits der Straße. Gepflegter Rasenplatz, schöne Stellplätze für Wohnmobile und Caravan; teilweise im Schatten. Separater Platzteil für Zelte im Nadelwald. Sehr saubere Sanitäranlagen. Am Platz Gaststätte *Zur Mücke*." Erw. 5,50 €, Jugendl. 4,50 €, Kinder 3 €, Hunde 3 € Zelt 5–6 €, Caravan , 6 €,

Projekt: Urlaub total – das „Seebad der 20.000"

Wenn ein Bauvorhaben das Attribut „gigantomanisch" verdient, dann das 1936 begonnene Projekt der nationalsozialistischen Organisation *Kraft durch Freude* (KdF): eine zentrale Festhalle samt Platz, groß genug um 20.000 Menschen zu fassen, rechts und links davon je vier sechsgeschossige Wohnblöcke von mehr als einem halben Kilometer Länge, dazwischen riesige, bis zum Strand reichende Gemeinschaftshäuser, außerdem Seebrücken, Theater, Geschäfte, Sportstätten, Aussichtstürme und eine kleinstadtartige Anlage für 5.000 Angestellte. Der Koloss aus Stahl und Beton sollte sich über eine Länge von mehr als 4 km erstrecken. 20.000 Menschen sollten hier einen jeweils 10-tägigen Urlaub verbringen – ein Urlaub so total wie der folgende Krieg.

Oberster Bauherr war der Chef der *Deutschen Arbeitsfront* (DAF), *Robert Ley* (der beauftragte Architekt war übrigens nicht Speer, sondern der Kölner *Clemens Klotz*, der für seinen Entwurf bei der Weltausstellung in Paris 1937 einen Preis gewann). Die DAF hatte vor allem die Aufgabe, die arbeitende Bevölkerung zu Nationalsozialisten zu erziehen. *Kraft durch Freude* war eine Unterabteilung der DAF und die populärste Organisation des Regimes überhaupt. Das effektive Propaganda-Instrument dehnte die „nationalsozialistische Erziehung" auf die Freizeit der Arbeiter aus und versuchte damit eine Art „Gleichschaltung des Urlaubs" zu erwirken.

Das Seebad Prora wurde aber lediglich propagandistisch eingesetzt: Der Ausbruch des Zweiten Weltkrieges stoppte die Arbeiten und hinterließ eine gigantische Baustelle. Urlaub machte hier niemand. Die beteiligten Arbeiter, darunter ungezählte versklavte Zwangsarbeiter, wurden nach Peenemünde gebracht, um dort die Heeresversuchsanstalt aufzubauen, den Geburtsort der sogenannten Wunderwaffe V2. Während des Krieges wurden die fertiggestellten Gebäude Proras als Lazarett genutzt, dann wurden ausgebombte Hamburger in den Rohbau mit Seeblick einquartiert. Es folgten die Sowjets, dann die NVA, Prora wurde militärisches Sperrgebiet. Die NVA-Erbin, die Bundeswehr, löste den Standort 1992 schließlich auf.

Wohnmobil 11 €, PKW 5 €, Motorrad 4,50 €. Mitte März bis Okt. geöffnet. Proraer Chaussee 30, 18609 Binz/OT Prora, ✆ 038393-2085 ✆ 32624, www.camping-meier-ruegen.de

• *Klettern* 2008 wurde bei Prora ein **Klettergarten** eröffnet. Es können neun Höhenparcours verschiedener Schwierigkeitsstufen erklommen. Der Klettergarten befindet sich gegenüber dem Dokumentationszentrum von Prora. Objektstr. TH52, Block 3, Infos unter 03831-3569473 oder www.seilgarten-prora.de

• *Nachtleben* **M 3**, große Diskothek und *nightspot* für die gesamte Insel. Mehrere *areas*, neben dem *mainfloor* auch eine karibische Bar und ein Bistro, im Sommer Biergarten. Während der Saison Fr und Sa ab 21 Uhr, im Winter nur Sa ab 22 Uhr. ✆ 038393-32645, www.m3-disco.de.

Die Museen von Prora

Dokumentationszentrum Prora: Historisch Interessierte wird es in Prora wahrscheinlich v. a. in das Doku-Zentrum ziehen. Hier kann man sich umfassend und fundiert über Vorgeschichte, Planung und Baugeschichte des KdF-Bades sowie über die Nutzung der Bauruine während des Krieges und nach Kriegsende informieren. Auch die sozial- und gesellschaftshistorischen Hintergründe des Nationalsozialismus werden anhand von Bilddokumenten und Schautafeln beleuchtet. Weitere Abteilungen werden wahrscheinlich in nicht allzu ferner Zukunft hinzukommen.

Wechselnde Sonderausstellungen und Veranstaltungen begleiten die Dokumentation. Die ambitionierten und tiefgründigen Ausstellungen des Dokumentationszentrum sind unbedingt sehenswert.

Öffnungszeiten Juni bis Aug. 9.30–19 Uhr, März bis Mai und Sept/Okt. 10–18 Uhr, Nov. bis Febr. 11–16 Uhr. Eintritt 3,50 €, erm. 2 €, Kinder unter 15 J. frei. Objektstr. 1, 18609 Binz/ OT Prora, ✆ 038393-13991, www.proradok.de.

KulturKunststatt Prora: Auf insgesamt fünf Stockwerken bzw. 5000 m² werden von einem Betreiber mehrere Museen unterhalten, dazu Galerien und ein Kaffeehaus. Zu sehen sind u. a. eine Foto- und Filmdokumentation im **Kdf-Museum**, das **NVA-Museum,** eine **Bilder Galerie** usf. Im 5. Stock befindet sich das **Wiener Kaffeehaus** mit tollem Blick über die Wiek.

Öffnungszeiten Im Sommer tägl. 9–19 Uhr, im Winter 10–16 Uhr. Erw. 6,50 €, erm. 4 €, Kinder bis 6 J. frei. Objektstr. Block 3, TH 2, 18609 Binz/Prora, ✆ 038393-32696 oder 13097, www.kulturkunststatt-prora.de.

Eisenbahn- und Technikmuseum: Ein Stück nördlich ist auf 10.000 m² überdachter Fläche das Eisenbahn- und Technikmuseum untergebracht. In der mittleren Halle stehen vor allem Oldtimer, darunter eine echte *Tin Lizzy* von Ford (1911) sowie eine MIG 21. In den Seitenhallen befinden sich dann die Lokomotiven (ab Baujahr 1903), besonders sehenswert die Dampfschneeschleuder von 1930.

Öffnungszeiten April bis Okt. tägl. 10–17 Uhr. Eintritt 6 €, Kinder 3 €. Am Bahnhof „Prora", 18609 Binz/Prora, ✆ 038393-2366 (hinter dem Bahnhof links und bald rechter Hand).

Schmale Heide

Feuersteinfelder: Diese geologische Besonderheit gibt es im nördlichen Teil der Schmalen Heide zu sehen. Auf einer Länge von ca. 2,5 km erstrecken sich mehrere bis zu 300 m breite Wälle aus Feuerstein. Eingefasst in das „Naturschutzgebiet Steinfelder in der Schmalen Heide" befindet sich im Norden der Feuersteinfelder ein kleiner Mischwald aus Kiefern, Ahorn und Eichen. Auf dem kargen Boden der Geröllwälle und entlang seiner Ränder wachsen vor allem Wacholder, Vogelbeere, Heiderose und Heidekraut.

Anfahrt Ein (kostenpflichtiger) Parkplatz befindet sich südlich von Neu Mukran, von hier aus führt ein Fußweg zunächst parallel zu den Bahngleisen, dann auf der anderen Seite nach Süden zu den Feldern (ca. 20. Min.).

Sellin

ca. 2500 Einwohner

Auch in Sellin bestimmt grandiose Bäderarchitektur das Stadtbild. Besonders hervorzuheben: die in der Ortsmitte gelegene Wilhelmstraße, gesäumt von weiß getünchten Villen, und die berühmte Selliner Seebrücke, zu deren Füßen sich ein herrlicher Sandstrand erstreckt.

Eingerahmt wird der Ort von den südlichen Ausläufern der Granitz sowie dem Selliner See. Die Hauptverbindung zur bis zu 40 m hohen Steilküste bildet die Prachtallee Sellins, die **Wilhelmstraße,** eine Flaniermeile in Weiß, die ihre „Verlängerung" in der berühmten, 1998 wieder aufgebauten **Seebrücke** findet. Wie ein Steg in eine andere Zeit reicht die einzige bebaute Seebrücke Rügens, in dessen prachtvollen Gebäuden stilvolle Restaurants untergebracht sind, in die Ostsee hinein. Das Verbindungsstück der beiden außergewöhnlichen Beispiele der Bäderarchitektur ist die **Himmelstreppe,** eine Freitreppe, die über 99 Stufen vom Ende der Wilhelmstraße auf die Brücke und hinab zum breiten, feinsandigen Strand führt.

Ursprünglich war Sellin nur ein winziges Fischerdorf am Rande der ausgedehnten Ländereien der Herren zu Putbus, in dem noch 1806 kaum mehr als 100 Menschen

Rügen
Karte S. 182/183

Sellins Seebrücke: gestern ...

lebten. Der Aufschwung zum Seebad erfolgte parallel zu den Nachbarn Binz und Göhren mit dem Anschluss des Dorfes an die Schmalspurbahn im Jahr 1895. Ein Jahr später ließ Fürst Wilhelm zu Putbus eine breite Allee anlegen, die Grundausstattung für einen mondänen Urlaubsort. 1896 entstand das erste Hotel auf dem Hochufer. Namensgeber für Promenade und Herberge war ihr Initiator Fürst Wilhelm zu Putbus. In schneller Folge wurden weitere Gebäude errichtet, alle im Stile der Zeit, reich verziert, strahlend weiß und mit Veranden, Loggien und Balkonen versehen. Bis 1912 hatte sich die Wilhelmstraße zu dem entwickelt, was sie heute ist: eine außergewöhnliche Bäderarchitektur-Meile. Ganzer Stolz des jungen Bades war die 1906 eröffnete Seebrücke. Zwischenzeitlich zerstört und abgerissen, wurde 1998 der Neubau des Wahrzeichens Sellins fertig gestellt. Jüngste Attraktion ist die am seeseitigen Ende der Seebrücke angebrachte Tauchgondel, mit der man trockenen Fußes einen Blick in die Unterwasserwelt der Ostsee werfen kann.

Praktische Informationen

• *Information* **Touristinformation Sellin**, sehr freundlich und kompetent, umfassende Informationen, auch Zimmervermittlung, Bus- und Schiffstickets. Juli/Aug. Mo–Fr 10–20 Uhr, Sa 10–19 Uhr, So 10–13 Uhr; April bis Juni sowie Sept./Okt. Mo–Sa 10–18 Uhr, So 10–13 Uhr; im Winter Mo–Fr 10–17 Uhr, Sa 10–12 Uhr. August-Bebel-Str. 5, 18586 Sellin, ✆ 038303-87006, 📠 86075, www.ostseebad-sellin.de.

Kurverwaltung Sellin, freundlich und kompetent, Informationen, Zimmervermittlung, *Fahrradverleih* (5 €/Tag), *Internetzugang* und Strandkorb-Reservierung. Mo–Fr 8.30–19 Uhr, Sa/So 10–18 Uhr; im Winter So geschl und Sa nur bis 16 Uhr . Seitenstraße am oberen Teil der Wilhelmstraße, beim Kurpark. Warmbadstr. 4, ✆ 038303-1611, 📠 87205, www.ostseebad-sellin.de.

Historische Ortsführungen zu den Themen „Selliner Seebrücke", „Bäderarchitektur" und „Wilhelmstraße" werden ganzjährig von der Touristinformation angeboten.

• *Ausflugsschiffe* siehe *Binz/Praktische Informationen* S. 197.

• *Baden* Die Blaue Flagge ziert auch Sellins Strand. Er teilt sich in zwei Abschnitte. Unterhalb des Hochufers bei der Wilhelmstraße erstreckt sich bei der Seebrücke der lange und breite **Nordstrand.** Etwas nördlich (hier etwas steinig) sowie südlich beginnen Hundeabschnitte, noch etwas weiter nach Süden der FKK-Bereich. Daran anschließend findet sich der **Südstrand** (Vorteil: länger Sonne), den man am leichtesten über den Weißen Steg erreicht (Ostbahnstraße, dann vor dem Seepark abbiegen, strandnah auch ein kostenpflichtiger Parkplatz). An beiden Strandabschnitten sanitäre Einrichtungen. Der Nordstrand wird auf der Höhe der Seebrücke, der Südstrand bei der Einmündung des Weißen Stegs von der DLRG überwacht. Beide Strandabschnitte sind natürlich feinsandig, nahezu steinfrei und traumhaft.

• *Bootsverleih* **Beim Hafen**, Seestraße/Am Bollwerk, ✆ 038303-86830.

• *Erlebnisbad* Das **Inselparadies** ein Hallenbad zu nennen, wäre untertrieben: Abenteuer- und Warmbecken, Wildwasserkanal und Sprudelliegen, über 100 m lange Rutsche u. a., natürlich auch große Saunalandschaft und Gastronomie. Tägl. 9–22 Uhr. Badstr. 1, ✆ 038303-1230, 📠 12345, www.inselparadies.de.

• *Tauchgondel* Juni bis Aug. tägl. 10–21 Uhr, Mai, Sept., Okt. tägl. 10–18 Uhr, Nov.

bis April 11–16 Uhr (maximal aber bis Sonnenuntergang), wetterbedingte Ausfälle aber möglich, ein Tauchgang, während dessen auch 3D-Filme über Unterwasserwelten gezeigt werden, dauert etwa 45 Min., Erw. 8 €, erm. 6 €, Kinder bis 15 Jahren 4,50 €, Familienticket 18 € (1 Kind) bzw. 20 € (2 Kinder), ✆ 038303-92777, www.tauchgondel.de.

• *Fahrradverleih* Bei der **Kurverwaltung** (s. o.). Außerdem **Rental Station**, großes Sortiment an Leihfahrrädern, Tourenrad ab 5,50 €, auch Anhänger, Bollerwagen und Inline-Skates. Der Verleih befindet sich im Seepark, Parkstr. 2, ✆ 038303-86655.

• *Kurtaxe* Mitte Mai bis Mitte Sept. sowie Weihnachten/Neujahr 2,30 €, Kinder 1,15 €, sonst 1,20 €, Kinder 0,60 €. In der Kurtaxe enthalten ist die Benutzung der Bäderbahn.

• *Taxi* **Sellin** ✆ 038303-87062 oder 0171-1722240, **Mönchgut-Taxi** ✆ 038303-85045 oder 0171-4185045, **Zentrale Binz** ✆ 038393-2424.

• *Veranstaltungen* **Seebrückenfest** am letzten Juli-Wochenende, **Granitzlauf** (10 km) zum Mittsommer. Veranstaltungskalender über die Touristen-Information oder im Internet unter www.ostseebad-sellin.de.

• *Verbindungen* **Bus**: Die **Linie 20** verbindet Sellin mit Binz, Prora, dem Fährhafen Sassnitz bei Neu Mukran, der Stadt Sassnitz und (seltener) direkt mit dem Königsstuhl sowie in anderer Richtung mit den Ostseebädern Baabe, Göhren und ganz im Süden Thiessow, fast stündl., bis Sassnitz bzw. Göhren häufiger.

Nach Bergen fährt die **Linie 24**, allerdings relativ selten direkt, so dass man mit der **Linie 20** zum Wendeplatz Serams fahren und dort in die **24** umsteigen muss.

Der **Rasende Roland** fährt auf seinem Weg entlang der Ostseebäder auch an Sellin vorbei. Haltestellen am südlichen und westlichen Stadtrand, ✆ 03838-813591. Preise und weitere Infos s. S. 192.

Der **Ortsbus** fährt von der Seebrücke nach Neuensien und Seedorf sowie nach Altensien und Moritzdorf (jeweils 7-mal tägl.).

... und heute

Schiffsverbindungen zu Rügens Ostseebädern: Die Reederei Ostsee-Tour verbindet Sellin mit dem Sassnitzer Stadthafen sowie mit den Seebrücken von Binz und Göhren. Fährbetrieb April bis Okt., auch Familientickets und Kombitickets mit Rasendem Roland möglich, Karten an Bord. Reederei Ostsee-Tour, Hafenstr. 12 j, 18546 Sassnitz, ✆ 038392-3150, 50672, www.reederei-ostsee-tour.de.

Übernachten

**** **Hotel Kurhaus Sellin**, neuer Prachtbau an traditionsreicher Stelle mit den für die Hotelkette typischen eigenwilligen Fassadenfarben. Hier stand einst das erste Hotel Sellins, das *Fürst Wilhelm*. Heute gehört das Kurhaus ebenfalls zu den „ersten" Adressen des Ostseebads, mit ballsaal-artigem, gehobenem Restaurant, nicht eben günstig. Perfekte Lage oberhalb der Himmelsleiter, freundlicher Service. DZ ab 139 €, Suite ab 238 €, jeweils inklusive Frühstücksbuffet. Wilhelmstr. 27, 18586 Sellin, ✆ 038303-95100, 95155, www.tc-hotels.de.

**** **Hotel Bernstein**, malerisch auf dem Hochufer gelegen (südlich der Wilhelmstraße), aussichtsreiches, gutes **Restaurant** mit Terrasse (schön auch zum Frühstück) sowie Lounge/Bar. Großer Wellnessbereich samt

Rügen Karte S. 182/183

Sauna, Fitnessraum und Schwimmbad (indoor, aber dank eines wintergartenähnlichen Panoramafensters mit Ostseeblick). Die meisten Zimmer mit Balkon, viele davon mit direktem Meerblick. DZ ab 160 €, EZ 92 €, Suite ab 180 €, einschl. Frühstücksbuffet. Hochuferpromenade 8, 18586 Sellin, ✆ 038303/1717, 📠 1718, www.hotel-bernstein.de.

**** **Hotel Park Ambiance**, großer Komplex an der Wilhelmstraße, bestehend aus den schönen Bäderarchitektur-Gebäuden *Rugia*, *Vineta* und *Sella* (sowie dem Blockhaus *Finja*), dem eleganten Restaurant *Ambiance* (gehoben) sowie den französisch inspirierten Restaurants *clou* und *Le Jardin* (im schicken Wintergarten). Außerdem große Wellnesslandschaft und ein eigener kleiner Hotelpark. Der Luxus hat natürlich seinen Preis: EZ 98–135 €, DZ 189 €, Superior-Zimmer 216 €, Deluxe 243 €, Suite ab 270 €, jeweils einschließlich Frühstücksbuffet. Wilhelmstr. 34, 18586 Sellin, ✆ 038303-1220, 📠 122122, www.hotel-ambiance.de.

Villa Elisabeth, das freundliche Hotel in der Wilhelmstraße ist in einer schönen Bädervilla untergebracht, die sympathische Hotelleitung ist sehr um das Wohl der Gäste bemüht. Geräumige Zimmer, teils mit großem Holzbalkon. Zum Hotel gehört auch ein Restaurant mit bodenständiger Küche. EZ 50 €, DZ 96 €, jeweils einschließlich Frühstücksbuffet. Wilhelmstraße 40, 18586 Sellin, ✆ 038303-87044, 📠 038303-87045, www.hotel-elisabeth-sellin.de.

Jugendherberge Sellin, im April 2004 eröffnet. es stehen auch 8 DZ (mit Bad und Frühstück) für 20 €/Nacht zur Verfügung, (JH-Ausweis nötig), ansonsten 4er-Zimmer. Im südlichen Ortsteil. Kiefernweg 4, 18586 Sellin, ✆ 038303-95099, 📠 95098, www.djh-mv.de.

Pension Tatjana, Rügens rotes Russlandhaus an der weißen Wilhelmstraße. Große, individuelle, von Künstlern vor allem aus Russland und Rügen gestaltete Zimmer, dabei *work in progress*, denn immer wieder wird das ein oder andere Zimmer neu eingerichtet und ausgestattet. Parkplätze am Haus, schöne Dachterrasse, Sauna. Zur Pension gehört auch die russische Teestube/Restaurant **Tschai Kowski** (s.u.). Ca. 200 m vor der Seebrücke. EZ 37–43 €, DZ 66–96 €, jeweils einschließlich Frühstück. Wilhelmstr. 28, 18586 Sellin, ✆ 038303-1450, 📠 85693, www.pension-tatjana.de.

• *Außerhalb* **Hotel Moritzdorf**, gemütliches und v.a. absolut ruhig am südlichen Rand des hübschen gleichnamigen Weilers gelegenes Hotel, nettes Restaurant (auch vegetarisch). Preise o.k. behagliche Zimmer. DZ mit Frühstück 96–110 €. Dorfstr. 15, 18586 Ostseebad Sellin/OT Moritzdorf, ✆ 038303-186, 📠 18740, moritzdorf@web.de www.hotel-moritzdorf.de.

Essen & Trinken

Palmengarten und Kaiserpavillon, durchaus als Erlebnisgastronomie zu bezeichnen. Ob auf einen Kaffee oder einen Drink im stilvollen Café oder zum Dinner im schicken Restaurant, das einzigartige Ambiente erzeugt der Standort: die Seebrücke. Geschmackvoll eingerichtet, freundlicher Service und für das Gebotene (und den Ort!) gar nicht einmal teuer (z. B. Hauptgericht ab 14 € Pasta ab 9 €, auch Pizza). Köstlich und reichlich: der Selliner Fischtopf. Tägl. 10–22 Uhr. Seebrücke Sellin, ✆ 038303-829600, www.seebrueckesellin.de.

Tschai Kowski, russische Teestube und Restaurant in der *Pension Tatjana* (s. o.), große Teeauswahl, Frühstück, Mittagstisch und Abendessen mit köstlichen russischen Spezialitäten (wer sein Russisch ein bisschen auffrischen will, hat hier die Möglichkeit: die Karte ist zweisprachig). Sehr sympathisch. Wilhelmstr. 28, ✆ 038303-1450, www.pension-tatjana.de.

Villa Fernsicht, Café und Bistro in einer historischen Bädervilla in der Wilhelmstraße, geöffnet ab dem Frühstück, auch Kaffee- und Kuchen, auf der Abendkarte finden sich schmackhafte Gerichte zu fairen Preisen, sehr gemütliche Terrasse vor dem Haus. Auch Ferienwohnungen. Wilhelmstr. 41, ✆ 038303-1210, www.fernsicht-sellin.de.

• *Außerhalb* **Moritzburg**, beliebtes Ausflugslokal oberhalb von Moritzdorf. Hier kann man Kaffee und Kuchen oder die herzhafte regionale Küche samt herrlicher Aussicht über die Boddenlandschaft genießen. Nur zur Saison geöffnet. Am Ortsausgang von Moritzdorf führen Treppen hinauf zur Moritzburg. ✆ 038303-95884.

Traditionsreich: Ruderbootfähre am Baaber Bollwerk

Mönchgut

Die Halbinsel südöstlich der Granitz streckt sich mehr wie eine Inselgruppe weit ins Meer hinein. In zwei eleganten Schwüngen zieht sich die Küste vom Kap Nordperd beim Ostseebad Göhren über die kleine Landzunge Lobber Ort zum Kap Südperd bei Thiessow. Der südliche Abschnitt ist ein einziges kilometerlanges, feinsandiges Badeparadies, schlicht (und zutreffend) Großer Strand genannt. Die westliche Küste hingegen ist stark zergliedert, weit springen die hügeligen Halbinseln in den Bodden hinein und formen lang gestreckte Buchten.

Baabe

ca. 900 Einwohner

Das „Tor zum Mönchgut" versucht seit der Wiedervereinigung, an die großen Schwestern im Norden und im Süden anzuschließen. Doch bis heute ist der Ort, in dem außerhalb der Saison etwa 900 Menschen wohnen, ein ruhiges Ostseebad mit dörflichem Charakter geblieben. Ein begrünter Boulevard, in dessen Mitte ein Fußgängerweg unter Lauben zum Strand führt, ein paar sorgsam renovierte Bädervillen und eine im Bau befindliche Kuranlage zeugen von vergangenen und aktuellen Ambitionen. Jenseits der Göhrener Chaussee zeigt sich das andere Gesicht Baabes: Boddenseits erstreckt sich in einem leichten Bogen das alte Fischerdorf bis an das von einem Schilfgürtel gesäumte Ufer des Selliner Sees. Ein gutes Stück jenseits der Ortsgrenze endet die Dorfstraße am Bollwerk, dem kleinen Hafen von Baabe, an dem noch ein paar Fischer ablegen. Ein Fährmann setzt in einem Ruderboot über nach Moritzdorf. Neben dem Bollwerk befindet sich ein elegantes Hotel.

Praktische Informationen

• *Information* Die **Touristinformation** befindet sich in einem Pavillon aus Holz und Glas am Anfang der Strandstraße (mit Blick Richtung Meer linker Hand), geöffnet Mo–Sa 9–12 Uhr und 13–17 Uhr (✆ 038303-14242). Nov. bis März geschlossen, dann Infos in der **Kurverwaltung Baabe**, , die in das neue *Haus des Gastes* umgezogen ist, hier auch Spielplatz, Minigolfanlage und Bocciabahn. Am Kurpark 9, 18586 Baabe, ✆ 038303-1420, ℻ 14299, www.baabe.de.

• *Ausflugsschiff* Mit der *MS Lamara* durch das Biosphärenreservat Südost-Rügen, um die Insel Vilm und zurück, nach Ostern an schönen Tagen, Mai bis Okt. 1- bis 2-mal tägl., Juli/Aug. auch Abendfahrten, ✆ 038308-90995 oder 0160-96677899, www.ms-lamara.de.

• *Fahrradverleih* bei **Casa Atlantis** in der Strandstraße, ab 6 €/Tag (7-Gang), auch Kinderräder und Zubehör, Strandstr. 5, ✆ 0151-18427010, www.fahrradverleih-baabe.de.

• *Kitesurfen* **Kiteschule Atlantis** in der *Casa Atlantis*, Schnupperkurs und Kitekurs, auch in Verbindung mit Unterkunft (s. u.). Strandstr. 5, ✆ 038303-95565, www.casa-atlantis.de.

• *Kurtaxe* Erw. 2,30 €, Jugendliche (16–18 J.) 1,15 €, Kinder bis 16 Jahre frei.

• *Sporthafen* Kleiner Hafen an der Having, 30 Liegeplätze bei 2,80 m, ✆ 038303-86410.

• *Verbindungen/Ausflüge* **Bus 20** fährt fast stündlich von Sassnitz (Stadt) (seltener auch direkt ab Königsstuhl) nach Baabe und von hier weiter nach Thiessow.

Kleinbahn: Bis zu 12-mal tägl. mit dem *Rasenden Roland* nach Göhren und in anderer Richtung nach Sellin, Binz und Putbus, in der Nebensaison 6-mal tägl. ✆ 03838-813591. Preise und weitere Infos unter Putbus, S. 192.

„Stadtbus": *Uns lütt Bahn* pendelt 9-mal tägl. zwischen Strandpromenade und Bollwerk hin und her (nur Ostern bis Okt.).

Personenfähre Baabe – Moritzdorf: Vom Bollwerk, Baabes Hafen am Bodden, rudert der Fährmann zur Saison tägl. zwischen 9 und 21 Uhr über die schmale Wasserstraße zwischen Having und Selliner See. Da das Fährhaus am anderen Ufer steht, muss man am Steg diesseits mit der Schiffsglocke läuten. Fahrräder werden mitgenommen.

Übernachten/Essen & Trinken

Hotel Solthus am See, am Bollwerk, stilvolles Hotel mit Hallenbad, Wellnessbereich und Sauna in einem architektonisch interessanten Gebäudekomplex mit tief hängendem Rohrdach. Zum Haus gehört ein Restaurant, das auch den Gourmet zufriedenstellen kann. Ganzjährig geöffnet. EZ 110 €, DZ 150–170 €, Juniorsuite 200 €, jeweils inkl. Frühstücksbuffet und Nutzung des Wellnessbereichs. Bollwerkstr. 1, 18586 Baabe, ✆ 038303-87160, ℻ 871699, www.solthus.de.

*** **Strandhotel Baabe**, schönes Hotel direkt an der Strandstraße, mit Kegelbahn, Sauna und Fahrradverleih, hoteleigenes Restaurant mit regionaler Küche (mittags und abends geöffnet). Ganzjährig geöffnet. DZ mit Frühstück 110 €. Auch Appartements zw. 100 €/2 Pers. Strandstr. 24–28, 18586 Baabe, ✆ 038303-150, ℻ 15150, www.strandhotel-ruegen.de.

Zum Fischer, uriges Gasthaus einer alteingesessenen Fischerfamilie, die auch heute noch fängt, der Fisch ist also mit Sicherheit frisch. Sehr beliebt, auch eigene Räucherei und Verkauf, von März bis Anfang Okt. ab 12 Uhr geöffnet, Fischverkauf ab 8 Uhr. Bollwerkstr. 4 (am südwestlichen Dorfrand am Weg zum Hafen), ✆ 038303-95643.

Casa Atlantis, sympathisches Café (auch Pension und Kiteschule und Fahrradverleih und Bistro und ...) an der Strandstraße, günstige Tagesgerichte (Span. Küche), vor allem junges Publikum, auch Zimmer, die aber oft von Kursteilnehmern der zum Haus gehörenden Kiteschule belegt sind. DZ mit Frühstück ab 70 €. Strandstr. 5, 18586 Baabe, ✆ 038303-95565, ℻ 95525, www.casa-atlantis.de.

Göhren

ca. 1300 Einwohner

Das Ostseebad mit den zwei Stränden – der feinsandige Nordstrand samt Promenade und Seebrücke und der naturbelassene Südstrand. Dazwischen erhebt sich der Kurort auf einer Anhöhe.

Endlos an der Strandpromenade aneinandergereihte, strahlend weiße Villen sucht man in Göhren vergebens. Dafür lässt das bewaldete *Nordperd*, die für Inselverhältnisse durchaus bergige Landzunge, auf die der Ort gebaut wurde, einfach keinen Platz. Hinter dem Strand erstreckt sich der neu gestaltete Kurpark des Ortes mit Musikpavillon aus dem Jahr 1924, in dem heute nach sorgsamer Restaurierung wieder regelmäßig Konzerte stattfinden. Im Ortszentrum stößt man dann auf das alte

Sand satt: Göhrens Strand

Göhren mit seinen rohrgedeckten Fachwerkhäusern. Drei von ihnen gehören heute zum Verbund der auf der Halbinsel verteilten Mönchguter Museen: Im **Heimatmuseum** (Strandstraße/Ecke Thiessower Str., mitten im Zentrum) erhält man einen guten Einblick in die Geschichte des Seebades Göhren, zu sehen sind u. a. eine alte Bauernstube, Trachten und historische Fotos; im **Museumshof** (nur wenige Schritte auf der Strandstraße weiter bergab), untergebracht in einem teilweise originalen Gebäude eines bäuerlichen Gehöftes, kann man eine bunte Mischung aus kleineren Landmaschinen, Trensen, Leiterwagen und anderen landwirtschaftlichen Gerätschaften besichtigen; das um 1720 erbaute **Rookhus** (Rauchhaus), ein schornsteinloses Fachwerkhaus mit tief herabhängendem Rohrdach ein Stück unterhalb des Heimatmuseums (Thiessower Straße), verschafft Eindrücke von den einstigen Wohn-, Arbeits- und Lebensverhältnissen der hiesigen Fischer und Bauern. Komplettiert wird die „Göhrener Museumsmeile“ durch das am Südstrand auf Beton aufgebockt liegende **Museumsschiff Luise** (zu Fuß gut 10 bis 15 Minuten vom Zentrum), ein begehbarer und vollständig eingerichteter Küstenfrachter von 1906.

• *Öffnungszeiten/Eintritt* **Heimatmuseum**: in der Saison 10–17 Uhr, (Juli/Aug. tägl. 10–18 Uhr), Mitte Okt. bis Mitte April 10–16 Uhr; **Museumshof**: gleiche Öffnungszeiten wie das Heimatmuseum (außer: im Winter nur Mo–Fr); **Rookhus**: nur Mitte April bis Mitte Okt. geöffnet, dann tägl. 14–17 Uhr; **Museumsschiff**: ebenfalls nur Mitte April bis Mitte Okt. geöffnet, Juli/Aug. tägl. 10–17 Uhr, sonst tägl. 10–13 Uhr. Eintritt jeweils 3 €, ermäßigt 2,50 € (Kinder/Kurkarte), wer alle 4 Museen besuchen möchte, sollte sich das Sammelticket für 8 € (erm. 6 €) anschaffen.

Nicht in einem der Museen untergebracht und dennoch eine veritable Sehenswürdigkeit ist der **Buskam,** ein vor dem Nordstrand Göhrens aus dem Wasser ragender Granitblock mit imponierendem Maß (40 Meter Umfang) und nicht weniger beeindruckendem Gewicht (über 1600 Tonnen). Der gewaltige Fels ist der größte Findling der deutschen Ostseeküste, zuweilen wird er auch der „größte Stein Nordeuropas“ genannt. Natürlich ranken sich um solch einen markanten Felsen zahlreiche Legenden und Geschichten, Meerjungfrauen sollen sich hier sonnen und Hexen Versammlungen abhalten.

Rügen
Karte S. 182/183

Praktische Informationen

• *Information* **Kurverwaltung Göhren**, im Sommer (15.Mai bis 30.Sept.) Mo–Fr 9–18 Uhr, Sa 9–12 Uhr, So geschlossen. Im Winter Mo–Fr 9–12 Uhr und 13–16.30 Uhr, Di bis 18 Uhr, Fr bis 15 Uhr. Umfangreiches Infomaterial, Stadtplan usw. Poststr. 9, 18586 Göhren, ✆ 038308-66790, 📠 667932, www.goehren-ruegen.de.

• *Baden* Die Badenden verteilen sich auf zwei Strände: einen **Hauptstrand im Norden** und einen weniger frequentierten **Südstrand**. Unterteilt werden die Abschnitte durch den Nordperd, die in die Ostsee hereinreichende Landzunge. Beide Strände erstrecken sich über mehr als vier Kilometer: der Nordstrand bis nach Baabe, der Südstrand bis zum Lobber Ort. Der attraktivere Badespot ist zweifellos der feinsandige, flach ins Meer abfallende Nordstrand, der auch über touristische Infrastruktur verfügt. Der südliche Abschnitt ist ruhiger und hat länger Sonne, ist aber nicht so ansehnlich wie sein nördliches Pendant. Der letzte Strandabschnitt Richtung Nordperd ist in zwei **FKK-Strände** und einen **Hundestrand** unterteilt.

• *Fahrradverleih* Drei Anbieter im Ort: z. B. **Tilly**, Tourenrad ab 6 €/Tag, Schulstr. 7, ✆ 038308-2240; **Tetzel**, Tourenrad ab 5 €, Kastanienallee 9, ✆ 038308-25406; **Klingenberg Fahrrad-Verleih**, Tourenrad ab 5 €, hier auch Anhänger und Bollerwägen etc., Gartenweg 2, ✆ 038308-34029.

• *Kurtaxe* 15.Mai bis 14.Sept. 2,10 €, 15.Sept. bis 14.Mai 1 €, Kinder unter 14 J. frei.

• *Ausflüge* **Discover Rügen**, vor allem an Familien mit Kindern richtet sich dieses Ausflugsprogramm, u. a. mit Robben-Beobachtungen, Piraten-Touren, Inselausflügen nach Vilm etc. Darüber hinaus sind u. a. Surfen, Strandfußball und Sandburgenbauen im Programm. Strandstraße 12 (neben dem Kurzentrum), ✆ 038308/666624, www.avr.de oder www.urlaubsranger.de.

• *Taxi* **Sellin**, ✆ 038303-87062 oder 0171-1722240; **Mönchgut-Taxi**, ✆ 038303-85045 oder 0171-4185045; **Zentrale Binz**, ✆ 038393-2424.

• *Verbindungen* **Bus**: die **Linie 20** verbindet Göhren mit *Baabe, Sellin, Binz, Prora*, dem *Fährhafen Sassnitz* bei Neu Mukran und der *Stadt Sassnitz* (seltener auch direkt mit dem Königsstuhl) sowie in anderer Richtung mit *Thiessow* und *Klein Zicker*, fast stündlich. Nach Bergen fährt die **Linie 24**, allerdings relativ selten direkt, so dass man mit der **Linie 20** zum Wendeplatz Serams fahren und dort in die **24** umsteigen muss. Haltestelle am Kleinbahnhof und im Zentrum.

Bahn: Göhren ist die Endhaltestelle des *Rasenden Rolands*. In der Hauptsaison bis zu 12-mal tägl. (Sept. bis Mai nur 6-mal) Verbindung mit den Ostseebädern Baabe und Sellin, über die Granitz nach Binz sowie nach Putbus. ✆ 03838-813591. Preise und weitere Infos S. 192.

Göhrener Bäderbahn: Die Touristenbahn verkehrt während der Saison von 9–16 Uhr zwischen Kleinbahnhof, Seebrücke, Kino, Südstrand, Hotel Hanseatic und retour zum Kleinbahnhof.

Schiffsverbindungen zu Rügens Ostseebädern: Die Reederei Ostsee-Tour verbindet Göhren mit dem Sassnitzer Stadthafen sowie mit den Seebrücken von Binz und Sellin, Karten an Bord. Reederei Ostsee-Tour, Hafenstr. 12 j, 18546 Sassnitz, ✆ 038392-3150, 📠 50672, www.reederei-ostsee-tour.de.

Etwas günstiger ist man mit den Adler-Schiffen unterwegs: Die *MS Mönchgut* fährt im Sommer nach Sellin und Binz, von dort weiter zum Kreidefelsen. Tickets bei der Kurverwaltung oder an Bord, ✆ 038378-47790, www.adler-schiffe.de.

Übernachten

• *Hotels/Ferienwohnungen* **** **Hotel Hanseatic**, traditionsreiches Haus gegenüber dem alten Wasserturm (am höchsten Punkt von Göhren). Stilvolles Ambiente, ein Hotel für gehobene Ansprüche mit Restaurant (s.u.), Cocktailbar, Frühstücksraum im Wintergarten, Turmcafé mit tollem Blick und hoteleigener Bibliothek, im UG Hallenbad, Sauna und Wellnessbereich. Komfortable und stilvoll-modern eingerichtete Zimmer, meist mit französischem Balkon. EZ 129 €, DZ 159–179 €, jeweils mit Frühstück. Nordperdstr. 2, 18586 Göhren, ✆ 038308-515, 📠 51600, www.hotel-hanseatic.de.

**** **Hotel Meeresblick**, am Ortsrand nahe Südstrand mit schönem Blick, zu Fuß wenige Minuten zum Meer. Bekanntes Restaurant (s.u.), Zimmer und Ferienwohnungen über mehrere Gebäude verteilt, dem gehobenen Standard entsprechend eingerichtet: modern, hell und freundlich. Außerdem Hallenbad, Sauna, Solarium. EZ 93 €, DZ 126 €, Dreier (Suite) 174 €, Vierer (Suite) 192 €, jeweils einschließlich Frühstück, auch Ferienwohnungen für max. 4 Pers. 123–138 €/Tag. Friedrichstr. 2, 18586 Göhren, ✆ 038308-5650, ℻ 565200, www.avr.de.

Hotel Stranddistel, sympathisches kleineres Hotel in ruhiger Seitenstraße gleich bei der Strandstraße, freundlicher Service, 20 Zimmer sowie 10 Appartements. Mit Fitnessraum, Sauna, Solarium, das Hotel veranstaltet zudem ganztägige Segeltörns auf eigener Yacht. EZ ab 72 €, DZ ab 98 €, Appartement je nach Belegung 145–190 €. Katharinenstr. 9, 18586 Göhren, ✆ 038308-5450, ℻ 54555, www.ruegen-hotel-stranddistel.de.

Villa Erika, nettes Anwesen mit eindrucksvoller alter Villa an der Waldpromenade, Nichtraucherhaus, nur 7 Zimmer, diese eher schlicht, aber nicht ungemütlich und sehr gepflegt. Mit Gemeinschaftsküche und -wohnzimmer, schöner Garten. Geöffnet Mai bis Sept., für die Hochsaison sollte man möglichst früh buchen. 4 Zimmer mit Bad, z. T. allerdings auf dem Flur. DZ mit Bad 70 €, mit Waschbecken 50 €., Waldstr. 8, 18586 Göhren, ✆ 038308-2201, im Winter 0421-494141, www.villa-erika-goehren.de.

• *Camping* **Regenbogen Camp**, riesiges Areal beim Bahnhof, mit Öko-Streifen und großem Strandabschnitt, Restaurant, Snack-Bar und Spar-Markt, am Strand Segeln, Surfen, Beachvolleyball etc. Idyllische Stellplätze für Zelte im Waldstreifen, weniger romantisch die Wohnmobil-Stellplätze. Erw. 8,45 €, Kinder 2,90 €, Zelt 3–12,60 €, Wohnwagen/-mobil 12,60–13,80 €, Auto 4,30 €. Am Kleinbahnhof, 18586 Göhren, ✆ 038308-90120, ℻ 2123, www.regenbogen-camp.de.

Essen & Trinken/Nachtleben

• *Essen & Trinken* **Meeresblick**, gehobenes Restaurant im gleichnamigen Hotel, eines der besten auf der Insel, Chefkoch Peter Knobloch ist nicht nur weit über die Insel hinaus bekannt, sondern hat vom Edel-Gastro-Guide *Gault Millau* auch eine anhaltend „bestechende Form" an den Kochtöpfen bescheinigt bekommen. Modernes Ambiente und hervorragender Service, das 4-Gang-Menü kommt auf etwa 40 €. März bis Okt. Mittags und abends geöffnet, Mi geschlossen. Friedrichstr. 2, ✆ 038308-565514.

Friesenstube, gute Küche zu leicht gehobenen, aber durchaus angemessenen Preisen, das Restaurant mit Schwerpunkt Fisch gehört zum Waldhotel. März bis Okt., tägl. nur abends geöffnet. Waldstr. 7, ✆ 038308-50500.

Muschelbar, nette Lage am Strand mit schöner Terrasse und Ostseeblick, innen recht uriges Ambiente, klassische Rügener Fischküche, vergleichsweise günstig, freundlicher Service, bekannt ist die Muschelbar für ihre ausgezeichnete Fischsuppe. Kleines Restaurant, abends wird es hier schnell voll. Während der Saison ganztägig durchgehend geöffnet, Nordstrand 1, ✆ 038308-25442.

• *Nachtleben* **Globetrotter Cocktailbar**, karibisch anmutende Bar in einer Seitenstraße im Zentrum, bei hervorragenden Cocktails versinkt man in tiefen Rattansesseln. Sehr freundliche und entspannende Atmosphäre, flotter Service, gemischtes Publikum. Mai bis Okt., tägl. abends geöffnet, Mo Ruhetag. Katharinenstr. 5, ✆ 038308-25414.

Bistro 91°, in der Strandstraße, in der Saison tägl. ab 17 Uhr geöffnet, auf Großleinwand Fußballspiele oder Musikvideos, auch Snacks, ✆ 038308-66491.

Middelhagen und Alt Reddevitz

Im Herzen der Halbinsel liegt das idyllische **Middelhagen** (ca. 600 Einwohner). Seine Gründung geht auf eine Rodung der Eldenaer Mönche zurück, die den Verwaltungssitz ihres Gutes hierher verlegten. Malerisch ist das Gebäudeensemble im winzigen historischen Kern mit der von den Zisterziensern Mitte des 15. Jh. errichteten Kirche St. Katharina, dem aus dem 17. Jh. stammenden **Hallenhaus,** dem alten Gasthof und dem Schulhaus von 1825. Bis 1962 wohnte und unterrichtete dort der Dorflehrer, heute dient das Gebäude als **Schulmuseum.** Unterricht findet aber immer noch statt – historische Schulstunden für Besucher.

Öffnungszeiten **Schulmuseum und Hallenhaus**, April bis Okt. Di–So 10–17 Uhr, Juli/Aug. tägl. 10–18 Uhr. Eintritt 3 €, Schüler/Stud. 2 €, Schulstunden 2 € bzw. 1 €, Anmeldung/Infos unter ✆ 038308-2478.

Rügen Karte S. 182/183

Alt Reddevitz ist ein schmuckes 150-Seelen-Dorf nordöstlich von Middelhagen am Nordufer der Hagenschen Wiek. Seinen Kern bilden ein paar hübsche rohrgedeckte Häuser, darunter ein uriger Gasthof in einer Scheune. An den Dorfrand schließt sich ein kleiner steiniger Badestrand an, gesäumt wird er von einem Grünstreifen. Über 4 km zieht sich von hier eine lange, dürre Landzunge in den Bodden: das Reddevitzer Höft. Ein Plattenweg führt über die ganze Halbinsel bis zur Landspitze, wo sich ein nettes Ausflugslokal befindet, von dem ein Fußpfad hinab ans Ufer führt.

• *Verbindungen* Die **Buslinien 20 und 24** verbinden *Sellin* und *Göhren* fast stündlich mit *Thiessow* und halten in Middelhagen, nach Norden weiter bis *Binz* und *Sassnitz* (seltener direkt bis zum Königsstuhl), außerdem Verbindung nach Bergen (möglicherweise am Wendeplatz in Serams umsteigen).

Achtung: Die **Kleinbahn**-Haltestelle *Philippshagen* befindet sich 2 km nördlich von Middelhagen/Phillippshagen mitten in der Baaber Heide.

• *Übernachten/Essen & Trinken* **Zur Linde**, historisches Gasthaus in der Dorfmitte von Middelhagen. Bier aus der hauseigenen Brauerei, in der Küche werden regionale Produkte zubereitet. Innen rustikal gemütlich, außen mit Biergarten. Geräumige Zimmer, auch Wellnessangebot, Sauna und geführte Wanderungen. DZ mit Frühstück 73 €–83 €, Aufbettung 15 €/Person. Dorfstr. 20, 18586 Middelhagen, ✆ 038308-5540, 📠 55490, www.zur-linde-ruegen.de.

Lesertipp: „**Brasserie/Cafe Zum Froschkönig**, in *Middelhagen* mit Sonnenterasse direkt am Rad- und Wanderweg Richtung Alt Reddevitz, leckere Fischgerichte, köstlicher Kuchen, cremiges Softeis." ✆ 038308-25663.

Gasthof Kliesow's Reuse, in einer rohrgedeckten Scheune in *Alt Reddevitz*, mit eigener Backstube, traditionelle Gerichte zu fairen Preisen, auch Ferienwohnungen. Nov. bis Febr. geschlossen, sonst durchgehend 8.30–22 Uhr geöffnet, Di Ruhetag. Dorfstr. 23 a, 18586 Alt Reddevitz, ✆ 038308-2771, 📠 25527, www.gasthof-kliesows-reuse.de.

Having Hof, Hofanlage am äußersten Ende des Reddevitzer Höfts, nettes Ausflugslokal in herrlicher Umgebung (und absoluter Alleinlage), zur Saison tägl. 12–15 Uhr und 18–22 Uhr geöffnet, sonst Mi Ruhetag, auch Ferienwohnungen. Alt Reddevitz 49, 18586 Alt Reddevitz, ✆ 038308-5500, 📠 55025, www.having-hof.de.

• *Fahrradverleih* **Radlerhus**, 3-Gang-Tourenrad ab 5,50 €, auch Trailer, Bollerwagen, Hundekorb etc., zudem Ferienwohnungen. Dorfstr. 34/35, 18586 Middelhagen, ✆ 038308-25482, www.radlerhus-deutschmann.de.

• *Einkaufen* **Pokenstuw**, gut sortierter Laden mit allerlei Inselprodukten, aber auch einfach nur Brötchen, im idyllischen Hof auch ein Café-Betrieb, zuvorkommend und freundlich. Dorfstr. 19 a, ✆ 038308-6680, www.ruegentypisch.de.

• *Reiten* **Reiterhof Pisch**, ein Stück nordwestlich von Alt Reddevitz gelegen, sympathischer Hof, geführte Ausritte und Unterricht, auch für blutige Anfänger. Eigene kleine Quarter-Horse-Zucht. Auch Ferienwohnungen. Reiterhof Pisch, 18586 Alt Reddevitz, ✆/📠 038308-2370, Reittermine unter ✆ 0160-6011630.

Groß Zicker und Gager

ca. 400 Einwohner

Wie eine Insel erheben sich die Zickerschen Berge aus Bodden, Salzwiesen und Schilfmeer. An ihren Rändern liegen der kleine Hafenort Gager und das Dorf Groß Zicker.

Die höchste Erhebung des Mönchguts ist mit 66 Metern der Bakenberg, von dem aus man einen herrlichen Panoramablick über die Halbinsel, Bodden und Ostsee genießen kann. Um den westlichen Ausläufer der Erhebung, Zickersches Höft genannt, verläuft über dem Uferabbruch ein hübscher Wanderweg. Im Norden liegt das Fischerdorf Gager, das sich trotz der neuen Anlage *Port Gager* beschaulich zeigt. Im Süden befindet sich Groß Zicker, wo es dank des idyllischen Ortsbildes schon einmal etwas voller werden kann. Am Ortseingang duckt sich eine alte Kirche unter prächtigen Bäume. Das Gotteshaus mit Kreuzrippengewölbe im Chor wurde im 14. Jh. errichtet, der hölzerne Dachturm, der der Kirche ein gedrungenes

Gesamtbild verleiht, stammt allerdings aus dem 19. Jh. In der Dorfmitte befindet sich das **Pfarrwitwenhaus**, ein niederdeutsches Hallenhaus und eines der ältesten Wohnhäuser auf Rügen. Gebaut wurde es 1720, nachdem der ansässige Pfarrer verstorben war und seine Witwe mittel- und obdachlos hinterlassen hatte. Heute ist es sorgsam renoviert und gehört zum Verbund der Mönchguter Museen.

Öffnungszeiten Zur Saison Mo–Sa 10–18 Uhr, So 13–19 Uhr, außerhalb der Saison auf Nachfrage im Pfarramt, ✆ 038308-8248. Erw. 1,30 €, Kinder 0,80 €. Es werden auch wechselnde Kunstausstellungen präsentiert.

Praktische Informationen

• *Fahrradverleih* **Kraftrad**, Fahrradverleih und Strandbedarf, Tourenräder ab 5 €/Tag, auch Tandems, Anhänger und Helme, außerdem Strandutensilien aller Art. An der Abzweigung von der Verbindungsstraße Göhren/Thiessow, Boddenstr. 3, ✆ 038308-30512, 📠 8290.

• *Hafen* Kleiner, durch die Mole perfekt geschützter Hafen in Gager, ca. 30 Liegeplätze bei 2–4 m Tiefe, ✆ 038308-8210.

• *Verbindungen* Die **Busse** der Linien **20 und 24** biegen ca. 6-mal tägl. von ihrer Route von und nach Thiessow auf die Halbinsel ab.

Eine schöne Wanderung führt von Gager rund um das Zickersche Höft nach Groß Zicker und über den Bakenberg zurück.

Übernachten/Essen & Trinken

• *In Gager* **Port Gager**, neben „Lachsmanufaktur und Räucherei" sowie Unterkünften (vom Meerbettzimmer bzw. Mannschaftskajüte für 15 €/Bett und Nacht über die Offizierskajüte, DZ für 100 €, bis zur Reedersuite für 120 €, auch Ferienwohnungen) ist am Hafen das schicke Restaurant **Alte Bootswerft** entstanden, hier gibt es natürlich vornehmlich Lachs, günstige Mittagskarte, abends gehobenes Preisniveau, Terrasse mit Blick auf die Marina. Am Hafen, 18586 Gager, ✆ 038308-66470, www.portgager.de.

Camping Am Bodden, direkt am Hafen von Gager (Ortseingang rechts). Netter, nicht mehr ganz neuer Platz mit Imbiss und kleinem Laden, gut 200 Stellplätze auf relativ engem Raum, nicht überall Schatten, geöffnet April bis Okt. Erw. 3,50 €, Kinder (11–17 J.) 2,50 €, Kinder (6–11 J.) 1,70 €, Zelt 7–11 €, Caravan 12,50 €, PKW 2 €, auch Bungalowvermietung. ✆ 038308-30199 oder ✆ 0173-9325643, 📠 30199, 18586 Gager, www.campingplatz-ruegen.de.

• *In Groß Zicker* **Taun Hövt**, *unser Tipp!*, sehr beliebtes Restaurant mit guter Küche, malerisch in Alleinlage am äußersten (westlichen) Rand von Groß Zicker, herrlicher Blick über Wiesen und Bodden, innen jüngst renoviert und sehr schick, die Preise aber sind noch immer für das Gebotenen völlig in Ordnung, nachmittags auch Kaffee und Kuchen. Außerdem Ferienwohnungen (ganzjährig) ab 80 € für 2 Pers. (in der Hauptsaison nur wochenweise). Ganztägig geöffnet. Boddenstr. 61, 18586 Groß Zicker, ✆ 038308-5420, 📠 30054, www.taun-hoevt.de.

Malerisch: das Pfarrwitwenhaus in Groß Zicker

Thiessow und Klein Zicker

ca. 500 Einwohner

Thiessows Ortsbild ist unspektakulär. Das Kapital des kleinen Ostseebads ist seine Lage: mit dem Rücken zum 36 Meter hohen Lotsenberg, meerumschlungen und an zwei Seiten von Stränden gesäumt. Die einen schätzen den Oststrand, die anderen das Surfrevier um den Thiessower Haken, das als eines der besten der Ostseeküste gilt. Von Thiessow geht's über eine schmale Nehrung weiter bis Klein Zicker, an dessen Ortsanfang ein kostenpflichtiger Parkplatz die Autos aufnimmt. Sehr viel weiter würde man aber ohnehin nicht kommen, denn nach wenigen hundert Metern sind mit der Straße auch Ort und Insel zu Ende.

• *Information* **Kurverwaltung Thiessow**, Mai bis Sept. Mo–Fr 9–12 Uhr und 13–18 Uhr, Sa 10–12 Uhr, Okt. bis April Mo–Fr 9–12 Uhr und 13–16 Uhr, Di bis 18 Uhr, Freitagnachmittag und Sa/So geschlossen. Hauptstr. 36, 18586 Thiessow, ✆ 038308-8280, ℻ 30191, www.ostseebad-thiessow.de.

• *Baden* In einem lang gestreckten Bogen zieht sich der **Große Strand** vom Landvorsprung Lobber Ort bis hinunter zum Südperd bei Thiessow: über 5 km feiner, weißer Sand, dahinter ein schmales Kiefernwäldchen, das die Landenge vor dem Wetter schützt. Mehrere gebührenpflichtige Parkplätze befinden sich an der Verbindungsstraße zwischen Thiessow und dem Norden. Kleine Wege führen durch das Kiefernwäldchen zum Strand, parallel zum Strand verläuft ein Radweg im Wald. Strandservice vom Strandkorb bis zum Kaltgetränk gibt es ganz im Norden und bei Thiessow sowie in der Mitte (auf Höhe der Abzweigung nach Groß Zicker/Gager, siehe dort unter Fahrradverleih). Streckenweise ist der Große Strand in Hunde-, Textil- und FKK-Zonen unterteilt, etwas weiter entfernt von den Badeorten wird das aber nicht allzu eng gesehen. Der **Südstrand** hingegen lädt nicht unbedingt zum Baden ein, eher zum Surfen.

• *Kurtaxe* April bis Mitte Juni sowie Mitte Sept. bis Okt. 1 €, Kinder 0,50 €, Mitte Juni bis Mitte Sept. 1,50 €, Kinder 1 €.

• *Surfen* **Sail & Surf Rügen**, von Mitte Mai bis Mitte Sept. befindet sich ein Außenposten der Surfschule aus Altefähr auf den Thiessower Campingplätzen. Surfkurse für Anfänger, Fortgeschrittene und Kinder, auch Scheinerwerb, außerdem Kitesurfen und Katamaran. Zudem Materialverleih. Während der Saison ist zwischen 10 und 18 Uhr meist jemand da. Hauptstr. 4, ✆ 038308-30360, www.segelschule-ruegen.de.

• *Essen & Trinken* **Mönchguter Fischerklause**, traditionsreiches Lokal am südlichen Rand von Thiessow, vor allem natürlich Fisch, aber auch Fleisch und Vegetarisches, beliebt und nicht teuer, von Lesern sehr empfohlen. Mittagstisch von 12 bis 15 Uhr, abends ab 18 Uhr. Hauptstr. 48, ✆ 038308-30397.

Zum trauten Fischerheim, Gaststätte und Pension in Klein Zicker, bodenständige Küche (mittags und abends geöffnet, mittleres Preisniveau), auch Cafébetrieb, uriger Gastraum und schöne Terrasse. EZ 29 €, DZ ab 52 €, einschließlich Frühstücksbuffet, Preise gelten ganzjährig. Dörpstrat 15, ✆ 038308-30152 oder 30530, ℻ 30153, www.kleinzicker.com.

Camping-Oase Thiessow, der lang gezogene Platz erstreckt sich am Ortseingang entlang der Straße, 350 Stellplätze, viele mit Schatten, kleine Gaststätte und kleiner Laden, nur durch Straße und den 150 m breiten Kiefernwald vom Großen Strand getrennt, Fahrradverleih und Veranstaltungen, geöffnet April bis Okt. Erw. 5 €, Jugendliche (12–17 J.) 4 €, Kinder (6–11 J.) 2,50 €, kl. Zelt 7,50 €, Caravan oder großes Zelt inkl. Auto 17 €, PKW 2,50 €. Hauptstr. 4, ✆ 038308-8226, ℻ 8297, www.campingruegen.de.

Surf-Oase Klein Zicker, während sich in der Camping-Oase vor allem Familien aufhalten, treffen sich die Surfer in der Dependance. 60 Stellplätze, v.a. von Caravans genutzt, kein Schatten, direkt am Strand, geöffnet Mai bis Sept. Erw. 4,50 €, Jugendliche (12–17 J.) 3,50 €, Kinder (6–11 J.) 1,50 €, kl. Zelt 7 €, Caravan oder großes Zelt inkl. Auto 13,50 €, PKW 2 €. Dörpstrat 2, ✆ 038308-30125, www.windsurfen-ruegen.de.

• *Verbindungen* Die **Busse** der **Linien 20** und **24** verbinden Thiessow mit Göhren und Sellin fast stündlich, mit Anschluss an Bergen sowie Binz und Sassnitz (gegebenenfalls am Wendeplatz in Serams umsteigen).

Wald, Kreide, Meer: im Nationalpark Jasmund

Jasmund

Auf der über zwei lang gezogene Landengen mit dem Kernland Rügens verbundenen Halbinsel liegt das Postkartenmotiv der Insel schlechthin: die spektakuläre Steilküste mit dem Königsstuhl, der 118 Meter hohen, blendend weißen Kreideklippe mit ihrem von Treibholz, abgestürzten Bäumen und groben Steinen übersäten Strand im Erdgeschoss. Umrahmt ist das Wahrzeichen Rügens von den ausgedehnten Wäldern des 1990 eingerichteten Nationalparks Jasmund, der den Nordosten der Halbinsel einnimmt. Kleinstädtische Akzente setzt die am südlichen Rand des Nationalparks gelegene Hafenstadt Sassnitz, immerhin der zweitgrößte Ort der ganzen Insel mit mittlerweile ausgelagertem Fährhafen für Schiffe nach Schweden und Dänemark. Im Norden des Nationalparks befindet sich über dem flacher werdenden Steilufer der hübsche Ort Lohme, der die wohl romantischste Aussicht auf Kap Arkona auf der nördlich von Jasmund gelegenen Halbinsel Wittow bietet.

Sassnitz

ca. 11.000 Einwohner

Die „Weiße Stadt am Meer" war einst das „Tor des Nordens" – auch wenn der Fährhafen heute aus der Stadt in den Süden verlegt wurde, lockt das vielseitige Sassnitz immer noch zahlreiche Besucher an.

Bis weit ins 19. Jh. hinein war Sassnitz nicht mehr als ein kleines Fischerdorf, das sich an das steile Ufer schmiegte. Dann kamen die ersten Besucher, darunter auch Prominente wie Theodor Fontane, und mehr und mehr Fischerhäuser machten Hotels und Pensionen Platz. Gegenüber den Seebädern Binz, Sellin und Göhren konnte sich Sassnitz aber auf Dauer nicht behaupten, sodass sich der Ort schon bald auf seine zweite Karriere konzentrierte: Mit der Anbindung ans Eisenbahnnetz 1891 wurde das „Tor zum Norden" aufgestoßen und Sassnitz zu einem wichtigen Fährhafen nach Skandinavien. Mittlerweile starten die Fähren im etwa 5 km südlich gelegenen Neu Mukran, während an der fast eineinhalb Kilometer langen Mole des Stadthafens Fischkutter, Ausflugsschiffe, Yachten, Segler und sogar ein U-Boot vor Anker liegen. Vor Letzterem braucht man sich aber nicht zu erschrecken, es dient heute als Museumsschiff und ist völlig harmlos. Ergänzt wird das maritime Museumsangebot am Hafen durch das Fischerei- und Hafenmuseum und das Museum für Unterwasserarchäologie (zuletzt wegen Renovierung geschlossen). Am oberen Teil des Hafens beginnt die Strandpromenade mit der kleinen Seebrücke. Die Promenade reicht bis zur Altstadt mit ihren herrlichen Bauten im Stil der Bäderarchitektur in den verwinkelten kleinen Gassen rund um den alten Markt. Eine Art modernes Zentrum findet sich in der kleinen Fußgängerzone, der *RügenGalerie*, zwischen Bahnhof und dem äußerlich unansehnlichen *Rügenhotel*, in dem die Therme untergebracht ist.

Praktische Informationen

• *Information* **Tourist Service der Stadt Sassnitz**, das Hauptbüro befindet sich beim Bahnhof (Bahnhofstr. 19 a), eine Außenstelle gibt es am Stadthafen, am Fuß der Mole (Strandpromenade 12). Öffnungszeiten im Hauptbüro tägl. 9–17 Uhr, im Winter nur Mo–Fr, am Hafen tägl. 10–17 Uhr, im Winterhalbjahr tägl. 10–16 Uhr. Vermittlung von Zimmern und Wellness-Angeboten, geführte Wanderungen, Tickets sowie Fahrradverleih (5,50 €/Tag). ✆ 038392/6490 (am Bahnhof), ✆ 038392/66945 (am Stadthafen), ℻ 64920, www.insassnitz.de.

• *Ausflugsschiffe* Zu den **Kreidefelsen** in der Saison mit der *Reederei Lojewski* (Schlossallee 4–5, ✆ 038392-35136) oder mit der *Reederei Ostsee-Tour* (s. u.). Letztere bietet auch Fahrten zum **Kap Arkona** sowie **Rundfahrten um die Insel** (kein Landgang). Weiterer Ansprechpartner für Schiffsausflüge ist *KTG Kalinin Touristik*, Kapitänsweg 4, ✆ 038392-32180, www.kalinin-sassnitz.de.

• *Kurtaxe* In der Hauptsaison 1 €, in der Nebensaison 0,80 €.

• *Parken* Gebührenpflichtige Parkplätze im Zentrum neben dem Rügenhotel, am Stadthafen vor der Strandpromenade und beim Fischereimuseum.

• *Sporthafen* Groß und mit allen Einrichtungen ausgestattet: Tankstelle, Werkstatt, Slipanlage, 6-t-Kran, 120 Liegeplätze bei 3–6 m Tiefe, ✆ 038392-690020.

• *Taxi* Zentrale, ✆ 038392-3030.

• *Verbindungen* **Regionalbahn** über Bergen nach und von Stralsund zwischen 4 und 22 Uhr zu fast jeder vollen Stunde.

Bus: Die **Linie 13** verbindet mehrmals täglich Sassnitz mit Sagard, Glowe und Altenkirchen (und weiter über die Halbinsel Wittow). Die **Linie 20** fährt hinauf zum Königsstuhl, verbindet Sassnitz aber in anderer Richtung auch mit dem *Fährhafen Sassnitz* bei Neu Mukran, *Prora* und den Ostseebädern *Binz, Sellin, Baabe, Göhren* und ganz im Süden *Thiessow*, fast stündlich, bis Göhren häufiger. Und die **Linie 23** schließlich fährt von Bergen nach Sassnitz (5-mal tägl., Sa/So häufiger!) und ebenfalls weiter zum Königsstuhl.

Außerdem **Stadtbusse (Linie 18)** mit Anschluss an Alt Mukran und bis zum Eingang des Nationalparks (Wedding), werktags halbstündlich, Sa/So stündlich.

Schiffsverbindungen zu Rügens Ostseebädern: Mit der *Reederei Ostsee-Tour* vom Sassnitzer Stadthafen zu den Seebrücken von Binz, Sellin und Göhren, Fährbetrieb April bis Okt.. Hafenstraße 12 j, ✆ 038392-3150, ℻ 50672, www.reederei-ostsee-tour.de.

• *Wellnessbad* **Rügentherme**, mehr als nur ein Hallenbad: Gegenstrombecken, kleiner Wasserfall, Saunalandschaft, Dampfbäder und diverse Wellnessangebote. Im Rügenhotel, Seestr. 1.

Übernachten/Essen & Trinken

Parkhotel Sassnitz, schönes Haus oberhalb der Altstadt (ca. 200 m von der Kirche entfernt), gepflegte Atmosphäre auch im angeschlossenen Restaurant im Untergeschoss, sehr freundlich. EZ mit Frühstücksbuffet 62 €, DZ 88–114 € (je nach Größe und Ausblick). Hauptstr. 36, 18546 Sassnitz, ✆ 038392-6950, ℻ 695199, www.parkhotel-del-mar.de.

Kurhotel Rügen und **Rügenhotel**, beide im Zentrum, Ersteres in einem hübschen Haus, das Zweite ist zwar renoviert, aber

An der Strandpromenade von Sassnitz

unansehnlich und unübersehbar, hier befindet sich die Rügentherme, zu der die Gäste beider Hotels freien Zugang haben, beide auch mit Restaurant und Wellnessangebot, ganzjährig geöffnet. Kurhotel Rügen (EZ 52–62 €, DZ 92–112 €, Suite 123 €, jeweils inkl. Frühstücksbuffet), Hauptstr. 1, 18546 Sassnitz, ✆ 038392-530, ℻ 53333; Rügenhotel (EZ 58–67 €, DZ 72–90 €), Seestr. 1, ✆ 038392-53100, ℻ 53550 – beide www.ruegen-hotel.de. Auch Ferienwohnungen.

Hotel/Rest. Gastmahl des Meeres, traditionsreiches Fischrestaurant in gediegen-maritimem Ambiente am unteren Ende der Strandpromenade, auch Zimmer. Strandpromenade 2, ✆ 038392-5170, ℻ 51733.

Hotel/Rest. Villa Seestern, Hotel im Stil der Bäderarchitektur oberhalb der Promenade, gutes Fischrestaurant in pavillonartigem Anbau, auch ausgefallenere Gerichte, hübscher Garten. DZ mit Frühstück ab 71 €. Mühlenstr. 5, 18546 Sassnitz, ✆ 038392-33257, ℻ 36765, www.villa-seestern-sassnitz.de.

Gasthof & Pension Zur Altstadt, nette Zimmer mit Bad, Wohnküche und separatem Schlafzimmer, gemütliches Gasthaus in der Altstadt unterhalb des Marktes, April bis Okt. geöffnet. kleine Ferienwohnung 55 €/ Tag (für 2 Pers.), mit Seeblick 57 €, große Ferienwohnung 75 € (bis 6 Pers.), zeitig reservieren. Bachpromenade 4, 18546 Sassnitz, ✆ 038392-23449, ℻ 23447, www.pension-zur-altstadt.de.

Grundtvighaus (8), Kulturzentrum, das Raum gibt für Café, Kino, Töpferei, Zimmervermietung, Veranstaltungen, Workshops, Seminare etc. Sehr sympathisches Café (Di–Do nachmittags geöffnet) mit viel Liebe fürs Detail eingerichtet und einer wintergarten-ähnlichen Fensterfront zum Hafen, große Kaffee- und Teeauswahl, auch Kuchen, günstig, genauso wie die sechs einfachen Zimmer (DZ mit Etagenbad 40 €) sowie eine Ferienwohnung. Früh buchen. Seestr. 3, 18546 Sassnitz, ✆/℻ 038392-63515, www.grundtvighaus.de.

Kutter 4, die Fischgaststätte der Fischereigenossenschaft am Stadthafen, der Fisch ist hier natürlich fangfrisch, denn er kommt tatsächlich direkt vom Kutter, tägl. ab 9 Uhr geöffnet, auch Imbiss, ✆ 038392-51355, www.kutterfisch.de.

Rügen Karte S. 182/183

Sehenswertes

Museum für Unterwasserarchäologie: Das Museum befindet sich in der denkmalgeschützten früheren Abfertigungshalle des alten Sassnitzer Fährhafens. Die Ausstellung mit Originalfunden aus der Ostsee wird ergänzt durch Informationen über Techniken und Geschichte der Unterwasserarchäologie. Außerdem kann man etwas über die Geschichte der Ostseeschifffahrt erfahren. Die Flagschiffe des Museums sind die *Gellenkogge*, ein 1997 vor Hiddensee geborgenes, etwa 30 m langes und Mitte des 14. Jh. gesunkenes Handelsschiff, und das *Boot von Ralswiek*, ein etwa tausend Jahre altes Slawenboot. Zuletzt war das Museum wegen Renovierung geschlossen. Wann es wiedereröffnet werden soll, war zu Redaktionsschluss noch unklar.

Erlebniswelt U-Boot: „Jawohl, Herr Kaleun" wird man im Bauch des Stahlkolosses vielleicht des Öfteren zu hören bekommen, wenngleich das – streng genommen – nicht angebracht ist, denn bei diesem Boot handelt es sich um die *HMS Otus*, ein 1963 in Dienst genommenes U-Boot der Royal Navy. 28 Jahre war das U-Boot der Oberon-Klasse in den Weltmeeren unterwegs, dann wurde es nach Stralsund geschafft und erhielt von den Torpedoklappen bis zum Heckstabilisator einen neuen Anstrich, um fortan als *Erlebniswelt U-Boot* das Angebot am Sassnitzer Hafen zu bereichern – und ein „Spaziergang" durch die Enge des 90,7 Meter langen, aber nur 8,1 Meter breiten Stahlschlauchs ist in der Tat ein Erlebnis („Mind your head!").

Öffnungszeiten April bis Okt. 10–19 Uhr, Nov. bis März 10–16 Uhr. Eintritt 5,50 €, Kinder 3 €, diverse Familientickets. Hafenstr. 12 j, ✆ 038392-31516, www.hms-otus.com.

Fischerei- und Hafenmuseum: Das Museum vereint ein interessantes Sammelsurium nautischer Exponate: von Handbüchern über Knotentafeln und Sextanten bis zu Fischernetzen und Schiffspapieren. Außerdem sind zahlreiche Modelle zu bewundern. Kurzum: allerlei Interessantes und Informatives über Fischfang und -verarbeitung, Stadt- und Hafengeschichte seit der ersten Hälfte des 19. Jh. Zum Museum gehört auch der Fischkutter *Havel* gegenüber, der einen Einblick in die harte Arbeit auf See bietet.

Öffnungszeiten April bis Okt. tägl. 10–18 Uhr, Nov. bis März 10–17 Uhr. Erw. 3,50 €, Kinder ab 6 Jahre 1,50 €, darunter frei. Im Stadthafen Sassnitz, ✆ 038392-57846, www.sassnitz-museum.de.

Der Nationalpark Jasmund

Über den ganzen Höhenrücken von Sassnitz bis Lohme erstreckt sich die Stubnitz, ein herrlicher Buchenwald, der beste Wandermöglichkeiten bietet. Zum Meer hin wird sie begrenzt von der eindrucksvollen Steilküste, deren Kreidefelsen sich hoch über das strahlend blaue Meer erheben.

Als würden Wind und Wetter die Kreidefelsen blank polieren, ragen die imposanten Klippen und die bizarren Felsformationen leuchtend weiß aus der üppig grünen Vegetation. Oft hängen entwurzelte Bäume über dem Abgrund oder liegen malerisch am Geröllstrand. Der Besuchermagnet schlechthin ist natürlich die Stubbenkammer, wie der Küstenabschnitt im Nordosten genannt wird. Ob mit dem Pendelbus von Hagen, zu Fuß über die Wanderwege oder auf dem Ausflugsschiff von Sassnitz: einen Blick auf den Königsstuhl, den hohen, steil abfallenden Kreidefelsen, wollen die wenigsten Reisenden auf Rügen versäumen. Beim Königsstuhl befindet sich das Nationalpark-Zentrum mit einem sehenswerten naturkundlichen Museum. Im Hinterland der Stubbenkammer liegt der idyllische Herthasee.

Wem der Rummel in der Stubbenkammer zu viel wird, kann abseits auf einem der zahlreichen Wanderwege, die durch den Nationalpark führen, mehr Ruhe finden. Der vielleicht schönste, sicherlich aber der berühmteste Wanderweg Rügens ist der **Hochuferweg.** Er verläuft entlang der Küstenlinie von Sassnitz nach Lohme. Hoch über dem wunderschönen Naturstrand kann man immer wieder grandiose Ausblicke auf die Kreideküste und das Meer genießen. Zahlreiche Bäche fließen durch den naturbelassenen Rotbuchenwald, den größten der gesamten Ostseeküste. Ihr Wasser hat sich tief in die erosionsfreundliche Kreide gegraben und so malerische kleine Schluchten, sogenannte Lieten, geschaffen. Unter die Buchen mischen sich in den Feuchtgebieten der Bachquellen Erlen und Eschen sowie an den Steilhängen der Küste Ahorn, Ulmen, Wildobstbäume und sogar die seltenen Eiben. In den Mooren finden sich zahlreiche seltene Moose und Blumen wie der Sonnentau oder der dreiblättrige Fieberklee. Auch was die Tierwelt angeht, ist die Stubnitz reich gesegnet: Rot- und Damhirsch, Reh, Wildschwein, Dachs, Fuchs und sogar Seeadler leben hier, ebenso wie Kamm- und Teichmolch, Spring- und Laubfrosch sowie Rotbauchunke.

Daten/Information/Verbindungen

• *Daten* Der Nationalpark hat 3000 ha Gesamtfläche, der Löwenanteil davon sind die 2200 ha Waldgebiet der Stubnitz. Außerdem: Moore, Feuchtwiesen, ehemalige Kreidebrüche, die Kreidefelsen, der Strand und 603 ha Ostsee, d. h. ein 500 m breiter Streifen entlang der Steilküste. Weit über 80 % der Fläche sind als *Kernzone* ausgewiesen, d. h. dass auf diesem Gebiet in keiner Weise eingegriffen wird. Der Rest ist *Pflegezone*, in der vorsichtige Waldnutzung und Pflanzen-„Pflege" betrieben werden. Für den Nationalpark gelten die üblichen Verhaltensregeln: auf den Wanderwegen bleiben (Ausnahme: der Strand), Finger weg von Flora und Fauna, Hunde an die Leine, Autos auf den ausgewiesenen Parkplätzen lassen und den produzierten Müll wieder mitnehmen.

• *Information* In Sassnitz (siehe dort), im Nationalparkamt Rügen (Blieschow 7 a, 18586 Lancken-Granitz, ✆ 038303-8850, www.nationalpark-jasmund.de) oder am Königsstuhl im **Nationalpark-Zentrum Königsstuhl**, ✆ 038392-661766, www.koenigsstuhl.com.

• *Parken* Großparkplatz bei Hagen, 1 Std. 1,30 €, 5–8 Std. 5,20 €, 24 Std. 8 € (auch Caravanstellplatz, Nebenkosten extra). Hier auch Tickets für den Shuttle-Bus.

• *Übernachten/Essen & Trinken* **Hotel/Restaurant Baumhaus Hagen**, auf dem heute im Nationalpark liegenden Gelände lebte einst der „Waldgraf", der über den Forst zu wachen hatte, im urigen Restaurant gibt es auch Wildgerichte aus der Stubnitz, nicht teuer, außerdem Fisch. Mittags und abends geöffnet (im Winter nur abends), auch Zimmer (DZ mit Frühstück 75 €) und Appartements (ab 95 € für 2 Pers.). An der Verbindungsstraße von Sassnitz nach Lohme bei der Abzweigung in die Stubbenkammer. Stubbenkammer, 18546 Sassnitz, ✆ 038392-22310, 📠 66869, www.baumhaushagen.im-web.de.

• *Verbindungen* **Shuttle-Bus (Linie 19)** zwischen Großparkplatz Hagen und Königsstuhl, einfach 1,40 €, erm. 0,95 €, hin und zurück 2,70 €, erm. 1,80 €.

Von und nach Sassnitz mit den **Linien 20** und **23**, in etwa stündliche Verbindung, über Mittag auch halbstündlich, die meisten Busse fahren direkt zum Königsstuhl, morgens und abends aber muss man an der Abzweigung Königsstuhl in den Shuttle-Bus umsteigen.

Ein berühmtes Stück Kreide: der Königsstuhl

Sehenswertes

Die Stubbenkammer – Königsstuhl und Viktoria-Sicht: Senkrecht erhebt sich die schneeweiße Wand des Königsstuhls 118 Meter über das Meer. Gekrönt wird das Inselwahrzeichen im Küstenabschnitt *Große Stubbenkammer* von einem Aussichtsplateau, das bereits vor 300 Jahren auf dem Gipfel befestigt wurde, um den weiten Blick über die Ostsee zu ermöglichen. Die beste Aussicht auf den Königsstuhl selbst hat man natürlich vom Meer aus. Zu Land kann man von einem weiteren, einen knappen Kilometer südlich gelegenen Aussichtspunkt, der Viktoria-Sicht in der *Kleinen Stubbenkammer*, einen Blick auf den berühmten Kreidefelsen werfen. Oder aber man steigt hinab zum Strand: zwischen Königsstuhl und Viktoria-Sicht zieht sich eine lange, steile Treppe hinunter zum Fuß des Kreidefelsens. Doch der Abstieg ist beschwerlich: Über 400 Stufen benötigt man, um die 110 Höhenmeter hinunter zum Strand zu überwinden – Stufen, die man auch wieder hinauf muss!

Achtung: Der Zutritt auf die Plattform des Königsstuhls ist nur mit einem Ticket des Nationalpark-Zentrums möglich! In dieser Kombination preislich akzeptabel, horrend allerdings, wenn man nur auf den Königsstuhl-Aussichtspunkt will (siehe unten). Man sieht aber ohnehin nicht viel von der Attraktion, wenn man draufsteht. Weite Aussicht *und* einen schönen Blick auf den Königsstuhl hat man von der Viktoria-Sicht aus.

Nationalpark-Zentrum Königsstuhl: Das neue Zentrum des Nationalparks ist in Bezug auf Architektur, Innenausstattung, Informationsgehalt und Unterhaltungswert rundum gelungen. Der Einstieg kann, je nach Besucherandrang, ein wenig Geduld erfordern. Jeder Besucher erhält zunächst einen Kopfhörer, über den die Informationstexte vor den jeweiligen Objekten abgerufen werden können. Dann geht es mit dem Fahrstuhl zurück in die Kreidezeit. Hier erwarten den Besucher allerlei Sensationen. Da lässt sich ohne Kraftaufwand ein Vier-Tonnen-Findling bewegen, in einen Raum ragt ein Miniaturgletscher hinein, oberhalb der Treppe kann man alle fünf Minuten einen Sonnenuntergang erleben oder andernorts ein Kreuzspinnennetz an die Wand projizieren. Zwischen diesen aufwendigen Installationen findet man natürlich jede Menge naturkundliche und inselspezifische Informationen: über Entstehung und Beschaffenheit der Kreidefelsen, die letzte Eiszeit oder über Flora und Fauna unter der Erde und in den Feuchtwiesen. Die Tour lässt sich durch einen Besuch in der Multivisionsschau komplettieren.

• *Öffnungszeiten/Eintritt* Ostern bis Okt. 9–19 Uhr, Nov. bis Ostern 10–17 Uhr, die Multivisionsschau beginnt zu jeder vollen Stunde und dann im 20-Min.-Takt, Dauer 15 Min. Letzter Einlass in die Ausstellung ist eine Stunde vor Schließung des Nationalpark-Zentrums. **Preise**: Erw. 6 €, Kinder (6–14 Jahre) 3 €, Familien (2 Erw., Kinder unbegrenzt) 12 €, inkl. Ausstellung, Multivisionsschau, Königsstuhlplattform. Hunde gestattet, außer in der Ausstellung und der Multivisionsschau. Nationalpark-Zentrum Königsstuhl, Stubbenkammer 2, 18546 Sassnitz, ✆ 038392-661766, www.koenigsstuhl.com.

• *Essen & Trinken* Im **Bistro** werden vor allem regionale Bio-Produkte angeboten, natürlich auch vegetarische Gerichte, sowie Kaffee und Kuchen, mit schöner Terrasse neben dem Holzkreiselbau des Nationalpark-Zentrums, ✆ 038302-9207, www.hofgut-bisdamitz.de.

Herthasee: Rund um den idyllischen Waldsee hat die Erdgöttin *Nerthus*, auch *Hertha* genannt, ihre Spuren hinterlassen, zumindest was die Namensgebung betrifft. Die Herthaburg sei ihr Zuhause gewesen, auf dem Opferstein habe man ihr zu Ehren blutige Kulte abgehalten, und in dem „unergründlichen" See soll sie gebadet haben. Die nüchterne Erklärung: Der Wall war eine der vielen slawischen Burgen, die auf Rügen zu finden sind. Bei dem Opferstein mit seinen eigenartigen Vertiefungen

Waldwasseridyll: der Herthasee

handelt es sich um einen prähistorischen Mahlstein. Der See schließlich, dessen Unergründlichkeit etwa elf Meter tief reicht, ist durch einen riesigen Eisblock entstanden, der gegen Ende der letzten Eiszeit hier hängen blieb und langsam dahinschmolz. Aber auch ohne legendäres Beiwerk ist der Herthasee einen Abstecher wert. Auf dem Weg zum See passiert man einen pittoresken Schwarzerlensumpf, der zuweilen intensiv, ja fast unwirklich grün leuchtet. Der Herthasee selbst liegt einsam und still im Wald. Über das Ufer ragen die Äste der Buchen weit in den See und beschatten die dunkle Wasseroberfläche, die von kaum einem Lufthauch gekräuselt wird.

Wandertipp: Auf dem Hochuferweg am Rand des Nationalparks

Charakteristik: der Klassiker, etwas anspruchsvollere Wanderung auf dem Hochuferweg. **Länge/Dauer:** etwas mehr als 8 km, ca. 2,5 Stunden reine Wegstrecke, weiter nach Lohme noch einmal 4 km. **Start/Verlauf:** Vom Parkplatz Ende der Weddingstraße in *Sassnitz* führt ein Wanderweg in den Nationalpark (rechts halten). Auf dem Hochuferweg (und immer wieder treppauf, treppab) passiert man die *Piratenschlucht*, die Reste eines slawischen Burgwalls, den *Lenzer Bach* und die *Wissower Brücke*, bis man an die Abzweigung zur Waldhalle kommt. Hier geht es geradeaus weiter (Achtung: Die Abbruchkante des Hochufers ist teilweise ungesichert!). Immer wieder sind Treppen zu steigen und kleine Bäche zu überwinden bis man schließlich die *Viktoria-Sicht* und kurz darauf den *Königsstuhl* erreicht.

Hinter dem Nationalparkzentrum geht der Wanderweg weiter Richtung Lohme, ein anderer Weg führt am Herthasee vorbei zum Parkplatz/Bushaltestelle von Hagen.

Lohme

ca. 600 Einwohner

Der kleine, direkt an der 70 Meter hohen Steilküste gelegene Ort ist ein ausgezeichneter Standort, um den Nationalpark zu erkunden oder um einfach nur auszuspannen und grandiose Ostseeblicke zu genießen – insbesondere auch abends, wenn hinter dem Kap Arkona die Sonne untergeht. Vom Aussichtsbalkon führt eine Holztreppe hinab zum Hafen, der zu den idyllischsten der Insel zählt. Der Tourismus hat in dem ehemaligen Fischerdorf Tradition, bereits in den 1860er Jahren begann hier ein Hotelbetrieb: das *Strandhotel Hagemeister*, heute *Panorama Silence Hotel*. Eine bemerkenswerte touristische Infrastruktur hat sich bis heute gehalten, dennoch kommt hier keine Bäderhektik auf, denn der kiesige Strand eignet sich eher für einen Spaziergang als zum Baden. Aber gerade die Beschaulichkeit macht den Charme Lohmes aus.

• *Verbindungen* **Bus**: Die **Linie 14** kommt aus Glowe und fährt zum Parkplatz Hagen und weiter zum *Königsstuhl* (dort umsteigen nach Sassnitz).

• *Baden* Nicht ideal – kleiner Kiesstrand rechter Hand vom Hafen.

• *Fahrradverleih/Caravanstellplatz* Im **Dorfladen** am Parkplatz ein Fahrradverleih (Trekkingräder 5 €/Tag, auch Kinderräder und -sitze) und hinter dem Haus ein Caravanstellplatz (8 €/Nacht, 1 €/Strom). Mo–Fr 7.30–12 Uhr und 15–18 Uhr, Sa 7.30–13 Uhr, So im Sommer 15–18 Uhr, im Winter geschl. Dorfstr. 9.

• *Sporthafen* Wasserwanderrastplatz mit 50 Liegeplätzen bei ca. 3 m Tiefe, ✆ 038302-90909.

• *Übernachten/Essen & Trinken* **Panorama Silence Hotel**, das traditionsreiche Hotel hält, was der Name verspricht, und bietet noch mehr: stilvoll eingerichtete, helle Zimmer, teils mit herrlichem Panoramablick, dazu gut ausgestattete Unterkünfte in den angeschlossenen Gästehäusern. Ausgezeichnet ist auch das Restaurant: Von dem herrlichen Wintergarten hoch über dem Ufer hat man einen grandiosen Blick, sehr empfehlenswert ist das Menü (ca. 30 €): die Vorspeise könnte ein Blattsalat in Sanddorn-Vinaigrette sein, gefolgt vielleicht von einem im Waldwiesenheufond pochierten Spanferkelrücken. Und als Dessert Calvadoscreme auf Mandelbiskuit? Tägl. 12–21.30 Uhr. EZ mit opulentem Frühstück ab 62 €, DZ ab 89 € (mit Seeblick ab 136 €), Suite ab 178 €. An der Steilküste 8, 18551 Lohme, ✆ 038302-9110, ✆ 911132, www.lohme.com.

Haus am Meer, neues Haus an der Holztreppe zum Hafen, schöne Appartements, alle mit Meerblick, auch ein Café (Frühstück ab 8 Uhr), das Restaurant leicht gehoben (tägl. ab 12 Uhr geöffnet). Auch Appartements. Zum Hafen 7, 18551 Lohme, ✆ 038302-88523 (Restaurant 88524), ✆ 88526, www.hausammeer-lohme.de.

Café Niedlich, hübsches Café mit toller Holzterrasse über dem Hafen, große Auswahl an Kaffee, Eis, Kuchen etc., nicht teuer.

• *Außerhalb* **Pension/Café Rugeshus**, allein stehendes Haus im Hochuferwäldchen. Ein Fußpfad führt durch eine kleine Schlucht hinab zum Meer (Strand mit sehr groben Kieseln). Auch Café, warme Gerichte auf Vorbestellung. Sehr sympathische Leitung, acht individuell eingerichtet Zimmer (früh reservieren!), Haustiere willkommen. DZ mit Frühstück 84–108 € (je nach Größe). Von Lohme kommend am Ortseingang von Nardevitz rechts und noch ca. 500 m auf Schotter. Am Ufer 2, 18551 Lohme/OT Nardewitz, ✆ 038302-88960 oder 9120, ✆ 91220, www.rugeshus.de.

Wald-Campingplatz Nipmerow, der einfache, aber herrlich gelegene Campingplatz befindet sich in einem Ausläufer der Stubnitz, dementsprechend viel Schatten, kleiner Laden, einfache Gaststätte, Fahrradverleih, Fußballplatz etc. Erw. 6 €, Kinder (3–16 J.) 2,50 €, Zelte (je nach Größe) 4–5 €, Auto 2 €, Caravan 8 €, Hunde frei. Von Sassnitz kommend in Nipmerow zunächst Richtung Lohme, dann gleich rechts. Jasmunder Str. 5, 18551 Lohme/OT Nipmerow, ✆ 038302-9244, ✆ 56308, www.wald-camping-nipmerow.m-vp.de.

Gaststätte Am Jasmunder Bodden, ungekünsteltes Landlokal in Polchow, ein paar Kilometer südlich von Bobbin, vor allem für seinen guten, günstigen und fangfrischen Fisch berühmt (zw. 8–11 €), wenig Fleischgerichte, beliebt und in der Saison oft bis zum letzten Platz besetzt, schöne Terrasse im Sommer, von Bobbin kommend auf der rechten Seite. Dorfstr. 8, ✆ 038302-53003 .

• *Einkaufen* **Hofgut Bisdamitz**, Bioprodukte im Hofladen und in der Gaststätte, Herz des Hofguts ist die eigene Käserei, in dem wintergartenartigen Restaurant kann man die Produkte des Hofes probieren. Tägl. 10–18 Uhr, im Sommer bis 20 Uhr, warme Küche bis 17.30 Uhr. Hofgut Bisdamitz, ☏ 038302-9207, 📠 90199, www.hofgut-bisdamitz.de.

Schloss Spyker

Bereits im 14. Jh. vermutlich als Speicherhaus errichtet und später als Herrenhaus genutzt, erhielt das Schloss sein heutiges Aussehen – den auffällig roten Fassadenputz und die runden, von niedrigen Hauben überdachten Türme – unter *Carl Gustav Wrangel*, der nach dem Ende des Dreißigjährigen Krieges zum Generalgouverneur von Schwedisch-Pommern ernannt wurde. Die schwedische Königin übertrug ihm Schloss Spyker als Wohnsitz. Bei seinen Umbaumaßnahmen orientierte er sich am Heimatschloss seiner Familie in Schweden. Heute ist das Schloss zwar öffentlich zugänglich, wird aber nicht museal genutzt: es dient als nobles Hotel mit zwei Restaurants, Bar und Café.

Hotel Schloss Spyker, ungemein stilvolles Hotel, das Gebäude beeindruckend, das Ambiente fein. Das Restaurant *Zum alten Wrangel* befindet sich im Gewölbekeller (auch Sitzgelegenheiten auf der Terrasse) und ist auch bei Nichthotelgästen beliebt: gute Küche, leicht gehobenes Preisniveau, für die Lage und das Gebotene aber nicht teuer. Im Sommer finden auch klassische Konzerte statt (meist montags), außerdem werden diverse Festivitäten veranstaltet, u. a. Schloss- oder Grillfeste. DZ ab 110 €, Turmzimmer 160 €, Luxuszimmer 180 €, auch Fahrradverleih (6 €/Tag). Schlossallee 1, 18551 Spyker, ☏ 038302-770 und 53383, 📠 53386, www.schloss-spyker.de.

Glowe und die Schaabe

ca. 1000 Einwohner

Glowe ist ein kleines, lang gestrecktes Straßendorf am nordwestlichen Rand der Halbinsel Jasmund. Seine einzige Attraktion beginnt am kleinen Hafen: Von der Landzunge Königshörn im Norden Glowes zieht sich in einem leichten Halbbogen ein kilometerlanger herrlicher Sandstrand bis nach Juliusruh. Die Nehrung, die die Ostsee vom Jasmunder Bodden trennt, die Schaabe genannt, gehört zu den jüngeren Teilen Rügens. Erst im 19. Jh. wuchs (unter Zuhilfenahme straßenbaulicher Maßnahmen) die Anlandung zu einer Landbrücke zusammen, welche die Halbinsel Wittow mit Jasmund und dem Rest Rügens verbindet.

• *Information* **Tourismusbüro Glowe**, im östlichen Ortsteil, Mo–Do 8–12 Uhr und 14–18 Uhr, Fr nur bis 16 Uhr, Sa 9–12 Uhr. Hauptstr. 37, 18551 Glowe, ☏ 038302-5221, 📠 5252, www.glowe.de.

• *Baden* Das lange Ostseeufer der Schaabe ist zweifellos einer der schönsten Strände der Insel. Zwischen Wald und Meer erhebt sich ein sanfter Dünengürtel, ein feinsandiger Strand zieht sich von Glowe bis hinauf nach Juliusruh, flach fällt das steinlose Ufer in die Tromper Wiek. Wie an den anderen größeren Badeküsten ist der Strand in Abschnitte aufgeteilt, aber in der Praxis schert sich hier niemand darum, ob mit oder ohne (sonnen-)gebadet wird. Keinerlei Service. Entlang der Straße über die Schaabe mehrere (kostenpflichtige) Parkplätze.

• *Parken* In der „Dorfmitte" stehen kostenpflichtige Parkplätze zur Verfügung.

• *Verbindungen* **Bus**: Die **Linie 110** verbindet Glowe 10-mal tägl. (Sa/So 4-mal) via Ralswiek mit Bergen und fährt über die Schaabe nach Altenkirchen. Die Linie 419 fährt von Sassnitz aus 9-mal tägl. (Sa/So 3-mal) via Glowe nach Altenkirchen. Die **Linie 14** fährt 8-mal tägl. (Sa/So 3-mal) via Lohme zum Königsstuhl. Die **Linie 13** verbindet mehrmals täglich Sassnitz mit Glowe und fährt weiter über die Halbinsel Wittow nach Altenkirchen.

Rügen
Karte S. 182/183

Das Kap

Wittow

Die Halbinsel wird auch das „Windland" genannt – eine treffende Bezeichnung, denn der salzige Seewind wird hier von kaum einer Erhebung behindert. Die berühmteste Sehenswürdigkeit Wittows sind die Leuchttürme von Kap Arkona, die sich am besten von dem hübschen kleinen Ort Putgarten mit seinem zu groß geratenen (und doch oft voll gestellten) Parkplatz aus erreichen lassen. Ganz in der Nähe liegt das malerische, leider meist hoffnungslos überlaufene Fischerdörfchen Vitt. Stilles Zentrum von Wittow ist das Städtchen Altenkirchen mit seiner schönen alten Kirche.

Seebad Breege-Juliusruh

ca. 800 Einwohner

Der Brückenkopf der Schaabe, die die Halbinsel mit dem Rest der Welt verbindet, ist ein kleiner Doppelort mit zwei Gesichtern: auf der einen Seite *Juliusruh*, ein Straßendorf mit Seebad-Gepränge an der Ostseeküste, und auf der anderen Seite der kleine Boddenhafen *Breege*. Zu einer Gemeinde vereint wurden die ungleichen Schwestern 1928. Dank des kilometerlangen Sandstrandes an der Tromper Wiek haben sich um Juliusruh zahlreiche Pensionen und Ferienanlagen angesiedelt. Breege, das sich die Boddenküste entlangzieht, war einst ein wichtiger Hafen- und Gemeindeflecken.

• *Information* **Informationsamt Seebad Breege-Juliusruh**, Wittower Str. 5, 18556 Juliusruh, ✆/📠 038391-311, 📠 13235, www.ostseebad-breege.de.

• *Baden* Siehe oben unter Glowe und die Schaabe.

• *Sporthafen* Im Norden der Schaabe am Breeger Bodden befindet sich der Wasserwanderrastplatz von Breege, etwa 50 Liegeplätze bei ca. 3 m Wassertiefe, Tankstelle, Slipanlage, ✆ 03891-579.

• *Sport* **Mola**, sympathische Segelschule, auch Törns, Yachtcharter und Pension (zu Letzterem siehe unten). Großes Angebot, Grundkurs (210 €/6 Tage) oder Kindersegeln, alle Scheine. Auch Jollenvermietung (80 €/Tag). Boddenweg 1–2, 18556 Breege, ✆ 038391-4320, 📠 43211, www.mola.de.

• *Übernachten/Essen & Trinken* **Strandhotel Dünenhaus**, direkt am Strand liegt das große, in den 1920er Jahren erbaute Hotel mit Sauna, Solarium und Fitnessraum, auch Restaurant mit schöner Terrasse. Landseitiges EZ 95 €, DZ 105 €, seeseitiges DZ 125 €, jeweils mit Frühstück. Ringstr. 5, 18556 Juliusruh, ✆ 038399-4070, 📠 40769, www.duenenhaus.im-web.de.

Freizeitcamp Am Wasser, schöner Campingplatz im Wald und am Wasser, südlich von Juliusruh auf der Schaabe zwischen Bodden und Meer gelegen, neue sanitäre Einrichtungen, Fahrrad- und Ruderbootverleih, Spielplatz, Laden, Gaststätte. Erw. 6 €, Kinder (3–14 J.) 3,50 €, Zelt 5–6 €, Caravan 7–8 €, PKW 2,50 €. Wittower Str. 1–2, 18556 Juliusruh, ✆ 038391-237 oder 4020, 📠 237, www.freizeitcampamwasser.m-vp.de.

Lesertipp: **Zum alten Fischer**, am Hafen von Breege, kann man gut und preiswert essen kein Gericht, ob Fisch- oder Fleisch, über 10 €.

Pension Mola, neues Haus direkt am Hafen von Breege (sowie eine Dependance etwas außerhalb). Da die Pension zur gleichnamigen Segelschule gehört und gerne von Segelschülern belegt wird, kann es ratsam sein, früh zu reservieren. Mit Restaurant *Mayday*. DZ mit Frühstück 80–140 € (je nach Größe, Balkon, Seeblick). Boddenweg 1–2, 18556 Breege, ✆ 038391-4320, 📠 43211, www.mola.de.

• *Verbindungen* Der **Bus** 110 verbindet etwa 10-mal tägl. (Sa/So 4-mal) Breege und Juliusruh mit Bergen und fährt über Altenkirchen weiter bis Dranske. Die Linie 13 fährt von Sassnitz aus bis zu 10-mal tägl. (Sa/So 3-mal) nach Breege und Juliusruh. Außerdem startet die Linie 10 ca. 3-mal tägl. eine Runde über die Halbinsel (über Wiek werktags zur Wittower Fähre).

Mit der **Fähre** zwischen 1- und 3-mal tägl. (März bis Okt.) von und nach Vitte/Hiddensee. Personenschifffahrt Kipp, Dorfstr. 101, 18556 Breege, ✆ 038391-12307 oder 0171-1218333, www.reederei-kipp.de.

Altenkirchen

ca. 1100 Einwohner

Dem Dorf um die 1314 erstmals erwähnte namensgebende „Antiqua Ecclesia" sieht man nicht an, dass es das Zentrum der Halbinsel ist. Denn obwohl alle Wege auf Wittow nach Altenkirchen führen, geht es hier ruhig und beschaulich zu.

Die Mitte des 12. Jh. von den dänischen Eroberern der Insel begonnene Backsteinkirche ist nach der Marienkirche in Bergen das zweitälteste Gotteshaus Rügens. Mittelschiff und Chor wurden wahrscheinlich um 1200 erbaut. Die Außenseite des Chores ist unterhalb des Daches mit Schmuckfriesen verziert, die unteren Anschlusssteine stellen Gesichter dar. Bemerkenswert ist das Innere der ursprünglich als dreischiffige romanische Basilika konzipierten, später aber mehrfach umgebauten Kirche: ein alter Taufstein (um 1250), aus dem vier bärtige Gesichter in alle Himmelsrichtungen ragen; nach Originalfunden aus dem 13. Jh. rekonstruierte Malereien am Kreuzrippengewölbe; schließlich der sogenannte *Svantevit-Stein*, der versteckt im südlichen Seitenanbau des Chores liegt. Es handelt sich wahrscheinlich um eine Grabplatte, die aus der Zeit vor 1168 stammt. Zu sehen ist darauf ein bärtiger Mann, der ein großes Füllhorn in Händen hält. Ob es sich dabei tatsächlich um die Abbildung der slawischen Gottheit handelt, ist ungeklärt. Wahrscheinlicher ist, dass auf der Grabplatte ein slawischer Fürst (möglicherweise sogar Jaromar) dargestellt ist.

• *Fahrradverleih* **Wittow Bike**, *die* Alternative, um die Parkgebühren in Putgarten zu sparen, gute 7-Gang-Tourenräder ab 6 €/Tag, auch Kinderräder, Helme und Kindersitze. Straße des Friedens 10, ✆/📠 038391-13071 oder ✆ 0173-3758390.

• *Verbindungen* Sehr gute **Busanbindung**: Die Linie 110 verbindet Altenkirchen 10-mal tägl. (Sa/So 4-mal) via Ralswiek mit Bergen und fährt weiter bis Dranske. Die Linie 13 fährt von Sassnitz aus 10-mal tägl. (Sa/So 3-mal) nach Altenkirchen und ebenfalls weiter nach Dranske. Nach Putgarten geht die Linie 11 ca. 15-mal tägl. (Sa/So 7–mal) und schließlich fährt die **Linie 10** ca. 3-mal rund um Wittow (werktags auch über Wiek zur Wittower Fähre).

Rügen Karte S. 182/183

Lyriker und Seelsorger: Gotthard Ludwig Theobul Kosegarten

Der Pfarrer, der 1792–1808 die Gottesdienste in Altenkirchen hielt, hieß *Gotthard Ludwig Theobul Kosegarten* und war seinerzeit ein bekannter Schriftsteller. Zahlreiche namhafte Zeitgenossen, wie Otto Runge, Ernst Moritz Arndt oder Caspar David Friedrich, waren Gast in seinem Pfarrhaus, mit Goethe, Schiller und Herder stand er in Briefkontakt. Ein nicht geringer Teil seines literarischen Werkes entstand in Altenkirchen. Dass es heute kaum noch bekannt ist, liegt wohl zuallererst an dem Übermaß an Empfindsamkeit, mit der er zur Feder griff. Nicht zuletzt wenn Kosegarten über das vom ihm innig geliebte Rügen schrieb, übersprang er zumeist die schmale Linie zwischen Kunst und Kitsch. Beispiel gefällig?

„Dort, wo umschäumt Arkona die Brust den Wogen beut, schaut glanzberauscht das Auge in die Unendlichkeit. Es späht in Ost und Westen, in Süd und Nord der Blick, und späht umsonst. Nicht draußen, nur drinnen wohnt das Glück."

Auf Rügen wurde der Pfarrer vor allem durch seine Uferpredigten bekannt (siehe S. 228). Kosegarten starb am 16. Oktober 1818. Er liegt auf dem alten Friedhof in Altenkirchen begraben.

Putgarten und das Kap Arkona

ca. 300 Einwohner

Das Flächendenkmal zwischen Putgarten, dem Kap und dem hübschen Fischerdörfchen Vitt ist reich an Sehenswürdigkeiten – und reich an Besuchern. Zur Hochsaison kann es hier eng werden.

Das Kap ist geschichtsträchtiges Land. Schon die germanischen Rugier siedelten hier. Unter den Slawen entstand in der Tempelfestung Arkona das religiöse Zentrum der Insel. Die Einnahme der Burg durch die Dänen und die Zerstörung des Heiligtums (1168) leitete die Christianisierung Rügens ein. In der Folge schwand die Bedeutung Arkonas, nur unter den Seefahrern blieb das Kap wegen seiner Gefährlichkeit über die Jahrhunderte berühmt und berüchtigt.

Das ganze Gebiet um Kap Arkona einschließlich des Fischerdorfs Vitt, das malerisch in einer kleinen, zum Meer hin sich öffnenden Schlucht liegt, ist heute Landschafts- und Naturschutzgebiet und autofreie Zone. Der Einstieg befindet sich in Putgarten, wo ein riesiger Parkplatz am Ortseingang die Besucherfahrzeuge aufnimmt. Von hier aus beginnt der etwa 5 km lange Rundgang zu allen Sehenswürdigkeiten.

Zum Baden sind die steinigen Strände unterhalb der Steilküste kaum geeignet. Man erreicht sie von Vitt aus oder über eine der drei steile Treppen: die nördlichste beim Gellort, die Königstreppe beim Kap Arkona und die Veilchen-Treppe. Die zum Baden geeigneten Strände erstrecken sich westlich des Gellortes und südlich der Veilchentreppe.

Putgarten: Die einzige Sehenswürdigkeit des Ortes ist der Rügenhof *Arkona,* ein Kultur-, Handwerks- und Geschäftszentrum, das so vielgesichtig ist wie der alte Gott Svantevit: Hier gibt es u. a. einen Töpferhof, eine Korbflechterei, einen Kerzenmacher, die bemerkenswerte Historische Druckwerkstatt (Eintritt 1 €, Kinder frei, Führungen nach Anmeldung tägl. 10–18 Uhr), die Kulturscheune und das Gutshauscafé mit hübschem Garten. Einkaufen kann man unter anderem im *Handelsschiff* (vor allem Mode) und im *Rügenladen.*

• *Information* **Tourismusgesellschaft Kap Arkona**, in der Hauptsaison 9–17 Uhr, in der Vor- und Nebensaison eingeschränkt. Auch Zimmervermittlung. Am Parkplatz, 18556 Putgarten, ✆ 038391-4190, 📠 41919, www.kap-arkona.de.

• *Fahrradverleih* Direkt am Parkplatz, 8 €/Tag, auch Kindersitze, ✆ 038391-133409.

• *Parken* Am Ortseingang, hier auch Imbissbuden.

• *Übernachten* **Hotel/Pension Zum Kap Arkona**, familiär geführtes, freundliches Haus mit 33 Zimmern, Bar, Restaurant und teils weitem Ausblick. Ganzjährig geöffnet. DZ mit Frühstück ab 84 €. Dorfstr. 22 a, 18556 Putgarten, ✆ 038391-4330, 📠 43351, www.zum-kap-arkona.de.

Rügenhof, auf dem Gelände des alten Gutshofes stehen. 16 Ferienwohnungen für 2–5 Pers. zur Verfügung, zwischen 60 € (2 Pers.) und 140 € (bis 5 Pers.) pro Tag. Dorfstr. 22, 18556 Putgarten, ✆ 038391-4000, 📠 40020, www.ruegenhof.de.

• *Verbindungen* Aus Altenkirchen kommt der **Bus 11** ca. 15-mal tägl. (Sa/So 9–mal tägl.). Vom Ortseingang weiter zum Kap oder nach Vitt (Haltestelle bei der Kapelle) fährt die kleine **Arkona-Bahn**, Erw. 2 € (hin und zurück 3,50 €), Kinder 1 € (1,50 €).

Ungleiche Verwandte: die beiden Leuchttürme am Kap

Kutschrundfahrten zum Kap mit Erläuterungen, Aufenthalt bei den Leuchttürmen, Erw. 8 €, Kinder 4 €, nur während der Saison. Abfahrt ebenfalls beim Parkplatz.

Leuchttürme: Gleich drei Türme teilen sich den Standort Kap Arkona. Der Veteran unter ihnen ist der *Schinkelturm,* mit dessen Bau nach jahrelanger Planungsphase 1826 begonnen wurde. Seinen Namen verdankt er dem berühmten Architekten *Karl Friedrich Schinkel,* der ihn als dreigeschossiges klassizistisches Gebäude auf quadratischem Grundriss konzipierte. Sein Leuchtfeuer im verglasten Aufsatz war bis 1905 in Betrieb, dann wurde der Schinkelturm aufs Altenteil geschickt und durch den *Neuen Turm* ersetzt. Dieser mit 33 Metern höchste Turm am Kap ist übrigens heute noch in Betrieb. Der dritte Turm steht nahe der Jaromarsburg (s. u.) und entstand als Marinepeilturm. Heute wird er nur noch „zivil", d. h. touristisch genutzt.

• *Öffnungszeiten* **Schinkelturm** mit Museum über Schinkels „Schaffen in Pommern und auf der Insel Rügen", ganzjährig geöffnet, in der Saison 10–19 Uhr, im Winter 11–17 Uhr, Erw. 2 €, erm. 1,50 €, Kinder unter 6 J. frei, Familienticket 5,50 €. **Neuer Leuchtturm**, April bis Okt., 11–18 Uhr, Erw. 3 €, erm. 1,50 €, Kinder unter 6 J. frei. **Marinepeilturm** mit Atelier, April bis Okt. sowie von Weihnachten bis Neujahr 10–18 Uhr, Erw. 2 €, erm. 1,50 €, Kinder unter 6 J. frei, Familienticket 5,50 €.

• *Veranstaltungen* **TheaterSommer am Kap**, im Juli/Aug. werden Theaterstücke auf der Open-Air-Bühne am Kap Arkona aufgeführt, der aktuelle Spielplan, Karten und weitere Infos in den Informationsbüros, unter ✆ 0700-79705910 oder unter www.theatersommer-am-kap.de.

Rügen Karte S. 182/183

Die Jaromarsburg: Die Tempelfestung war das religiöse Zentrum der Slawen auf Rügen und ihrem Hauptgott *Svantevit* geweiht. Vor ihrem Fall war sie bedeutend größer, aber es waren nicht die Dänen, die sie geschleift haben, sondern Wind und Wetter. Die Reste des Walls stellen gerade einmal ein Drittel der ehemaligen Gesamtanlage dar!

Pastorales Idyll im Norden der Insel

Vitt: Geschützter kann ein Dorf nicht liegen – und idyllischer wohl auch nicht. Ein gutes Dutzend hübscher Häuschen mit rohrgedeckten und von Moos geschmückten Dächern duckt sich in eine schmale Liete. Enge, von Bäumen beschattete Gassen ziehen sich entlang hübscher Fassaden und Gärten und führen zum kleinen Hafen. So viel Idylle hat natürlich ihren Preis: In der Saison ziehen unzählige Besucher in das komplett unter Denkmalschutz stehende Dorf und verleihen ihm eine wenig beschauliche Atmosphäre.

Uferpredigten

Eine Variation der Geschichte vom Berg und dem Propheten: Die Altenkirchener Pastoren hatten einst das Problem, dass die Bauern und Fischer aus Vitt jedes Jahr im Spätsommer dem Gottesdienst fernblieben. Grund war der Hering, den keiner vorbeiziehen lassen wollte. Also kam der Pastor nach Vitt und hielt die Predigten am Ufer ab, während ein Ausguck das Auge auf der See behielt und wenn nötig den Gottesdienst nicht mit einem Amen, sondern mit den Worten „De Hiering kümmt" beendete. Zum Schutz vor dem launischen Wetter ließ der berühmte Pastor Kosegarten (s. auch S. 226), der bereits jahrelang Uferpredigten abgehalten hatte, die *Vitter Kapelle* errichten. Das weiß getünchte, rohrgedeckte Gotteshaus mit achteckigem Grundriss steht hoch über dem Dorf. In seinem Inneren hängt eine Kopie von Philipp Otto Runges beziehungsreichem Gemälde *Petrus auf dem Meer.*

• *Essen & Trinken* Nahe beim Strand befindet sich das **Café am Meer**, wo man Kaffee und selbst gemachten Kuchen, auch kleine Snacks und vor allem Sanddornprodukte bekommt (✆ 038391-12641). Am Hafen gibt es Räucherfisch.

Unbedingt empfehlenswert ist der Dorfgasthof **Goldener Anker**, eine gemütliche Fischgaststätte, die trotz der exklusiven Lage günstige Gerichte anbietet. Da bleibt es nicht aus, dass der Gastraum oft bis zum letzten Platz gefüllt ist. Im Garten davor wird bei gutem Wetter Cafébetrieb geboten, außerdem befindet sich dort ein Fischbrötchenstand. Nov. und Jan. geschlossen, sonst tägl. 11–20 Uhr. Vitt Nr. 2, ✆ 038391-12134.

• *Verbindungen* Nach Vitt (Haltestelle bei der Kapelle) fährt während der Saison zu jeder vollen und halben Stunde die kleine **Arkona-Bahn**. Erw. 2 €, Kinder 1 €.

Um den Wieker Bodden

Auf dem **Bakenberg** beschattet ein Kiefernwald zahlreiche Feriendörfer und weitläufige Campingplätze, die sich dank des herrlichen Ostseestrandes unter dem Steilufer größter Beliebtheit erfreuen. Im Westen liegt **Dranske,** einst eine muntere Kleinstadt, die vom ehemaligen Marinestützpunkt der NVA auf der Halbinsel Bug lebte. Heute ist es hier recht trostlos, der Bug wieder Sperrgebiet und nur mit Führung zu betreten. Freundlicher ist da schon **Wiek:** Der kleine Ort hat eine lange Tradition im Bootsbau, noch heute werden hier die sogenannten *Wieker Boote* produziert. Darüber hinaus hat sich Wiek als Kurort einen Namen gemacht. Sehenswert ist vor allem die um 1400 entstandene *St.-Georgs-Kirche,* ein Backsteinbau mit winzigen Dachtürmchen über einem imposanten Giebel. Südlich von Wiek befindet sich die **Wittower Fähre,** eine der letzten Fährverbindungen Deutschlands, die tatsächlich noch als alltägliche Verkehrsader fungiert. Man spart sich auf dem Weg von oder nach Süden den langen Umweg um den Großen Jasmunder Bodden.

• *Information* Das **Informationsbüro** befindet sich nahe der Kirche; in der Saison Mo–Do 8.30–12 Uhr und 13–16.30 Uhr, Fr 8.30–12 Uhr und 13–16 Uhr. Am Markt 5, 18556 Wiek, ✆ 038391-76870, 📠 76871, www.wiek-ruegen.de.

• *Übernachten* **Landhotel Herrenhaus Bohlendorf**, herrliche Anlage südlich von Wiek (Richtung Wittower Fähre), man residiert in einem Gutshaus. Wintergarten mit Blick auf den Park, gemütliches Kaminzimmer, Sauna, Whirlpool und Fitnessraum, gutes *Restaurant* bei leicht gehobenen Preisniveau (mittags und abends geöffnet), große Weinkarte. EZ 55 €, DZ 99 €, Suite 125 €, jeweils mit Frühstück. Das Landhotel ist ganzjährig geöffnet. 18556 Bohlendorf bei Wiek, ✆ 03891-770, 📠 70280, www.bohlendorf.de.

Camping Nessy, kleiner, ruhig gelegener Platz in Wiek, mit Bistro und nettem Biergarten, Zur Anlage gehört auch die gleichnamige Surf- und Kiteschule (s.o.). Geöffnet, so lange das Wetter mitspielt. Von Altenkirchen aus am Ortseingang rechts und ca. 500 m weiter. pro Person 8 €, Kinder 4 €, Zelt, Auto, Caravan etc. bereits eingeschlossen. Boddenweg 1, ✆ 038391-70711, 📠 76595, www.nessy.de.

Regenbogen Camp Nonnevitz, riesiger Campingplatz nördlich von Nonnevitz im Kiefernwald, viel Schatten und strandnah, mit Gaststätte, Bäckerei, Fahrradverleih, Beachvolleyballfeldern, neuen Sanitäranlagen. Geöffnet April bis Okt. Erw. 6,95 €, Kinder (6–14 J.) 3 €, Zelt 8,70–11 €, Caravan 10,20 €, PKW 4,25 €. Regenbogen Nonnevitz, 18556 Dranske, ✆ 038391-89032, Hotline ✆ 0180-5115121, 📠 8765, www.regenbogen-camp.de.

• *Essen & Trinken* **Schifferkrug**, eine Institution, weit über das Boddenufer hinaus bekannt, aber unverbogen und urig – hier wird seit 1455 Bier gezapft. Einfache, herzhafte Küche zu entsprechend ehrlichen Preisen, günstige Fischgerichte. Tägl. 11–22 Uhr geöffnet. Der Schifferkrug befindet sich an der nördlichsten Ausbuchtung des Wieker Boddens im kleinen Weiler Kuhle (gut 2 km nördlich von Wiek), ✆/📠 038391-8460.

• *Sporthafen* Am Wieker Bodden liegt der wieder aufgebaute Hafen von Wiek, etwa 70 Liegeplätze bei ca. 3 m Wassertiefe, ✆ 038391-769722 oder 0174-1929726.

• *Surfen/Segeln* **UST Rügen**, nette Surf- und Segelschule in Dranske mit zahlreichen Angeboten, z. B. Windsurfen, Katamaran (auch für segelerfahrene Umsteiger), und Kitesurfen, zudem Materialverleih (auch Fahrräder), geöffnet April bis Okt. tägl. 10–18 Uhr, Unterbringung im jugendherbergsartigen **NoHotel** (auch DZ ab 36 €). Am Ufer 14 a, ✆ 038391-89898, 📠 89599, www.ustruegen.de.

Nessy, Surf- und Kiteschule auf dem gleichnamigen Campingplatz in Wiek, Einsteiger-, Grund- und Aufbaukurs, Scheinerwerb, auch Materialverleih. Anfahrt und Adresse siehe Camping Nessy.

• *Verbindungen* Der **Bus** 110 verbindet 10-mal tägl. Bergen mit Dranske via Wiek, Sa/So 4-mal. Die **Linie 13** kommt von Sassnitz 10-mal tägl. (Sa/So 3-mal) über Wiek nach Dranske.

Die **Wittower Fähre** verkehrt ganzjährig von morgens 5.50 Uhr (ab Nordseite) bis 20 Uhr (ab Südseite), Mai bis Aug. eine Stunde länger, Nov. bis März eine Stunde kürzer. PKW (inkl. Fahrer) 4 €, jede weitere Person 1,20 €, Motorrad 3 €, Fahrrad 1,30 €, Kinder (4–11 J.) 0,80 €, Auskunft Wittower Fähre: ✆ 0172-7526838.

Rügen Karte S. 182/183

Ein friedliches Plätzchen findet sich überall entlang der Boddenküste

Rügens Westen

In Rügens Westen geht es ruhig zu. Die sanft wellige, vor Urzeiten von Gletschern flach geschliffene Moränenlandschaft ist eine landwirtschaftlich geprägte Gegend. Hier und da drängen sich kleine Weiler an die Ränder der Landstraßen, andere liegen abgeschieden zwischen den Feldern. Zuweilen durchbricht ein Waldstreifen die Weite oder ein von undurchdringlichen Sträuchern geschütztes Hügelgrab. Doch auch hier im Kernland Rügens ist das Meer nie fern.

Gingst

ca. 1500 Einwohner

Eine Gemeinde mit Kleinstadtflair: Um den Marktplatz gruppieren sich Lebensmittelgeschäft und Apotheke, Blumen- und Bücherladen, die Post sowie natürlich Rathaus und Gasthaus. Und natürlich steht auch die Kirche am Marktplatz: St. Jacobi, ein Backsteinbau, der zuallererst durch seinen klobigen Turm auffällt.

Neben kleinstädtischer Beschaulichkeit hat Gingst aber auch zwei Sehenswürdigkeiten zu bieten. Eine davon spiegelt die Geschichte des Ortes als wichtiges Handwerkszentrum wider. Schneider und Sattelmacher, Böttcher, Tischler und Schmiede hatten hier einst ihre Werkstätten, und vor allem die Damastweber der Gemeinde machten sich über die Insel hinaus einen Namen. Heute erinnert das Museum **Historische Handwerkerstuben** an diese Zeit. In dem hübschen Hof mit reetgedeckten Backsteinhäusern verschaffen originalgetreue Werkstatteinrichtungen Einblicke in das Handwerkerleben um 1900. In der Museumsscheune sind ein netter Laden und das gemütliche Café untergebracht.

Wesentlich turbulenter geht's im **Rügenpark** zu, einer Mischung aus Miniaturland und Vergnügungsmeile für Kinder. Zahlreiche Modelle tummeln sich auf 40.000 m², komplett nachgebaut wurde die Insel Rügen, dazu gesellen sich Bauwerke aus aller

Welt. Und so kann man mal eben von Pisas Schiefem Turm zum Leuchtturm von Kap Arkona spazieren und auf dem Weg auch noch Notre Dame und die Freiheitsstatue besichtigen. Weitere Attraktionen sind Nautic-Jets und Riesenrutsche, Hüpfburgen, Pferdereitbahn, Streichelzoo und und und ...

• *Öffnungszeiten* **Historische Handwerkerstuben**, Juni bis Aug. tägl. 10–17 Uhr, Mai/Sept./Okt. Mo–Sa 10–16 Uhr, Nov. bis April Mo–Fr 10–17 Uhr. Eintritt 2 €, erm. 1,50 €, Kinder unter 6 J. frei, Familien 5 €. Karl-Marx-Str. 19/20, ✆ 038305-304, www.historische-handwerkerstuben-gingst.de.

Rügenpark, März bis Nov. geöffnet, Juli/Aug. tägl. 10–19 Uhr, März bis Juni Di–So 10–18 Uhr, Sept.–Nov. Di–So 10–17 Uhr. Erw. 8,50 €, Kinder (Preis wird nach Körpergröße bemessen) 1,50–6,50 €, Familienkarte 20 €. Mühlenstr. 22 b, ✆ 038305-55055, www.ruegenpark.de.

• *Übernachten/Essen & Trinken* **Pension/Restaurant „Alte Schule"**, etwas außerhalb gelegenes rustikales Restaurant im ehemaligen Landschulgebäude, auf den Tisch kommen regionale Produkte (natürlich auch Fisch), stilvoll rustikale DZ mit Frühstück ab 75 €, ganzjährig geöffnet, in Gagern, 3 km nordöstlich von Gingst (hinter Kluis).Haus Nr. 5, 18569 Trent/OT Gagern, ✆/℻ 038305-366, www.alte-schule-gagern.de.

• *Verbindungen* Die **Linie 35** verbindet werktags *Bergen* mit Schaprode via Gingst (Achtung, der Bus hält am Wochenende nur in Kluis, nicht in Gingst!); die **Linie 38** fährt mehrmals täglich von Gingst nach Waase (und zurück) und die **Linie 41** von und nach *Samtens* (hier Anbindung nach Stralsund), 2-mal an Werktagen durchgehend nach *Stralsund*.

Insel Ummanz

ca. 700 Einwohner

Die Insel Ummanz schmiegt sich eng an die Westküste des Rügener Kernlandes. Kraniche staksen während ihres Stop-overs über die Feuchtwiesen, Kornfelder werden von Entwässerungskanälen begrenzt, Schafe weiden auf den Dämmen. Still ist es hier – und flach.

Die etwa 18 Quadratkilometer große Insel Ummanz ragt kaum mehr als 3 Meter aus dem Meer heraus, manche sumpfige Wiese befindet sich sogar ein Stück unter dem Meeresspiegel. Dass der Bodden sich nicht über die von Schilf zerfranste Küste hermacht, dafür sorgen die langen Deichen, die sich fast um die ganze Insel herumziehen. Die Stille, die zwischen den Deichen herrscht, wird nur vom Wind gestört oder von den Vögeln, die auf Ummanz ein Naturparadies vorfinden. Scharen von Zugvögeln, darunter auch der Graue Kranich, nützen die Insel im Frühjahr und im Herbst als Rastplatz, während sie für sesshaftere Vögel auch als Brutplatz dient.

Die einzige dorfähnliche Siedlung der Insel ist **Waase** mit der sehenswerten *St. Marienkirche*, in deren Innerem ein bemerkenswerter gotischer Flügelalter (1520) steht. Neben Waase verteilen sich nur noch wenige kleine Weiler über die Insel. Ganz im Süden befindet sich das denkmalgeschützte **Freesenort** mit seinen Reetdachhäusern und an der Westküste **Suhrendorf,** die „Ausnahme von der Regel". Hier nämlich säumt schilffreier Strand die Küste, und im Sommer kann es dank des Campingplatzes recht belebt zugehen. Ganz anders (und typischer für Ummanz) geht es am anderen Ende der Insel zu: Bei **Tankow** herrscht absolute Stille, denn hier steht nur ein einziges Gehöft.

• *Information* **Ummanz-Information**, in der Alten Küsterei, ein schönes rohrgedecktes Fachwerk-Backsteinhaus, unregelmäßige Öffnungszeiten. Neue Straße 63 a, 18569 Waase/Ummanz, ✆ 038305-53481, ℻ 53483.

• *Einkaufen/Urlaub auf dem Bauernhof* **Bauer Lange**, eine Institution auf Rügen: Im Hofladen gibt es alles, was das Land hergibt (tägl. 9–18 Uhr, im Winter zuletzt nur Mi und Sa 9–17 Uhr), die große Scheune ist ein bäuerliches Bistro. Diverse Veranstaltungen. Auf der Straße von Gingst nach Waase links ab zum OT Lieschow, nach etwa einem Kilometer fährt man direkt auf

Rügen Karte S. 182/183

den Hof zu. Außerdem stehen Ferienwohnungen zur Verfügung (ab 45 €/Tag für 2 Pers., ab 65 €/Tag für 4 Pers.) sowie ein Heuhotel. Hof Nr. 37, 18569 Lieschow/Ummanz, ✆ 038305-55117, 📠 55151, www.bauer-lange.de.

Erste Rügener Edeldestillerie, Destillerie-Besichtigung nach Absprache, April bis Okt. 10–18 Uhr, Nov. bis März 10–16 Uhr. Frei stehendes Gehöft an der Landstraße auf halbem Weg vom Lange-Hof zum Südende von Lieschow, Haus Nr. 17, 18569 Lieschow/Ummanz, ✆ 038305-55300, www.edeldestillerie.de.

• *Essen & Trinken* **Zur Pfarrscheune**, Café mit schönem Garten ganz in der Nähe des Hafens von Waase, Kaffee und köstlicher, selbstgebackener Kuchen, zur Saison geöffnet. Am Fockerstrom 1, ✆ 038305-55360.

• *Sporthafen* Kleiner Hafen am Focker Strom mit einer Handvoll Liegeplätze (1,6 m Tiefe), ✆ 038305-8159.

• *Übernachten/Wassersport* **Ostseecamp Suhrendorf**, großer Campingplatz direkt am Wasser, Gaststätte, Kiosk, Minigolfplatz etc, bemerkenswertes Wassersportangebot: Surfschule und -verleih, Kanu- und Bootsverleih etc, ganzjährig geöffnet. Zeltplatz je nach Größe 12–20 €, Erw. 5,90 €, Kinder (3–15 J.), 3,20 €, nicht parzellierte Plätze (ohne Strom) 4,50–8,75 €, Pkw 2,20 €. Dorfstr., 18569 Suhrendorf/Ummanz, ✆ 038305-82234, www.ostseecamp-suhrendorf.de.

• *Verbindungen* Die **Linie 38** verbindet werktags mehrmals täglich *Bergen* mit Waase (zuletzt nicht am Wochenende, über die Insel nur 3-mal tägl.).

Schaprode

ca. 500 Einwohner

Schaprode ist das Sprungbrett nach Hiddensee, ganzjährig legen hier die Schiffe der Weißen Flotte an und pendeln hinüber nach Neuendorf, Vitte und Kloster. Das hat zur Folge, dass das alte Fischerdorf oft einem großen Parkplatz gleicht. Doch trotz der zahllosen Durchgangstouristen hat sich der Ort viel von seinem Charme bewahren können. So zieren ihn schmucke Kapitänshäuser, die sich von den schilfgedeckten Backsteinhütten der Fischer dadurch unterscheiden, dass der Eingang Letzterer ebenerdig ist, während die Kapitänshäuser etwas höher liegen und eine kleine Treppe zur Tür führt. Sehenswert ist auch die **St. Johanneskirche,** die nach der Pfarrkirche von Altenkirchen und der Marienkirche in Bergen die älteste Kirche Rügens ist.

• *Fahrradverleih* Im Landgasthof Schafshorn, 6 € am Tag. Streuer Weg 65 a, ✆ 038309-1313, sowie am Campingplatz.

• *Sporthafen* Bestens ausgebauter Hafen im Schaproder Strom (die enge Wasserstraße zwischen dem Ort und der vorgelagerten kleinen Insel Öhe), zahlreiche Liegeplätze bei 3–4 m Wassertiefe, Tankstelle, Slipanlage, 10-t-Kran und Werkkran. ✆ 038309-1209, Yachtservice ✆ 038309-28010.

• *Übernachten/Essen & Trinken* **Die Alte Schule**, Restaurant im alten Schulgebäude nahe der Kirche, der eigenwillige Gastraum sieht aus wie ein kleines Schulmuseum: lehrreiche Schautafeln, Tafellineal und natürlich eine große Schiefertafel, auf der das Tagesmenü angeschrieben ist. Das Restaurant ist tägl., abends geöffnet, in der Saison auch über Mittag. Im Haus stehen zudem DZ (55 €) und Appartements (75–82 €) zur Verfügung, das im Preis enthaltene Frühstücksbuffet gibt's im Landhotel Schafshorn. Lange Str. 32 a, 18569 Schaprode, ✆ 038309-1454.

Landgasthof Schafshorn, sympathisches Haus in boddennaher Lage im süd-östlichen Teil des Ortes. Im Sommer auch Restaurantbetrieb mit großer Karte, Preise okay, außerdem Café mit schönem Wintergarten (in der Saison ganztägig), sehr freundlich. EZ 70 €, DZ 89 €, jeweils mit Frühstücksbuffet. Streuer Weg 65 a, 18569 Schaprode, ✆ 038309-1313, 📠 1448, www.schafshorn.de.

Camping Am Schaproder Bodden, der Name verspricht nicht zu viel, der große Platz liegt in der Tat in direkter Strandnähe, über 100 Stellplätze (wenig Schatten), moderne Sanitäranlagen, kleiner Shop, Restaurant, Fahrradverleih, Wassersportmöglichkeiten, geöffnet April bis Okt. Erw. 6,50 €, Kinder 3,50 €, Zelt 2,75–3,75 €, Wohnmobil 5 €, Auto 1,25 €. Lange Straße 24, ✆/📠 038309-1234, www.campingplatz-schaprode.de.

• *Verbindungen* **Bus**, mit der **Linie 35** nach *Bergen* und retour unter der Woche fast stündlich, Sa/So 6-mal am Tag, davon ca. 3-mal mit Fahrradanhänger. Zu den **Fährverbindungen** siehe Hiddensee.

Stress- und autofrei: Insel Hiddensee

Hiddensee

ca. 1100 Einwohner

Schmal und lang gezogen liegt die Insel vor der Westküste Rügens. Was von Westen her an Wind und Wellen kommt, bricht sich an der Küste Hiddensees.

Hiddensee ist eine wunderschöne Insel, „Perle der Ostsee" und „Capri Pommerns" sind ihre klingenden Beinamen. Zu den prominentesten Gästen der Insel zählte der Schriftsteller Gerhard Hauptmann, der sogar auf dem Dorffriedhof von Kloster begraben ist. Von ihm stammt auch ein weiteres Adelsprädikat für Hiddensee: Die Insel sei „das geistigste aller deutscher Seebäder", und tatsächlich wirkte das schmale Stück Land zu Lebzeiten Hauptmanns wie ein Magnet auf die Größen des deutschen Geisteslebens. Nobelpreisträger trafen hier zusammen, Maler und Architekten schufen aus Gebäuden Kunstobjekte, und ganze Künstlerzirkel definierten ihre Kreativität von Hiddensee aus. Thomas Mann, Albert Einstein, Gustav Gründgens, August Macke – sie alle und noch viel mehr Prominenz zog es hierher, was Gerhart Hauptmann am Ende dann offenbar doch des Guten zu viel war und ihm die mahnenden Worte „nur stille, stille, dass es nicht etwa ein Weltbad werde" abnötigte. Auch wenn die Promi-Invasion des frühen 20. Jh. mittlerweile längst Geschichte ist – der Tourismus selbst ist seit jenen Tagen nicht mehr von der Insel wegzudenken. Jahr für Jahr kommen zahllose Feriengäste und Tagesausflügler, die es sich auf der 1995 offiziell zum Seebad erklärten Ostseeperle gut gehen lassen.

Die drei Dörfer der Insel könnten nicht unterschiedlicher sein, auch wenn sie sich auf Grund der Schlankheit der Insel alle zwischen Hafen und Strand erstrecken. *Kloster* im Norden scheint in einem lichten Wald zu liegen. Beschatten mal keine Bäume die Häuser, werden diese von dichten Gärten umgeben. *Vitte* hingegen ist gut ausgestattet mit großzügigen Wegen und sogar einem kleinen Zentrum. *Neuendorf* wiederum verzichtet fast ganz auf Wege, seine Häuser stehen weit verstreut auf einer Wiese.

Die unzähligen Besucher, die an schönen Tagen auf die Insel strömen, können nicht darüber hinwegtäuschen, dass Hiddensee eine kleine Gemeinde ist. Etwa 1200 Menschen leben auf der Insel. Zum Einkaufen muss man ins ferne Bergen oder nach Stralsund übersetzen. Der Arzt praktiziert in Vitte, der einzige Zahnarzt hat seine Praxis in Kloster. Der Doktor ist übrigens einer der wenigen, der das Privileg hat, auf der Insel Auto fahren zu dürfen. Hinzu kommen noch der Dienstwagen des Inselpolizisten, der Inselbus, der Löschzug der Feuerwehr und der ein oder andere Trecker. Ansonsten ist die Insel autofrei.

Noch mehr zur traumhaften Insel Hiddensee finden Sie im aktuellen Reisehandbuch *Rügen, Stralsund, Hiddensee* des Michael Müller Verlags. Erlangen 2008, 264 Seiten, 15,90 €, ISBN 978-3-89953-385-9.

Verbindungen

• *Fähren* Von **Schaprode** (Busanschluss nach Stralsund), mehrmals täglich nach Neuendorf, Vitte und Kloster (im Sommer 16-mal täglich, im Winter 10-mal). Achtung: Die Fähren laufen fast nie alle drei Häfen an! Dauer: zwischen 30 Min. (nach Neuendorf) und 45 Min. (nach Kloster, bzw. bis zu 90 Min. mit Stopps in Neuendorf und Vitte). Hin- und Rückfahrt 15,90 € (einfach 9,70 €), Kinder (4–11 J.) 9,30 € (5,80 €), Kinder unter 4 J. frei, Familienkarte 45,70 €, Fahrrad 6,90 €, Hund 9,30 €, Surfausrüstung 13,80 €, die Fahrt nach Neuendorf ist etwas günstiger.

Von Stralsund 2- bis 3-mal tägl. (nicht Nov. bis März, Sonderfahrten zwischen den Jahren; April bis Mitte Mai 2-mal tägl.). Hin- und Rückfahrt 17,80 € (einfach 11,50 €), Kinder (4–11 J.) 9,70 € (6,20 €), Kinder unter 4 J. frei, Familienkarte 50,10 €, Fahrrad 8 €, Hund 9,70 €, Surfausrüstung 16 €.

Infos jeweils: *Reederei Hiddensee*, Achtern Diek 4, 18565 Vitte, Insel Hiddensee, ✆ 0180-3212150, www.reederei-hiddensee.de; oder *Weiße Flotte*, Fährstr. 16, 18439 Stralsund, ✆ 03831-268138 oder ✆ 0180-3212150 (9 ct/Min.), 📠 268130, www.weisse-flotte.com.

Darüber hinaus verkehren Fähren von **Wiek** (mit der *Reederei Hiddensee*, siehe oben) sowie von **Breege** und **Ralswiek** nach Vitte und zurück (Infos: *Personenschifffahrt Kipp*, Dorfstr. 101, 18556 Breege, ✆ 038391-12307 oder 0171-1218333, 📠 12307, www.reederei-kipp.de).

• *Fahrradmitnahme* Alle Fähren nehmen grundsätzlich Fahrräder mit, wenn viel los ist, kann es jedoch passieren, dass das Rad an der Anlegestelle zurückgelassen werden muss. Nur auf der *MS Vitte* ist immer Platz, denn sie besitzt als einziges Schiff der Reederei einen großen Frachtraum.

• *Wassertaxis* Schnell, aber kostenintensiv. Die drei Schiffe des **Hiddenseer Taxirings** fahren ganzjährig. Sie liegen entweder im Hafen oder kommen, wie es sich für Taxis gehört, bei telefonischer Bestellung. Die Überfahrt von Schaprode nach Hiddensee kostet etwa 65 €, von und nach Stralsund oder Ralswiek ca. 190 €. Bei Nachtfahrten wird ein nicht unerheblicher Aufschlag erhoben. Ein Taxi ordern kann man unter ✆ 038300-210 (Zentrale in Vitte) oder direkt an Bord: Die *Pirat* ist mobil unter ✆ 0171-7457713 zu erreichen, die *Störtebeker* unter ✆ 0171-7457710 und die *Anna Maria* unter ✆ 0171-6428021. Weitere Infos unter www.reederei-hiddensee.de.

Praktische Informationen

• *Information* **Insel Information Hiddensee** und Kurverwaltung im Rathaus in Vitte, vom Hafen aus rechter Hand, gegenüber der Blauen Scheune. Mai bis Sept. Mo–Fr 8.30–17 Uhr und Sa 10–12 Uhr, April und Okt. Mo–Fr 9–16 Uhr, Nov. bis März Mo–Fr 9–15 Uhr. Norderende 162, ✆ 038300-64226, 📠 64225, 18565 Vitte, Insel Hiddensee, www.seebad-insel-hiddensee.de.

Infos auch im **Hafengebäude von Kloster**. Mai bis Sept. Mo–Fr 10–12.30 Uhr und 13.30–17 Uhr, Sa 10–12.30 Uhr; April Mo–Fr 9.30–12 Uhr und 13–17 Uhr, Okt. 10–12 Uhr und 13–17 Uhr im Winter siehe Anschlag, Hafenweg 15, 18565 Kloster, Insel Hiddensee, ✆ 038300-60654.

• *Baden* An Hiddensees Westküste erstrecken sich vom Gellen im Süden bis zum Enddorn an der Nordspitze 13 km herrlichster Ostseestrand. Von der DLRG überwacht wird der Strand jeweils auf der Höhe der Inselorte (Mitte Mai bis Mitte September). Je nach Wetterlage kann zuweilen etwas Seegras angeschwemmt werden und sich an den Stränden ablagern. Die ortsnahen Strandabschnitte (hier auch Strandkorbverleih) werden den Sommer über gereinigt, alle anderen als Naturstrand belassen. Eine Unterscheidung zwischen Textil- und FKK-Strand gibt es zwar, wird aber im Normalfall nicht so eng gesehen wie in einigen Bereichen etwa auf Rügen.

• *Bank* Sparkassenfiliale mit Geldautomaten in Vitte, Süderende 59 (zwei Häuser nach dem Hotel Godewind).

• *Hafen* Hafenmeister (in Vitte), ✆ 038300-64263. Sportboothäfen in Neuendorf (Wasserwanderrastplatz), ✆ 0170-9849720; in Vitte (Seglerhafen), ✆ 038300-608768.

• *Inselbus* Der kleine Bus pendelt Mo–Fr von morgens bis abends etwa stündlich zwischen Kloster, Vitte und Neuendorf. Tageskarte 3,90 €, halber Tag 2,90 €.

• *Kurtaxe* Mai bis Sept. 1,50 €, sonst 1 €.

• *Medizinische Versorgung* Ein **Allgemeinarzt** praktiziert in Vitte (Süderende 57, ✆ 038300-287), ein **Zahnarzt** in Kloster (Am Bau 1, ✆ 038300-375). Eine **Apotheke** gibt es nicht auf Hiddensee, lediglich eine Rezeptsammel- und Medikamentenausgabestelle in Vitte (Süderende 154, ✆ 038300-50110 oder 50565).

• *Parken* Hiddensee ist autofrei, parken muss man daher in Schaprode (bewachter

Unterwegs auf Hiddensee

Parkplatz am Hafen oder am Ortseingang links, ca. 2 €/Tag) oder in Stralsund.

• *Zimmervermittlung* Neben der Zimmervermittlung der *Insel Information Hiddensee* (www.seebad-insel-hiddensee.de) gibt es diverse private Anbieter u.a. **Hartwig Klotz**, Kirchweg 24, 18565 Kloster, Insel Hiddensee, ✆ 038300-60860, www.hiddensee-service.de, oder **HT&S**, Wiesenweg 32, 18565 Vitte, Insel Hiddensee, ✆ 038300-60497, 📠 60498, www.hiddensee-touristik.de.

Hiddensee
Karte S. 182/183

Kloster

Pferdekutschen klappern über ungepflasterte Wege, Familien spazieren an blühenden Gärten entlang, in denen hübsche, teils schilfgedeckte Häuser stehen, Gäste und Hiddenseer sitzen ruhig und gelassen am Hafen oder in den Biergärten.

Kloster im Norden Hiddensees ist ein kleines Inselidyll. Lang gezogenes „Zentrum“ des Dorfes ist der Kirchweg, der etwas oberhalb des Hafens beginnt und sich bis zum Heimatmuseum und dem dahinter liegenden wunderschönen Weststrand zieht. An dieser Achse befinden sich auch das Gerhart-Hauptmann-Haus, die Inselkirche, Restaurants und Cafés, Supermarkt, Buch- und Souvenirläden sowie der Friseursalon der Insel mit dem pragmatischen Namen *Die Bö*. Nördlich vom Kirchweg erstreckt sich das Dorf bis in die Ausläufer eines Hügellandes mit dem hübschen Namen Dornbusch.

Die Ursprünge des Dorfes gehen, der Name trügt nicht, auf die Zisterzienser zurück. Der Orden gründete 1296 hier eine (angesichts der abseitigen Lage) relativ stattliche Abtei, die wohl einen Großteil des heutigen Ortsgebietes umfasste. Das Kloster wurde im Zuge der Säkularisierung aufgelöst, und auf dem Abteigelände entstand ein kleines Fischerdorf. Anfang des 20. Jh. sollen hier gerade einmal neun Häuser gestanden haben: die vier Häuser des Gutshofs, Pfarrei, Schule, Strandvogtei, das Haus des Amtsvorstehers und ein Gasthaus. Heute ist Kloster das kulturelle Zentrum der Insel, nicht nur, weil sich hier Inselmuseum und -kirche befinden, im Gerhart-Hauptmann-Haus finden auch regelmäßig klassische Konzerte, Sonderausstellungen und Dichterlesungen statt.

• *Fahrradverleih* u. a. **Barbara Pehl**, auch Tandems und Gokarts, kostenloser Pannenservice, auch Pension (DZ 55 €). Hafenweg 4, ✆/℻ 038300-437, www.hiddensee-pension.de.

Corrigan & Engels, Kirchweg 24, ✆ 038300-60571.

• *Gepäcktransport/Kutschfahrten* u.a. **Fuhrmannshof Neubauer**, auch Wander- und Ponyreiten. Hafenweg 10, ✆ 038300-487 oder 1280 bzw. 0171-7153809, www.hiddensee-kutschfahrten.de.

Fuhrunternehmen Münzner, Pferdefuhrbetrieb und Kutschfahrten, auch Ferienwohnungen. Birkenweg 24; ✆ 038300-50084, www.pferdefuhrbetrieb-hiddensee.de

• *Übernachten/Essen & Trinken* **Hotel Hitthim**, eines der besten Häuser der Insel, verfügt über viel gastronomische Tradition. Im Saal hängt eine Bildergalerie berühmter Hiddensee-Gäste, hervorragendes Restaurant (köstlicher Pfefferhering mit Bratkartoffeln, nicht minder schmackhaft: der warme Apfelstrudel), ab 11 Uhr durchgehend warme Küche, die Zimmerpreise variieren stark nach Saison und Ausstattung (Balkon, Badewanne, Hafenblick). Ganzjährig geöffnet. EZ 50–65 €, DZ 75–140 €, jeweils einschließlich Frühstück, auch Ferienwohnungen. Hafenweg 8, 18565 Kloster, Insel Hiddensee, ✆ 038300-6660, ℻ 66618, www.hitthim.de.

Wieseneck, Restaurant, Café und Pension in einem alten, schön renovierten Haus, klasse Kneipe, in der sich vor allem jüngeres Publikum trifft, vom Garten aus hat man einen herrlichen Blick über den Inselsüden, 14 Zimmer, ganzjährig geöffnet. EZ 35 €, DZ 68–92 €, inkl. Frühstücksbuffet. Kirchweg 18, 18565 Kloster, Insel Hiddensee, ✆ 038300-316, ℻ 68024, www.wieseneck-hiddensee.de.

Zum kleinen Inselblick, urgemütliches Café, gutes Restaurant und origineller Trödelladen in einem, ob auf einen guten Kaffee, eine schmackhafte (und dabei) günstige Mahlzeit oder zum Stöbern (Bilder, Emailleschilder, Bücher, Porzellan und Möbel), der Besuch lohnt sich. Schöner Biergarten. Etwas abseits am Ortsrand Richtung Dornbusch gelegen (am einfachsten vom Hafen oder entlang des Kirchwegs zum querenden Mühlberg und diesen rechts hinauf und geradewegs bis zum Ortsausgang). Birkenweg 2, 18565 Kloster, Insel Hiddensee, ✆ 038300-234. *Zum kleinen Inselblick* gehört die **Pension Inselidyll** mit neun hübschen Doppelzimmer. Im Nov, geschl. Reservierungen schon im Frühjahr empfehlenswert. DZ mit Frühstücksbuffet 90 €. Siedlung 23, 18565 Kloster, Insel Hiddensee, ✆ 038300-50163, Reservierung unter ✆ 038300-234, ℻ 60612, www.inselidyll-hiddensee.de.

Sehenswertes

Inselkirche: Mitten im Ort steht das unspektakuläre Gotteshaus, umgeben vom alten Friedhof. Die spätgotische Kirche ist in ihrer Bausubstanz das älteste Bauwerk der Insel und das letzte Überbleibsel des ehemaligen Zisterzienserklosters. Seit der Renovierung gegen Ende des 18. Jh. überspannt ein blaues hölzernes Tonnengewölbe den Innenraum. Auf dem Friedhof stehen einige uralte Grabsteine herum, manche namenlos, nur mit Hausmarke und Todesjahr versehen. Das Grabmal Ger-

Auf der Fähre nach Kloster

hart Hauptmanns gibt sich übrigens genauso wenig bescheiden wie der Schriftsteller zu Lebzeiten, der größte Stein auf dem Friedhof ist unübersehbar.

Gerhart-Hauptmann-Haus: 1930 kaufte Gerhart Hauptmann das *Haus Seedorn* als Sommerdomizil und bewohnte es bis zu seinem Lebensende fast jährlich für einige Wochen. 1954 wurde das Haus in ein Museum umgewandelt. Zu besichtigen sind u. a. die Veranda (hier eine kleine Dokumentation zum Leben des Nobelpreisträgers), das geräumige Arbeitszimmer (samt beachtlicher Bibliothek) und die Schlafgemächer der Hauptmanns im oberen Stockwerk. Die Einrichtung ist weitgehend im Originalzustand, so als sei der Dichter erst kürzlich nach Berlin abgereist. Das Haus Seedorn ist auch der Sitz der Gehart-Hauptmann-Stiftung. Hier werden zudem regelmäßig Konzerte, Sonderausstellungen und Lesungen veranstaltet, teils lesen bekannte Schriftsteller eigene, teils Werke von Hauptmann.

Öffnungszeiten Mai bis Okt. tägl. 10–17 Uhr, im Winter eingeschränkt, meist 11–16 Uhr (klingeln), Jan. geschlossen, Führungen nach tel. Voranmeldung um 14 Uhr oder nach Vereinbarung (10 €). Eintritt 2 €, erm. 1 €. Auch Buchverkauf. Kirchweg 13, 18565 Kloster, Insel Hiddensee, ✆ 038300-397, 📠 60565, www.gerhart-hauptmann.org.

Hiddenseer Inselmuseum: Das kleine Museum hält, was man sich von einem Heimatmuseum verspricht. In der ehemaligen Seenotrettung sind allerlei Exponate zu Flora und Fauna der Region zu sehen, außerdem zur Geschichte des Zisterzienserklosters, der Fischerei, der Insel als Seebad sowie über die Geschichte der Seerettung. Interessant sind auch die Schautafeln zu „Biographien" berühmter Gebäude Hiddensees und v. a. der berühmte Hiddenseer Goldschatz, der hier (als Kopie) ganz aus der Nähe bewundert werden kann. Angeschlossen ist ein kleiner Museumsladen.

Öffnungszeiten Das Museum wurde zuletzt renoviert und umgebaut, Änderungen bezgl. Ausstellung und Öffnungszeiten sind daher möglich. Zuletzt galten folgende Öffnungszeiten: Mai bis Okt. tägl. 10–16 Uhr, Nov. bis April Fr/Sa 11–15 Uhr. Mit Kurkarte 1,50 € (erm. 1 €), ohne Kurkarte 2,50 €. Kirchweg 1, 18565 Kloster, Insel Hiddensee, ✆ 038300-363, 📠 64225.

Hiddensee
Karte S. 182/183

Der Hiddenseer Goldschatz

Nachdem sich der schwere Sturm vom 12./13. November 1872 ausgetobt hatte, gab das Wasser nicht nur langsam das Dorf Neuendorf/Plogshagen wieder frei, sondern auch einen Schatz von unermesslichem Wert: Im Dünensand fand sich filigranes, goldenes Geschmeide. Im folgenden Frühjahr und nach einem erneuten Sturm im Februar 1874 wurden weitere Stücke des bald als *Hiddenseer Goldschatz* bekannten Wikingerfunds entdeckt, dessen insgesamt sechzehn Teile den bedeutendsten Fund aus Wikingerzeit auf deutschem Boden darstellen. Es handelt sich um einen geflochtenen Halsreif, eine Scheibenfibel und Teile einer prachtvollen Kette: sechs große und vier kleine Kreuze sowie vier Zwischenglieder mit Ösen. Das Geschmeide wurde 950 wahrscheinlich für *Harald Blauzahn*, den ersten getauften Wikingerkönig, gefertigt. Vor allem die Kreuze spiegeln eine Zeit im Umbruch wider. Sie vereinen die Form des christlichen Kreuzes mit der heidnischen Darstellung Mjölmirs, dem Hammer Thors, und geben anschaulich den Kampf des neuen Glaubens mit dem alten wieder. Der mutmaßliche Besitzer des Schmucks fiel eben diesem Kampf zum Opfer, denn Blauzahn musste vor seinen heidischen Gegnern, allen voran sein Sohn *Sven Gabelbart*, nach Hiddensee fliehen. Möglicherweise vergrub er hier den Schatz. Das Original ist heute im Kulturhistorischen Museum von Stralsund zu sehen.

Nördlich von Kloster

Dornbusch, Grieben und Enddorn: Nördlich von Kloster erstreckt sich ein zauberhaftes Hügelland: der Dornbusch. Das Hiddenseer „Hochland" bricht im Westen am Steilufer bis zu 60 Meter tief ab. Der Hochuferweg führt anfangs noch durch einen Wald, in dem sich nicht nur eine bekannte Gaststätte befindet, sondern auch Deutschlands prominenteste Wetterfrösche ihrer Arbeit nachgehen: das Wetterstudio Nord, das 1998 vom gestenreichen Jörg Kachelmann eingerichtet wurde. Hinter dem Leuchtturm zieht sich dichtes Sanddorngehölz entlang der Hügelkuppen, bizarre Windflüchter krallen sich in die Steilküste. Zur Boddenseite hin dominieren sanft gewellte Wiesen und Weiden. Hier befindet sich auch die älteste Siedlung Hiddensees: *Grieben* hat zwar Tradition, aber kaum Einwohner, nur eine Handvoll Häuser stehen malerisch in Ufernähe. Von der nördlichen Inselspitze, dem *Enddorn*, ragen zwei lange Haken in den Bodden: *Altbessin* und *Neubessin*. Letzterer gehört zur Kernzone des Nationalparks Vorpommersche Boddenlandschaft und ist Brutgebiet und Rastplatz unzähliger teils bedrohter Vogelarten. Betreten ist also verboten. Auf dem Altbessin verläuft ein kleiner Weg bis zum Aussichtspunkt an der Spitze.

• *Fahrradverleih* **Der Laden**, auch kleiner Dorfladen und Zimmervermittlung. Fahrräder ab 5,50 €, in der Hochsaison (v. a. am Wochenende) reservieren. Mai bis Okt. tägl. 8–10 Uhr und 17–18 Uhr, Mi nur 8–9 Uhr und 17.30–18 Uhr (im Sommer bis 19 Uhr), im Winter nur Di, Do und So 17–18 Uhr. Dorfstr. 12, 18565 Kloster/OT Grieben, Insel Hiddensee, ✆ 038300-277, ℻ 439.

• *Übernachten/Essen & Trinken* **Zum Klausner**, Pension und beliebte Ausflugsgaststätte mitten im Dornbuschwald, sehr sympathischer Familienbetrieb (seit 1906). Außer Zimmern werden auch Appartements sowie nette kleine Holzhäuser vermietet. Tägl. 10–22 Uhr geöffnet (warme Küche bis 22 Uhr), im Winter sehr eingeschränkt. DZ mit Frühstück 60–72 € (als EZ 53 €), Appartements (je nach Ausstattung) 72–91 €, Ferienhaus (2–4 Pers.) 95–115 €. Im Dornbuschwald 1, 18565 Kloster, Insel Hiddensee, ✆ 038300-6610, ℻ 66120, www.klausner-hiddensee.de.

Hotel Enddorn, in Grieben, gemütliche, geschmackvoll eingerichtete Zimmer, im Erdgeschoss befindet sich die Bilderkneipe, die ihrem Namen alle Ehre macht, hier gibt es auch gutes und deftiges Essen, schöner Garten, mittleres Preisniveau. Übernachtung frühzeitig buchen. Geöffnet Ostern bis Ende Oktober und über Silvester. EZ ab 45 €, DZ 70–100 €, jeweils einschließlich Frühstück (in der Nebensaison deutlich günstiger). Dorfstr. 6, 18565 Kloster/OTGrieben, Insel Hiddensee, ✆ 038300-304 (Kneipe) oder 460 (Hotel), ✆ 68094, www.enddorn.de.

Altes Gasthaus zum Enddorn, (ehemals Schwedenschänke) gleich nebenan, urgemütlich, ebenfalls mit hübschem Biergarten, Leser waren vor allem von den Fischgerichten begeistert. Dorfstr. 8, 18565 Kloster/ OTGrieben, Insel Hiddensee, ✆ 038300-60833.

Der Leuchtturm: Das *Leuchtfeuer Dornbusch* steht auf der höchsten Erhebung Hiddensees, dem Bakenberg (72 m), und wurde 1887/1888 erbaut. Ursprünglich aus Ziegeln errichtet, musste der Turm verstärkt werden, nachdem der Boden nachgab und das Gebäude Risse zeigte. So wurde dem Turm Ende der 1920er Jahre eine Art zwölfeckiger Stützstrumpf aus Eisen und Beton übergezogen. Der Leuchtturm ist begehbar (102 Stufen, knapp 28 m hoch).

Öffnungszeiten April bis Okt. 10.30–16 Uhr (im April nur Di–Sa), Zutritt für maximal 15 Pers., nicht gestattet für Kinder unter 6 J. Eintritt 4 €, Kinder zwischen 6 und 14 J. 1,50 €.

Bei Grieben: malerischer Blick auf den Bodden

Wandertipp: Von Kloster zum Enddorn und über den Dornbusch

Charakteristik: Die aussichtsreiche Wanderung führt über das „Hochland" Hiddensees, auf teils befestigten, teils sandigen Wegen, und schließlich den geradezu steilen Swantiberg (65 m) hinauf. **Länge/Dauer:** knapp 8 km, ca. 2,5 Std. reine Gehzeit. **Start/Verlauf:** Vom Bootsanleger in Kloster geht es linker Hand den Weg hoch, vorbei am *Hitthim*. Bei einer großen Wegkreuzung mit einer großen, roten Boje als Wegweiser rechts abbiegen und auf gepflastertem Weg Richtung Grieben. Den winzigen Weiler passieren und weiter geradeaus, alle Abzweigungen ignorieren, bis sich der Weg (nunmehr ein Feldweg) gabelt. Geradeaus gelangt man zum Sandstrand am Enddorn, weiter geht es linker Hand hinauf auf den Swantiberg und zum Leuchtturm. Beim Leuchtturm die Treppen hinunter, in den Dornbuschwald und zurück nach Kloster.

Vitte

Das ehemalige Fischerdorf ist heute das Zentrum der Gemeinde Hiddensee und der größte Ort der Insel. Vitte bietet dem Besucher den idealen Ausgangspunkt zur Erkundung der Insel. Knapp zwei Kilometer sind es nach Kloster und fünf nach Neuendorf – und zum langen Sandstrand sind es immer nur ein paar Schritte.

Hat man vom Hafen aus den niedrigen Deichweg erklommen, führt der breite, gepflasterte Wallweg zwischen hellen, freundlichen Häusern hindurch. Von dem kleinen Dreieck Hafen, Einkaufszentrum und Blaue Scheune (bzw. Rathaus) abgesehen, erstreckt sich Vitte vor allem entlang des Verbindungsweges von Kloster nach Neuendorf. Der Weg Norderende gabelt sich beim Rathaus: der Wiesenweg führt am Hafen vorbei, während man parallel zum Westufer zum Weg Süderende gelangt, von dem aus immer wieder kleine Stichpfade zum herrlichen Sandstrand abgehen.

Über Sehenswürdigkeiten verfügt Vitte nicht, allerdings über drei markante Gebäude, die allesamt auf die künstlerische Tradition der Insel hinweisen. Im Norden des Dorfes steht ein Haus mit runden Ecken, allen Rechtschreibreformen zum Trotz **Karusel** genannt. Es wurde vom Architekten *Max Taut* entworfen und diente dem Stummfilmstar *Asta Nielsen* als Sommerresidenz. Die Bausubstanz der **Blauen Scheune** stammt aus dem 19. Jh., das Gebäude wurde aber mehrfach umgebaut. Der namensgebende Anstrich wurde dem traditionellen Hallenhaus 1920 von der Malerin Henni Lehmann verpasst. Schließlich befindet sich hinter dem Rathaus eine **flügellose Windmühle,** in der heute ein Atelier eingerichtet ist (alle drei Häuser werden privat genutzt und sind der Öffentlichkeit nicht zugänglich).

• *Fahrradverleih* u. a. **Fahrrad-Müller**, hafennah, Wallweg 1, ✆ 038300-464. **Christian Kula**, vom Hafen den Wallweg entlang, dann links, Süderende 6, ✆ 038300-472, 📠 50439.

• *Gepäcktransport/Kutschfahrten* u. a. **Hiddensee Logistik**, Gepäcktransport auch von und nach Schaprode. Achtern Diek 35, ✆ 038300-50300 oder ✆ 0171-8264375, 📠 50343, www.hiddenseer-logistik.de.

• *Sportboothafen* Neuer, großer Seglerhafen, 200 Liegeplätze, 2,50 m Wassertiefe, mit Tankstelle. Zum Seglerhafen 28, ✆ 038300-50107 oder 603680.

• *Surfen/Segeln* **Surf und Segel Hiddensee**, Material und Unterricht, z. B. Katamaran 199 €/10 Std., wer nicht selber segeln will, kann mitfahren (55 €/3–4 Std.), auch Surfkurse (ab 99 €/3 Std.), zudem Materialverleih, außerdem werden Beachvolleyballturniere veranstaltet. Vom Hafen kommend nach dem Wallweg geradeaus Richtung Strand. Kay Petersen, In den Dünen 68, ✆ 038300-60525, www.surfundsegelhiddensee.de.

• *Übernachten/Essen & Trinken* **Hotel-Restaurant Godewind**, sympathisches Haus mit beliebter Kneipe (tägl. 12–24 Uhr geöffnet), in der man sich abends auf ein Bier trifft oder zum Essen geht. Die Zimmer sind gemütlich, das Frühstücksbuffet vielfältig und reichlich, zuvorkommender Service. Ganzjährig geöffnet. Vom Hafen Richtung Weststrand, dann links. EZ 50–85 €, DZ 95–125 €, jeweils inkl. Frühstück, auch Appartements. Süderende 53, 18565 Vitte, Insel Hiddensee, ✆ 038300-6600, 📠 660222, www.hotelgodewind.de.

Inselreif, pommersche Spezialitäten zwischen bodenständig und ausgefeilt, vor allem natürlich Fisch, geöffnet April bis Okt. 12–21 Uhr. Süderende 9, ✆ 038300-263, www.hiddensee-inselreif.de.

Hotel Post Hiddensee, stilvolles Ambiente in großzügig bemessenen Zimmern, Suiten und Appartements, manche mit Kamin. Ein Kamin steht auch in der Lounge, außerdem: großer Garten, Bibliothek und Fahrradverleih. Vom Hafen aus links. DZ mit Frühstücksbuffet 95–170 €. Wiesenweg 26, 18565 Vitte, Insel Hiddensee, ✆ 038300-6430, 📠 64333, www.hotel-post-hiddensee.de.

Hiddensee Klause, beliebter Treffpunkt beim Hafen, Restaurant, Café und Kneipe in einem, das hübsche Holzhaus ist dank seines knallroten Anstrichs unübersehbar. Wallweg 2, ✆ 038300-50400.

Fuhrpark im Hafen von Vitte

• *Veranstaltungen* **Zeltkino**, im Sommer läuft hier, was es auch in den Multiplex-Palästen der Großstädte zu sehen gibt, nachmittags Kindervorstellung, abends großes Kino. Mit etwas Glück bekommt man aber auch einen alten, auf Hiddensee gedrehten Streifen zu sehen: *Das Mädchen von Fanö* mit Brigitte Horney in der Hauptrolle. Das aktuelle Kinoprogramm erhält man in der Touristinformation oder unter www.zeltkino-hiddensee.de. Norderende 150, ✆ 038300-60674.

Neuendorf

Weitläufig und scheinbar zufällig verstreut stehen die weißen, schilfgedeckten Häuser auf einer Wiese, die sich über die ganze Breite der Insel erstreckt. Einige kaum befestigte Wege ziehen sich durch das Dorf, wo sie fehlen, geht man eben über das Gras zu den Eingangstüren. Auf der anderen Seite der Dünen breitet sich der herrliche feinsandige Strand aus, der weit in den Süden reicht. 2 Kilometer weiter steht das südlichste Bauwerk der Insel: der 12 Meter hohe **Süderleuchtturm.** Der Gellen, das Südende der Insel, ist nämlich eine vergleichsweise junge Verlandung, die auch heute noch jährlich um mehrere Meter wächst. Dieser südliche Haken ist nicht zugänglich, er ist mit dem Bock und dem Osten von Zingst Teil der Schutzzone I des Nationalparks, heißt: Betreten des Biotops absolut verboten.

• *Fahrradverleih* **Freizeitladen Leschner**, Schaulbarg 7, ✆ 038300-477, www.freizeitladen-hiddensee.de.

• *Sportboothafen* Hafenkontor des Seglerhafens Neuendorf (Wasserwanderrastplatz), 40 Liegeplätze, 2 m Wassertiefe, mit Tankstelle. Am Bollwerk 6, ✆ 038300-344.

• *Übernachten/Essen & Trinken* **Stranddistel**, gute, günstige Hausmannskost in ungekünstelter Atmosphäre mit prasselndem Kaminfeuer in der Stube, v. a. Fisch, aber auch mal italienische Nudeln. Im Sommer hält der Wirt gelegentlich Diavorträge und erzählt von Hausmarken, Land und Leuten; freitags Tanzveranstaltungen. Von Vitte kommend Abzweigung zum Hafen ignorieren und weiter Richtung Süden, April bis Okt. geöffnet. Plogshagen 15, 18565 Neuendorf, Insel Hiddensee, ✆/℻ 038300-393.

Gasthaus/Pension Zur Boje, traditionelle Küche, natürlich viel Fisch, Preise okay, ganzjährig geöffnet. DZ ab 70 €. Königsbarg 18, 18565 Neuendorf, Insel Hiddensee, ✆ 038300-6520, ℻ 65216.

Hiddensee
Karte S. 182/183

Blick vom langen Nikolaus auf die dicke Marie

Greifswald

ca. 53.800 Einwohner

Eine beschauliche Kleinstadt und doch voller Leben. Den pommerschen Greifen im Wappen, präsentiert sich die altehrwürdige Hanse- und Universitätsstadt heute gleichermaßen traditionsreich und jung.

Drei mittelalterliche Kirchen prägen die Silhouette der alten Hansestadt: die wuchtige *Marienkirche*, der Dom *St. Nikolai* mit dem hohen, schlanken Turm und die vergleichsweise überschaubare *Jakobikirche*. Dabei sind die Gotteshäuser in ihrer architektonischen Wirkung derart unterschiedlich ausgefallen, dass sie landläufig – etwas despektierlich aber durchaus charakterisierend – „dicke Marie", „langer Nikolaus" und „kleiner Jakob" genannt werden. Sie ragen noch immer so prominent aus dem Stadtbild hervor wie Anfang des 19. Jh., als *Caspar David Friedrich* (1774–1840) sie in seinem Gemälde *Wiesen bei Greifswald* (1820) auf die Leinwand brachte. Der bedeutende Vertreter der deutschen Romantik verewigte nicht nur die Ansicht seiner Geburtsstadt, sondern fand in der nahe gelegenen Klosterruine Eldena ein Motiv, das ihn zeitlebens begleitete und bis heute untrennbar mit seinem Werk verknüpft ist. Neben Friedrich gibt es noch zwei weitere berühmte Söhne Greifswalds: Der sozialkritische Schriftsteller *Rudolf Ditzen*, besser bekannt als *Hans Fallada* (1893–1947), und *Wolfgang Koeppen* (1906–1996), einer der bedeutendsten Autoren der deutschen Nachkriegsliteratur, sind in Greifswald geboren.

Zentrum des unaufgeregten Stadtlebens ist der Marktplatz. Hier erhebt sich das „rote Rathaus", das seinen satten ochsenblutroten Außenanstrich allerdings erst in den 1990ern erhielt. Drumherum gruppiert sich eine buntes Ensemble schmucker Giebelhäuser, das schönste hat eine von acht schlanken Pfeilern strukturierte Giebelfront, ist von kleinen Türmchen gekrönt und beherbergt heute das *Caféhaus Marimar.* Ganz in der Nähe hat auf einem ehemaligen Klostergelände das bemerkenswerte Pommersche Landesmuseum mitsamt Gemäldegalerie seinen Sitz.

Die Atmosphäre der sympathischen Hansestadt wird v. a. durch das studentische Leben geprägt. Die Hauptgebäude der Universität befinden sich nahe der Kirche St. Jakobi. Umgeben wird die Altstadt Greifswalds von einer lang gestreckten Parkanlage, die dem Verlauf der ehemaligen Stadtbefestigung folgt, und dem kleinen Hafen am Flüsschen Ryck, wo ein paar alte Schiffe vor Anker liegen, darunter auch ein paar schöne Zweimast-Gaffelschoner.

Ebenfalls am Ryck, genauer gesagt an deren Mündung in den Greifswalder Bodden, liegt das kleine Fleckchen **Wieck**, das zwar bereits 1939 nach Greifswald eingemeindet wurde, sich aber bis heute den Charme eines idyllisches Fischerdörfchens erhalten konnte. An einer Mole des postkartentauglichen Fischerhafens landeten einst auch hochseetaugliche Schiffe an, heute dient der Hafen im Wesentlichen als beliebte Anlegestelle für Sportsegler. Markenzeichen von Wieck ist die aus dem Jahr 1887 stammende hölzerne Klappbrücke über den Ryck, die heute noch ihren Dienst tut.

Stadtgeschichte

Im Gegensatz zu den meisten anderen Hansestädten Mecklenburg-Vorpommerns geht die Stadt nicht auf eine slawische Siedlung zurück, sondern wurde vom Zisterzienserkloster Eldena aus gegründet. Das Kloster selbst hatte seinen Betrieb 1199 aufgenommen und war rasch zu einem mächtigen Wirtschaftsfaktor aufgestiegen, der Kolonisten von weither an die Mündung des Ryck lockte – darunter eben auch jene, die, so der Gründungsmythos der Stadt, auf der Suche nach einem geeigneten Siedlungsort mitten im Wald auf einen Greifen trafen und sich just dort niederließen, ohne sich noch groß Gedanken über den Namen ihrer Neugründung machen zu müssen ...

1250 erhielt Greifswald das Stadtrecht und wurde Teil der Hanse. Im 15. Jh. gelang es dem Greifswalder Bürgermeister *Heinrich Rubenow* mit Unterstützung der Klosteroberen von Eldena, die nach Rostock zweite Universität an der Ostsee zu gründen. 1456 wurde Lehrbetrieb der *alma mater gryphiswaldensis* aufgenommen – und bis heute prägt die Universität das Stadtleben. Rubenow übrigens wurde ihr erster Rektor, fiel aber bereits 1462 einem Mordanschlag zum Opfer – ein Denkmal auf dem nach ihm benannten Platz zwischen Jakobikirche und Dom erinnert an den großen Bürgermeister.

Wie ganz Pommern litt auch Greifswald an den Folgen des Dreißigjährigen Krieges und der Besetzung durch Wallensteins Truppen. 1631 kamen die Schweden – aus protestantischer Sicht als Befreier – und blieben mit kurzen Unterbrechungen bis zum Wiener Kongress 1815. Eine Wirtschaftsmacht wurde die Hansestadt nie, es war vielmehr die Universität, die Greifswalds überregionale Bedeutung begründete, und das ist bis heute so geblieben.

Geblieben ist der Stadt auch ein bemerkenswert hoher Anteil an historischer Bausubstanz. Das verdankt sie dem mutigen Handeln *Rudolf Petershagens*, unter dessen Kommandantur sich die von den Nationalsozialisten zur Festung erklärte Stadt 1945 den heranrückenden sowjetischen Truppen widerstandslos ergab.

Praktische Informationen

- *Information* **Stadtinformation Greifswald**, im Rathaus am Markt. Information, Tickets, Zimmervermittlung. Mai bis Sept. Mo–Fr 9–18 Uhr, Sa 10–14 Uhr (Juli/Aug. auch So 10–14 Uhr), Okt. bis April Mo–Fr 9–17 Uhr. Rathaus, 17489 Greifswald, ✆ 03834-521380, ✆ 521382, www.greifswald.de (Homepage der Stadt) oder www.greifswald.info (Webseite des Fremdenverkehrsvereins).
- *Stadtführungen* Zweistündige Rundgänge (5 €/Pers.) werden von der Stadtinformation Greifswald angeboten, Mai bis Sept.

Greifswald
Karte S. 245

Mo–Fr 14 Uhr und Sa 11 Uhr, Treffpunkt an der Touristinformation am Marktplatz.

• *Segeln* **Segelschule Greifswald**, in Wieck an der Südseite der Ryckmündung, auch Surfschule, zudem Verleih und Scheine. Yachtweg 3, ✆ 03834-830541, ✆ 8302970, www.segelschule-greifswald.de.

• *Taxi* Taxiverband (auch Stadtführungen), ✆ 03834-502222.

• *Verbindungen* **Bahn**: Regelmäßige Verbindung zum Berliner Hauptbahnhof (tief), etwa stündlich mit *InterCity* oder *Regionalexpress* . *RE*, *IC* und die *Usedomer Bäderbahn (UBB)* teilen sich den häufigen Anschluss an Stralsund. Die *UBB* fährt etwa stündlich weiter nach Wolgast und auf die Insel Usedom .

Innenstadt und nähere Umgebung bedient der **Stadtbus**; nach Wieck und Eldena gelangt man mit der Linie 6 und 7.

Übernachten/Essen & Trinken

• *Übernachten* **Hotel Galerie (6)**, vis-a-vis der Gemäldegalerie des Pommerschen Landesmuseums, *unser Tipp!* Moderne, lichte Architektur, ungemein stilvoll eingerichtet, die Zimmer sind mit Gemälden zeitgenössischer Künstler geschmückt. Freundliche Hotelleitung. 8 DZ und 3 EZ, Reservierung daher ratsam.EZ 78 €, DZ 98 €, einschließlich Frühstücksbuffet. Mühlenstr. 10, 17489 Greifswald, ✆ 03834-7737830, ✆ 7737831, www.hotelgalerie.de.

Alter Speicher (1), freundliches Hotel in einem ehemaligen Speicher schräg gegenüber der Brücke und dem Museumshafen, auch Restaurant (s. u.). EZ ab 74 €, DZ ab 89 €, jeweils mit Frühstück. Rossmühlenstr. 25, 17489 Greifswald, ✆ 03834-77700, ✆ 777077, www.alter-speicher.de.

*** **Hotel am Dom (3)**, zentral in der Fußgängerzone gelegen, unweit des Doms, solider Garni-Komfort, mit Café und Restaurant, in dem deftige Hausmannskost serviert wird. Etwas außerhalb befindet sich in der Hans-Fallada-Straße die Dependance **Hotel Adler (2)**. EZ ab 57 €, DZ ab 77 €; mit Frühstück. Lange Str. 44, 17489 Greifswald, ✆ 03834-79750, ✆ 797511, www.hotel-am-dom-greifswald.de und www.hotel-adler-garni.de.

Olive (9), unweit des Pommerschen Landesmuseum gelegenes Restaurant (s.u.) und Hotel, nur 8 Zimmer (4 EZ und 4 DZ), Reservierung daher ratsam. EZ 50 €, DZ 79 €, einschließlich Frühstück. Domstr. 40, 17489 Greifswald, ✆ 03834-799143, ✆ 03834-799145, www.olive-greifswald.de.

Pension Das Sofa (5), freundliche, kleine Pension in der Nähe der Gemäldegalerie, acht einfache Zimmer, manche mit schönem Blick auf die „dicke Marie", unten Kneipe. EZ 50 €, DZ 75 €, jeweils mit Frühstück. Brüggstr. 29, 17489 Greifswald, ✆ 03834-810944, ✆ 899591, www.sofa-greifswald.de.

Jugendherberge Greifswald, südlich der Altstadt (etwa 10 Min. zu Fuß), auch 2- und 4-Bett-Zimmer. Übernachtung mit Frühstück ab 20,50 €/Pers. (für Senioren ab 27 J. 25,10 €/Pers.). Pestalozzistr. 11/12, 17489 Greifswald, ✆ 03834-51690, ✆ 516910, www.djh-mv.de.

Hotel Zur Brücke, einfache Zimmer mit Blick auf die historische Brücke von *Wieck*. Auch italienisches Restaurant namens (klar) *Il Ponte*. EZ ab 58 €, DZ ab 78 €, mit Frühstück. An der Mühle 6, 17489 Greifswald/OT Wiek, ✆ 03834-836160, ✆ 8361634, www.zur-bruecke.de.

• *Essen & Trinken* **Le Croy (8)**, *unser Tipp!* Hervorragendes und schickes Restaurant im klassizistischen Gebäude des Pommerschen Landesmuseums. Innen stilvoll, außen mit großzügiger Terrasse. Gehobene Küche, leicht und kreativ. Der freundlicher und zuvorkommende Service ist sehr um das Wohl der Gäste bemüht, günstige Mittagskarte (bis 14.30 Uhr), danach auch (Museums-)Café mit Terrasse, abends à la carte oder Menü mit 3 (35 € oder 45 €) bis 6 Gängen (ca. 80 €). Di–So 11–21.30 Uhr. Rankower Str. 9, ✆ 03834-775846, www.le-croy.de.

Brauhaus Zum Alten Fritz (7), der Ableger des bekannten Stralsunder Brauereigasthofs befindet sich am Markt (gegenüber dem Rathaus) in einem schmucken gotischen Giebelhaus und ist auch in Greifswald sehr beliebt. Deftige Küche und natürlich das gute Stralsunder Bier. Zum Greifswalder Brauhaus gehört auch das angrenzende Café Kontor. Tägl. ab 11 Uhr. Am Markt 13, ✆ 03834-57830, www.alter-fritz.de.

Alter Speicher (1), beliebtes Restaurant des gleichnamigen Hotels, innen Holzbalkengemütlichkeit, außen großer Wintergarten zum Hafen hin. Große Karte mit viel Fisch, mittleres Preisniveau, zuweilen muss man ein wenig Geduld mitbringen. Rossmühlenstr. 25, ✆ 03834-77700, www.alter-speicher.de.

Olive (9), sympathisches Restaurant unweit des Marktes und des Pommerschen Landesmuseums, mediterrane und orientali-

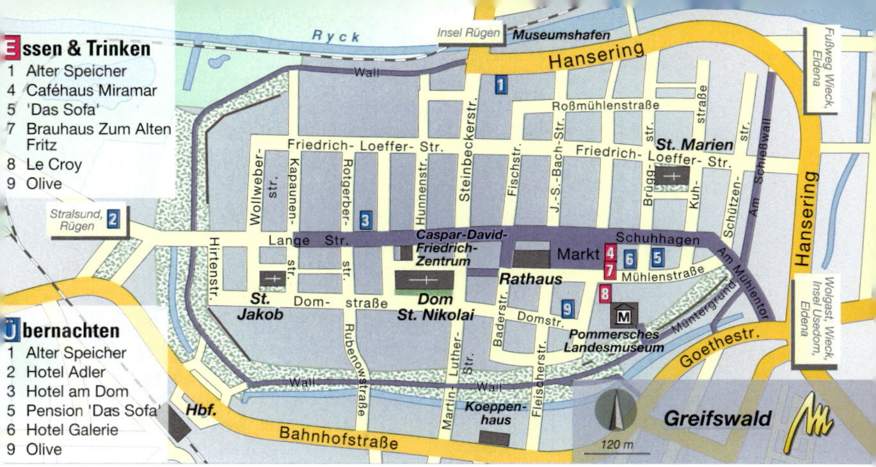

sche Küche zu leicht gehobenem Preisen, gute Weinkarte, im Sommer mit Terrasse. Mittags und abends geöffnet (kleine, günstige Mittagskarte), So Ruhetag. Domstr. 40, 17489 Greifswald, ✆ 03834-799143,

Das Sofa (5), der Name ist fast schon eine Untertreibung, in der netten Kneipe steht mehr als ein tiefes, breites Sofa. Ab 11 Uhr geöffnet, auch einfache warme Küche, große, internationale Karte mit italienischem Einschlag und feinem türkischen Akzent. Günstig, im Haus auch Zimmer (s. o.). Brüggstr. 29, ✆ 03834-810944.

Caféhaus Miramar (4), im schönsten Haus am Marktplatz, einem sehenswerten gotischen Bürgerhaus, befindet sich die Konditorei, die eine Vielzahl ausgesuchter Köstlichkeiten bereithält, nebenan auch Cafébetrieb. Am Markt 11, ✆ 03834-898420.

Fischerhütte, beliebtes Fischrestaurant in *Wieck*, direkt bei der Brücke, gemütlich eingerichtet: hier ein bisschen Omas Küche, dort ein wenig Fischerhüttenromantik. Variantenreiche Karte, auch ein paar vegetarische Gerichte, sehr freundlich, mittleres Preisniveau, ein paar Tische auch draußen. Tägl. ab 11.30 Uhr (warme Küche im Sommer bis 24 Uhr, im Winter evtl. etwas früher). An der Mühle 8, ✆ 03834-839654, www.fischer-huette.de.

Sehenswertes

Pommersches Landesmuseum

Das bemerkenswerte Museum samt Gemäldegalerie im Nebentrakt befindet sich einen Steinwurf vom Markt entfernt in einem klassizistischen Gebäude. Beim Hinabsteigen in das Untergeschoss beginnt der museale Rundgang ganz am Anfang der Erdgeschichte: Eine Animation markiert den kleinen Flecken Pommern im Drift der Kontinente durch die Jahrmillionen. Gelungen eingebettet in den Gewölbekeller, wird der Besucher dann durch die frühe Geschichte der Region geführt – von steinzeitlichem Werkzeug über kultische Schmuckstücke der Slawen bis zum Bernsteinkreuz als Zeugnis der Christianisierung. Es folgt ein Abschnitt über das Klosterleben, u. a. mit einem Modell Eldenas und ein paar sehenswerten sakralen Kunstgegenständen. Schließlich gelangt man – nach der Reformation und nun wieder im Erdgeschoss – zu den beiden Höhepunkten der Ausstellung: der *Großen Lubinschen Karte* von 1618 (allerdings im zweiten Druck von 1758), einem Meilenstein der Kartographie, und dem *Croy-Teppich*. Der großflächige, aufwendig gewirkte Wandschmuck entstand 1554 im Auftrag Herzog Philipps I. von Pommern-Wolgast. Er zeigt zentral Martin Luther auf einer Kanzel, dessen Geste auf Christus am Kreuz weist. Darunter stehen die Fürsten von Sachsen (links) und die von Pom-

Greifswald
Karte S. 245

mern (rechts), die durch die Heirat Philipps I. mit Maria von Sachsen enge Bande geknüpft hatten. Zwischen die Herrschaften haben sich auch zwei Mitstreiter Luthers gemischt, erkennbar an den schwarzen Kappen: Philipp Melanchthon in der Sachsengruppe und Johannes Bugenhagen im Ensemble der Pommernfürsten.

In der Gemäldegalerie im Nebengebäude des Museums dominiert das 19. Jh. Natürlich ist auch *Caspar David Friedrich* vertreten, allerdings nicht mit großen romantischen Würfen, sondern eher mit Übungen in Öl. Wirklich Hochkarätiges hat auch die Ausstellung zum 20 Jh. im oberen Stock nicht zu bieten. Hier findet sich zwar ein van Gogh, fast interessanter aber sind die Arbeiten von *Otto Niemeyer-Holstein* (Landschaft, Selbstporträt). In einer weiteren Abteilung werden Werke aus dem 16./17 Jh. gezeigt. Außerdem immer wieder Sonderausstellungen.

Backsteingotik in Vollendung

Öffnungszeiten Di–So 10–18 Uhr (im Winterhalbjahr bis 17 Uhr). Erw. 4,50 €, erm. 2,50 Uhr, Familienkarte 7 €, inkl. Audioguide, sehr gut sortierter Museumsshop. Rakower Str. 9, 17489 Greifswald, ✆ 03834-83120, www.pommersches-landesmuseum.de.

Die Greifswalder Kirchen

Grundsätzlich sind die drei Greifswalder Gotteshäuser offene Kirchen und zuletzt galten die unten genannten *Öffnungszeiten*. Diese allerdings können auch in der Hochsaison variieren und sich manchmal auch kurzfristig ändern. Im Zweifelsfall fragt man bei der *Stadtinformation Greifswald* (s. o.) nach, die immer über die aktuellen Öffnungszeiten informiert ist.

Marienkirche: Dass die Kirche im Volksmund „dicke Marie" genannt wird, erklärt sich auf den ersten Blick: St. Marien, deren Bau Mitte des 13. Jh. begonnen wurde, ist eine kompakte dreischiffige Hallenkirche mit wuchtigem, quadratischem Turm, auf dem ein niedriges Pyramidendach thront. Der Grundriss des gotischen Gotteshauses zeigt sich schlicht: der Turm ist in den Westteil der Halle integriert, ein Querschiff fehlt ebenso wie ein Chorschluss. Der fehlende Chor, ermöglichte einen im 14. Jh. fertig gestellten prächtigen Schmuckgiebel mit weiß verputzten Feldern auf rotem Backsteingrund, der die östliche Fassade ziert. Im Innern wirkt die Kirche sehr viel eleganter, als es ihre äußere Erscheinung vermuten lässt. Die Raumwirkung wird unterstützt vom Kontrast der weiß getünchten Wände und der backsteinroten Bündelpfeiler, über die sich ein gleichmäßiges Kreuzrippengewölbe erhebt. Von der Ausstattung ist vor allem die wertvolle Renaissance-Kanzel bemerkenswert. An die Südflanke schließen sich die Gedächtnis- und die Annenkapelle an.

Öffnungszeiten Juli bis Okt. Mo–Fr 10–18 Uhr, So nach dem Gottesdienst bis 18 Uhr, im Winterhalbjahr sehr eingeschränkt (Anschlag beachten).

Nikolaikirche: Die Baugeschichte des Doms ist lang und verworren: 1280 erstmals erwähnt, im 15. Jh. um- und ausgebaut und mit einer gigantischen, 60 m hohen Turmspitze versehen, Anfang des 16. Jh. und noch einmal Mitte des 17. Jh. durch den Einsturz eben jener Turmspitze (bzw. ihrer Nachfolgerin) in Teilen zerstört und jeweils wiederaufgebaut ... Heute ist eine dreischiffige Basilika zu bewundern, ohne Querhaus und mit insgesamt 21 umlaufenden Kapellen. Den hart an der 100-Meter-Marke kratzenden Turm, der ihr den Beinamen „langer Nikolaus" eingebracht hat, krönt jetzt eine barocke Haube.

Das rote Rathaus und die Nikolaikirche

Das Innere der Kirche wurde im 19. Jh. dem Zeitgeist der Romantik folgend im neogotischen Stil umgebaut. Heute zeigt sich die weiße Verblendung des Backsteins teils etwas ergraut und bröckelnd. Von der mittelalterlichen Innenausstattung ist nichts erhalten außer ein paar gotischen Fresken, die bei Restaurierungsarbeiten freigelegt wurden. Die schönsten befinden sich in der Kapelle rechts des Hauptaltars und zeigen u. a. eine trauernde, von Schwertern durchbohrte Maria. Aus der Zeit der neogotischen Umgestaltung stammt auch das bunte Reformationsfenster.

Spektakulärer, aber auch ein bisschen mühsam ist eine Turmbegehung: Über insgesamt 264 Stufen, zuerst auf einer engen steinernen Wendeltreppe, dann über mehrere teils steile Holzstiegen, gelangt man durch eine kleine Luke hinaus auf einen engen Umgang um den unteren Rand der Kirchturmhaube. Hier, auf etwa 60 m Höhe, könnte man angesichts des grandiosen Panoramablicks glatt vergessen, dass man auch wieder heruntersteigen muss.

Öffnungszeiten Juni bis Sept. Mo–Sa 10–16 Uhr, nach dem Gottesdienst bis 15 Uhr, im Winterhalbjahr eingeschränkt. Eintritt frei, Führungen 2 €, zuletzt Mi 11 Uhr, zur Saison auch Nachtführungen (Do, 21.30 Uhr) oder nach Vereinbarung, ✆ 03834-897966. Turmbesteigung 1,50 €, erm. 1 €.

Jakobikirche: Das dritte gotische Gotteshaus ist wie St. Marien eine Hallenkirche, allerdings deutlich kleiner, sodass sie sich trotz des wuchtigen Turms mit dem Spitznamen „kleiner Jakob" bescheiden muss. Baubeginn war Ende des 13. Jh., im 15. Jh. erhielt die Kirche dann ihre heutige Gestalt mit den schmalen Seitenschiffen und

Greifswald Karte S. 245

Caspar David Friedrichs Lieblingsmotiv: die Klosterruine Eldena

einem vergleichsweise kleinen Chor, der an das Mittelschiff anschließt. Prachtvoll ist das zwölffach gestaffelte Westportal, das kontrastreich aus glasiertem und einfachem Backstein gestaltet ist.

Öffnungszeiten Juni bis Sept. Mo–Sa 10–16 Uhr, im Winterhalbjahr deutlich verkürzt.

Die großen Söhne der Stadt

Caspar-David-Friedrich-Zentrum: Der Vater Caspar David Friedrichs, ein Seifensieder und Lichtgießer, übte sein Handwerk in dem Backsteinhaus am Dom aus, das heute das Caspar-David-Friedrich-Zentrum beherbergt. Der Maler selbst wurde in einem Haus nebenan geboren, das aber 1901 bis auf die Grundmauern niederbrannte. Im Erdgeschoss kann man sich über Leben und Werk des Künstlers informieren. Im Keller erinnert eine historische Seifensiederei und Lichtgießerei an den Friedrichschen Familienbetrieb. Außerdem befinden sich hier Museumsshop und Bibliothek.

Öffnungszeiten Di–Fr 11–18 Uhr, Sa/So 11–17 Uhr, Jan./Febr. geschlossen, Erw. 1,50 €, erm. 1 €. Lange Gasse 57, 17489 Greifswald, ☏/℻ 03834-776238, www.caspar-david-friedrich-gesellschaft.de.

Koeppenhaus: Im Geburtshaus *Wolfgang Koeppens* in der nicht gerade idyllischen Umgebung der Bahnhofstraße wurde zu Ehren des großen Schriftstellers ein Literaturzentrum eingerichtet. Eine kleine Dauerausstellung erinnert an das Schaffen Koeppens, darüber hinaus sind im *Münchener Zimmer* wechselnde Ausstellungen zu sehen, hier werden auch fast alle Werke Koeppens und Biografien über ihn verkauft. Der Autor zählt zu den bedeutendsten Stimmen der deutschen Nachkriegsliteratur, seine Romane – grandios: *Tauben im Gras* (1951) – sind auch heute noch vorbehaltlos eine Lektüre wert. Das angeschlossene Literaturcafé mit Garten lädt (auch) zum Lesen ein, hier finden regelmäßig Lesungen und kulturelle Veranstaltungen statt.

Öffnungszeiten Di–Sa 14–18 Uhr. Eintritt frei. Das Literaturcafé ist täglich ab 12 Uhr geöffnet (open end). Bahnhofstr. 4, ☏ 03834-773510, www.koeppenhaus.de.

Klosterruine Eldena

Die vielleicht berühmteste Ruine Deutschlands verdankt ihre Bekanntheit *Caspar David Friedrich*. Früh erkannte der in Greifswald geborene Maler in den wenigen, aber eindrucksvollen Resten des Klosters ein geeignetes Motiv, um seine Vorstellungen von Romantik auf Papier und Leinwand zu bringen: Die stimmungsvolle, wilde Landschaft vermittelt ein inniges Naturgefühl, das Kloster dient als Ausdruck von tiefer Religiosität, die Ruine ist gleichermaßen Verweis auf ein idealisiertes Mittelalter und Metapher für Vergänglichkeit. Wiederholt hat Friedrich die Klosterruine Eldena mit Blei und Tusche skizziert oder in Öl gemalt, die schaurig-schöne *Abtei im Eichwald* (1809/10) ist kaum weniger bekannt als sein *Kreidefelsen auf Rügen*. Friedrichs künstlerische Auseinandersetzungen mit Eldena zeigten früh Wirkung und trugen dazu bei, dass die Ruine bis heute erhalten blieb – bereits 1810 soll der beeindruckte Hohenzoller *Friedrich Wilhelm*, später als *Friedrich Wilhelm IV.* König von Preußen, sich für den Erhalt der pittoresken Ruine eingesetzt haben.

Das Kloster, das zunächst *Hilda* hieß, war 1199 von Zisterziensern aus dem dänischen Kloster Esrom gegründet worden. Mit Unterstützung des Fürsten von Rügen Jaromar I. prosperierte es und lockte Neusiedler an, die später Greifswald gründeten. Eldena wurde ein religiöses, wirtschaftliches und gelehrtes Zentrum von bemerkenswerter Strahlkraft, bis es 1534 im Zuge der Reformation aufgelöst wurde. Zunächst noch als Gebäude genutzt, diente es im Dreißigjährigen Krieg nur noch als Steinbruch für militärische Anlagen, bis schließlich die Ruine übrig blieb, die Caspar David Friedrich faszinierte. Eine in Wildnis gebettete Klosterruine, wie sie in den Gemälden Friedrichs erscheint, findet man gegenwärtig allerdings nicht vor – der Maler hatte sich ohnehin die künstlerische Freiheit herausgenommen, Eldena des dramatischen Effekts wegen auch mal ins Riesengebirge zu verlegen. In einem idyllischen kleinen Landschaftspark erheben sich heute die Reste der Klosteranlage: Die monumentalen Fragmente des Langhauses mit dem fotogenen, schlanken Westportal und der verfallene Ostflügel des Kreuzgangs lassen die Ausmaße des ehemaligen Klosterkomplexes erahnen.

In Richtung Usedom

Wolgast

ca. 12.000 Einwohner

Der nördliche Brückenschlag nach Usedom. Entstanden um eine wehrhafte Burg, die über den Peenestrom wachte, entwickelte sich der alte Marktflecken im 15. Jh. zu einem schmucken Städtchen. Heute geht es in Wolgast beschaulich zu.

Am Rande einer strukturschwachen Region gelegen, führt der Touristenstrom Richtung Usedom mitten durch die Stadt – aber eben nur hindurch, denn nur wenige legen so kurz vor dem Ziel noch einen Zwischenstopp ein. Im Zentrum der Altstadt liegt der Rathausplatz. Das Rathaus selbst, ein im Mittelalter errichtetes, frei stehendes Gebäude, das grob gesprochen einmal pro Jahrhundert abbrannte, präsentiert sich seit dem 18. Jh. mit Schaufassade, geschweiften Giebeln und einem kleinen Türmchen. Vor dem Portal steht der Rathausbrunnen aus dem Jahr 1936, dessen Relieftafeln Szenen aus der Stadtgeschichte zeigen. Das alte Speicherhaus rechts hinter dem Rathaus wird *Kaffeemühle* genannt und beherbergt heute das Stadtmuseum, etwas oberhalb überragt die wuchtige Kirche St. Petri die Dächer der Altstadt. Der Altstadt vorgelagert ist die Schlossinsel, auf der heute aber kein Schloss mehr steht. Von hier aus reicht die Wolgaster Brücke über den Peenestrom nach Usedom. Das in sattem Blauton gehaltene imposante Bauwerk, das aussieht wie ein zu groß geratenes Spielzeug, ist das jüngste Wahrzeichen der Stadt.

• *Information* **Wolgast-Information**, im historischen Rathaus, freundlich und gut ausgestattet, Juni bis Aug. Mo–Fr 9–18 Uhr, Sa/So 10–14 Uhr Sept. bis Mai Mo–Fr 9–17 Uhr (nur Mai und Sept. auch Sa 10–14 Uhr). Rathausplatz 10, 17438 Wolgast, ✆ 03836-251215 ✆ 03836-600118, www.wolgast.de.

• *Ausflugsfahrten* Die **Nord-Ost-Reederei Wolgast** veranstaltet von Mai bis September Hafenrundfahrten (1 Std., Erw. 6 €, erm. 3 €), Ausflugsfahrten zur Insel Ruden mit Landgang (4,5 Std., Erw. 20 €, erm. 10 €) und Achterwasser-Rundfahrten (2 Std., Erw. 12 €, erm. 6 €), auch Abend-, Charter- und Angelfahrten. Abfahrt jeweils Wolgast/Stadthafen, die genauen Abfahrtstermine können variieren. Infos unter Nord-Ost-Reederei Wolgast, Straße der Freundschaft 16, ✆ 03836-203220, ℻ 202902, www.peeneangeln.com.

• *Brückenöffnungszeiten* **Wolgaster Brücke (B 111)**, zuletzt 5.45–6.15 Uhr, 7.45–8.15 Uhr (nur im Sommer, im Winter: 8.45–9.10 Uhr), 12.45–13.15 Uhr, 16.45–17.15 Uhr und 20.45–21.15 Uhr sowie unregelmäßig auch 23.30–24 Uhr.

• *Sporthafen* Am nördlichen Ende der Schlossinsel, 75 Liegeplätze, Sanitäranlagen, Kran, Slipanlage, Service, Zubehör und Reparatur, Wassertiefe 2,5 m. Hafenstr. 13, ✆ 03836-23670, www.hornwerft.de.

• *Übernachten* **Hotel Peenebrücke**, Stadthotel mit großzügig bemessenen Zimmern, zentrale Lage nahe der Brücke zur Schlossinsel, damit aber auch direkt an der Durchgangsstraße, mit Fahrradverleih (für Hotelgäste) und großem Parkplatz. EZ 79 €, DZ 89 €, einschließlich Frühstück, Appartement 99 €, Hunde 8 €. Burgstr. 2, 17438 Wolgast, ✆ 03836-27260, ℻ 03836-272699, www.hotel-peenebruecke.de.

• *Übernachten/außerhalb* **Landhotel Bömitz**, das dreiflügelige Rittergut befindet sich etwa 15 km südlich von Wolgast in Bömitz. Es beherbergt heute ein sympathisches Hotel inmitten einer Parkanlage. Für die kulinarische Versorgung zuständig ist die Jägerstube (sowohl deftige als auch verfeinerte pommersche Küche aus regionalen Produkten). Die geräumigen Zimmer sind im Landhausstil eingerichtet. Absolut ruhig und idyllisch gelegen. Auch Fahrradverleih (5 €/Tag), und das eigene Pferd lässt sich hier ebenfalls unterbringen (15 €/Tag). EZ mit Frühstück 65 €, DZ 98 €, Suite 110 €, Hund 5 €. Dorfstr. 14, ✆ 039724-22540, ℻ 22541, www.rittergut-boemitz.de.

Alter Speicher, gemütliche, maritim geprägte Kneipe in einem – der Name verrät es – historischen Speicher auf der Schlossinsel. Uriges Ambiente unter altem Holzgebälk, im Sommer mit Biergarten, auch einfache, günstige Gerichte (natürlich auch Fisch). Täglich geöffnet. Hafenstr. 4, ✆ 03836-205994.

• *Verbindungen* Mit der Usedomer Bäderbahn (siehe S. 255) vom Bahnhof Wolgast (Hafen) etwa halbstündlich (im Winter stündlich) nach Usedom bis zu den Kaiserbädern Bansin, Heringsdorf und Ahlbeck und weiter nach Swinemünde (Polen), in anderer Richtung mehrmals täglich direkt nach Greifswald und Stralsund. Mehrmals tägl. außerdem auch mit dem **Regionalexpress** nach Anklam (einmal umsteigen).

Sehenswertes

St. Petri: Die etwas erhöht stehende, dreischiffige Basilika, die den Herzögen von Pommern-Wolgast als Begräbniskirche diente, wurde ab Mitte des 14. Jh. errichtet und war um 1415 vollendet. Ihre wuchtige Gestalt verdankt sie dem massigen Turm und den vergleichsweise hohen Seitenschiffen, deren Bedachung sich noch ein Stück über die Giebel der Altstadt erhebt. 1920 kamen bei Bauarbeiten im Chor einige alte Wandmalereien wieder zum Vorschein, darunter diverse Heiligenabbildungen. Bemerkenswert ist der *Wogaster Totentanz*, ein um 1700 entstandener Bilderzyklus.

Öffnungszeiten Werktags 10–17 Uhr, So nur für den Gottesdienst. Turmbesteigung 1,60 €, erm. 0,80 €, letzter Einlass zur Turmbesteigung 16.30 Uhr.

Stadtgeschichtliches Museum in der Kaffeemühle: Das Museum ist in einem Mitte des 17. Jh. gebauten Kornspeicher untergebracht. Seinen originellen Namen verdankt das Fachwerkgebäude der ungewöhnlichen Dachkonstruktion, die ihm vage das Aussehen einer Kaffeemühle verleiht. Im ersten Stock kann man sich über die Geschichte der Stadt informieren. Im ehemaligen Kornboden geben historische Werkstätten Einblick in Handwerke und Gewerbe, beispielsweise die des Schusters oder des Apothekers. Außerdem gibt es in der Kaffeemühle wechselnde Sonderausstellungen zu sehen.

Öffnungszeiten Juni bis Aug. Di–Fr 10–18 Uhr, Sa/So 10–16 Uhr, Sept. bis Mai Di–Fr 10–17 Uhr, Sa 10–14 Uhr. Erw. 3 €, erm. 2 €. Rathausplatz 6, ✆ 03836-203041, www.museum.wolgast.de.

Rungehaus: Das Geburtshaus *Philipp Otto Runges* widmet sich Leben und Werk des neben *Caspar David Friedrich* bedeutendsten Malers der norddeutschen Romantik. Wer hier allerdings einen „echten Runge" sucht, und sei nur eine Skizze, der sucht vergeblich, man muss sich mit Reproduktionen und Grafiken zufriedengeben. Diese aber geben einen interessanten Überblick über die künstlerische Entwicklung des Malers, die Symbolsprache im Zyklus *Die Zeiten*, seine berühmte Farbenlehre, seinen Einfluss auf die Moderne usw.

Öffnungszeiten Juni bis Aug. Di–Fr 10–18 Uhr, Sa/So 10–16 Uhr, Sept. bis Mai Di–Fr 10–17 Uhr, Sa/So 10–14 Uhr. Erw. 3 €, erm. 2 €. Kronwiekstr. 45, ✆ 03836-202000, www.museum.wolgast.de.

Anklam

ca. 13.700 Einwohner

Das beschauliche, teils kopfsteingepflasterte Zentrum des Städtchens lohnt einen Spaziergang, auch wenn die ansehnlichen historischen Baudenkmäler in einem eher verhalten ästhetischen Stadtbildkontext stehen, sprich inmitten lieblos-zweckdienlicher Nachkriegsarchitektur.

Das bemerkenswerteste Gebäude aus alter Anklamer Zeit ist wohl das recht windschiefe gotische Giebelhaus aus dem 13. Jh. Die Stadtsilhouette prägen die Türme der St.-Marien- und der St.-Nikolai-Kirche sowie das Steintor. Während St. Marien zwar in Teilen restaurierungsbedürftig, aber (gottes)diensttauglich ist, kämpfen die Bürger von Anklam seit langem um den Erhalt der St.-Nikolai-Kirche, die in den letzten Tagen des Zweiten Weltkrieges bis auf die Außenmauern zerstört wurde. Das aus dem 13. Jh. stammende, imposante Steintor war eines von einstmals vier Stadttoren und beherbergt heute das **Stadtmuseum.** Die Ausstellungsräume verteilen sich auf fünf Stockwerke, insgesamt sind über hundert Stufen bis ganz oben zu erklimmen, wofür man dann mit einem schönen Rundblick über Anklam und die Umgebung belohnt wird.

Museum im Steintor, Mai bis Sept. Di–Fr 10–17 Uhr, Sa/So 13–17 Uhr, Mo geschl., Okt. bis April Mi–Fr 11–15.30 Uhr, So 13–15.30 Uhr, Mo und Sa geschl. Erw. 2,50 €, Kinder 1,50 €. Schulstr. 1, ✆ 03971-245503, www.museum-im-steintor.de.

Schief und krumm: das gotische Giebelhaus

Das zweite **Museum** der Stadt ist ihrem bedeutendsten Sohn gewidmet, dem Flugpionier **Otto Lilienthal.** Im etwas außerhalb der Altstadt gelegenen ehemaligen Heimatmuseum sind neben Modellen der abenteuerlichen Gleitflug-

Eines der abenteuerlichen Gleitfluggeräte Lilienthals

geräte Lilienthals auch detailgenaue, materialgetreue und teils flugfähige Nachbauten zu besichtigen. Weitere Exponate zu Leben und Werk Lilienthals sowie Ausstellungen rund um die Geschichte des Fliegens ergänzen das Angebot. Außerdem ist hier das Lilienthal-Archiv untergebracht.

Otto-Lilienthal-Museum, Juni bis Sept. tägl. 10–17 Uhr, Mai und Okt. Di–Fr 10–17 Uhr, Sa/So 13–17 Uhr, Mo geschl., Nov. bis April 11–15.30 Uhr, So 13–15.30 Uhr, Sa/Mo/Di geschl. Erw. 3,50 €, erm. 2,50 €. Ellbogenstr. 1 (Bahnhofsnähe), ✆ 03971-245500, 📠 245580, www.lilienthal-museum.de.

• *Information* **Anklam Information**, im Rathaus am Marktplatz, freundlich und hilfsbereit, auch Stadtführungen, geöffnet Mitte Juni bis Mitte Sept. Mo–Fr 9–13 Uhr und 13.30–18 Uhr, Sa 10–14 Uhr, So geschl.; während des restlichen Jahres werktags erst ab 9.30 Uhr und bis 16.30 Uhr, Sa/So geschl. Am Markt 3, 17389 Anklam, ✆ 03971-835154, 📠 835175, www.anklam.de.

• *Übernachten/Essen & Trinken* **Hotel am Stadtwall**, kleines Garni-Hotel mit typischer Ausstattung, untergebracht in einem historischen Gebäude am Rand der Altstadt (nahe der Peene, aber auch an einer gut befahrenen Straße), im Sommer ist eine Reservierung ratsam. EZ 49 €, DZ 69 €, jeweils mit Frühstück; für Hunde kein Aufschlag. Demminer Str. 5, 17389 Anklam, ✆ 03971-833136, 📠 833137, www.hotel-am-stadtwall.de.

Gaststätte Dabers, in einem gelb verputzten Gebäude ganz in der Nähe des Giebelhauses, traditionsreich: Bereits im 19. Jh. befand sich hier ein Gasthof, innen gemütlich, mit Biergarten, saisonal geprägte Küche mit regionalen Zutaten, durchschnittliches Preisniveau bei Fischgerichten, Deftiges eher günstig. Geöffnet mittags und abends, So Ruhetag. Mägdestr. 1, ✆ 03971-243173.

• *Verbindungen* Etwa stündlich mit der **Bahn** (RE oder IC) nach Greifswald und weiter nach Stralsund bzw. in anderer Richtung nach Berlin. Mit dem **Bus 200** in Usedoms Süden und weiter nach Swinemünde (werktags 4-mal täglich, Sa/So 2-mal täglich)und mit dem **Bus 201** zu den Kaiserbädern (werktags 7-mal täglich, Sa/So 3-mal täglich).

• *Brückenöffnungszeiten* **Zecheriner Brücke (B 110)**, geöffnet 5.35–5.50 Uhr (nur im Sommer), 9.35–9.50 Uhr, 11.35–11.50 Uhr (im Sommer, im Winter: 12–12.15 Uhr), 16.35–16.50 Uhr, 20.35–20.50 Uhr (nur im Sommer), 23 Uhr bei Bedarf).

Peenetal

Das Peenetal ist ein kleines Naturparadies und wird zuweilen auch „Europäische Everglades“ genannt, denn entlang des mäandernden Flusses erstrecken sich weite Wälder, Moore und Feuchtwiesen sowie breite Schilfgürtel. Teile des Peenetals stehen unter Naturschutz, so das östlich von Anklam gelegene Peenetalmoor. Eine interessante Möglichkeit der Erkundung bieten geführte Kanutouren, bei denen man mit etwas Glück auch ein paar der scheuen Biber oder zumindest ihre Bauten zu Gesicht bekommt. Die Peene ist für Kanuten ein dankbares Revier, denn wegen ihres geringen Gefälles ist sie recht strömungsarm, und ihre Ufer sind kaum verbaut.

Knapp 10 km westlich von Anklam, am südlichen Ufer der Peene liegt das kleine Dorf **Stolpe,** einst Standort eines bedeutenden Benediktinerklosters, das im Dreißigjährigen Krieg niederbrannte. An gleicher Stelle wurde später die prächtige Gutsanlage errichtet, die nunmehr, sorgfältig renoviert, ein nobles Hotel beherbergt. Nahebei und direkt an der Peene empfängt der *Fährkrug* seine Gäste, eine vor über 300 Jahren aus den Steinen der Klosterruine errichtete Kneipe, deren Vorgänger bereits im 12. Jh. in Betrieb war. Neben der Gaststätte befinden sich ein Wasserwanderplatz sowie die traditionsreiche kleine Personenfähre, mit der man sich (samt Fahrrad) ans andere Ufer der Peene bringen lassen kann.

• *Übernachten/Essen & Trinken* **Hotel/ Restaurant Gutshaus Stolpe**, in der prächtigen Anlage ist dieses noble, von einem schönen Park umgebene Hotel untergebracht. Freundliche Atmosphäre, stilvolle Zimmer, Bar mit Bibliothek, Salon, Kaminecke in der Lounge. Außerdem: Fahrradverleih, Tennis, Sauna, Fitnessraum, Pferdeboxen. Hunde nur in den Nebengebäuden gestattet. Das edle Restaurant, von Michelin mit einem Stern bedacht, bietet feine Küche in kultiviertem Ambiente, Degustationsmenü (4 Gänge) 64 €, 5-Gang-Menü 76 €, 6-Gang-Menü 87 €, natürlich auch à la carte. Mittags und abends geöffnet, Reservierung erforderlich, Mo Ruhetag, Nov. bis März auch So. DZ 136–166 €, Suite 200–260 € (je nach Größe und Ausstattung), jeweils einschließlich Frühstück, Hexenhaus (bis 4 Personen) 290–360 €. Peenestr. 33, 17391 Stolpe bei Anklam, ✆ 039721-5500, 📠 55099, www.gutshaus-stolpe.de.

Stolper Fährkrug, *unser Tipp!* Das traditionsreiche Gasthaus ist in einem wunderschönen, denkmalgeschützten Backstein-Fachwerk-Gebäude mit tief hinabreichendem Rohrdach untergebracht. Gemütlich kann man im liebevoll hergerichteten Innenraum oder auf der hinten gelegenen Terrasse sitzen. In der Gaststube steht die Fritz-Reuter-Bank zu Ehren des Heimatdichters, der hier diverse Male gegessen und geschrieben haben soll. Auf der Karte findet sich sowohl Bodenständiges als auch Raffiniertes zu angemessenen Preisen (kein Hauptgericht über 13 €), wechselnde Tagesempfehlungen, auch Kaffee und Kuchen. Zuvorkommender, freundlicher Service, Mai bis Sept. täglich ab 11 Uhr geöffnet, Okt. bis April ab 11.30 Uhr, Di–Do geschl. Dorfstr. 25, ✆ 039721-52225, www.gutshaus-stolpe.de.

Der Fährkrug von Stolpe

Strandleben bei Zinnowitz

Usedom

Vierzig Kilometer Sandstrand, über dem so häufig wie sonst nirgends in Deutschland die Sonne scheint, machen die zweitgrößte Insel der Republik zum vielbesuchten Badeparadies. Doch abseits der Ostseeküste zeigt Usedom auch eine stille, idyllische Seite.

Schneeweiße Holzbalkone, verspielte Fassaden mit filigranen Ornamenten, darunter eine ausladende Veranda zur Strandpromenade hin: Herausragendes Fotomotiv der Insel Usedom ist die im 19. Jh. vor allem in Ahlbeck, Heringsdorf und Bansin entstandene Bäderarchitektur. Noch heute ziehen die drei als *Kaiserbäder* apostrophierten Orte die Mehrzahl der Usedombesucher an. Doch auch im Norden der Insel gibt es mit Zinnowitz ein Seebad, das sich hinter der Pracht der südöstlichen Nachbarorte kaum zu verstecken braucht – natürlich auch hier inklusive ausladender Strandpromenade und angeschlossener Seebrücke. Das schönste Exemplar dieser „Flaniermeilen ins Meer“ findet sich übrigens in Ahlbeck.

Die gesamte Außenküste der lang gestreckten Insel präsentiert sich als einziger feinsandiger, flach ins Meer abfallender Strand. Hier dürfte nahezu jeder auf seine Kosten kommen: ob bequem in einem Strandkorb oder sportlich-aktiv beim Beachvolleyball, ob mit Freunden oder mit Familie und Kindern, ob in voller Bademode oder textilfrei, ob mit oder ohne Hund, ob hotelnah oder abseits der Seebäder – der Strand ist lang genug für alle Wünsche.

Hinter den Dünen, oft nur einen Steinwurf vom Badetrubel entfernt, beginnt ein anderes, ein ländliches Usedom. Parallel zum Strand erstreckt sich ein langer Waldstreifen, der nur von den zehn Seebädern Usedoms unterbrochen wird. Im Rücken der Kaiserbäder erhebt sich die Usedomer Schweiz, ein sanftes Hügelland mit einer Handvoll hübscher Seen. Vielgliedrig gestaltete sich die schilfbestandene Binnenküste entlang des Peenestroms, der die Insel vom Festland trennt. Abgeschieden und ruhig ragen die Halbinseln Gnitz im Norden und Lieper Winkel im Süden in das Achterwasser. Kleine idyllische Dörfer verstecken sich in dieser ruhigen Landschaft; besonders sehenswert sind Mellenthin mit seinem Wasserschloss und Usedom, das so traditionsreiche wie beschauliche Städtchen im Süden, dem die Insel ihren Namen verdankt. Ganz im Norden befindet sich dagegen ein Ort, der, obwohl winzig klein, weit über die Region hinaus zum Begriff geworden ist: Peenemünde mit seiner Heeresversuchsanstalt, in der während der NS-Diktatur Raketenforschung betrieben wurde. Heute erinnert ein bemerkenswerter Museumskomplex, das Historisch-Technische Informationszentrum (HTI), an dieses dunkle Kapitel deutscher Geschichte.

UBB – Unterwegs mit der **U**sedomer **B**äder**b**ahn

Die Usedomer Bäderbahn (UBB) verkehrt im Sommer mindestens stündlich, von 9.30 bis 18 Uhr sogar halbstündlich von Ahlbeck über Heringsdorf, Bansin, Kölpinsee, Koserow, Zinnowitz (hier Umsteigen nach Peenemünde) und Trassenheide nach Wolgast und retour, Fahrtdauer nach Wolgast etwa 1 Std. Alle 2 Stunden fährt der Zug weiter via Greifswald nach Stralsund (Gesamtdauer ca. 2,5 Std.). Von Zinnowitz bestehen ca. stündliche Verbindungen nach Peenemünde und retour (Achtung: Trassenheide hat zwei Bahnhöfe, einer an der Strecke nach Wolgast und einer an der Strecke nach Peenemünde, Umsteigen also in Zinnowitz).

Mittlerweile endet die UBB nicht mehr an der Grenze bei Ahlbeck, sondern fährt weiter bis Swinemünde (Polen). Im Winter ist der Verkehr der UBB eingeschränkt. Fahrplanauskunft unter ✆ 038378-27132, www.ubb-online.de.

Der Norden

Langer Sandstrand und das traditionsreiche Seebad Zinnowitz, dazu das beschauliche Hinterland an Peenestrom und Achterwasser. Außergewöhnliche historische Bedeutung erlangte der Inselnorden durch die Einrichtung der Raketenforschungsanstalt Peenemünde.

Zinnowitz

ca. 3700 Einwohner

Einstmals „Perle der Ostsee" genannt, arbeitet das von Mischwald umgebene Seebad daran, an vergangenen Ruhm anzuknüpfen. Zinnowitz ist das größte Seebad im Norden und das einzige, das mit den glanzvollen Kaiserbädern im Süden mithalten kann.

Bäderflair schlägt dem Besucher vor allem an der Strandpromenade entgegen: auf der einen Seite die teils prächtigen Fassaden der Hotels, auf der anderen der herrliche, 40 m breite Sandstrand. Genau in der Mitte der Promenade reicht die 1993 erbaute Vineta-Brücke über 300 m ins Meer hinaus, an deren Ende jüngst eine Tauchgondel in Betrieb genommen wurde. Der Brückenvorplatz, das an die Ostsee verlagerte „Zentrum" des Ortes, wird flankiert vom *Musikpavillon* und dem *Preußenhof*, in dem ein hübsches Museumscafé und ein kleines Heimatmuseum untergebracht sind. Das strandnahe, „touristische" Zinnowitz, das von den repräsentativen Bäderarchitekturbauten geprägt wird, ist jedoch relativ klein. Auf der anderen Seite des Ortes führt eine hübsche Kopfsteinpflasterallee zum kleinen Hafen am Achterwasser, wo ein Fahrgastschiff zu Rundfahrten ablegt.

Usedom Karte S. 256/257

Der Ort gehört zu den ältesten Siedlungen auf Usedom. Im Jahr 1851 erhielt Zinnowitz als dritter Inselort nach Heringsdorf und Swinemünde die Genehmigung für den Seebadbetrieb, ein erstes Hotel und Badeeinrichtungen nahmen ihren Betrieb auf, der eigentliche Aufschwung kam jedoch erst mit der Anbindung an das Bahnnetz im Jahr 1863. In den 1920er Jahren nahm die touristische Entwicklung beachtliche Ausmaße an, dennoch konnte Zinnowitz nie ganz an den Glanz der drei Kaiserbäder heranreichen. 1938 wurde der Ort der Heeresversuchsanstalt Peenemünde unterstellt und zum militärischen Sperrgebiet erklärt. Nach dem Krieg stieg Zinnowitz zum „ersten Seebad der Werktätigen“ auf, die dafür notwendige Infrastruktur besorgten sich die DDR-Behörden durch die Enteignung von Hotelbesitzern, die man im Zuge der *Aktion Rose* unter dem Vorwand vermeintlicher Wirtschaftskriminalität im Schnellverfahren aus dem Verkehr zog. Nach 1989 wurde Zinnowitz in gewisser Weise reprivatisiert und „grundrenoviert“ und ist nun neben den drei Kaiserbädern das beliebteste Urlaubsziel auf Usedom.

> Noch mehr Infos zur Sonneninsel finden Sie im aktuellen Reisehandbuch *Usedom* des Michael Müller Verlags. Erlangen 2009, 192 Seiten, ISBN 3-89953-414-6.

Praktische Informationen

• *Information* **Kurverwaltung Zinnowitz**, auch Zimmervermittlung, Kartenmaterial, geführte (Rad-)Wanderungen, Ortsrundgänge und Ticketvorverkauf. Mai bis Sept. Mo–Fr 9–18 Uhr (Juli/Aug. bis 20 Uhr), Sa/So 10–15 Uhr (Juli/Aug. bis 18 Uhr), Okt. bis April eingeschränkt, meist: Mo–Fr 9–16 Uhr, Sa 10–15 Uhr, So geschl. Nahe der Seebrücke. Neue Strandstr. 30, 17454 Zinnowitz, ✆ 038377-4920 (Zimmervermittlung ✆ 038377-49211), ℻ 42229, www.zinnowitz.de.

Ostsee
Pommersche Bucht
Ostseebad Zempin
Damerow
Ostseebad Koserow
Kölpinsee
Kölpinsee
Stubbenfelde
Loddin
Achterwasser
Insel Görmitz
Ückeritz
Wussow
Naturpark Insel Usedom
Stagnieß
Insel Usedom
Grüssower Ort
B 111
Ostseebad Bansin
Reestow
Grüssow
Pudagla
Schmollensee
Gr. Krebssee
Ostseebad Heringsdorf
Lieper Winkel
Cosim
Sellin
Neu Sallenthin
Neuhof
Liepe
Quilitz
Balmer See
Sallenthin
Ostseebad Ahlbeck
Dewichow
Gothen
Świnoujście
(Swinemünde)
Balm
Benz
Gothensee
Rankwitz
Neppermin
Seehof
Krienke
Morgenitz
Korswandt
Wolgastsee
Moderort
Labömitz
Mellenthin
Katschow
Kachliner See
Ulrichshorst
Suckow
Thurbruch
Zerninsee
Usedomer Stadtforst
Kachlin
Zirchow
Mellenthiner Heide
B 110
Garz
POLEN
Kutzow
Dargen
Flughafen Heringsdorf
Kamminke
Usedom
Stolpe auf Usedom
Usedomer See
Welzin
Wilhelmshof
Westklüne
Ostklüne
Stettiner Haff
2 km
Usedom

Weitere Zimmervermittlungen: **Bäder Tourist**, Dünenstr. 10a, 17454 Zinnowitz, ✆ 038377-40807 oder 41215, 📠 41514, www.baeder-tourist.de.

• *Kurtaxe* Mai bis Sept. Erw. 2 €/Tag, im Winter 1,30 €, Kinder bis 18 Jahren frei.

• *Baden* Breit und feinsandig, steinfrei, flach ins Meer abfallend und geadelt von der **Blauen Flagge** – der Strand von Zinnowitz lässt fast keine Wünsche offen. Der Hauptstrand rechts und links der Seebrücke wird von der DLRG überwacht, FKK-Abschnitt im Westen, Hundestrand im Osten.

• *Fahrradverleih* Zahlreiche Fahrradverleiher vor Ort, Fahrrad (3-Gang) ab 5 €/Tag, bei allen auch Kinderfahrräder (ab 2 €/Tag) Zubehör, Nachläufer etc.; z.B. bei **Köditz**, Mai bis Sept. tägl. 8.30–18 Uhr, in der Nebensaison tägl. 9–11 Uhr und 16–18 Uhr, Oiestr. 1, ✆ 0170-4105866. Oder auch bei **Kruggel**, Dr.-Wachsmannstr. 5, ✆ 038377-42869, www.fahrradverleih-usedom.de (Filiale auch in Bansin).

• *Taxi* **Peter Müller** am Bahnhof, ✆ 038377-40567; **Roland Orpel**, ✆ 038377-42222.

• *Theater* **die blechbüchse**, das gelbe Theater, Schauspiel, Konzerte, Varieté und Lesungen in einer ehemaligen, gelben Lagerstatt für Strandkörbe (oberhalb der Freilichtbühne). Seestr. 8, ✆ 038377-40936 (Zentraler Kartenservice: ✆ 03971-208925), www.blechbuechse.de.

• *Verbindungen* Hier Umsteigebahnhof der **UBB**, s. S. 255.

Touristenbahn: Das Bimmelbähnchen *Vineta* fährt z. B. zum Seglerhafen und nach Lütow auf der Halbinsel Gnitz. Auch Stadtrundfahrten und Ausflüge. Infos in der Kurverwaltung oder bei Müller Tours, Wiesenweg 13, ✆ 038377-40499 oder 0172-3247463 (Bahn), 📠 038377-40448, www.muellertours.com.

Vineta-Festpiele

Theaterspektakel rund um das sagenhafte versunkene Vineta im Juli und August auf der Freilichtbühne. Karten und Infos unter ✆ 038377-40936 (oder über den Zentralen Kartenservice ✆ 03971-208925), www.vineta-festspiele.de bzw. über die Kurverwaltung.

Übernachten/Essen & Trinken/Nachtleben

• *Übernachten/Essen & Trinken* **Strandhotel Preußenhof**, traditionsreiches Hotel in bester Lage über der Seebrücke, dazu gehören die Häuser Strandpalais Prinz von Preußen und Luise von Preußen. Gehobenes Fischrestaurant *Belle Epoche*, *Museumscafé* und große Wellnesslandschaft. Sehr freundlich. DZ inkl. Frühstück ab 135 €, auch Ferienwohnungen, diverse Arrangements. Dünenstr. 10, 17454 Zinnowitz, ✆ 038377-390, 📠 39510, www.schoener-inseln.de.

Aparthotel Seeschlösschen, schöne großzügige und gut ausgestattete Appartements (teils mit Seeblick), direkt oberhalb der Promenade, Appartement ab 100 € (2 Pers., 1 Raum) bis 154 € (4 Pers., 3 Räume) und 212 € (2 Pers., 2 Räume und ein Türmchen), Frühstückbüfett 7,90 €/Pers.. Dünenstr. 15, 17454 Zinnowitz, ✆ 038377-4800, 📠 48049, www.seeschloesschen-zinnowitz.de.

Hotel/Restaurant Asgard, freundliches Hotel mit sympathischer Leitung in einer wiederaufgebauten Jugendstilvilla, im Haus das *Café Wien* mit herrlicher Aussicht, die *Bar Sinatra* und das *Restaurant Asgard*. Hallenbad, Beautycenter mit großem Wellnessangebot, Fahrradverleih. EZ 70–75 €, DZ 96–130 €, einschließlich Frühstück sowie Schwimmbad- und Saunanutzung. Auch Appartements. Dünenstr. 20, 17454 Zinnowitz, ✆ 038377-4670, 📠 467124, www.hotelasgard.de.

***** **Palace-Hotel**, ein mächtiger Bäderpalast am Strand, zwei noble Restaurants (entsprechend teuer), Pool, Sauna, Whirlpool, Wellnessangebot.. DZ mit Frühstück 160–240 €, auch Appartements. Strandpromenade (Anfahrt über Dünenstr. 8); 17454 Zinnowitz, ✆ 038377-3960, 📠 39699, www.zinnowitz-palacehotel.de.

Zum Smutje, viel und zu Recht gelobtes Fischrestaurant (es gibt hier auch kaum etwas anderes als Fisch), auch tägl. wechselnde Fischgerichte. Gilt als eines der besten Fischrestaurants der Insel. Mittags und abends geöffnet (abends unbedingt reservieren), ein paar Tische auch draußen. Etwas abseitige Lage: die Dünenstraße Richtung Bernsteintherme und dann links in die Vinetastraße abbiegen. Vinetastr. 5 a, ✆ 038377-41548.

Hotel und Ristorante Primavera, italienische Pizzeria (ergiebige Karte) samt nettem kleinem Hotel, nur sieben Zimmer, mitten im Ort. Zum Haus gehört auch das mäxx, tagsüber Café, abends Cocktailbar (s. u.).

Abwechslungsreiches Angebot in Zinnowitz: Banana-Boat und Tauchgondel

DZ mit Frühstück 70–89 €. Neue Strandstr. 24, 17454 Zinnowitz, ✆ 038377-42046, ✆ 36172, www.primavera-maexx.de.

Pension Lachmöwe, sympathisch, günstig, im Zentrum von Zinnowitz, aber ruhig in einem Hinterhof gelegen, nur zehn Zimmer, Reservierung ratsam. EZ 30 €, DZ 68–75 €, Mehrbettzimmer 100 €, jeweils mit Frühstück. Waldstr. 2, 17454 Zinnowitz, ✆ 038377-35440, ✆ 35628, www.pension-lachmoewe.de.

Campingplatz Pommernland, schöner Waldcamping am Westrand von Zinnowitz, unweit vom Strand, auch Pensionszimmer und Blockhäuser. Mit Restaurant, Imbiss, kleinem Laden, Waschmaschinen, Fahrradverleih. Blockhäuser (für 2–6 Pers. 80–110 €/Tag), Erw. 5,75 €, erm. 4,65 €, Zelt je nach Größe 5–8 €, Wohnmobil 9–10 €, Pkw 3,30 €, Hund 3,20 €. Dr.-Wachsmann-Str. 40, 17454 Zinnowitz, ✆ 038377-40348, ✆ 40349, www.camping-pommernland.m-vp.de.

Museumscafé, im Hotel Preußenhof am Vorplatz der Seebrücke. Ein bisschen gute alte Zeit in Zinnowitz, ob zum Frühstück, zum Mittag- oder Abendessen oder einfach nur zum Kaffee in stilvollem historischem Ambiente, nicht zu teuer. Dünenstr. 10, ✆ 038377-39450.

• *Nachtleben* **mäxx**, Café und Cocktailbar, Tische auch draußen, freundlich, im Sommer auch tagsüber, im Winter ab 17 Uhr. Neue Strandstr. 24, ✆ 038377-36171.

Sehenswertes in Zinnowitz und Umgebung

Heimatmuseum: Die liebevoll gestaltete, kleine Ausstellung über die Geschichte von Zinnowitz und die Entwicklung des Bäderwesens ist im Hotel Preußenhof untergebracht. Bademoden und Strandkörbe, Sonnenschirme und Badekarren vermitteln einen Eindruck von den Kindertagen des Strandurlaubs. Außerdem werden alte Ansichtskarten, Dokumente, Fotos etc. sowie eine kleine Bernsteinkollektion präsentiert. Die Exponate wurden weitgehend von Zinnowitzer Bürgern gespendet. Im Anschluss empfiehlt sich ein Besuch im schmucken Museumscafé nebenan.

Öffnungszeiten Im Sommer Mo–Fr 13–17 Uhr, Sa/So 15–18 Uhr, im Winter nur Sa/So oder auf Anfrage. Kein Eintritt, eine kleine Spende versteht sich von selbst. Im Preußenhof, Dünenstr. 10, Infos im Hotel oder unter ✆ 038377-40536 *(Historische Gesellschaft zu Seebad Zinnowitz)*.

Tauchgondel: Am (seeseitigen) Ende der Vineta-Brücke hängt die jüngste Attraktion von Zinnowitz. Die Gondel taucht hinab in 3,50 Meter Tiefe und ermöglicht

Usedom
Karte S. 256/257

dem Besucher einen Blick auf den Meeresboden ohne Taucheranzug und Sauerstoffgerät. Außerdem werden 3D-Filme zur heimischen oder auch exotischen Unterwasserwelt gezeigt.

• *Öffungszeiten* Juni bis Aug. tägl. 10–21 Uhr, Mai, Sept., Okt. tägl. 11–18 Uhr, Nov. bis April 11–16 Uhr (maximal aber bis Sonnenuntergang), wetterbedingt sind Ausfälle aber möglich, ein Tauchgang dauert etwa 45 Min., Erw. 8 €, erm. 6 €, Kinder bis 15 Jahren 4,50 €, Familienticket 18 € (1 Kind) bzw. 20 € (2 Kinder), ✆ 038377-37861, www.tauchgondel.de.

Weißer Berg: Unbedingt lohnenswert ist ein Ausflug zum gerade einmal 32 m hohen Weißen Berg. Die unter Naturschutz stehende Südspitze der Halbinsel Gnitz mit schilfreicher Binnen- und hoher Steilküste samt herrlicher Aussicht über das Achterwasser gehört zu den idyllischsten Ecken Usedoms.

• *Anfahrt/Wanderung* Von Zinnowitz in südliche Richtung nach Neuendorf auf der Halbinsel Gnitz und weiter nach Lütow. Die Straße (hier parken) zum *Naturschutzgebiet Südspitze Gnitz* wird bald zum Feldweg und führt ca. 2 km am Achterwasser entlang zum unübersehbaren Weißen Berg.

• *Essen & Trinken* **Galeriegarten Café**, ein kleines Idyll in Lütow, herrlicher Biergarten, guter Kaffee, köstlicher Kuchen, rundum nett und gemütlich, dabei günstig. März bis Okt. täglich 11–19 Uhr. ✆ 038377-40190.

Trassenheide

ca. 950 Einwohner

Durch das abgelegene, stille Seebad führt zwar die Straße nach Peenemünde, das touristische Angebot aber findet sich etwa einen Kilometer vom Ortskern entfernt auf der anderen Seite des Kiefernwaldes am Strand. Hier gelangt man vom großen Parkplatz an einer Kreuzung zum neu angelegten Strandvorplatz, dem Park samt Konzertmuschel und zum zentralen Strandzugang. Die Abgeschiedenheit und natürlich der fast vier Kilometer lange, steinfreie, flach ins Meer abfallende Strandabschnitt sind das große Plus des kleinen Ortes.

• *Information* **Kurverwaltung des Seebades Trassenheide**, im Haus des Gastes an der Kreuzung im Ort, freundlicher Service, auch Zimmervermittlung, geöffnet im Sommer Mo–Fr 9–18 Uhr, Sa/So 10–15 Uhr, Okt. bis April Mo–Fr 9–17 Uhr, Sa/So geschlossen. Strandstr. 36, 17449 Trassenheide, ✆ 038371-20928, 📠 20913, www.seebad-trassenheide.de.

• *Baden* Der fast 4 km lange, stein- und buhnenfreie Sandstrand fällt flach in die Ostsee ab. In Ortsnähe überwacht, FKK-Bereich Richtung Karlshagen, Hundestrand Richtung Zinnowitz (auf Höhe des Campingplatzes). Auch über dem Strand von Trassenheide weht die **Blaue Flagge**.

• *Fahrradverleih* **Hertel**, in der Alten Försterei (auf halbem Weg zum Strand), Tourenräder ab 5 €, zur Hochsaison 9–18 Uhr, in der Nebensaison 9.30–14 Uhr, im Sommer auch am Campingplatz Ostseeblick täglich 9–11 Uhr, ✆ 038371-20923 oder 0170-2362241.

• *Kurtaxe* Mai bis Sept. Erw. 1,80 €/Tag, Kinder, Schüler, Studenten 0,60 €.

• *Übernachten/Essen & Trinken* *** **Kaliebe**, strandnahes Haus auf halbem Weg zum Campingplatz. Auf dem riesigen, waldbestandenen Grundstück gibt es auch Ferienwohnungen in finnischen Blockhäusern. Das Restaurant darf sich mit lokalen Auszeichnungen dekorieren, große Karte, viel Fisch, viele regionale Spezialitäten, mittleres Preisniveau. Ganzjährig geöffnet. EZ 60 €, DZ 80–95 €, Suite 105 €, jeweils mit Frühstück, Blockhaus (4 Pers.) 125 €, Ferienwohnungen (2 Pers.) ab 65 €, dazu Sauna, Wellness, Fahrradverleih. Zeltplatzstr. 5, 17449 Trassenheide, ✆ 038371-520, 📠 52299, www.kaliebe.de.

Friesenhof, Reit- und Ferienhotel, großes Gehöft in Alleinlage Richtung Karlshagen. Landhotel, auch Appartements, Restaurant, Sauna. Reitstunden, Strandritte und Kutschfahrten, außerdem Fahrradverleih. DZ 66–75 €, App. 80 €, Suite 90 €, jeweils einschließlich Frühstück, Bahnhofstr. 48, 17449 Trassenheide, ✆ 038371-2610, 📠 26111, www.friesenhof-trassenheide.de.

Campingplatz Ostseeblick, schöner Waldcamping direkt hinter den Dünen, etwa 300 Stellplätze, neue Sanitäreinrichtungen, kleiner Laden und Gaststätte. April bis Okt. geöffnet. Erw. 4 €, Kinder 3–14 Jahre 3 €, Zelt 7–12 €, Wohnmobil11–13 €, Pkw 3,50 €,

Hund 3,50 €. Zeltplatzstr., ✆ 038371-20949 (Nov. bis März 038371-20928), ✆ 28472 (Nov. bis März 20913), www.seebad-trassenheide.de (Seite der Kurverwaltung, hier weiter über Gastgeber/Campingplatz).

• *Verbindungen* **UBB**, siehe S. 255.

Sehenswertes

Die beiden Sehenswürdigkeiten befinden sich etwas außerhalb (Richtung Zinnowitz). Hier liegt die nach eigenen Angaben größte *Schmetterlingsfarm* Europas und die jüngste Attraktion in Usedoms Inselnorden: *das auf dem Kopf stehendes Haus.* Das ist nicht im übertragenen Sinne gemeint, vielmehr ruht das komplett eingerichtetes Einfamilienhaus auf seinem Giebel. An die Zimmerdecken, die eigentlich die Fußböden sind, montierte Möbel führen zu einem sehr eigentümlichen Perspektivwechsel.

• *Öffnungszeiten* **Schmetterlingsfarm**: tägl. 10–19 Uhr, in der Hauptsaison 9–21 Uhr, maximal aber bis Sonnenuntergang, Erw. 7,50 €, erm. 6 €. Wiesenweg 5, ✆ 038371-28218, www.schmetterlingsfarm.de. **„Die Welt steht Kopf"**: Das auf dem Kopf stehende Haus ist April bis Okt. tägl. 10–18 Uhr, Nov. bis März tägl. 10–16 Uhr geöffnet, Erw. 6, erm. 4 €. Wiesenweg 2, ✆ 03837-126344, www.weltstehtkopf.de.

Karlshagen

ca. 3100 Einwohner

Der Ort, der erst 2001 und als voraussichtlich letzter in den Kreis der Seebäder Usedoms aufgenommen wurde, erstreckt sich zwischen dem ehemaligen Militärhafen (heute Fischer- und Sporthafen) am Peenestrom und dem herausgeputzten Kurplatz am Hauptzugang zum Strand. Obwohl dreimal so groß, hat Karlshagen viel mit dem Nachbarort Trassenheide gemein: Die Hauptstraße führt durch den eigentlichen Ort, die Strandstraße (wenngleich etwas bebauter als in Trassenheide) durch den Kiefernwald zum herrlichen Sandstrand, und in Strandnähe geht rechter Hand eine Zeltplatzstraße zu einem Waldcamping ab.

• *Information* **Touristinformation Karlshagen**, an der Hauptstraße, nett und hilfsbereit, nebenan Zimmervermittlung (Bäder Tourist, ✆ 038371-20815, ✆ 28162, www.baeder-tourist.de). Mai bis Sept. Mo–Fr 9–18 Uhr, Sa/So 9–12 Uhr (Mai, Juni und Sept. So geschl.), Okt. bis April Mo–Fr 9–16 Uhr, Sa/So geschl., Do bis 18 Uhr. Hauptstr. 36, 17449 Karlshagen, ✆ 038371-20758, ✆ 28537, www.karlshagen.de.

• *Baden* Der herrliche, breite Sandstrand fällt familienfreundlich flach in die Ostsee ab, am Hauptstrand überwacht, FKK-Bereich und Hundestrand Richtung Trassenheide. Auch das Ostseebad Karlshagen darf die **Blaue Flagge** über dem Strand hissen.

Zwischen Karlshagen und der Abzweigung zum Flugplatz Peenemünde befindet sich unweit der Straße (man muss nur durch ein Wäldchen) ein schier endloser feiner, sehr seichter Sandstrand. Es gibt zwei größere (gebührenpflichtige) Parkplätze, der erste am nördlichen Ortsausgang von Karlshagen, der zweite auf halber Strecke im Wald; mehrere Übergänge von der Straße. Im Sommer mit Imbisswagen, FKK mischt sich mit Textil, es gibt auch einen Hundeabschnitt.

Eisernes Sonnenbad

• _Fahrradverleih_ **Holtz**, Fahrrad ab 5 €/Tag, auch Zubehör sowie Strandkorbvermietung, im Sommer 9–13 Uhr (Rückgabe 17–18 Uhr), Peenestr. 3, ✆ 038371-21985 oder 0175-5221985. **Strand 18**, zur Saison 9–12 Uhr, auf halbem Weg zum Strand (bei der Post), Strandstr. 18, ✆ 038371-2460.

• _Kurtaxe_ Im Mai, Juni und Sept. Erw. 1,50 €/Tag, Kinder, Schüler, Studenten 0,50 €, im Juli/Aug. 1,80 €, erm. 0,50 €.

• _Übernachten/Essen & Trinken_ **** **Strandhotel**, direkt an der Strandpromenade und dennoch ruhig gelegen. Stilvolle Einrichtung, auch im _Restaurant_ (nur abends, Reservierung empfehlenswert, 3-Gänge-Menü ca. 32 €, 4-Gänge-Menü ca. 40 €, natürlich auch a la carte), nachmittags Cafébetrieb. Nobler Wellnessbereich. EZ 60–90 €, DZ 90–120 €, einschließlich Frühstück. Strandpromenade 1, 17449 Karlshagen, ✆ 038371-2690, ℻ 269199, www.strandhotel-usedom.de.

Dünenschloss Karlshagen, in einem der Bäderarchitektur nachempfundenen, neu erbauten Haus am Rondell (in Strandnähe), dahinter großer Garten, Restaurant und Eiscafé. DZ mit Frühstück 75 € (mit Balkon/Terrasse 85 € sowie Meerblick 100 €), App. 85–105 €. Strandstr. 11, 17449 Karlshagen, ✆ 038371-2620, ℻ 26245, www.duenenschloss-karlshagen.de.

VeerMaster, das Restaurant befindet sich am Yacht- und Fischereihafen (etwa 1 km von der Durchgangsstraße entfernt). Unaufdringliches maritimes Interieur, nicht teuer, im Sommer täglich ab Mittag durchgängig geöffnet, im Winter ab 17 Uhr und nur am Wochenende ganztägig. Am Hafen 2, ✆ 038371-21012.

Dünencamp, schöner Waldcampingplatz, lang gestreckt hinter den Dünen, neue Sanitäreinrichtungen, auch behindertengerecht, rund 350 meist schattige Stellplätze, Spielplatz und -zimmer, Kiosk, Waschmaschinen, Fahrradverleih. Wohlorganisierte Anlage, gemischte Stellplätze von Zelten, Wohnwagen und Wohnmobilen. Ganzjährig geöffnet. Erw. 4,50 €, Kinder/Jugendliche 3–14 J. 2 €, 15–18 J. 3,50 €, Zelt je nach Größe 7–11 €, Wohnmobil 10–12 €, Pkw 3 €. Zeltplatzstr., 17449 Karlshagen, ✆ 038371-20291, ℻ 20310, www.karlshagen.de.

• _Verbindungen_ **UBB**, siehe S. 255.

Peenemünde

ca. 300 Einwohner

Weit über die Grenzen Mecklenburg-Vorpommerns bekannt, steht Peenemünde gleichermaßen für Pionierleistungen der Raumfahrtgeschichte und für menschenverachtendes Unrecht.

Bevor der Bädertourismus auf Usedom Einzug hielt, war Peenemünde mit gerade einmal 500 Einwohnern der drittgrößte Ort auf der Insel – nach Swinemünde und Usedom/Stadt. Doch während Ahlbeck und Heringsdorf im Süden bald zu mondänen Kaiserbädern erblühten, blieb Peenemünde ein ruhiges Fischerdorf, in das sich kaum ein Berliner verirrte. Die abgeschiedene Lage wurde Peenemünde schließlich zum Verhängnis. Ab 1936 wurde hier die _Heeresversuchsstelle_ (später _Heeresversuchsanstalt) Peenemünde_ eingerichtet, Ziel war die Entwicklung, Erprobung und Produktion von Raketen für den militärischen Einsatz als Massenvernichtungswaffen. Die Bewohner mussten den Ort verlassen, ihre Häuser wurden abgerissen und der gesamte Norden Usedoms zum militärischen Sperrgebiet erklärt. In kürzester Zeit entstanden unter strengster Geheimhaltung ein Kraftwerk, Entwicklungsfabriken, eine Anlage zur Herstellung von flüssigem Sauerstoff, Prüfstände und Abschussrampen, neue Hafenanlagen, ein Flugplatz, ein Überschall-Windkanal sowie Wehrmachtskasernen und Wohnungen für die Wissenschaftler, Techniker und Offiziere – sowie Baracken für die etwa 10.000–15.000 unter unmenschlichen Bedingungen an der Raketenproduktion beteiligten Kriegsgefangenen, KZ-Häftlinge und sonstigen Zwangsarbeiter.

Im Mai 1937 nahm die Raketenforschungsabteilung der Wehrmacht unter _Walter Dornberger_ und _Wernher von Braun_ (siehe S. 265) ihren Betrieb auf. Sie bildeten die militärische und technische Leitung der _Heeresversuchsanstalt Peenemünde Ost_, während der Luftwaffe _Peenemünde West_ unterstand – zusammen eine der größten und die modernste Forschungseinrichtung ihrer Zeit.

Die berüchtigtste Rakete, die in Peenemünde entwickelt und produziert wurde, war die sog. *Vergeltungswaffe 2 (V 2)*, die eigentlich schlicht *Aggregat 4* hieß, aber aus propagandistischen Gründen umbenannt wurde. Die V 2 war eine ballistische Rakete mit großer Reichweite und bis dato ungekannter Flughöhe, die erste Rakete überhaupt, die an den Rand des Weltalls kratzte. Ihren ersten militärischen Einsatz erlebte sie am 8. September 1944, als sie auf Paris abgeschossen wurde. Danach wurde sie vorrangig als Terrorwaffe gegen die britische Zivilbevölkerung eingesetzt. Wegen ihrer geringen Treffergenauigkeit war sie aber alles andere als die vermeintlich kriegsentscheidende Wunderwaffe, als die sie von der Nazi-Propaganda apostrophiert wurde.

Aggregat 4 – als V 2 berühmt und berüchtigt

Bereits vor den ersten Abschüssen der V 2 waren die Alliierten trotz größter Geheimhaltungsmaßnahmen auf den Standort Peenemünde aufmerksam geworden, sodass das Areal ab 1943 wiederholt zum Ziel von Bombenangriffen wurde. Der schwerste erfolgte in der Nacht zum 18. August 1943, als 600 Flugzeuge der Royal Air Force 1800 Tonnen Bomben über Peenemünde abwarfen: 733 Menschen starben, vor allem Kriegsgefangene, Zwangsarbeiter und KZ-Häftlinge, die Wissenschaftler blieben zum größten Teil verschont.

Auch nach Ende des Krieges wurde das Gebiet weiter militärisch genutzt. Nachdem die Sowjets gemäß dem Potsdamer Abkommen weite Teile der Heeresversuchsanstalt demontiert hatten, bezog in den 1950er Jahren die Flotte der DDR den Hafen und die Luftstreitkräfte den Flugplatz von Peenemünde. Die meisten Gebäude des heutigen Peenemünde stammen aus dieser Zeit. Der Peenemünder Haken samt Dorf blieb Sperrgebiet bis zur Übernahme der NVA durch die Bundeswehr (1990) und der Auflösung des Marinestützpunktes (1996). Seither hat der (Tages-)Tourismus Fuß gefasst und ist nach fast fünfundsiebzigjähriger militärischer Präsenz einer der wenigen Arbeitgeber der Gegend. Heute wird der Ort von leerstehenden Plattenbauten und verwaisten Militärgebäuden dominiert – alles etwas trostlos und wenig ansehnlich. Entschädigt wird man durch die Peenemünder Museumsmeile.

• *Rundflüge* Über den Peenemünder Haken 40 €, Kinder 25 € (15 Min., Preise bei voller Auslastung, ansonsten 99 €/Flug); 35-Min.-Rundflug über den Greifswalder Bodden (inkl. Mönchgut/Rügen und Greifswald) oder Usedom 70 €, Kinder 55 € (bzw. 180 €); großer 65-Min.-Rundflug über Rügen 140 €, Kinder 100 € (bzw. 340 €). Usedomer Fluggesellschaft, Flughafen Peenemünde, Info-Hotline ✆ 0700-33334747 (0,12 €/Min.) oder 0176-10777708,, ✆ 038371-26581, www.usedomer-fluggesellschaft.de.

Usedom Karte S. 256/257

• *Verbindungen* **UBB**, siehe S. 255.

Die **Personenfähre** zum Festland (Peenemünde – Freest – Kröslin und zurück) legt Juli/Aug. 10–18 Uhr stündlich ab (Mai/Juni und Sept./Okt. bis 16 Uhr, nach Kröslin nur alle 2 Stunden). Außerdem Ausflugsfahrten zur Insel Ruden und zur Greifswalder Oie. Apollo Fahrgastschifffahrt, Zum Hafen 1, 17449 Peenemünde, ✆ 038371-20829, 📠 28529, www.reederei-peenemünde.de.

Sehenswertes

Historisch-Technisches Informationszentrum (HTI): Nach dem Ende des Krieges, der Demontage durch die Sowjets und der Auflösung des Marine- respektive NVA-Stützpunktes sind von der einstigen Heeresversuchsanstalt heute v. a. noch das Kraftwerk, der Bunker sowie die Ruine der Sauerstofffabrik erhalten. Ein Rundgang durch das Informationszentrum beginnt in der Bunkerwarte und führt über ein großes Freigelände, auf dem u. a. auch ein originalgetreues Modell der V 2 zu sehen ist. Im Anbau des Kraftwerks, das selbst ein bedeutendes technisches Denkmal darstellt, ist die gelungene und informative Ausstellung zu sehen. Als leitendes Motiv vorangestellt ist ihr der deutsche Titel von Thomas Pynchons Roman *Gravity's Rainbow* (1973): *Die Enden der Parabel.* Wie in dem großen Roman steht hier die Flugbahn der V 2 symbolisch für die Spannung zwischen sensationellem technologischem Fortschritt und dem Sieg über die Schwerkraft einerseits und dem Absturz in die Barbarei durch die Produktion und den Einsatz der Massenvernichtungswaffen andererseits. Dementsprechend widmet sich die Ausstellung zunächst anhand von Dokumenten, Originalteilen und Infotafeln den Anfängen der Raumfahrt, um dann den Bogen zu schlagen zur rein militärischen Nutzung der Technologie und speziell zur Raketenforschung in Peenemünde. Man hört die Stimmen von Zeitzeugen, die als Zwangsarbeiter in dem Werk litten, sieht Originalaufnahmen der Raketenversuche und bekommt per Installation einen Eindruck von der Wirkung eines Raketeneinschlags. Ein weiterer Ausstellungsabschnitt informiert über die Entwicklung der Raketenforschung nach dem Zweiten Weltkrieg. Kurzum: Das HTI ist unbedingt einen Besuch wert.

Öffnungszeiten April bis Sept. täglich 10–18 Uhr, Okt. bis März 10–16 Uhr (Nov. bis März Mo Ruhetag). Erw. 6 €, erm. 4 €, Familienticket 16 € (Kombiticket mit Phänomenta 11 €, erm. 8 €). Im Kraftwerk, 17449 Peenemünde, ✆ 038371-5050, 📠 505111, www.peenemuende.de. Auf dem Gelände des HTI gibt es auch ein Café.

Phänomenta: Physik zum Anfassen und Ausprobieren. Anhand diverser Versuchsanordnungen werden physikalische Phänomene anschaulich gemacht. Wie man mit ein wenig Muskelkraft einen Trabi hochheben kann; wie man mit einem Trommelschlag aus zwei Metern Entfernung eine Kerze zum Erlöschen bringt; wie man mit seinen Fingern Blitze schleudern kann und vieles mehr. Insgesamt mehr als 250 Experimente und Ausstellungsstücke erwarten den Besucher.

Öffnungszeiten Mitte März bis Ende Okt. täglich 10–18 Uhr und 20. Dez. bis 4. Jan. 10–16 Uhr. Erw. 7 €, erm. 6 €, Kinder bis 18 Jahre 5 €, (Kombiticket mit dem HTI 11 €, erm. 8 €). Museumsstr. 12, ✆ 038371-26066, www.phaenomenta-peenemuende.de.

Maritim Museum (U 461): Das (nach eigenen Angaben) größte U-Boot-Museum der Welt liegt im Hafen von Peenemünde vor Anker. Das Unterseeboot der Juliett-Klasse war 1962 vom Stapel gelaufen und stand bis 1993 als Teil der 58. U-Boot-Brigade in sowjetischen Diensten. Nur das obere Deck ist zugänglich: Man zwängt sich durch den knapp 86 m langen U-Boot-Schlauch und gelangt dabei durch Torpedoraum, Mannschafts- und Offiziersquartiere (luxuriös die Kabine des Kapitäns), Kontrollzentrale und Navigationsraum sowie Kombüse und Maschinenraum.

Öffnungszeiten Ganzjährig täglich geöffnet, Juli bis Mitte Sept. 9–21 Uhr, Mitte Sept. bis Okt. und April bis Juni 10–18 Uhr, Nov. bis März 10–16 Uhr. Erw. 6 €, Familientickets 12–13 €. ✆ 038371-28565, www.u-461.de.

Die Enden der Parabel – Wernher von Braun

Genialer Forscher oder gewissenloser Karrierist? Oder beides? Bis heute tun sich die Forschung und eine interessierte Öffentlichkeit schwer, Leben und Werk *Wernher von Brauns* zu verorten. Die von ihm entwickelte Rakete *Aggregat 4* besiegte die Schwerkraft, flog eine perfekte Parabel und reichte als erste an den Weltraum heran. Doch nicht nur bei den Einschlägen (z. B. in London) starben Tausende von Menschen, sondern auch während der Produktion der vermeintlichen Wunderwaffe, deren Konstruktion später dazu beitragen sollte, den ersten Menschen auf den Mond zu transportieren.

Wernher Magnus Maximilian von Braun, geboren am 23. März 1912 bei Posen, war schon früh mit dem Raketenfieber infiziert. Bereits mit 15 entwarf er die detaillierte Skizze eines bemannten Raumschiffes, mit 20 wurde er ziviler Angestellter des Heereswaffenamtes, mit 25 stand er der *Heeresversuchsanstalt Peenemünde* als technischer Direktor vor (ab 1937). Im gleichen Jahr trat von Braun in die NSDAP ein, ab 1940 war er SS-Offizier. 1942 gelang in Peenemünde der erste Start der unter seiner Regie entwickelten A-4-Rakete. Wenige Monate später war von Braun maßgeblich daran beteiligt, Hitler von der A-4, die bald V 2 („Vergeltungswaffe") heißen sollte, zu überzeugen. Das Forschungsprogramm erhielt höchste Priorität, die V 2 war auserkoren, die Kriegswende einzuleiten. Um die Arbeit voranzutreiben, wurde das *KZ Peenemünde* eingerichtet. Nach Bombenangriffen der Alliierten musste die Produktion 1943 in einen unterirdischen Stollen bei Nordhausen im Harz verlegt werden, wo das berüchtigte *KZ Dora*, später *Mittelbau*, entstand. Um die Massenvernichtungswaffen in Serie herstellen zu können, arbeiteten Tausende von KZ-Häftlingen, Kriegsgefangenen und sonstigen Zwangsarbeitern unter unmenschlichen Bedingungen, viele verloren dabei ihr Leben. Dass von Braun von den barbarischen Praktiken während des Baus seiner Raketen nichts gewusst haben soll, ist nicht nur unglaubhaft, sondern nachweislich falsch. Dass er nicht zur Verantwortung gezogen wurde, verdankte er den Amerikanern.

Nach Kriegsende traten von Braun und ein Großteil der wissenschaftlichen Mannschaft aus Peenemünde in die Dienste der US-Armee, die bereits mehrere V-2-Raketen erbeutet hatte. Nach zwei verlorenen Kriegen, sollte von Braun später sagen, wolle er nun auf der Seite der Sieger stehen. Seine Karriere in Amerika knüpfte nahtlos an seine alte an – bald war er wieder technischer Direktor eines Raketenforschungszentrums. Seinem Traum von der Erforschung des Weltalls hingegen kam er erst mit dem Sputnik-Schock näher. Denn nicht nur die Amerikaner hatten sich in Peenemünde an Mensch und Material bedient, sondern auch die Sowjets, denen es mit einer Weiterentwicklung der V 2 1957 gelungen war, den ersten Satelliten ins All zu schießen. Damit war von Braun wieder im Rennen. Nur wenige Monate später gelang es ihm, den ersten amerikanischen Satelliten, den *Explorer 1*, ins All zu befördern. Im Auftrag der NASA entwickelte er Trägerraketen für das forcierte Weltraumprogramm der USA. Die *Saturn-V-Rakete*, von Brauns größter Triumph, beförderte schließlich das Raumschiff *Apollo 11* in den Weltraum und mit ihm die Astronauten *Neil Armstrong* und *Edwin Aldrin* als erste Menschen auf den Mond. Von Braun hatte eines seiner Lebensziele erreicht. Sein darauf aufbauendes Projekt aber, der bemannte Flug zum Mars, wurde bis heute nicht in Angriff genommen. Am 16. Juni 1977 starb Wernher von Braun in den USA.

Am Achterwasser

Die Inselmitte

Usedoms Landenge: auf der einen Seite das vom offenen Meer abgeschnittene und teils von einem recht breiten Schilfgürtel flankierte Achterwasser, auf der anderen die Ostsee mit weiten Sandstränden und Dünen und dahinter liegendem Waldstreifen. Die beiden schönsten Orte auf dem schmalen Landstreifen sind das Seebad Koserow mit dem knapp 60 m hohen Streckelsberg und die Doppelortschaft Loddin-Kölpinsee mit Hafen am Achterwasser und kleinem Seebad am Meer.

Lüttenort/Damerow

Die Taille Usedoms, von einem schmalen Wasserarm namens Riek so ordentlich eingeschnürt, dass zwischen dem Achterwasser und der Pommerschen Bucht gerade noch 300 m flaches Land der Ostsee trotzen. Früher gab es hier ein kleines Fischerdorf namens *Damerow*, das von der verheerenden Sturmflut 1872 (siehe S. 22) nahezu völlig zerstört und von seinen Bewohnern schließlich aufgegeben wurde. Heute erinnert nur noch das hübsch am Waldrand gelegene alte *Forsthaus Damerow* (heute Hotel) an die untergegangene Ansiedlung. *Lüttenort* hingegen ist keine Ortschaft, sondern war Wohnhaus und Atelier des Malers *Otto Niemeyer-Holstein* (1896–1984). Direkt an der schmalsten Stelle Usedoms gelegen, verdankt das Anwesen seinen Namen dem Segelboot des Künstlers, dem „Lütten", mit dem Niemeyer-Holstein bereits in den 1930er Jahren über das Achterwasser gekreuzt war.

Heute kann man sich im Museum **Atelier Otto Niemeyer-Holstein,** das das ehemalige Wohnhaus und Atelier sowie den Ausstellungsraum Neue Galerie umfasst, einen guten Einblick in das Leben und das stark von der Küste Usedoms inspirierte Werk des Künstlers verschaffen. Schön ist auch der das Anwesen umgebende Skulpturengarten mit Werken von Freunden und Kollegen Niemeyer-Holsteins.

• *Öffnungszeiten* 15. April bis 15. Okt. tägl. 10–18 Uhr, Eintritt 3 €, Schüler/Stud. 1,50 €, nur Garten 1,50 €. Führungen durch Wohnhaus und Atelier tägl. 11, 12, 14 und 15 Uhr, Dauer ca. 1 Std., max. 15 Personen, Erw. 7 €, Schüler/Stud. 3,50 €. 16. Okt. bis 14. April nur Mi, Do, Sa und So 10–16 Uhr, Führungen um 11, 12 und 14 Uhr. ✆ 038375-20213 oder 22004, www.atelier-otto-niemeyer-holstein.de.

• *Übernachten/Essen & Trinken* **Forsthaus Damerow/Hotel Vineta**, in Alleinlage am Waldrand (direkt bei der Landenge). Hübscher Wintergarten, tagsüber Lobby, abends Cocktailbar, Restaurant im Forsthausstil, mittlere bis gehobene Preisklasse. Großer Wellnessbereich mit Hallenschwimmbad und Sauna, außerdem Tennisplatz, Kanuverleih am Achterwasser und Fahrradverleih. EZ 74 €, DZ ab 124 €, App. für 2–4 Personen 147–208 €, jeweils einschießlich Frühstück. 17459 Koserow/Damerow, ✆ 038375-560, 📠 038375-56400, www.forsthaus-damerow.de oder www.wellnesshotel-vineta.de.

Koserow

ca. 1700 Einwohner

Das größte Seebad der Inselmitte nimmt fast die gesamte Breite der Landenge ein und liegt am Fuß einer für Usedom beträchtlichen Erhebung. Der fast 60 Meter hohe Streckelsberg mit seinem schönen Mischwald bricht zur Ostsee hin an einer imposanten Steilküste ab.

Nur die B 111 und ein schmaler Streifen Wiese trennen den alten Ortskern Koserows vom Achterwasser, während die Häuser an der Seeseite teils nahe an die Steilküste rücken. Von der Hauptstraße gehen die kleinen, teils ungepflasterten Seitenstraßen ab, die sich bis an den Strand mit Seebrücke und zum Streckelsberg hin erstrecken, um den sich übrigens allerlei Sagenhaftes rankt: das prächtige Vineta soll hier aufgeblüht und untergegangen sein (siehe S. 140), und auch der legendäre Freibeuter Klaus Störtebecker soll sich hier vor seinen hanseatischen Häschern versteckt haben.

1846 kamen die ersten Badegäste nach Koserow, doch trotz langer touristischer Tradition hat sich der Ort bis heute einen stillen Charme bewahrt. Die schönste Ecke befindet sich zweifellos beim Zugang zum Hauptstrand. Hier liegen im lichten Waldstreifen die **Salzhütten** von Koserow, in denen die Fischer einst ihren Fang, vornehmlich Heringe, einlegten und haltbar machten. Bei dem vielbesuchten Wahrzeichen des Seebads handelt es sich allerdings um Rekonstruktionen, die Originale aus der Zeit um 1820 fielen der Sturmflut von 1872 zum Opfer. Zweite Sehenswürdigkeit des Ortes ist die aus dem 13. Jh. stammende **Feldsteinkirche** im alten Ortskern.

• *Information* **Kurverwaltung Koserow**, an der Hauptstraße auf halbem Weg zwischen B 111 und den Salzhütten, geöffnet Juli/Aug. Mo–Fr 9–18 Uhr (Mittagspause), Sa/So 9–12 Uhr, Mai/Juni, Sept. So geschlossen, Okt. bis April nur Mo–Fr 9–16 Uhr. Hauptstr. 21, 17459 Koserow, ✆ 038375-20415, 📠 20417, www.seebad-koserow.de.

• *Kurtaxe* Erw. 1,50 €, erm. 0,50 €.

• *Übernachten/Essen & Trinken* **Nautic Hotel**, modernes Hotel an der Hauptstraße, funktionale Zimmer, Schwimmbad, Sauna, außerdem Café und Restaurant (nicht teuer), mit Biergarten. DZ mit Frühstück ab 108 €. Triftweg 4, 17459 Koserow, ✆ 038375-2550, 📠 25555, www.hotel-nautic.de.

Camping Am Sandfeld, kleiner Platz mit etwa 150 Stellplätzen, ausreichend Schatten, neuen Sanitärenrichtungen. Supermarkt und Gaststätten in Laufweite. Geöffnet April bis Sept. Erw. 5,50 €, Kinder (3–14 J.) 2,50 €, Zelt je nach Größe 4–8 €, Caravan 7–9 €, Pkw 2,50 €. Am Sandfeld, 17459 Koserow, ✆ 038375-20759, 📠 18400, www.amsandfeld.de.

Koserower Salzhütten, beliebtes Fischrestaurant, urig und eng, oft bis auf den letzten Platz besetzt. Mit eigener Räucherei und Verkauf. Am Strand bei den Fischern. ✆ 03875-20680, www.koserower-salzhuette.de.

• *Verbindungen* **UBB**, siehe S. 255.

Loddin-Kölpinsee

ca. 1100 Einwohner

Drei Gewässer in Loddin-Kölpinsee: die Ostsee auf der einen, das Achterwasser auf der anderen Seite und dazwischen ein bei Touristen und Schwänen beliebter Binnensee. Ein idyllischer Weg führt um den von Schilf und Wald umrahmten Kölpinsee herum. Die kleine zersiedelte Gemeinde besteht außerdem aus dem winzigen Ortsteil *Stubbenfelde* und dem Haupt der Gemeinde, dem am Achterwasser

Usedom
Karte S. 256/257

gelegenen Ort *Loddin*. Letzterer befindet sich oberhalb des *Loddiner Höft*, einer Halbinsel, die ins Achterwasser ragt. Ein einladender Spaziergang verspricht hübsche Ausblicke über das Binnengewässer.

• *Information* **Kurverwaltung Loddin**, an der B 111, Ecke Strandstraße. Juni bis Sept. Mo–Fr 9–18 Uhr, Sa 9–12 Uhr, Juli/Aug. auch So 9–12 Uhr, Okt. bis Mai Mo–Fr 9–16 Uhr. Strandstr. 23, 17459 Loddin, ✆ 038375-22780, 📠 227818 (Zimmervermittlung ✆ 038375-227810), www.seebad-loddin.de.

• *Baden* Herrlicher Sandstrand (am Hauptstrandzugang überwacht), nach Koserow hin unterhalb einer Steilküste, dort auch Hundestrand. Ein weiterer Hundestrand befindet sich auf Höhe des Campingplatzes Stubbenfelde.

• *Bootsverleih* **Kikis Bootsverleih**, in herrlicher Lage am Achterwasser, auch netter Biergarten (s. u.). Ruder-, Paddel- und Tretboote, auch kleine Motorboote, Segelboote auf Anfrage. ✆ 038375-20802.

• *Fahrradverleih* **Fam. Hengstler**, auch Strandkorbverleih, Strandstr. 34 und am Campingplatz Stubbenfelde, ✆ 038375-21167.

• *Kurtaxe* Mai bis Sept. 1,30 €, erm. 0,50 €, Okt. bis April 0,65 €, erm. 0,25 €.

• *Übernachten/Essen & Trinken* Außergewöhnliche **Ferienwohnungen** stehen in der restaurierten und rohrgedeckten **Alten Scheune** in Loddin und in schmucken „schwedenroten" **Holzhäusern** zur Verfügung. Infos unter www.alte-scheune-loddin.de bzw. www.schwedenrot.de.

Strandhotel Seerose, großes, modernes Haus mit 57 Zimmern nahe am Strand. Wellness- und Beauty-Angebot, Badelandschaft mit Hallenbad, Sauna und Dampfbad. Restaurant und Bistro mit nettem Biergarten. EZ 79–127 €, DZ 154–199 €, Suite 209–233 €, jeweils mit Frühstück. Strandstr. 1, 17459 Loddin-Kölpinsee, ✆ 038375-540, 📠 54199, www.strandhotel-seerose.de.

Campingplatz Stubbenfelde, schöner, gut ausgestatteter Platz, z. T. im Wald südöstlich des Kölpinsees gelegen, Kleiner Laden, Restaurant, Saunalandschaft, Fahrradverleih, Erw. 5 €, Kinder (2–15 J.) 2,70 €, Stellplatz je nach Größe 9,80–12,80 €, unparzelliert ab 6 € (nur Zelt, mit Pkw 9 €). Auch Ferien- und Blockhäuser (ab 93 €/4 Personen). Geöffnet April bis Okt. Waldstr. 12, 17459 Loddin-Kölpinsee/OT Stubbenfelde, ✆ 038375-20606, 📠 22186, www.stubbenfelde.de.

Fischrestaurant Waterblick, am südlichen Ende von Loddin und etwas erhöht gelegen, herrlicher Blick über das Achterwasser. V. a. Fisch aus heimischen Gewässern, aber auch Fleischgerichte, gehobenes Preisniveau. Tägl. ab mittags geöffnet (im Winter Mi Ruhetag), nachmittags Cafébetrieb. Am Mühlenberg 5, ✆ 038375-20294, www.waterblick.de.

Kikis, idyllischer Biergarten mit rohrgedeckter Bar und winziger Kneipe beim Bootsanleger am Achterwasser (hier auch Bootsverleih, s. o.). Durchgehend warme Küche, Kaffee und Kuchen, zur Saison täglich ab 10 Uhr geöffnet. Am Rand des Loddiner Höfts gelegen, ✆ 038375-20802.

• *Verbindungen* **UBB**, siehe S. 255.

Ückeritz

ca. 1000 Einwohner

Freundliches, kleines Seebad ohne Ostseeblick auf der meerabgewandten Seite der Landenge. Lediglich ein kleiner Ortsableger samt Restaurant und Campingplatz verfügt über unmittelbare Strandnähe.

Vom langen Sandstrand wird der eigentliche Ort durch einen schmalen Waldstreifen getrennt, in südöstlicher Richtung und zum Kölpinsee hin erstrecken sich weitere Waldgebiete. Zu DDR-Zeiten – so hieß es zumindest – breitete sich hier der größte Campingplatz Europas aus, eine im Wald verborgene Zeltstadt, die jeden Sommer von Tausenden Urlaubern bevölkert wurde. Noch immer gibt es diesen lang gestreckten Campingplatz hinter den Dünen, nur deutlich verkleinert, modernisiert und sehr nett.

Hübsche moderne Holzhäuser, in denen Ferienwohnungen, Cafés, Imbissbuden und Souvenirläden untergebracht sind, schmücken den Zugang zum Hauptstrand. Etwas abseits und in Panoramalage hoch über dem Strand liegt das beliebte Restaurant-Café *Utkiek*. Am Strand selbst kann im Sommer reichlich Rummel herrschen. Der

Ort Ückeritz ist dagegen eher langweilig: beidseitig der B 111 gelegen und von nüchternen Neubauten geprägt. Recht hübsch ist der kleine Hafen, bei dem sich eine Surfschule und Cafés befinden.

• *Information* **Kurverwaltung Ückeritz**, freundlich und hilfsbereit, Mai bis Sept. Mo–Fr 9–18 Uhr, Sa/So 9–12 Uhr, Okt. bis April 9–16 Uhr. Bäderstr. 5, 17459 Ückeritz, ✆ 038375-2520, 📠 25218, www.ueckeritz.de.

• *Kurtaxe* Mai bis Sept. 1,50 €, erm. 1 €.

• *Baden* Da Ückeritz auf der meerabgewandten Seite der Landenge liegt, muss man auf dem Weg zum herrlichen feinsandigen, flach ins Meer abfallenden Strand erst den Waldstreifen durchqueren. Überwacht auf Höhe des Hauptstrandzugangs, Hundestrand 300 m Richtung Kölpinsee, 200 m weiter FKK-Strand. Außerdem erstrecken sich mehrere ausgewiesene Hundestrand- und FKK-Bereiche entlang des Campingplatzes.

• *Essen & Trinken* **Deutsches Haus**, im urgemütlichen Gastraum wird pommersche Küche aus regionalen Zutaten serviert, mittleres Preisniveau. Mittags und abends geöffnet, Di Ruhetag. Nebenstr. 1, ✆ 038375-20940, www.deutsches-haus-ueckeritz.de.

Restaurant/Strandcafé Utkiek, sehr beliebtes Lokal in schöner Lage über dem Strand, große Terrasse mit herrlichem Ausblick, auf der Speisekarte vor allem Fisch, auch Kaffee und Kuchen. Ganzjährig durchgehend geöffnet, kein Ruhetag. Beim Hauptstrandzugang links auf den Dünen. ✆ 038375-20408.

• *Fahrradverleih* **Awe**, an der Strandpromenade und in der Hauptstraße im Ort. Hauptstr. 8, ✆ 038375-20938 oder 0172-5616598.

• *Übernachten* **Hotel/Pension Nussbaum**, modernes Garni-Hotel, schöner Garten, Wintergarten und Bar, ruhig am Ortsrand gelegen. EZ 75 €, DZ 90–122 €, Maisonette für 2–4 Personen 122–172 €, jeweils mit Frühstück. Feldstr. 2, 17459 Ückeritz, ✆ 038375-2380, 📠 23888, www.nussbaumhof.de.

Pension Am Achterwasser, freundlich geführte, neue Pension nahe dem Hafen, auch nettes (Eis-)Café. Nur 5 Zimmer. DZ mit Frühstück 70–80 €. Hauptstr. 35, 17459 Ückeritz, ✆ 038375-20600, 📠 20643, www.pension-achterwasser.de.

Naturcamping Am Strand, traditionsreicher Zeltplatz, etwa 700 Stellplätze auf einem schmalen Streifen hinter den Dünen von fast 4 km Länge. Fahrradverleih, zwei Läden und eine Gaststätte, neue bzw. renovierte Sanitäreinrichtungen. Geöffnet Mitte April bis Mitte Okt. Buchung und Infos (ganzjährig) über die Kurverwaltung (s. o.). Erw. 4,20 €, Kinder (3–13 J.) 1,90 €, kleines Zelt 5 €, großes Zelt 6,30 €, Wohnmobil 7,90–8,50 €, Pkw 3,80 €, auch Bungalows (ca. 40 €). Am Strand, 17459 Ückeritz, ✆ 038375-20923 (Rezeption; im Winter über die Kurverwaltung ✆ 038375-2520), www.campingplatz-ueckeritz.de.

• *Verbindungen* **UBB**, siehe S. 255.

• *Wassersport* **Windsport Usedom**, großes Angebot, Segeln, Wind- und Kitesurfen, flexible Kursgestaltung. Außerdem Bootsverleih. Direkt beim Hafen am Achterwasser, mit Café, auch Pension. Hauptstr. 36, ✆ 038375-20641 oder 0177-4935503, 📠 038375-22394, www.windsport-usedom.de.

Südlich von Ückeritz

Usedomer Gesteinsgarten: Hinter dem schön und einsam am Waldrand gelegenen Forsthaus *Neu Pudagla* ist eine gewichtige Ausstellung zu bestaunen. In dem liebevoll angelegten Garten sind etwa 140 teilweise recht massige Findlinge zu einer Gesteinssammlung zusammengetragen worden. Im Gehöft um das Forsthaus ist zudem eine kleine naturkundliche Ausstellung untergebracht.

Öffnungszeiten Täglich 7.30–18 Uhr, Eintritt frei, Infos zu Führungen: Forstamt Neu Pudagla, 17459 Ückeritz, ✆ 038375-20460, 📠 038375-291137, www.forstamt-neupudagla.mvp.de.

Kletterwald Usedom: Jüngste Attraktion Usedoms ist der schöne Kletterwald unweit des Forsthauses *Neu Pudagla*. Neben den Einweisungsstrecken warten sechs Kletterparcours unterschiedlicher Schwierigkeitsgrade und Höhen (von einem bis zur 13 Metern) darauf, erklommen und gemeistert zu werden.

Öffnungszeiten Mitte Juni bis Ende Sept. tägl. 9.30–20 Uhr, in der Nebensaison 10–18 Uhr, Dez. bis Febr. geschl. (Ticketverkauf bis 2 Std. vor Schließung). Erw. 15 €, erm. 12 , Kinder 5–12 Jahre 9 €, auch Familientickets, Nutzungsdauer 2 Std., Am Forstamt Neu Pudagla, 17459 Ückeritz, ✆ 038375-22677 oder 0160-90361641, www.kletterwald-usedom.de.

Heringsdorf – die moderne Seebrücke

Die drei Kaiserbäder

Usedoms Aushängeschild – über zwölf Kilometer erstreckt sich der flach abfallende, schneeweiße Strand entlang der drei Kaiserbäder Ahlbeck, Heringsdorf und Bansin, die durch eine acht Kilometer lange Flanierpromenade miteinander verbunden sind.

Ohnehin sind die ehemaligen Fischerdörfer – einst kaum mehr als ein paar Katen – mittlerweile fast zu einem einzigen Ort zusammengewachsen, was sich in der bisweilen gebrauchten Bezeichnung *Dreikaiserbäder* auch sprachlich niederschlägt. Wer die Promenade entlanggeht, stößt in allen drei Seebädern auf prestigereiche Villen, die dem mondänsten der drei Orte, Heringsdorf, schon früh den Beinamen „Nizza des Ostens“ eingebracht haben. Das Markenzeichen „Kaiserbäder“ hat sich dagegen erst in wilhelminischer Zeit entwickelt, als der Bädertourismus seinem ersten Höhepunkt entgegensteuerte. Als letzter Beiname sei noch „Badewanne Berlins“ erwähnt, eine Bezeichnung, die im letzten Viertel des 19. Jh. entstand, als der Ausbau des Bahnnetzes dafür sorgte, dass Badegäste aus der Hauptstadt nur noch gut drei Stunden brauchten, um die hiesigen Badefreuden genießen zu können, und entsprechend zahlreich anreisten.

Ahlbeck

ca. 3500 Einwohner

Eines der bekanntesten deutschen Ostseebäder. Ähnlich exklusiv wie das benachbarte Heringsdorf, trumpft Ahlbeck zusätzlich noch mit der schönsten Seebrücke der gesamten Ostseeküste auf.

Das sorgfältig restaurierte Bauwerk und Wahrzeichen des Ortes ist wohl das meistfotografierte Motiv Usedoms. Feierlich eingeweiht wurde die Seebrücke des Ostseebades bereits 1898, nach der Zerstörung durch die Last gewaltiger Eismassen im Winter 1940/41 ließ die Rekonstruktion nach historischem Vorbild aber bis 1994 auf sich warten. Das Gebäude auf der Plattform aus den 1930er Jahren blieb allerdings erhalten und diente schon in der DDR als Restaurant. Die schmiedeeiserne Jugendstiluhr vor der Seebrücke wurde 1911 von einem vermögenden Badegast gestiftet.

Um den Seebrückenplatz spielt sich das Leben von Ahlbeck ab, hier und an der endlosen Strandpromenade Richtung Heringsdorf reihen sich die Hotels und Restaurants fast nahtlos aneinander. In zweiter Reihe wird es etwas ruhiger. Zwar sind auch hier am Hügel noch immer viele ansehnliche Villen im Bäderstil zu finden, aber von den touristischen Hauptrouten werden sie kaum berührt. Ein netter Spaziergang führt von der Strandpromenade über die Bismarckstraße hinauf zur villengeschmückten Kaiserstraße, an deren Ende sich die Ahlbecker Backsteinkirche im neugotischen Stil aus dem Jahr 1895 befindet. Wichtigste Einkaufsstraße in zweiter Reihe ist die Seestraße. Hier und in den umliegenden kleinen Sträßchen findet man noch am ehesten ein Stück „normales" Ahlbeck ohne aufwendig und kostspielig renovierte Bädervillen, die fast ausnahmslos als Nobelappartements für betuchte Badegäste hergerichtet wurden.

Der Uhrturm vor der Seebrücke von Ahlbeck

Noch mehr Infos zu den drei Kaiserbädern finden Sie im Reisehandbuch *Usedom* des Michael Müller Verlags. Erlangen 2009, ISBN 3-89953-414-6.

Praktische Informationen

- *Information* **Touristinformation**, an der Seebrücke. Im Sommer Mo–Fr 9–18 Uhr, Sa/So 10–15 Uhr, im April/Mai und Oktober Mo–Fr 9–17 Uhr und Sa/So 10–13 Uhr, im Winter Mo–Fr 9–17 Uhr, Sa/So 10–12 Uhr. Dünenstr. 45, 17419 Ahlbeck, ✆ 038378-499350, 499352, www.drei-kaiserbaeder.de.
- *Baden* Endloser, feiner Sandstrand, die Wasserqualität mit der **Blauen Flagge** geadelt, Dünen schützen vor neugierigen Blicken. Rund um die Seebrücke diverse Strandkorbvermietungen und ein Bootsverleih. Von der Reha-Klinik in Richtung Swinemünde folgen ein unbewachter FKK-Abschnitt und ein Hundestrand.
- *Fahrradverleih* **Oberländer**, am Bahnhof, Tourenrad 6–9 €/Tag, im Sommer tägl. 9–18 Uhr, ✆ 038378-31684.
- *Kurtaxe* Mai bis Sept. Erw. (ab 16 J.) 2,30 €, erm. 1,10 €, Rentner 1,80 €, Okt. bis April Erw. 1,20 €, erm. 0,50 €, Rentner 0,90 €.
- *Verbindungen* **UBB**, siehe S. 255.

Bus: Mit der **U 16** von Ahlbeck (Bahnhof) 6-mal tägl. nach Garz, Kamminke und Bansin. Die **U 8** fährt 2-mal tägl. über Bansin, Sellin und Sallenthin nach Benz, 1-mal tägl. ab

Usedom Karte S. 256/257

Benz weiter nach Usedom/Stadt. Außerdem mit dem Ostseebus von 8.30 bis 22.30 Uhr alle 30 Minuten von Ahlbeck-Grenze (und Ahlbeck-Bahnhof) nach Heringsdorf und Bansin, in der Gegenrichtung von Ahlbeck-Grenze nach Swinemünde.

Schiff: Mit den Personenfähren der Adler-Reederei tägl. über Heringsdorf, Bansin und Koserow nach Zinnowitz und Swinemünde. Tickets beim Uhrturm an der Seebrücke, Ostern bis Ende Okt., ✆ 038378-477920, www.adler-schiffe.de.

Übernachten

***** **Ahlbecker Hof (14)**, traditionsreiches Haus (1890) an der Strandpromenade, sorgfältig ausgewählte Einrichtung, nostalgisch und stilvoll, Kaminzimmer und Bibliothek, Blauer Salon und Gourmet-Restaurant, Wellnessbereich. 70 Zimmer und Suiten in historischem Ambiente, DZ mit Frühstück 204–239 €. Dünenstr. 47, 17419 Ahlbeck, ✆ 038378-620, 62100, www.seetel.de.

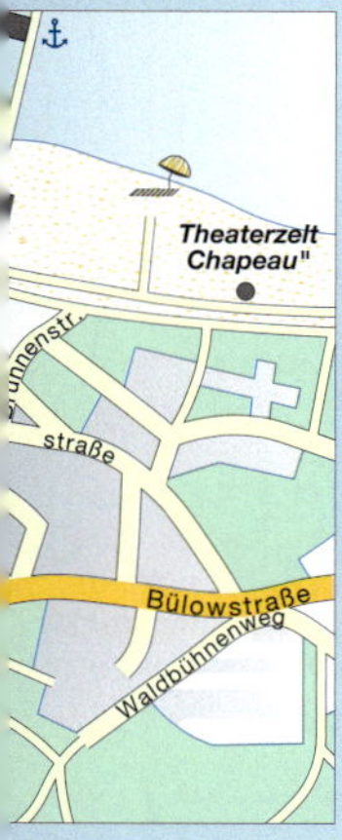

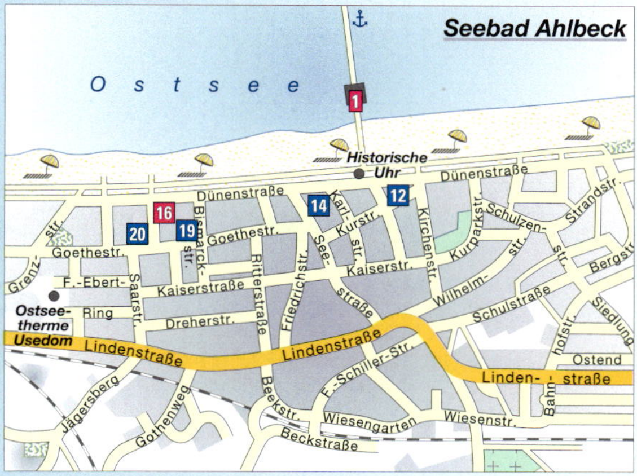

**** **Ostseehotel Ahlbeck (12)**, bei der Seebrücke, komfortables Haus mit Bar, Wintergarten und Restaurant, außerdem Hallenbad und Sauna. 69 Zimmer z. T. mit Balkon. EZ 99 €, DZ 115–166 €, Frühstück inkl. Dünenstr. 41, 17419 Ahlbeck, ✆ 038378-600, 📠 60100, www.seetel.de.

**** **Villa Auguste Viktoria (19)**, ehrwürdige Jugendstilvilla in der Bismarckstr. mit Wintergarten und Innenhof sowie Café. Gediegener Komfort mit hellen Möbeln und z. T. Balkon. Sauna im Haus. EZ 95 €, DZ 105–140 €, Frühstück inkl. Bismarckstr. 1–2, 17419 Ahlbeck, ✆ 038378-2410, 📠 24144, www.auguste-viktoria.de.

Pension Carlsburg (20), Empfehlung in zweiter Reihe: gepflegte, schneeweiße Villa, komfortable Zimmer, außerdem einige Appartements und zwei Ferienwohnungen – alles durchaus bezahlbar: EZ 45 €, DZ 70–90 €, Frühstück jeweils inkl. App. 70–80 €, Ferienwohnung 75–90 €. Stresemannstr. 2, 17419 Ahlbeck, ✆ 038378-22570, 📠 499966, www.pension-carlsburg-usedom.de.

Karte S. 256/257

Essen & Trinken (Karte S. 272/273)

Restaurant-Café Seebrücke (1), in herrlicher Lage, von der schattigen Terrasse bietet sich ein endloser Strandblick bis nach Heringsdorf. Gehobenes Preisniveau. Mehrmals wöchentlich Livemusik, in der nachgebauten „Kogge" werden täglich ab 18 Uhr Aperitife und Cocktails kredenzt. Tägl. ab 11 Uhr, ✆ 038378-22296.

La Brasserie (14), viel gelobtes Bistro-Restaurant im Hotel Ahlbecker Hof (separater Eingang). Schöne Terrasse in erhöhter Lage, im Inneren dunkles Holz und offene Küche. Fisch- und Fleischspezialitäten, viel vom Grill, aber auch pommersche Küche, Spezialitätenwochen etc. Mittleres Preisniveau. Ab mittags geöffnet, nachmittags Café. Dünenstr. 47, ✆ 038378-620.

Bayernstüberl Leopold's (16), für alle, die sich nach heimatlicher Küche jenseits der Mainlinie sehnen: Leberkäs, Obazter, Weißwürste, der obligatorische Schweinebraten mit Semmelknödeln ... Netter Biergarten, nicht teuer. Tägl. 10–24 Uhr. Dünenstr. 57, ✆ 038378-33344.

Heringsdorf

ca. 3600 Einwohner

Trotz des klanglosen Namens das größte, mondänste und berühmteste der drei Kaiserbäder. Und dank bestem Klima und Jodsole-Quelle darüber hinaus ein bedeutender Kurort mit entsprechend großem Angebot.

An der Promenade reihen sich die prachtvollen Bädervillen aneinander, alle sorgsam restauriert und von parkähnlichen Gärten umgeben. Noch heute kann man hier als Badegast nobel Quartier beziehen. In zweiter Reihe wird man jedoch nicht ganz so verwöhnt mit optischen Eindrücken: Den zentralen Platz des Friedens zieren das modern-funktionale *Forum Usedom* und das Doppelhochhaus mit Kurhotel und Kurklinik, dazwischen klemmt sich ein Flachbau mit Bowlingcenter. Auch die moderne Seebrücke aus dem Jahr 1995 weckt nicht unbedingt nostalgische Gefühle, wer darin schwelgen möchte, sollte sich doch lieber in die Gegend um die noble Delbrückstraße mit ihren imposanten Villen begeben. Anfang des 20. Jh. gaben sich hier die prominenten Badegäste aus der nahen Hauptstadt quasi die Klinke in die Hand: Walzerkönig Johann Strauss logierte bereits 1889 in der *Villa Ada*, der Maler Lyonel Feininger machte zwischen 1908 und 1912 mehrfach Urlaub in der *Villa Oppenheim*, Kurt Tucholsky war 1920/21 in Heringsdorf Sommergast, und Heinrich Mann quartierte sich nebst Familie 1923 im *Heringsdorfer Strandhotel* ein.

Einem weiteren berühmten Gast des Seebades ist sogar eine Gedenkstätte gewidmet: Maxim Gorki, russischer Schriftsteller und enger Weggefährte Lenins. Von Mai bis September 1922 weilte er zur Kur in Heringsdorf, und es heißt Lenin selbst habe ihm geraten, an die See zu reisen, um dort seine Tuberkulose behandeln zu lassen. Tatsächlich waren es wohl die schon länger schwelenden ideologischen Auseinandersetzungen, die Lenin auf die Idee gebracht hatten, seinen Mitstreiter auf diese elegante Weise loszuwerden. Gewohnt hat Gorki in der neoklassizistischen *Villa Irmgard* aus dem Jahr 1906, in der heute die **Maxim-Gorki-Gedenkstätte** eingerichtet ist. Im Erdgeschoss sind Salon, Arbeits- und Schlafzimmer Gorkis noch im originalgetreuen Stil erhalten, zahlreiche Zeitdokumente runden das Bild ab. Sehenswert ist das *Arabische Zimmer*, der Salon zur Straße hin. In der Villa finden auch Lesungen, Vorträge und andere kulturelle Veranstaltungen statt.

Öffnungszeiten Mai bis Sept. Di–So 10–18 Uhr, Okt. bis April Di–So 10–12 und 13–16 Uhr, Mo geschl. Erw. 4 €, erm. 2 €, Stud. 1 €. Maxim-Gorki-Str. 13, 17424 Heringsdorf, ✆ 038378-22361.

Sonnenaufgang am langen Strand von Usedom

Praktische Informationen (Karte S. 272/273)

• *Information* **Kurverwaltung**, im Rathaus, hier starten auch die Stadtführungen. Juni bis Sept. Mo–Fr 9–18 Uhr, Sa/So 10–15 Uhr, im April/Mai und Okt. Mo–Fr 9–17 Uhr, Nov. bis März Mo–Fr 9–16 Uhr und Sa/So 10–12 Uhr. Kulmstr. 33, 17424 Heringsdorf, ✆ 038378-2451, 📠 2454, www.drei-kaiserbaeder.de. **Zimmervermittlung** im Bahnhof, ✆ 01805-583783, 📠 038378/477118.

• *Baden* Langer und feiner Sandstrand mit **Blauer Flagge**, durch Dünen von der belebten Strandpromenade getrennt. Bootsverleih und Kiosk/Café nahe der Seebrücke. Einen FKK-Strand findet man am unbewachten Strandabschnitt zwischen Heringsdorf und Ahlbeck, der nächste Hundestrand liegt an der Strandpromenade Richtung Bansin.

• *Einkaufen* **Lutter & Wegner (9)**, Weine und Feinkost, nicht gerade günstig. Tägl. 11–22 Uhr. Kulmstr. 3, ✆ 038378-22125.

Maison Vogue, in der noblen Villa Oechsler, einem der repräsentativsten Gebäude in Heringsdorf, Mode von Bogner, Escada etc. Tägl. 10.30–18.30 Uhr. Delbrückstr. 5, ✆ 038378-22710.

• *Fahrradverleih* **Fahrradverleih Oberländer**, im UG des Kurhotels (Hochhaus). Tourenrad 6–9 €/Tag. Im Sommer tägl. 9–18 Uhr. ✆ 038378-22240.

• *Kurtaxe* Mai bis Sept. Erw. (ab 16 J.) 2,30 €, erm. 1,10 €, Rentner 1,80 €; Okt. bis April Erw. 1,20 €, erm. 0,50 €, Rentner 0,90 €.

• *Veranstaltungen* **Baltic Fashion**, mehrtägiges Modespektakel, immer Ende April und Ende Okt. sowie am 5. Juli. Karten unter ✆ 038378-24419, www.baltic-fashion-award.de.

Usedomer Musikfestival, zwischen ca. 20. September und 10. Okt., die Konzerte finden z. T. im Kursaal statt.

• *Verbindungen* **UBB**, siehe S. 255.

Bus: 2-mal tägl. mit der **U 8** ab Bahnhof Heringsdorf über Bansin, Sallenthin, Benz, Neppermin und im Bogen über Balm, Dewichow, Morgenitz und Suckow nach Usedom/Stadt (nur Mo–Fr). Mit der **Linie 201** etwa alle 2 Std. über Ahlbeck, Korswandt, Zirchow und Usedom/Stadt nach Anklam (Sa/So nur 2-mal tägl.). Der Ostseebus pendelt zwischen 8.30 Uhr und 22.30 Uhr etwa halbstündlich auf der Strecke

Usedom Karte S. 256/257

Bansin – Heringsdorf – Ahlbeck – Swinemünde und retour, Halt in Heringsdorf u. a. am Forum und am Bahnhof.

Schiff: Von Ostern bis Ende Okt. ab Seebrücke tägl. morgens über Bansin und Koserow nach Zinnowitz; 4-mal tägl. über Ahlbeck nach Swinemünde; weitere Fahrten zur Insel Wollin. Infos und Tickets an der Seebrücke, ✆ 038378-47790, www.adler-schiffe.de.

Übernachten (Karte S. 272/273)

• *Hotels/Pensionen* **** **Strandhotel Ostseeblick (5)**, hoch über dem Strand, zentral, aber sehr ruhig gelegen, Terrasse, Therme und Pool, hochgelobtes Restaurant (s. u.), unaufdringliches, stilvolles Ambiente. 61 modernst ausgestattete Zimmer, in der dazugehörigen Villa Usedom außerdem 33 Appartements für 2–4 Personen. DZ 150–190 €, Frühstück inkl., Halbpension zusätzlich 32 € pro Person, App. 210–320 €. Kulmstr. 28, 17424 Heringsdorf, ✆ 038378-540, ℻ 54299, www.strandhotel-ostseeblick.de.

*** **Pommerscher Hof (17)**, zentral am Platz des Friedens gelegen, EZ 97 €, DZ 138–150 €, HP zusätzlich 20 € pro Person. Seestr. 41, 17424 Heringsdorf, ✆ 038378-610, ℻ 61100, www.pommerscherhof.de.

Villa Augusta (26), ein echtes Idyll, etwas versteckt gelegen, 23 stilvolle Zimmer z. T. mit Terrasse/Balkon. Private Atmosphäre, schöner Garten und nur wenige Meter zum Strand. Café im Wintergarten, Sauna, Massage etc. Ganzjährig geöffnet. EZ 109 €, DZ 139–195 €, Frühstück inkl. Delbrückstr. 17, 17424 Heringsdorf, ✆ 038378-47160, ℻ 471649, www.villaaugusta.de.

In Heringsdorf

Weißes Schloss (15), geschichtsträchtige Villa auf dem Kulmberg, in der schon Kaiser Wilhelm I. untergebracht war. Toller Blick, schöne Terrasse, auch Restaurant und Café (s. u.). 18 Zimmer, EZ 66 €, DZ 102–118 €, Dreibett-Zimmer 141 €, Familien-Appartement 140–192 €, jeweils inkl. Frühstück, Halbpension 20 € pro Person. Rudolf-Breitscheid-Str. 3, 17424 Heringsdorf, ✆ 038378-31984, ℻ 31985, www.urlaub-auf-usedom.de.

Villa Neptun (25), an der Strandpromenade in Richtung Bansin, mit Fischrestaurant. 19 Zimmer z. T. mit Balkon. EZ 62 €, DZ 94–104 €, Frühstück inkl. Maxim-Gorki-Str. 53, 17424 Heringsdorf, ✆ 038378-2600, ℻ 26060, www.villaneptun.de.

Pension Erdmann (18), oben bei der Kirche, Garni-Haus mit Terrasse, zu Fuß ca. 10 Minuten zum Strand. 25 Zimmer z. T. mit Balkon/Terrasse. EZ 67,50–77,50 €, DZ 76–86 €, Dreibett-Zimmer 99–114 €, Frühstück inkl. Rudolf-Breitscheid-Str. 7, 17424 Heringsdorf, ✆ 038378-31678, ℻ 22281, www.pension-erdmann.de.

• *Appartements* **** **Villa Aurora (13)**, moderne Ferienwohnungen in klassischer Seebadvilla im Zentrum; für 2 Personen 76–110 €, 4 Personen 145 €. Seestr. 3–4, 17424 Heringsdorf, ✆ 038378-640, ℻ 64199, www.villa-aurora-heringsdorf.de.

• *Jugendherberge* **JH Heringsdorf (27)**, direkt an der Strandpromenade, großer, schattiger Garten, die Zimmer z. T. in schönen Fachwerkhäusern. Beliebte Herberge, man sollte frühzeitig buchen. Übernachtung im Mehrbettzimmer 23,15–25,15 €, Kinder (3–5 Jahre) 11,60–12,60 €, im DZ (mit Bad) 29,15 €, Kinder 14,60 €, inkl. Frühstück und Bettwäsche. Senioren über 27 zuzüglich 4 € pro Nacht, Halbpension 3,50 €. Puschkinstr. 7–9, 17424 Heringsdorf, ✆ 038378-22325, ℻ 32301, www.jh-heringsdorf.de.

Gemütlich: „Des Kaiser's Pavillon"

Essen & Trinken (Karte S. 272/273)

• *Restaurants* **Kulm Eck (10)**, geschmackvolles kleines Lokal weitab vom Bäderschick, unser *Tipp*! Hoch gelobt von *Gault Millau*, nicht allzu große Auswahl und nicht mal teuer: Menü um 30–40 €. Nur wenige Plätze (im Sommer mit Terrasse), Reservierung dringend empfohlen! Ab 18 Uhr geöffnet, Okt. bis März So und Mo geschl. Kulmstr. 17, ✆ 038378-22560, www.kulm-eck.de.

Käpt'n N/Nauticus (23), stilvolles Dinieren weit draußen auf der Seebrücke. Gehoben das Käpt'n N (nur abends, reservieren!), günstiger ist mittags das nicht ganz so noble Nauticus mit etwas einfacherer Küche. Seebrücke 1, ✆ 038378-28817.

Bernstein (5), Spitzenrestaurant im Strandhotel Ostseeblick, helle und freundliche Einrichtung, toller Blick, gehobenes Preisniveau, mittags und abends geöffnet. Kulmstr. 28, ✆ 038378-54240, www.strandhotel-ostseeblick.de.

Des Kaiser's Pavillon (22), sorgfältig rekonstruierter Holzpavillon aus dem Jahr 1911, ob der Kaiser höchstselbst hier jemals zu Gast war, ist jedoch nicht belegt. Einladender Speisesaal mit viel Holz, Palmen und dunklen Polsterbänken, große Auswahl, mittleres Preisniveau. Täglich 11–22 Uhr, durchgehend warme Küche. Brunnenstr. 1, ✆ 038378-22745.

Usedomer Brauhaus (21), ähnlich zentral wie der Pavillon, im Brauhaus gibt es überwiegend Deftiges zu guten Preisen, außerdem verschiedene selbstgebraute Biere. Großes Lokal, uriges Ambiente. Ab mittags bis ca. Mitternacht geöffnet. Platz des Friedens, ✆ 038378-61421.

Restaurant Lukullus – Weißes Schloss (15), besonders einladend ist die herrliche Terrasse (mit Strandkörben) mit Panoramablick. Innen sehr schönes Ambiente. Ab mittags bis ca. 21.30 Uhr geöffnet. Rudolf-Breitscheid-Str. 3, ✆ 038378-47471.

• *Cafés* **Eis-Villa Stein (11)**, bekannt für hervorragendes Eis aus eigener Herstellung, das man auf der wirklich einladenden Terrasse an der Kulmstraße genießt – an schönen Sommertagen meist bis auf den letzten Platz besetzt. Auch Kuchen und andere Süßspeisen. Tägl. ab 10 Uhr geöffnet. Kulmstr. 4, ✆ 038378-28452.

Usedom Karte S. 256/257

Bansin

ca. 2400 Einwohner

Bansin ist die jüngste und die kleinste der drei Seebad-Schwestern. Dabei reicht der Ursprung des heutigen Badeortes, das Dorf Bansin am Gothensee, bis ins Mittelalter zurück.

Flaniert wird natürlich entlang der Strandpromenade, wo prächtige Bädervillen ihre schnörkelreichen Fassaden präsentieren. Am meisten Trubel herrscht zwischen dem Strandzugang an der Seestraße und der Seebrücke. Am Ende der Seestraße befindet sich die flache hölzerne Konzertmuschel aus dem Jahr 1930, die von historischen Badekarren flankiert wird. Von hier sind es knapp 400 Meter bis zur 285 Meter langen, 1994 erbauten Seebrücke. Sie wirft sich ausnahmsweise schnörkellos hinaus in die Ostsee, Aufbauten wie auf den Seebrücken der Nachbarbäder fehlen. Neben der Seebrücke sind in alten Fischerhütten Imbisse und Fischräuchereien eingezogen, zum Teil mit angeschlossenem Biergarten. Die Strandpromenade führt von der Seebrücke aus nur noch ein paar hundert Meter weiter bis zum Ortsrand. Nach Südosten hin reicht die Promenade über Heringsdorf bis hinunter nach Ahlbeck.

Praktische Informationen

- *Information* **Touristinformation**, Haus des Gastes an der Seebrücke, Juni bis Sept. Mo–Fr 9–18 Uhr, Sa/So 10–15 Uhr, im April/Mai und Okt. Mo–Fr 9–17 Uhr, Sa/So 10–13 Uhr, Nov. bis März Mo–Fr 9–16 Uhr, Sa/So 10–12 Uhr. An der Seebrücke, 17429 Bansin, ✆ 038378-47050, 📠 470515, www.drei-kaiserbaeder.de.

Baywatch in Bansin

- *Baden* Auch in Bansin ist die Wasserqualität einwandfrei und seit vielen Jahren mit der **Blauen Flagge** ausgezeichnet. Im Bereich um den Strandzugang bei der Seestraße und der Seebrücke ist der Strand überwacht. Ein Hundestrand liegt etwas südlich des Schloonsees, einen FKK-Strand findet man etwas weiter an einem unbewachten Strandabschnitt Richtung Heringsdorf sowie in entgegengesetzter Richtung jenseits der Strandpromenade.
- *Fahrradverleih* An der Strandpromenade (Nr. 27) „unter" dem Bansiner Hof, sehr freundlich, in der Saison 8.30–18 Uhr.
- *Kurtaxe* Mai bis Sept. Erw. (ab 16 J.) 2,30 €, erm. (Schüler, Studenten, Azubis, Arbeitslose) 1,10 €, Rentner 1,80 €; Okt. bis April Erw. 1,20 €, erm. 0,50 €, Rentner 0,90 €.
- *Veranstaltungen* Das **Bansiner Seebrückenfest** findet Mitte Juli statt.
- *Verbindungen* **UBB**, siehe S. 255.

Bus: 2-mal täglich mit der **U 8** ab Bahnhof Bansin ins Achterland nach Sallenthin, Benz, Neppermin und über Balm, Dewichow, Morgenitz und Suckow nach Usedom/Stadt (nur Mo–Fr). Mit dem Ostseebus von 8.30 bis 22.30 Uhr etwa halbstündlich auf der Strecke Bansin – Heringsdorf – Ahlbeck – Swinemünde und retour.

Schiff: Von Ostern bis Ende Okt. tägl. morgens über Koserow nach Zinnowitz, 4-mal täglich nach Swinemünde. Aktuelle Fahrzeiten und weitere Ausflugsfahrten bei der Ticketverkaufsstelle an der Seebrücke, ✆ 038378-477920, www.adler-schiffe.de.

Literaturtipp: Hans Werner Richters *Geschichten aus Bansin*

Hans Werner Richter, in Bansin geborener Schriftsteller und Initiator der Gruppe 47, widmete seinem Vater Richard die *Geschichten aus Bansin*. In dem Erzählband zeichnete Richter leicht und augenzwinkernd ein Bild vom Leben der einfachen Leute, zu einer Zeit als Bansin begann, ein Seebad zu werden. Lesenswert. *Richter, Hans Werner*: **Geschichten aus Bansin**. Berlin 2008 (Wagenbach).

Übernachten (Karte S. 272/273)

**** **Atlantic (6)**, kleine, noble Herberge an der Strandpromenade, edles Restaurant (Menü um 45 €), schöne Terrasse mit Ostseeblick, zudem *Pub Atlantic*. Nur 32 Zimmer, EZ 105 €, DZ 150 € bzw. 170 € (mit Seeblick), inkl. Frühstück. Strandpromenade 18, 17429 Bansin, ✆ 038378-605, 📠 60600, www.seetel.de.

*** **Hotel Bansiner Hof (3)**, an der Strandpromenade (nahe der Seebrücke). Die nüchterne Fassade verströmt zwar wenig Bäderglanz, dafür ist es hier aber auch vergleichsweise günstig, im Haus das Restaurant Achterdeck, außerdem eine Saunalandschaft. EZ 80 €, DZ 100 € (klein), 110 € (groß), 120–130 € (Seeblick), Frühstück inkl. Strandpromenade 27, 17429 Bansin, ✆ 038378-550, 📠 55255, www.ti-bansin.de.

Aparthotel an der Seebrücke (2), ebenfalls im oberen Teil der Strandpromenade (Anfahrt über die Bergstraße), Appartements und Garni-Hotel in schönem, unprätentiösem Fachwerkhaus, freundlicher Service, einfache Zimmer mit üblichem Komfort. DZ mit Frühstück 105 € (zur Bergstraße) bzw. 120–130 € (Seeseite mit Balkon). Strandpromenade 34, 17429 Bansin, ✆ 038378-3600, 📠 36037, www.ancon-hotels.de.

Kaiser Wilhelm (4), kleines, traditionsreiches Hotel in hübscher Bädervilla, gediegenes Restaurant mit Terrasse. EZ 68 €, DZ 104 € (landseits) bzw. zwischen 114 € (Seeblick) und 130 € (Seeblick und Loggia), jeweils einschließlich Frühstück. Strandpromenade 26, 17429 Bansin, ✆ 038378-2420, 📠 24242, www.ancon-hotels.de.

Essen & Trinken (Karte S. 272/273)

Plonsky (24), gehobenes Restaurant im Hotel Admiral, schöner Blick auf Ostsee und Seebrücke, auf den Tisch kommen vor allem regionale Produkte und fangfrischer Fisch, raffiniert zubereitet und mit Tendenz zur mediterranen, kreativen Küche. In der Saison tägl. abends geöffnet. Strandpromenade 36/37, ✆ 038378-661566.

Achterdeck (3), maritimes Restaurant im Hotel Bansiner Hof, mittlere Preisklasse, gutbürgerliche, fischlastige Küche. Täglich ab Mittag geöffnet. Strandpromenade 27, ✆ 038378-550.

Seeblick (8), im südlichen Teil der Strandpromenade, nettes Restaurant mit etwas erhöht liegendem, liebevoll eingerichtetem Gastraum und schönem Blick auf Promenade, Strand und Meer; günstige Mittagskarte, insgesamt große Auswahl, auch kleine Gerichte. Täglich 12–14 Uhr und 18–22 Uhr. Strandpromenade 9–10, ✆ 0172-2676733.

Café Asgard (7), traditionsreiches Café an der Strandpromenade in einer schönen Bädervilla aus dem Jahr 1898. Elegantes Interieur, freundliche Atmosphäre. Herrliche, schattige Terrasse zur Strandpromenade hin. Variantenreiche und köstliche Backwaren aus eigener Konditorei, sehr beliebt und zu Recht berühmt. 12–18 Uhr, Mo Ruhetag. Strandpromenade 15, ✆ 038378-29488.

Flaniersteg zum Horizont

Ländliche Idylle findet sich fast überall in Usedoms Süden

Der Süden

Abseits des langen Sandstrandes wird es stiller auf Usedom. Direkt im Rücken der Kaiserbäder beginnt die Usedomer Schweiz: sanfte Hügel mit schönen Wäldern und Wiesen inmitten einer kleinen, reizenden Seenlandschaft um Schmollensee und Gothensee. Sehr abgeschieden sind die Boddenküstenlinien im Norden mit dem Lieper Winkel, einer Halbinsel, die weit in das Achterwasser hineinreicht, und im Süden entlang des Stettiner Haffs. Das „Zentrum“ ist Usedom, das altehrwürdige Städtchen, das der Insel ihren Namen gab.

Usedomer Schweiz

Wolgastsee: Dieser romantische kleine See 3 km südwestlich von Ahlbeck ist ein beliebtes Ausflugsziel. Seine Ufer sind überwiegend dicht mit Buchen bestanden, nur am Nordwestufer, gegenüber dem Hotel *Idyll am Wolgastsee*, befindet sich ein Stück Badestrand mit Steg und Bootsverleih. Den knapp einen halben Quadratkilometer großen und maximal ca. 15 Meter tiefen See kann man in einem Spaziergang umrunden (ca. 4 km).

• *Verbindungen* Mit der dem **Bus 201** etwa alle 2 Std. über Ahlbeck, Korswandt, Zirchow und Usedom/Stadt nach Anklam (Sa/So nur 5-mal tägl.).

• *Bootsverleih* Neben der Badestelle, in der Saison 9–21 Uhr geöffnet, ✆ 038378-31860.

• *Übernachten/Essen & Trinken* **Hotel-Restaurant Idyll am Wolgastsee**, der Name des in Korswandt gelegenen Hotels verspricht nicht zu viel, empfehlenswert ist es, ein Zimmer zur Seeseite zu nehmen – nicht nur wegen des schönen Blicks, sondern auch wegen der Hauptstraße, die hinter dem Hotel vorbeiführt. Komfortable, helle Zimmer, im Haus Sauna, Dampfbad und Solarium. Stilvolles Restaurant in hellem Speisesaal, hervorragender Service. Neben Fisch aus Ostsee und Wolgastsee auch diverse Wildgerichte. Auch Café, im Sommer mit Gartenbetrieb. Mittags und abends geöffnet. EZ 70–75 €, DZ 90–125 €, Frühstück inkl. Hauptstr. 9, 17419 Korswandt, ✆ 038378-22116, 📠 22546, www.idyll-am-wolgastsee.de.

Gothensee: Der größte Binnensee Usedoms (600 ha) steht samt seines nicht zugänglichen schilfreichen Ufers unter Naturschutz. Die nördliche Ausbuchtung des hakenförmigen Sees reicht bis an die Ortsgrenzen der Kaiserbäder Bansin und Heringsdorf heran. Nach Süden hin biegt sich der See in einem weiten Bogen bis zum Rand des Thurbruchs. Viele Vogelarten, darunter Wildgänse, Graureiher, Eisvögel und Milane, finden hier Zuflucht, auch Fischotter. Die einzigen ufernahen Siedlungen sind Bansin-Dorf, Sallenthin und Gothen.

Die Mühle von Benz

Sellin: Das alte Fischer- und Bauerndorf liegt idyllisch am Ostufer des weiten, größtenteils schilfbestandenen Schmollensees. Das touristische Angebot des mit alten rohrgedeckten Häuschen geschmückten Ortes ist überschaubar, aber nennenswert: Am Ortsrand (in Seenähe) befindet sich ein netter Naturcamping, und etwas außerhalb (Richtung Bansin und Großem Krebssee) stößt man mitten im Wald auf das ungemein freundliche und entsprechend beliebte Café Fangel.

• *Essen & Trinken* **Café Fangel**, idyllisches Café in einem ehemaligen Forsthaus, Alleinlage mitten im Wald (nahe dem Großen Krebssee). Köstliche Kuchen, Eis, gemütliche Terrasse, freundlicher Service, sehr beliebt und oft bis auf den letzten Platz gefüllt. *Anfahrt*: Von Bansin aus durch Neu-Sallenthin Richtung Sellin, dann nach ca. 500 m rechts und noch ein paar hundert Meter weiter auf einem Waldweg. Mai bis Okt. 14–17.30 Uhr. Am Großen Krebssee, 17429 Neu-Sallenthin, ✆ 038378-32253.

Benz: Die ländliche Stille des in sanfte Hügel gebetteten 300-Einwohner-Dorfes wird nur durch die gut befahrene Durchgangsstraße gestört. Mittelpunkt des Ortes ist die sehenswerte Dorfkirche St. Petri, die in ihrem Kern auf das frühe 13. Jh. zurückgeht. Restauriert und umgestaltet wurde St. Petri nach dem Dreißigjährigen Krieg und erneut Mitte des 18. Jh., als der Turm sein heutiges Aussehen erhielt. Das Kircheninnere stammt von Renovierungen um 1836, als anstelle der alten Decke das eigenwillige Tonnengewölbe eingezogen wurde, das mit farbenfrohen Kassetten versehen ist. Über die Kirche wacht eine auf einer Hügelkuppe thronende, 16 m hohe Holländermühle, eines der letzten noch existierenden Exemplare an der Ostseeküste. Um 1830 erbaut, wurde dort bis 1971 gemahlen. Danach erwarb der Maler *Otto Niemeyer-Holstein* (siehe S. 266) die alte Mühle, rettete sie vor dem Verfall und verfügte schließlich testamentarisch ihre Verwendung als Kulturmühle. Neben der Holländermühle gibt es im Backhaus Getränke, Kaffee und hausgemachten Kuchen.

• *Öffnungszeiten* **Kulturmühle Benz**, Mai bis Okt. tägl. 10–17 Uhr, Mo Ruhetag, in der Nebensaison nur nach Voranmeldung, im Winter geschlossen. ✆ 038378-3650.

• *Verbindungen* Der **Bus U 8** fährt Mo–Fr 2-mal tägl. ab Bahnhof Heringsdorf über Bansin und Sallenthin nach Benz und weiter über Morgenitz nach Usedom/Stadt.

Usedom
Karte S. 256/257

• *Golf* **Golfpark Balmer See**, 27-Loch-Anlage und 6-Loch-Kurzplatz sowie Driving-Range. Am Achterwasser im kleinen Weiler Balm gelegen. Drewinscher Weg 1, ✆ 038379-28199, ℻ 28200, www.golfhotel-usedom.de.

Mellenthin: Bekannt ist das hübsche 200-Seelen-Dorf vor allem für sein Ende des 16. Jh. erbautes und in der zweiten Hälfte des 18. Jh. teilweise umgestaltetes Wasserschloss. Flankiert wird der herrschaftliche Bau von einem gelungen restaurierten barocken Gutshof, in dem ein Hotel mit Restaurant und Café untergebracht sind. Auch das Wasserschloss selbst wird renoviert, bereits fertig sind Restaurant und Café mit Biergarten im Schlosshof. Teile des Schlosses und der Schlosspark sind zu besichtigen.

Vom Schloss zieht sich eine schmucke Lindenallee zur Dorfkirche, deren Altarraum aus Feldsteinen bereits um 1330 entstand. Das backsteinerne Langhaus und der Turm stammen aus dem 15. Jh. Sehenswert im Innern sind das Kreuzrippengewölbe, die Anfang des 20. Jh. freigelegten spätmittelalterlichen Freskenreste und die Grabplatte (1594) des Bauherren des Schlosses *Rüdiger von Neuenkirchen* und seiner Gattin.

• *Übernachten/Essen & Trinken* **Gutshof Mellenthin**, nahe dem Wasserschloss, Hotel und gepflegtes Restaurant, Waffelbäckerei und beliebtes Gartencafé. 20 im modernen Landhausstil eingerichtete Zimmer. Kleines Restaurant mit ausgesuchter Karte, im Café unbedingt die köstlichen Waffeln mit frischen Früchten probieren. Auch Fahrradverleih. Täglich 12–22 Uhr. EZ 80 €, DZ 118–129 €, Frühstück inkl. Dorfstr. 24, 17429 Mellenthin, ✆ 038379-229120, ℻ 28830, www.gutshof-usedom.de.

Beschauliches Usedom im Süden: freilaufendes Federvieh ...

Wasserschloss Mellenthin, stattliches Schloss, weitgehend saniert, mit Restaurant im Gewölbe und Café, stilvolles Ambiente im restaurierten Erdgeschoss, schöne Terrasse und Biergarten im Schlosshof, gutbürgerliche Küche, auch Wildgerichte, mittleres Preisniveau. Täglich 11–22 Uhr. Die hauseigene Brauerei wird derzeit noch restauriert. Das EZ im Schlosshotel kostet 78 €, das DZ 100–148 €, inkl. Frühstück. Sauna im Haus. Dorfstr. 25, 17429 Mellenthin, ✆ 038379-28930, ℻ 28932, www.wasserschloss-mellenthin.de.

• *Verbindung* Mit dem **Bus** 6-mal tägl. nach Ahlbeck und Heringsdorf, die Haltestelle befindet sich allerdings an der Abzweigung von der Hauptstraße ein gutes Stück außerhalb. In Gegenrichtung 6-mal tägl. nach Usedom und weiter nach Anklam.

Morgenitz: Ein fotogenes 150-Einwohner-Dorf mit holprigen Straßen, rohrgedeckten Häusern mit bunten Blumen an den Fenstern und hübsch gestrichenen Fensterläden, umgeben von lauschigen Gärten, in denen man sich sofort in einen Liegestuhl fallen lassen möchte.

Lieper Winkel

Mittendrin und doch so abgeschieden wie kaum eine andere Gegend auf Usedom. Wie eine Glühbirne ragt die vollkommen flache Halbinsel ins Achterwasser hinein. Kaum eine Handvoll

Weiler gibt es im Lieper Winkel, darunter die winzige Ansiedlung **Grüssow** direkt am Achterwasser: ein Idyll mit rohrgedeckten Häuschen, viel Grün und praktisch ohne Autoverkehr. Bei den Unterkünften ist die Dichte noch geringer, eine recht schöne Ferienanlage findet man in **Warthe** am Nordwestzipfel des Lieper Winkels, wo man sich darüber hinaus noch das *Blaues Haus,* ein sehr malerisches rohrgedecktes Häuschen mit verwildertem Vorgarten, anschauen kann.

Wer auf dem Weg in den Lieper Winkel ist, sollte kurz nach dem Ortsausgang von Suckow einen Blick auf die **Suckower Eiche** werfen: Der mächtige und überaus eindrucksvolle Baum (direkt an der Straße, nicht zu übersehen) wurde schon im Jahr 1298 als Grenzmarke erwähnt und ist demnach über 700 Jahre alt! Der Stamm hat einen Umfang von über sechs Metern, die Krone umfasst etwa 30 Meter. Ursprünglich soll sich hier eine prähistorische Grabstätte befunden haben.

Mit einer vergleichsweise größeren Attraktion kann dagegen der Ort aufwarten, dem der Winkel seinen Namen verdankt: In **Liepe,** das man über eine schöne Allee und dann auf schmaler Plattenstraße erreicht, befindet sich die älteste Kirche Usedoms. Erstmals erwähnt wurde das romanische Gotteshaus im Jahr 1216. Im Inneren findet man Fresken aus dem späten Mittelalter, aber auch barocke Stilelemente wie z. B. beim Chorgestühl und dem Kanzelaltar.

... und weitläufige Felder

• *Übernachten/Essen & Trinken* **Am Achterwasser**, Restaurant, Café und Ferienwohnungen in Warthe. Nett aufgemacht, die Katzen spazieren im Café-Garten herum, echtes Landleben! Vier Fachwerkhäuser auf der grünen Wiese, nur wenige Meter vom Peenestrom entfernt. Wohnung für 2 Personen 64–69 €, für 4 Personen 87–92 €, für 5 Personen 102–106 €. Mit Bad und kl. Küche. Dorfstr. 12, 17406 Warthe, ✆/📠 038372-7520, www.am-achterwasser.de.

• *Verbindungen* Mit dem **Bus** Mo–Fr 4-mal tägl. von Usedom/Stadt über Suckow, Morgenitz und Krienke in den Lieper Winkel nach Rankwitz, Quilitz, Liepe, Grüssow, Reestow und Warthe, Sa/So keine Verbindung. In Gegenrichtung nach Usedom/Stadt 6-mal tägl., davon jedoch nur 2-mal (frühmorgens) über alle Dörfer, ansonsten hält der Bus nur in Warthe, Liepe und Rankwitz.

Usedom/Stadt

ca. 1900 Einwohner

Namensgebend und geschichtsträchtig, steinalt und doch beschaulich. Die Kirche scheint ein wenig zu wuchtig, das Tor ein wenig zu städtisch, und dennoch passt sich das kleinststädtische Bild idyllisch in die liebliche Landschaft ein.

Wahrscheinlich war die Gegend um den Schlossberg bereits in vorslawischer Zeit besiedelt. Im 12. Jh. stand auf der Anhöhe über dem kleinen Hafen eine slawische Burg, die als Residenz pommerscher Fürsten diente und im Jahr 1128 zum Schau-

Usedom Karte S. 256/257

platz großer Geschichte wurde. In *Uznam*, so der slawische Name Usedoms, trafen sich westpommersche Adlige und bekannten sich in Anwesenheit *Ottos von Bamberg* zum Christentum. Bald entwickelte sich die Ansiedlung zu einem schmucken mittelalterlichen Ort, der rasch der bedeutendste der Insel wurde und 1298 die Stadtrechte erhielt. Nahebei befand sich auch das geistige Zentrum der Insel, das um 1150 gegründete Kloster Grobe.

Aus der großen Zeit der Stadt ist kaum etwas erhalten geblieben, da Ende des 15. Jh. ein Brand die meisten Gebäude vernichtet hat, auch die 1337 erstmals erwähnte **Marienkirche,** die aber nach der Brandkatastrophe als dreischiffige spätgotische Hallenkirche wiederaufgebaut wurde. Ihr heutiges Erscheinungsbild verdankt sie einem Umbau vom Ende des 19. Jh. Gänzlich verschont vom Stadtbrand blieb das **Anklamer Tor,** ein sehenswerter, klar gegliederter Backsteinbau, der Mitte des 15. Jh. als Teil einer stadtumschließenden Befestigung errichtet worden war. Heute wird der Torbau als **Heimatmuseum** genutzt.

• *Information* **Stadtinformation Usedom**, etwas außerhalb auf der stadtabgewandten Seite der B 110. Mai bis Sept. Mo–Fr 10–18 Uhr, Sa 10–15 Uhr, Okt. bis April Mo–Fr 10–16 Uhr. Bäderstr. 5, 17406 Usedom, ✆ 038372-70890, www.stadtinfo-usedom.de.

Usedoms Marienkirche

• *Bootsverleih/Fahrradverleih* **Usedom Segeln**, am Hafen, Mai bis Okt. tägl. 10–18 Uhr, Ruderboote, Kajaks sowie Motorboote und Segeljollen; auch Fahrradverleih und Segelunterricht. ✆ 038372-76166 oder 0160-91327671, www.usedom-segeln.de.

• *Übernachten/Essen & Trinken* **Hotel-Restaurant Norddeutscher Hof**, traditionsreiches Haus am Markt, stilvolles Ambiente, schöne Zimmer. Mehrfach ausgezeichnetes Restaurant (v. a. regionale Fisch- und Wildgerichte). Täglich mittags und abends geöffnet, Dez. bis März nur abends (So Ruhetag). EZ 49 €, DZ 88 €, Frühstück inkl. Markt 12, 17406 Usedom, ✆ 038372-70266, ℻ 70712, www.norddeutscherhof.de.

Roseneck, Eiscafé mit gemütlichem Garten, Brasserie und Pension nahe dem Marktplatz. EZ 45 €, DZ 65 €, Frühstück inkl.; auch Ferienwohnungen (70–80 €/4 Pers.). Rosenstr. 8, 17406 Usedom, ✆ 038372-76737, ℻ 76745, www.roseneck-usedom.de.

Stolperhof, ökologisch geführter Hof bei Stolpe (östlich von Usedom/Stadt, beschildert). Sehr schönes Anwesen, ein stilles Idyll mit 14 nostalgisch-schlichten Zimmern. Im Hof befindet sich auch eine Gaststube (April bis Okt. 12–17 Uhr). EZ 59 €, DZ 86 €, Frühstück inkl., Halbpension 12 €/Pers. Ausbau 1 Stolperhof, 17406 Stolpe auf Usedom, ✆ 038372-71081, ℻ 71082, www.stolperhof.de.

• *Verbindungen* Der **Bus 201** fährt werktags täglich etwa alle 2 Stunden (Sa/So 2-mal) nach Anklam bzw. in entgegengesetzter Richtung zu den Kaiserbädern Ahlbeck und Heringsdorf (auf der B 110). Nach Ahlbeck und zurück (über Benz und Bansin) kommt man 2-mal täglich auch mit der **U 8** (werktags). Die **U 18** fährt Mo–Fr 4-mal täglich zum Lieper Winkel.

Register

Fotoverzeichnis

Sabine Becht: 8/9, 16, 39, 42/43, 46, 57, 71, 76, 89, 117, 120, 123, 127, 138, 141, 142, 145, 148, 149, 154, 162, 173, 176, 185, 200, 209, 217, 228, 237, 241, 266, 270, 271, 277, 280, 281, 282, 283, 288

Dr. Günter Nowald (www.Kraniche.de): 164

Stadtmarketing Schwerin: 44, 51

Sven Talaron: 3, 7, 10, 11, 13, 17, 19, 24, 25, 27, 28, 29, 31, 32, 35, 37, 52, 53, 54, 55, 56, 59, 62, 64, 66, 67, 68, 69, 70, 73, 74, 78, 81, 83, 86, 87, 90, 91, 95, 97, 100, 101, 102, 103, 107, 108, 105, 108, 113, 114, 120, 121, 125, 126, 128, 134, 135, 136, 143, 147, 151, 153, 169, 174, 175, 178, 179, 180, 181, 187, 193, 195, 196, 205, 207, 213, 215, 219, 221, 224, 230, 233, 235, 239, 242, 246, 247, 248, 251, 252, 253, 254, 259, 261, 263, 275, 276, 278, 279, 284, 285

Dirk Thomsen: 6, 41, 150, 157, 158, 159, 160

Tourismuszentrale der Hansestadt Stralsund: 167

Tourismuszentrale Rügen: 189, 191, 227

Usedom Tourismus GmbH: 18